用于国家职业技能鉴定

国家职业资格培训教程

GUOJIA ZHIYE ZIGE PEIXUN JIAOCHENG

YONGYU GUOJIA ZHIYE JINENG JIANDING

婚姻家庭咨询师

（国家职业资格二级）

编审委员会

主　任　刘　康

副主任　张亚男

委　员　（按姓氏笔画排列）马晓年　王　芳

王震宇　朱东武　李明舜　杨大文

何丽婴　张　伟　陈　蕾　陈一筠

赵爱玲　赵燕芬　陶春芳　焦　健

慕　岩　樊爱国　霍莉钦

编审人员

主　编　樊爱国

副主编　赵燕芬

编　者　（按姓氏笔画排列）马晓年　王　芳

朱东武　刘金雨　刘艳梅　齐淑娟

李明舜　但淑华　张小红　陈幼红

林建军　周应江　赵爱玲　赵燕芬

侯志明　屠　莺　樊爱国　霍利钦

审　稿　巫昌祯

中国劳动社会保障出版社

图书在版编目(CIP)数据

婚姻家庭咨询师：国家职业资格二级/中国就业培训技术指导中心组织编写. —北京：中国劳动社会保障出版社，2009

国家职业资格培训教程

ISBN 978-7-5045-8071-9

Ⅰ.婚… Ⅱ.中… Ⅲ.①婚姻-咨询服务-技术培训-教材②家庭生活-咨询服务-技术培训-教材 Ⅳ.C913.1

中国版本图书馆 CIP 数据核字(2009)第 204072 号

中国劳动社会保障出版社出版发行

(北京市惠新东街 1 号 邮政编码：100029)

出 版 人：张梦欣

*

三河市华骏印务包装有限公司印刷装订 新华书店经销

787 毫米×1092 毫米 16 开本 28.5 印张 426 千字

2009 年 11 月第 1 版 2022 年 4 月第 13 次印刷

定价：55.00 元

读者服务部电话：(010) 64929211/84209101/64921644

营销中心电话：(010) 64962347

出版社网址：http: // www.class.com.cn

前　　言

为推动婚姻家庭咨询师职业培训和职业技能鉴定工作的开展，在婚姻家庭咨询师从业人员中推行国家职业资格证书制度，中国就业培训技术指导中心在完成《国家职业标准·婚姻家庭咨询师》（试行）（以下简称《标准》）制定工作的基础上，组织参加《标准》编写和审定的专家及其他有关专家，编写了婚姻家庭咨询师国家职业资格培训系列教程。

婚姻家庭咨询师国家职业资格培训系列教程紧贴《标准》要求，内容上体现“以职业活动为导向、以职业能力为核心”的指导思想，突出职业资格培训特色；结构上针对婚姻家庭咨询师职业活动领域，按照职业功能模块分级别编写。

婚姻家庭咨询师国家职业资格培训系列教程共包括《婚姻家庭咨询师（基础知识）》《婚姻家庭咨询师（国家职业资格三级）》《婚姻家庭咨询师（国家职业资格二级）》《婚姻家庭咨询师（国家职业资格一级）》4 本。《婚姻家庭咨询师（基础知识）》内容涵盖《标准》的“基本要求”，是各级别婚姻家庭咨询师均需掌握的基础知识；其他各级别教程的章对应于《标准》的“职业功能”，节对应于《标准》的“工作内容”，节中阐述的内容对应于《标准》的“能力要求”和“相关知识”。

本书是婚姻家庭咨询师国家职业资格培训系列教程中的一本，适用于对二级婚姻家庭咨询师的职业资格培训，是国家职业技能鉴定推荐辅导用书。

本书在编写过程中得到中国婚姻家庭研究会的大力支持与协助，在此一并表示衷心的感谢。

中国就业培训技术指导中心

目 录

CONTENTS 国家职业资格培训教程

第1章 恋爱择偶咨询

恋爱择偶是婚姻的前奏和必经阶段。然而，随着社会变革，人们眼界的日益开阔，商业化的拓展，以及婚介机构和择偶网站如雨后春笋般增多等，人们恋爱择偶的困惑似乎更多，难度也在加大。

在婚姻中，每个人其实都不仅仅代表单纯的一个人，而是两个家族、两个社会系统的结合。童年时从家庭所受到的影响，个人的成长经历等，都会影响到对“另一半”的偏好与选择，影响到恋爱时双方的相处与磨合，而且也会延续到日后所经营的新家庭、影响到下一代。初婚择偶如此，再婚择偶就更加复杂，当事人难免瞻前顾后、患得患失，前次失败婚姻的阴霾，与非亲生儿女相处的焦虑，还有经济问题等，都会使当事人处于“剪不断、理还乱”的苦恼之中。

婚姻家庭咨询师作为专业人士，在面对求助者时，要善于透过表面的现象，看到其个人成长经历、父母婚姻情感和相处模式、生活中重要他人、成长中的负性自动记忆和未处理情结等，在其恋爱、择偶和婚姻中的影响，帮助求助者溯本求源，了解自己，也知晓对方，学会建立良性互动的两性关系。

本章设置三节内容，第一节恋爱咨询，侧重初婚择偶，重点讲述个人成长经历和生活事件对择偶的影响，对恋爱中常见心理问题、失恋危机、约会暴力进行分析和辅导；第二节是婚前咨询，分析原生家庭对个人、择偶和婚姻的影响，帮助求助者不断探索和学会与对方建立建设性的、双方共同成长的亲密关系；第三节讲述再婚择偶，分别对再婚的主要特点，再婚者容易出现的心理障碍，再婚者难以处理的继子女关系、再婚家庭理财等进行了分析，并提出了建设性的意见和建议。

第1节　恋爱咨询

学习单元1　个人成长历程分析

每一个降临到世界上的健康婴儿，都从父母的遗传基因中继承了人类的基本属性，都具备了各种发展的潜力，都拥有成长的诸多可能性。至于最终能够成为怎样一个人，很大程度上是由他成长的经历、社会环境、生活事件所决定的。本单元介绍的主要内容是个人成长历程中生活事件对心理的影响（包括婴幼儿时期、童年期、青春期）以及个人成长历程的心理咨询方法。这是咨询中很重要的内容。

学习目标

- 了解个人成长历程对当前心理状况及心理问题的影响
- 熟悉生活事件对个人成长历程的影响
- 掌握个人成长历程的心理咨询方法

一、个人成长历程中生活事件对心理的影响

1. 婴幼儿期生活事件对其心理的影响

随着诞生，胎儿脱离母体来到人间。适应外界环境，满足基本生理需求，熟悉和依赖母亲是婴幼儿的基本心理需求。家庭以母亲为中心按社会文化要求组成育儿方式，使婴幼儿获得舒适及安全的感觉。如果此时缺乏来自护理者的爱抚或照料无规律，婴幼儿就会产生基本的不信任感及不安全感。

（1）基本生理需求及其对心理的影响

睡觉、饮食和便溺是婴幼儿期的三件大事。婴幼儿一般在一岁左右就应该及时断奶，过早或过晚断奶都不利于身心发育和健康。因为断奶不仅仅是营养的转变，更重要的是意味着婴幼儿在情感上失去在母亲怀里吸吮和依偎的机会，处理不好会对婴幼儿的心灵造成重大的刺激。比如，断奶时采取强迫手段，甚至往奶头上涂抹辣椒面等刺激物的做法，都会导致婴幼儿的情绪障碍，也会为今后患神经症埋下隐患。

婴幼儿在一岁半到两岁时，才逐渐开始具备控制膀胱和直肠的能力。所以，家长在孩子18个月左右对其进行大小便的自我控制训练比较适宜。如果训练时家长过分急于求成，埋怨或者斥责，可能会给孩子带来心灵上的创伤，形成过分守秩序、爱清洁，过分吝啬、节俭、爱钱，过分固执、不灵活，强迫，性压抑等性格特征。

(2) 依恋及其对心理的影响

除了基本的生理需求满足之外，婴幼儿期的心理需求尤其值得注意，有关依恋的理论便由此产生。“依恋”被用以描述母婴之间形成的一种亲密感情联结。婴幼儿时期，是早期依恋关系形成发展的重要时期，情绪的发展和认知机能的提高是依恋形成的基础。几乎所有的孩子都会形成与照料者的依恋，但依恋的质量具有很大的个体差异。研究发现有三种主要的依恋类型：

1) 安全型。在陌生情境中，当父母离开房间时，婴幼儿变得心烦意乱，但当父母返回时，约60%的婴幼儿主动寻找父母，并很容易在父母的安慰下平静下来。

2) 回避型。研究发现约占20%的婴幼儿显得不会因分离而过于痛苦，并在重聚时主动回避与父母的接触，有时会把自己的注意力转向玩实验室地板上的物体。

在进行恋爱问题咨询时，要重视儿童期依恋类型对儿童产生的影响。

3) 焦虑—矛盾型。约有20%或更少的婴幼儿，在父母离开的最初阶段会不安，分离后会变得极为痛苦。当重新与父母团聚时，这些婴幼儿也难以平静下来，并经常出现相互矛盾的行为，显示出他们既想得到安慰，又想“惩罚”擅离职守的父母的情绪。

依恋是婴幼儿最早出现的心理模式之一，对其心理的发展具有重要的影响。首先，依恋是婴幼儿出生后最早形成的人际关系，是成人后形成人际关系的缩影。其次，依恋影响婴幼儿未来的心理健康。研究发现，形成非安全型依恋的婴幼儿产生行为问题的概率远远超过形成安全型依恋的婴幼儿。依恋关系具有传递性，会影响到婴幼儿成人后与自己孩子的抚养关系。

此外，很多研究者提出了“成人依恋”的概念，婚恋依恋便是成人依恋的核心内容。研究认为，婚恋依恋会影响成人的社会功能，尤其会对婚姻质量、工作、生活压力应对方式以及社会信念等产生影响。而不同依恋型的人会有不同的亲密关系，一般而言，安全依恋型常有积极的关系，回避型较少有满意、亲密的关系，焦虑—矛盾型则与除热情以外的积极关系呈负相关。

2. 童年期生活事件对其心理的影响

儿童在童年期将面临一系列的变化，从原来以游戏为主导的生活，过渡到以学习为主导的校园生活。这一重大转折，对儿童的心理发展提出新的要求，主要任务是获得勤奋感和克服自卑感，体验能力的实现。在这个阶段，影响儿童心理发展的主要因素也由家庭、父母转向学校、同伴及其他社会组织。

儿童进入学校后，由于与他人、与社会的接触明显增多，自我意识和社会意识会迅速增强。同时，在家庭、学校、社会的熏陶下，儿童的个性和意志行为逐步强化，形成一定的脾气与性格。但个性可塑性很大，情绪波动性也较大。这个时期可塑性较大的个性有利于心理教育和个性培养，家庭和学校对于这一时期儿童的个性将产生重要的影响。如果父母过于溺爱，子女可能出现任性、放肆、自我中心、缺乏责任心和坚持性的毛病；对子女过于冷淡，可造成子女向他人寻求爱抚或缺乏感情、冷漠、退缩、抑郁等现象；过于严厉和过多的批评则可使子女胆怯、自卑，或者出现攻击行为等。

学龄期儿童要完成学习任务、坚持课堂听讲，需要有一个自控的、较为稳定的情绪，这就对他们的情感活动稳定性和自控能力提出了要求。老师、家长会有意识地进行引导和培养，常常对他们提出具体的要求，比如要求儿童必须先完成作业才能出去玩等。儿童也可以通过学习活动和学校的集体生活锻炼，逐步使自己的情感保持稳定。随着年龄的增长，儿童还需要有意识地进行耐受挫折的训练，以提高适应能力。

3. 青春期生活事件对其心理的影响

青春期是儿童到成年的过渡时期。其特征表现为一系列的形体、生理、内分泌的突变。尤其是生殖系统，在青春期迅速发育达到成熟，心理行为则处于动荡不安的时期。这一时期，心理发展的任务是获得自我同一性和克服角色的混乱，体验忠诚的实现。如果此期不能很好地解决自我同一性，则会产生角色的混乱或消极的同一性，也就是个体不能正确选择适应社会环境的生活角色，或形成了与社会要求相背离或者社会不予认可的角色。这一阶段是青少年追求性别、职业、信念和理想等方面自我同一性的标准化时期。

青春期的心理特征主要有以下特点：

（1）身心发展快速而不平衡

在青春期到来时，青少年在躯体和心理方面都呈现快速的发展，表现为身体急速生长和变化：肌肉、骨骼等组织全面快速成长，生殖系统成熟，第二性征逐渐显露。随着身体的发育，青少年必须适应发展中的新自我，同时还必须适应别人对于他的新形象所表现出的反应。然而，由于他们身心方面的成长不一定能平衡发展，因此会产生不稳定的现象，在“幼稚”与“成熟”之间会有大幅度的徘徊。

（2）实现自我同一性

1）自我同一性的实现。随着身体变化和性成熟的过程，青少年会逐渐获得一些新的体验，也会感到周围人对他们的新反应。他们将力求发现自己现在真实的情况以及将来自己会变成什么样子。伙伴的来往，新的社会关系的产生，也扩大了他们自我活动、自我探索的空间。他们要弄清世界是什么、社会又是什么等。在这种不断认识和探索中，他们会感到理想的“我”在逐步接近现实的“我”，自我意识与现实在达到积极的统一。

2）道德意识和价值观念的发展。青少年早期的价值和道德标准主要来自父母，他们的自尊感基本上来自父母对他们的看法。当进入中学以后，同伴群体的价值观以及老师和其他成年人的评价日益重要。他们对原先的道德标准及自己的价值和能力都开始重新评价，并试图把这些价值和评价综合起来形成一个稳定的体系。

（3）依恋关系的变化

1）独立意识的增强。随着年龄的增长，青少年与社会的交往越来越广泛。他们渴望独立的愿望变得日益强烈，与家庭的联系逐渐疏远，对父母的权威产生怀疑，甚至发生反抗行为。他们要摆脱家长和其他成人的监护，摆脱由成年人规定的各种形式的束缚。由于价值标准受到同辈和社会的影响逐渐大于来自父母的影响，因此，当与父母发生冲突时，往往会出现“摆脱家庭束缚”的倾向。

2）伙伴关系密切。同龄人、伙伴是青少年在社会交往中非常重要的社会关系。进入青春期，随着活动范围的扩展，青少年对家庭的依恋逐渐转向伙伴，形成亲密的伙伴关系。他们和伙伴的言行、爱好、衣着打扮等相互影响，信任伙伴胜过信任家长和老师。在伙伴关系中，同伴之间对共同问题的讨论及反面的教训提供给他们大量的解决问题的经验。

（4）情感丰富却容易冲动

进入青少年时期以后，情感逐渐变得丰富、活跃、富有感染力，同时又容易情绪不稳定，血气方刚，感情用事。生活中如果遇到矛盾，感到委屈或者不满时，便会不假思索地去争吵、怄气，甚至一气之下做出严重的反社会行为。青少年时期的情感，已脱离了儿童期的幼稚型情感，逐渐从低级、单纯、较为原始的情感活动向高级、复合型、社会型的情感活动发展。因此，这个时期是进行青春期教育的重要时期。

（5）认知的改变

青少年时期是个人成长过程中的重要阶段。婚姻家庭咨询师要警觉这一阶段发现的事件对人的影响。

青春期出现了“形成运算”，这使青少年的思维完善，摆脱了儿童时期的单一的具体运算和简单形象思维，进入抽象思维阶段。即已懂得试验、假说、推论这类形式的思考，能运用理论来推想因果关系，开始懂得处理复杂的信息或资料。他们学会了自我批评，各个方面都以成年人的标准要求自己，有能力听取他人意见，处理问题时能考虑更多的可能性，思维活动的数量和质量都有了很大提高。

（6）性意识的觉醒与发展

随着生理的发育成熟，青少年出现了明显的性意识的觉醒和发展。从对异性的好奇转换为出现了对异性朦胧的好感、向往和接近的“怀春”心理。这种性意识的全面觉醒，强烈影响着青少年的心理水平和行为方式。表面上异性之间界限分明，内心却渴望并想接近对方；表面上回避疏远，实际上敏锐地注意观察对方。这个时期异性之间的关系非常微妙，异性间的交往经历，会对青少年的心理状态产生显著的影响作用，并有可能对其今后的恋爱交友甚至是婚姻状况产生深远影响。

青少年时期是精神疾病的多发时期，更是不健康行为的孕育期。由于青少年心理活动状态的不稳定，认知结构的不完备，生理成熟与心理成熟的不同步，对社会和家庭的高度依赖等，使得他们比成年人有更多的焦虑，会遭遇到更多的挫折，因而更容易产生心理障碍。

应鼓励青少年努力使自己成长为独立于父母的个体，真实地看待自己与父母之间的关系，正视童年的问题。要有勇气承认童年发生的事情与成年以后的生活之间的关系，鼓起勇气袒露自己对父母的真正感觉，改变自己的行为，寻找足够的力量帮助自己治愈心理问题，重新获得成长的力量和信心。

二、个人成长历程的心理咨询方法

1. 半命题作文

以“当我小的时候……”为题目，请求助者以文字或口头叙述方式对自己的成长历程进行回顾。通过作文，让求助者回顾幼年的经验，探寻原生家庭的教养模式，养育者的特点，亲子关系的状况，成长中的创伤体验和经历，重要的时刻，重要他人，父母的婚姻情感状况，交友情况等。这有助于了解求助者的成长历程与当前问题之间的可能性联系。

个人成长经历的心理咨询方法是婚姻家庭咨询师必须掌握的，同时应在实际工作中灵活运用。

2. 主题绘画

向求助者解释：所有人的成长经历，都像一条生命之河，在生命过程中都经历过一些给生活留下烙印的人物和事件，这些人物或事件会一直影响着每个人。要求求助者回顾成长经历，从孩提时期有记忆起开始回忆，一直回忆到现在。重点回顾成长过程中对自己成长具有重要作用或意义的人物或事件，可以是高兴的，也可以是悲伤的。

以“生命河”为题，让求助者用自己喜欢的各种彩色笔画一条表示自己成长经历的“生命河”。这条生命河可以表达自己的成长阶段，可以标上自己接触过、经历过并留下深刻印痕的人物和事件，这些人物或事件至今还影响着求助者。接着，婚姻家庭咨询师与求助者一起分享他的“生命河”，帮助求助者分析成长过程中的重要生活事件对其个人成长的影响。这样可以使求助者更清醒、理性地认识到在其成长经历中起积极、正面作用的人物事件以及消极、负面作用的人物事件如何对其性格、行为及价值观念产生影响。

3. 命题图表

发给求助者印有横轴为“时间轴”、纵轴为“人物/事件轴”的图表纸（见图 1—1），请求助者在时间轴上标定好自己从出生到现在的时间阶段，在“人物/事件轴”上标定自己认为的人生经历中的重要人物（如亲属、朋辈同伴、老师等）或事件（如出生、就学、亲友亡故、恋爱交友、高考等）。之后，婚姻家庭咨询师与求助者就其在这些时间段经历的人物与事件的影响一一进行分析。

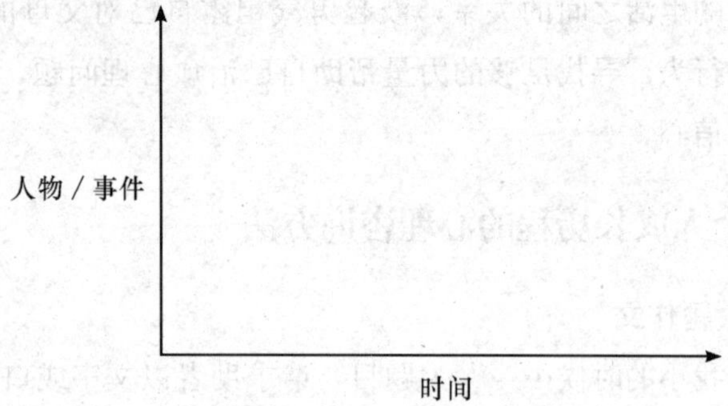

图 1—1　人物事件轴图表

个人成长历程咨询要点

通过个人成长历程咨询，可以帮助婚姻家庭咨询师了解求助者当前的问题与个人成长历程中生活事件之间的关系，使婚姻家庭咨询师对求助者问题的原因有一定了解。婚姻家庭咨询师可以根据求助者所叙述的经历，分析其潜意识中反映出来的内涵，进一步帮助他克服抗拒回忆潜意识中经验的阻力。同时，帮助求助者在一定程度上得到宣泄。

【案例 1—1】 刘先生刻骨铭心的爱

✣ 案例描述

求助者刘先生告诉婚姻家庭咨询师，他曾刻骨铭心地爱了三次，但这三次爱情都让他万般痛苦。他第一次深深爱上的女友，是位患有忧郁症、自杀未遂刚出院的女子。可是热恋不到几星期，两人就痛苦地分了手。第二次爱上的对象，是位患有“厌食暴食症”的女子，她情绪强烈起伏，一觉得孤寂或焦虑，便可在几分钟之内吃掉一个大蛋糕。吃完又饱受罪恶感折磨，想方设法把刚吃下去的食物全部吐出来。他与这位情绪不稳女子的爱情，也是轰轰烈烈地开始，不到三个月又痛苦地分手了。他第三次爱上的对象，是位有夫之妇。因丈夫有外遇，刚把她抛弃，为情受尽折磨，极为凄楚可怜。他奋不顾身，努力关怀呵护这位受尽创伤的女子。刚开始时彼此像干柴烈火般地相爱，但是过了几个月，两人渐渐清醒过来时，竟然也像前面两段恋情一样，到了不得不分手的地步。

这位既英俊，又在一家有名的科技公司深受器重、拥有一份人人称羡的高薪职位的刘先生，平日有许多年轻貌美的女士对他表示好感，为何他对身旁这些品貌双全的女士毫不动心，却偏偏只爱前面他所描述的这类情绪激昂、忧伤痛苦的女子呢？

✣ 分析与建议

刘先生的现状是不断重复不良的恋爱模式，寻找的都是情绪不稳定或有情感创伤类型的女性，两人间的亲密关系却又不长久。

婚姻家庭咨询师敏感地意识到刘先生的现状与他的个人成长经历有一定的关联，运用自由联想的方法让刘先生无拘无束地回顾成长过程中发生的各种事件，并进行一些必要的澄清。渐渐地，在婚姻家庭咨询师的帮助下，刘先生的现状与其成长经历的关联性越来越清晰，刘先生也增强了对今后恋爱的信心。

原来，刘先生是家中独子。12 岁那年，父亲有了外遇，突然之间就抛妻离子。原本夫妻感情不错，一有外遇，父亲就像许多外遇者一样，开始多方面挑剔，责怪妻子有令他无法忍受且永远不可能改的缺点。他告诉妻子，他从来就没爱过她，要妻子给他自由。对妻子来说，这简直是晴天霹雳。刘先生的母亲当时痛不欲生，得了忧郁症。她不断地摧残自己，最后染上重病，住进医院，命运十分悲惨。而年轻时的刘先生对此却爱莫能助，虽然他尽了最大的努力，但父亲还是离开了他和母亲，母亲在年幼的刘先生的照顾下过着郁郁寡欢的日子。

从原因上分析，刘先生是爱上了“母亲的影子”，以此来抚平他未得医治的心灵创伤。12 岁的孩子本来应该是天真快乐的，但是父亲的所作所为使他不得不“角色倒置”，扮演了安慰与照顾母亲的角色。刘先生三次所爱上的对象，身上都带有他母亲忧伤、痛苦的人格特质，不知不觉地，他深深地感受到她们的不幸与痛苦，同情并深受这三位女性不幸遭遇的吸引。潜意识中，他又回到曾经受伤时的心理状态。过去，他无法借着自己的爱与努力使母亲痊愈；现在，他仿佛重新得到机会，试图借着爱与努力，去医治这些心灵受伤的女性，他也希望她们能快乐起来。

因此，尽力把他在成长过程中无法做到的呵护与关爱加倍给她们。然而，他并没得到真正的爱情，不得不与她们一一分手。

在了解了刘先生当前“强迫性重复”的恋爱模式与成长过程中早年父母关系变故带给他心灵的伤害之间的关系后，婚姻家庭咨询师运用了“空椅子”技术（也可以运用“给父母写信”等方式），让刘先生将面对着的空椅子假想为在自己童年抛弃自己与母亲、多年未见的父亲，并说出自己最想对父亲说的话，以此宣泄儿时未表达的情绪，尤其是对父亲的不满情绪。之后，婚姻家庭咨询师帮助刘先生重新建立对父母婚变的认知，与刘先生讨论如何以建设性的方式来满足自己照顾、关爱母亲的内心需求，以及如何打破当前不良的恋爱模式，尝试与正常女性建立新的健康的恋爱关系。

✣ 注意事项

1. 探讨求助者的成长经历，必须以信任、安全、尊重、平等的咨访关系为前提。求助者只有感到足够的安全，能够信赖婚姻家庭咨询师时，才能坦言其内心深处遥远的记忆。

2. 收集有关成长经历的资料不应过早、过快。有些婚姻家庭咨询师在咨询的初期，就急于探寻求助者早年的一些经历，如有关原生家庭、父母关系、亲子关系等，这很容易引发求助者的抵抗。因为，求助者可能并不认为自己当前的问题和困扰与以往的成长有直接关系，他们更焦急的是想解决当前的麻烦。如果婚姻家庭咨询师没有对求助者当前的情绪给予共情和足够的重视而贸然深入，往往会破坏咨访关系，也存在使求助者造成错误归因和认知歪曲的可能。因此，在咨询过程中，对这一点要加以充分的注意。

3. 婚姻家庭咨询师要充分注意对求助者心理造成严重深远影响的创伤性经历的信息。这些经历往往是求助者内心深处的伤疤和情结，可能已经被求助者小心翼翼地包好，隐藏在心灵角落里很多年甚至是几十年。在咨询过程中，遇到这种情况，二级婚姻家庭咨询师应及时将求助者转介给一级婚姻家庭咨询师，避免因自己不妥当的处理对求助者造成新的伤害。

本单元思考题

1. 儿时对父母亲的依恋与成年后亲密关系中的依恋有何关系？
2. 青春期为什么是心理发展的关键时期？
3. 成长历程中的生活事件如何对心理问题产生作用？

学习单元2　对恋爱中常见心理问题的辅导

爱情是人类永恒的话题，爱情不仅需要恋爱双方共同具有理性与智慧，具备正确的判断和良好的心智，还需要双方具备有效的处理恋爱问题的方法，这样才能让恋爱双方都获得幸福。本单元针对恋爱中一些常见的心理问题，为婚姻家庭咨询师提供有效的辅导方法和建议。

学习目标

- 了解恋爱中常见的心理问题及其影响
- 熟悉恋爱中常见心理问题的辅导方法
- 能进行恋爱中心理问题的咨询

一、恋爱的四个阶段

心理学的调查发现，进入恋爱中的男女大多会经历四个不同阶段，在每个阶段会出现相同或不同的心理问题。

按照时间的进程来划分，恋爱的四个阶段分别是：

1. 第一个阶段——共存阶段

这个阶段属于热恋时期，恋人无论何时何地总希望能在一起。在共存阶段，男女双方总是容易被对方身上的优点所吸引，很少能看到对方的不良生活习性和不同价值观等。这个阶段总觉得对方身上布满了耀眼的光圈，心理学上称为晕轮效应。

2. 第二个阶段——反依赖阶段

等到情感稳定后，至少会有一方想要有多一点自己的时间做自己想做的事，这时另一方就会感到被冷落。在反依赖阶段，恋爱双方如果没有很好的沟通和信任，往往会引起激烈的争执。

3. 第三个阶段——独立阶段

这是反依赖阶段的延续，一方或者双方都要求有更多独立自主的时间。恋人间的沟通和交流减少，不信任和猜忌在这个阶段发生得更为频繁。

4. 第四个阶段——共生阶段

这时新的相处之道已经成形，恋爱中的一方已经成为另一方最亲近的人。他们在一起相互扶持、一起开创属于他们自己的人生。

但是，有一些恋人因为猜疑、嫉妒、不信任等原因而最终选择分手，难以通过第二或第三阶段。

二、单相思和失恋引起的心理问题和辅导方法

1. 单相思

（1）单相思心理

单相思，是以对某一异性的一厢情愿的倾慕与热爱为特点的畸形恋爱关系。单相思在很大程度上是一种假性失恋，根本没有与恋爱对象真正建立相互的恋爱关系。单相思的形式有无感单相思和有感单相思。无感单相思是对方没有察觉或理解这种恋情，多发生在性格内向的人身上，其内心有强烈的依恋、亲和的愿望，但缺少主动的表达，造成痛苦的自我折磨。有感单相思是对方察觉或理解了这种恋情，由于没有产生相应的爱情而给予了回绝，但单相思的一方仍执著地爱着。

由单相思引起的常见心理问题有以下几点：

1）过度关注。对单相思对象强烈地倾慕，长期细致地观察、了解，以至于到了完全投入、无法自拔的地步。

2）亲物。表现为对单相思对象的物品、住处的变态性亲近。严重的可发展为恋物癖和偷窥癖。

3）幻想。经常反复想象能与单相思对象公开相爱的情景或者想象单相思对象和自己亲近。

4）错觉。由于对单相思对象产生歪曲的主观感觉而作出与其之间存

在爱情的错误判定。

(2) 单相思咨询

面对单相思的求助者，婚姻家庭咨询师应重点做好以下几件事：

1) 确认求助者没有精神症状。通过求助者对单相思对象的情况了解和描述，判断求助者是否存在钟情妄想、幻想、幻听等症状。如果求助者存在这些症状，则需要转介到心理门诊诊治。

2) 证明对方处在单相思阶段。通过求助者描述其具体的恋爱过程以及对所恋对象情况的了解，分析恋爱是否存在。如：

第一，对方无示爱的任何表达，没有动作、言语、表情、眼神向其表达爱慕，也没有书信、电话等传递信息，则属于真正的单相思。

第二，自以为向对方表达过，但对方没有任何反应。

第三，真实地向对方表达爱慕，对方没有直接回答或态度不明朗。

第四，向对方表达后，对方表示拒绝，但求助者以为对方只是心口不一，其实内心是同意的。

第五，对方只有过模棱两可的表态，求助者以为是真实的表达。

慎重了解后，就可得出结论，求助者属于单相思。

3) 分析单相思的原因。

第一，对方属于求助者的真爱。对方的所有条件符合其心目中的恋人条件。

第二，好胜心理。在生活中求助者自认为只要通过自己的努力就能得到自己想要的东西，包括爱情。

第三，晕轮效应。求助者过分关注对方，只看到对方身上好的一面，便认为对方是十全十美的。

第四，羞怯，害怕失败。求助者从未恋爱过，而且担心自己的第一次恋爱会失败，所以宁愿独自偷偷分享这种快乐，也不愿实际参与到真正的恋爱中去。

4) 帮助求助者分析并找到解决方法。对单恋求助者，需要帮助他们分析，并且和他们讨论、寻找到合适的解决方法和手段，减轻他们的焦虑和害怕心理。

引导求助者认清这是单相思。但如果求助者很难摆脱困境，需要多做几次咨询，以帮助求助者逐渐淡化这种感觉。

5) 心理支持不可少。面对单相思的求助者，婚姻家庭咨询师一定要给予充分的心理支持和认可。不要轻视对方也不要批评责备对方。告诉求助者，单相思没有过错，单相思可以帮助其了解自己找恋人的标准，有其积极意义。

2. 失恋

(1) 失恋心理

失恋是因恋爱对象否认或中断恋爱关系给恋爱者造成的挫折反应和痛苦体验。这种体验，一是失落感，失去了寄托和依赖而产生孤独和悔恨；二是虚无感，由感情失常和意识偏差而产生悲观和绝望；三是耻辱感，好胜心和荣誉心受到打击而产生羞耻和嫉恨。失恋对人的打击是巨大的。失恋的痛苦如果没有及时排出和转移，会导致不同程度的心理失调，生活中许多人就是因为失恋而萎靡不振，有的甚至自杀或者杀人。

失恋可以分为假性失恋与真性失恋。单相思属于假性失恋。真性失恋是指恋爱双方在共存、反依赖、独立、共生这四个阶段的某一个阶段后分手，主动分手的一方往往会感觉不适或内疚，而绝大部分痛苦则常常落在被动分手者身上。失恋还可以分为慢速失恋和快速失恋。慢速失恋是指恋爱双方的矛盾由来已久，双方时常争吵，最终导致分手。而快速失恋是指一方突然提出了分手的要求，令对方措手不及。快速失恋容易导致一方情绪上的强烈反应，有的失恋者甚至会出现抑郁症。严重的还会给未来的婚姻带来影响。

失恋不一定发生在那些没有成就感或没有收获的爱情之中；相反，越是有成就的爱情，失恋造成的痛苦越深。从心理学上分析，爱情是面向对方的心理能量的最大调动，而调动起来的心理能量倘若突然失去了宣泄的对象，就会使人产生某种迷失方向的感觉。

一般情况下，失恋带来的心理问题有以下几点：

1) 全盘的自我否定。由于恋爱需要全身心的奉献，所以失恋会给失恋者一种错觉，即认为自己以前付出的一切都是毫无意义的，自己在对方面前毫无尊严。这种被抛弃感，使自我价值完全丧失，会导致失恋者产生自卑，焦虑、压抑感严重者会出现自伤、自杀行为。

2) 报复心理。对一些性格有缺陷的人来说，失恋有可能激起其攻击性行为。失恋的一方可能采取激烈的方法和手段挽回失败的恋爱，这种做法严重的会伤害到对方的生命安全和家人的安全。

3）抑郁。失恋后，原来美好的二人世界，突然变得苍白、黑暗。有些女性免不了大哭一场，茶饭不思，神情恍惚；有些男性则可能沉默不语，喝闷酒，外出漫无目的地游荡。严重的会导致焦虑症或抑郁症。

4）吸毒。为了躲避失恋带来的痛苦，一些失恋的人会依赖吸毒给自己带来快感。

失恋会给失恋者一种错觉，认为自己以前付出的一切都毫无意义，甚至患上“恋爱恐惧症”。婚姻家庭咨询师要特别注意这一点。

5）自暴自弃。产生破罐子破摔等心理。

6）异性恐惧。有些人被自己曾经非常钟情和信赖的恋人背叛或抛弃后，转而对一切异性都不信任甚至心怀敌意，决定不再与任何异性交往，患上了“恋爱恐惧症”。

（2）失恋咨询

要摆脱失恋的痛苦，婚姻家庭咨询师应该帮助求助者进行自我心理调节。

1）让求助者铭记三条重要原则。

第一，面对现实，不要纠缠。如果对方已经放弃了这段感情，到了必须要分手的时候，不要纠缠着不放。纠缠也许会让对方一时难以逃脱，但却更坚定了其要离开的信念。

第二，放下过去，放眼未来。伤痛在所难免，只有能放下过去的人，才有更大的勇气面对未来。

倾听就是爱，了解失恋者的心声才能帮助他找到解决的方法。

第三，懂得感谢，学会原谅。尊重对方的选择并感谢他作出的选择，这样才能让自己找到真正幸福的未来。

2）了解求助者的失恋原因。

第一，家庭原因。有些恋人分手是由双方或者一方家庭阻碍引起的，恋爱中双方或者一方为了家人而作出了让步。这往往是无可奈何的选择。

第二，第三者介入。如果是因为第三者介入引起的失恋，失恋者会有很大的挫败感。

第三，双方价值观有差异：恋爱初期，恋人间因为激情而相互吸引，随着了解的加深，两人逐渐看到对方和自己的不同，有些不同是因为价值观差异过大引起的。

第四，地域问题。常常见到在大学毕业期间因为地域不同而分手的恋人。也可以看到某些在网络上认识的男女，身处不同的地域，因为都不愿作出牺牲而面临分手。

3）走出失恋的心理调解方法。

第一，保持尊严。无论分手是谁的过错，但这已经过去，还需要保持尊严地继续往前走。

第二，懂得爱护自己。不要苛求自己，给自己一些空间和时间化解不良情绪。

第三，合理化的“自我安慰”。失恋者自己去寻找某种令人信服的理由，对失恋的原因作出合理解释，从而使自己“心安理得”。

第四，清除他的痕迹。既然已经分手了，就把以前属于他的东西都清理掉，以免触景伤情。

第五，适当发泄。不要强忍着悲痛和怨恨，适当的发泄有利于身心健康。

第六，多想想他的不好。失恋后想想他是否真的那么完美，想想他身上的种种缺点。

第七，多和老友联络。和朋友一起出去唱歌、聊天、运动，能让心情变得愉快。

第八，多参加一些集体活动。失恋后不要一个人闷在家里，适当参加一些聚会和户外活动有助于心情愉悦。

第九，出门旅游。不妨离开现在的环境，异地的风光会带来新的视野和全新的感觉。

第十，用学习和工作冲淡烦恼。把痛苦的压力化作动力来取得另外的成就。

三、恋爱中常见心理问题及其咨询辅导方法

让热恋之花结出爱情之果，是恋爱中男女双方都追求的。由于恋爱双方秉性习惯、休闲娱乐方式、问题冲突处理能力、日常沟通能力等的不同，造成恋爱中双方出现不同的感受和差异，引起恋人争执和吵闹。常见的恋爱中的心理问题有：

1. 攀比与从众

（1）攀比与从众心理

无论男性还是女性都具有自尊心和虚荣心，男女在择偶的时候时常都有攀比心理。比如对女性而言，自己好友的男朋友都是名牌大学毕业而且收入丰厚的成功男士，她就会担心自己的男友因为非名牌大学毕业、

收入不高而受到好友的藐视。这时，她有可能因为一点小事没有满足而与男友争执甚至分手。男性的攀比心往往体现在希望自己的女朋友比好友的女友具有更好的外在形象、温柔贤惠、有学识又含蓄等。在恋爱中，女性的攀比心理较强，她需要在同伴或其他人面前炫耀，令她们羡慕、嫉妒，以此来达到内心的满足。

男女在面对爱情的问题上，往往都很注意别人的评价。找了恋爱对象，如果别人都夸奖，自己听了就会高兴，并且越看越顺眼。如果别人评价不好，也会特别留心，越看越觉得对方真的有问题。这就是从众心理。在从众心理的影响下，外部的评价会大大影响着恋爱者自己的判断和评价。

产生攀比和从众心理的原因：

1）对自己不信任。这种人对自己的爱情没有把握，觉得别人说的就有道理。这样的人，大多数是没有主见的人。

2）虚荣心太强。希望自己得到最好的，总是拿自己和别人比较。

（2）攀比与从众心理的咨询

求助者前来咨询的问题大多是不知道自己是否应该和正在交往的对象继续交往，困惑的是自己交往的这个对象并不能让别人满意。婚姻家庭咨询师要做的工作是：

1）需要了解求助者的相关情况

①求助者的咨询目的是什么。

②求助者的性格特点。

③求助者的择偶标准和对婚姻的态度。

④求助者以往处理问题的方法和能力。

2）需要帮助求助者确定并解决的问题

①帮助求助者明确自己选择恋人的标准，确认自己需要和什么样的人恋爱。

②帮助求助者建立自信，只有自信的人才不会受别人影响。

③让求助者清楚正在交往对象的优点和缺点，找到适合自己的恋爱沟通技巧和提高处理问题的能力。

2. 多角恋

（1）多角恋心理

一位男性（女性）同时与两位或以上的女性（男性）建立恋爱关系，

称为多角恋。多角恋往往会给各方带来不同程度的心理创伤。多角恋有两种：

1）迷藏式多角恋。主角巧妙地同时爱上两个以上的异性，使被爱的人都以为他只爱着自己。但爱的秘密一旦暴露，不仅给副角（被爱者）以突如其来的打击，而且有可能激起副角的悲剧性争斗。

2）争斗式多角恋。这是公开的多角恋。所有当事者都知道这种关系，副角都知道主角同时爱着他们。于是，为了独自得到主角的爱慕，副角间展开激烈的争斗。这种多角恋虽不带欺骗性，但违背恋爱道德。严重的，可能导致出现恶性案件。

引起多角恋的原因比较复杂，总体来讲有以下几个方面：

第一，见异思迁。可以肯定地说，大多数男女都有过见异思迁的念头，因为感情是本能意识，男女从幼年时起，就形成了对异性用心的习性。以女性为例，她们在生活的潜移默化中往往学会了如何吸引男性的目光，并且她们希望能够永远为男性所仰慕。

第二，恋人间产生的平淡感。相处时间长，恋人间的神秘感和激情慢慢消失，一方开始感到生活单调，这种平淡的交往正好给多角恋以机会。

第三，男性如果在社会上和经济上都取得了稳定的地位，这种魅力往往容易吸引一些年轻漂亮的女性。当这些年轻漂亮的女性主动攀附时，有些男性既不愿放弃现在的女友又愿意展开新的激情，就形成了多角恋。

第四，恋爱基础不牢固。如果恋爱双方不善于沟通与交流，出现问题不能很好地面对、解决，往往容易给多角恋造成机会。

（2）多角恋问题的咨询

婚姻家庭咨询师首先要明确求助者的角色，然后了解求助者的痛苦、想解决什么问题等。

1）求助者是主角的咨询。首先，了解求助者的困惑是什么，是希望放弃这段恋爱中的每个人，还是不知道应该选择哪个人更合适，或者只是希望释放一些自己的压力。

了解清楚求助者的意图后，应该让其了解到多角恋的危害，多角恋无论从哪方面讲，都表明没有真爱，至少有可能选择的这几个恋爱对象都不是最满意的。应尽快结束多角恋情或转变为正常恋爱，并且尽量减轻对任何一方的伤害，否则有可能给求助者带来更为严重的影响。

2）求助者是副角的咨询。确定求助者属于副角的位置，了解其是否知道自己正处在多角恋之中。如果求助者不清楚自己的位置也不清楚自己应该如何选择，婚姻家庭咨询师需要帮助其了解自己所处的位置和这段恋爱与每个人的利益冲突。

随后，婚姻家庭咨询师要让求助者为自己的决定作出一个计划，并且随时按照计划的目标进行。

3. 猜疑

（1）猜疑心理

两性交往中，猜疑是一种常见的有损于正常恋爱交往的心理。一旦有一方陷入猜疑的误区，必定到处捕风捉影，既损害正常的恋人交往，又影响自己的身心健康。

喜欢猜疑的一方每时每刻都特别留意对方对自己的态度，对对方说的每一句话都要用心琢磨，并且努力寻找对方不忠于自己的蛛丝马迹。这样，不仅自己无法做到轻松自然地与恋人交往，同时，因为时时刻刻心怀疑惑、猜来猜去，结果让对方也处在痛苦烦恼中。这样下去，即便是真挚的恋爱最终也会破裂。

恋爱中猜疑的主要原因在于：

1）自卑心理。自卑是一个让人无法自拔的陷阱，会使一段恋爱毁于其中。

2）情感失衡。恋爱中的猜疑有时候是因为情感失衡引起的。恋爱中一方情感的投入多于对方时，前者就容易产生情感失衡。情感失衡的人常常述说自己投入感情太多，抱怨对方回报太少，对自己太冷漠。抱怨之后，总会归结出对方一定是另有所爱的结论。接下来就开始搜集证据证明自己的猜想。

（2）猜疑心理的咨询

有猜疑心理的人因为时时刻刻心怀疑惑，搞得自己身心疲惫，郁郁寡欢，整日不得安宁。

往往前来咨询的求助者并不认为自己有猜疑心理，他们的目的是希望婚姻家庭咨询师帮助其了解对方的想法并解决对方的问题。面对这样的求助者，婚姻家庭咨询师需要做的是：

1）了解相关情况。

第一，求助者和恋人现在的关系以及对方对求助者的态度。

第二，求助者和恋人的恋爱情况，如何认识、交往。

第三，求助者和恋人之间的矛盾和问题根源。

第四，求助者前来咨询的目的。

2）帮助求助者寻找适合的解决办法。对猜疑心理的自我调整要点是：

第一，冷静理智的思考。怀有猜疑心理的人，总陷在一个自我封闭的思维循环中。求助者从自己的一个假想出发，通过错误、片面的证据，确认了自己的假象。在这个封闭的思维过程中，假象被自己的猜忌所证实，猜疑也就越来越多了。因此，冷静理智的思考是最首要的解决办法。在遇到问题时，不要盲目地和对方争执、吵闹。

第二，克服自卑、建立自信。爱情中的猜疑往往来自求助者的自卑心理。如果说冷静理智的思考是首要的，那么自信则是关键性的基础。建立信心，不要拿自己的劣势和别人的优势进行比较。

让求助者了解自己的优势，相信自己可以给恋人留下好印象，也相信自己可以从恋人那里得到真诚和爱情。

当建立起自信的基础时，求助者就不会每时每刻都为自己的行为、言语、举止、形象等担心，也不会总是怀疑恋人是否会挑剔自己、讨厌自己甚至怀疑对方出去寻找到更合适的对象了。

第三，积极沟通、消除疑惑。很多时候，误会开始都是很微小的，如果不能很快消除，就会发展为猜疑。特别是当自己冷静、理智地思考后，如果疑惑依然存在，此时就应该及时通过双方都能接纳的方式，与对方坦诚地沟通，了解双方的意见和感觉。如果是误会，可以及时消除；如果是观点不同，可以换位思考，至少可以通过沟通了解对方的真实想法；如果通过沟通证明猜疑并非无端，那么良好的沟通也可以使事端化解在冲突之前。

善于自我宽慰的人更容易感到幸福愉快。

第四，不要总是抱怨。如果总是认为对方没有达到自己的标准，不妨回头看看自己的标准是否太高或太苛刻。

第五，善于自我宽慰。生活中遇到误会是常事，在一些小事上不妨让自己糊涂一些，不必斤斤计较，从而消减自己的烦恼。

4. 嫉妒

（1）嫉妒心理

恋爱中的嫉妒心理俗称“吃醋”，是恋爱中的一种普遍心理。从某种程度上说，嫉妒对恋爱可以起到一定的积极作用，但如果使用不当，嫉妒的危害也是很大的。著名心理学家弗洛伊德曾经说过：一切不利影响中，最能使人短命夭亡的，是不好的情绪和恶劣的心境，如忧虑和嫉妒。美国科学家通过调查研究发现，嫉妒心理弱的人在25年中仅有2%～3%的人患有心脏病，死亡率只占2.2%；嫉妒心理强的人，同一时期竟有9%以上的人患有心脏病，死亡率高达13.4%。

（2）嫉妒心理的咨询

1）帮助求助者认识自我。分析自己是否过于敏感、缺乏自信。自卑的人更容易产生嫉妒心理。

2）分析嫉妒的根源。嫉妒心理的产生往往是由于误解所引起，所以首先要搞清楚是不是自己误会了恋人，或者没有搞清楚状况。

3）积极消灭嫉妒心。充实丰富自己的生活，转移注意力，不要把时间和精力都投入到监视恋人身上。

4）要学会控制情绪以及尊重对方的感情。在恋爱时，要允许对方有自己的人际交往空间，也要给予对方一定的空间和时间。

5. 控制

（1）控制心理

恋爱生活中，相互的控制无所不在，很多争吵都是因为控制与反控制引起的。比如今天约会去什么地方、看什么电影、周末如何安排、什么时间该做什么事情等，每天都有多少恋人在较劲、吵架、冷战、打架甚至导致分手。

对于大多数恋人来讲，改变对方比改变自己更具吸引力。而当对对方的改造失败后，自己就会有深深的受挫感，以致有些人对自己的生活也失去了自信。

控制心理的出现是由人的自我防御机制中的压抑作用、投射作用和利他主义等因素引起的。个人希望通过改变对方来满足自己的一种需要，以此证明自己的正确和增加自信。

总在控制对方的人，在恋爱中会缺少幸福感。

（2）控制心理的咨询

恋爱中过度希望控制对方，不仅会给对方造成困扰和焦虑，也会让当事人备感压力。当求助者在婚姻家庭咨询师面前大倒苦水，讲述对方如何没有做到自己希望的那样时，婚姻家庭咨询师首先需要确认，求助者是否有过度控制对方的欲望。

在这种恋爱中，求助者往往会有以下要求：

1）无论对方怎么做，都觉得不满意。

2）任何事情都希望对方按自己的要求做。

3）不希望对方有丝毫违背自己信念的时候。

如果婚姻家庭咨询师确定求助者属于有过度控制欲望的人，首先需要做的是尊重求助者，不要责备或者批评求助者而是积极倾听对方讲述，不要做任何判断。其次，了解求助者的个性、生活背景、原生家庭模式、恋爱对象的情况等因素。最后，帮助求助者了解一个道理：爱一个人不是要控制对方的一切。

出现过度控制，一般没有安全感、不自信、认为自己都是对的、不相信对方几个原因。

6. 完美主义

（1）“完美主义”心理

男女在最初的交往中，由于晕轮效应的作用，各自都只看到对方身上的优点，并且把这些优点扩大化。随着交往时间的增加，双方了解的深入，各自身上的缺点才会逐渐暴露出来。

大多数恋人能通过良好的沟通来解决问题，但也有一部分有完美主义倾向的人，既希望现在交往的对象保持自己喜欢的个性和条件，又希望对方能具备更完美的个性和外在条件。遇到这种问题时，有完美倾向的一方会焦虑不安，不知道应该如何作出选择。

美国心理学家莫妮卡·拉米雷·斯巴斯科认为，具有完美主义性格的人通常有下列特性：注意细节，缺乏弹性，标准很高，注重外表的呈现，不允许犯错，自信心低落，追求秩序与整洁，自我怀疑，无法信任他人。

这类拥有“完美主义”情结的恋人们通常认为自己只要拥有了完美的情人，在今后的恋爱和婚姻生活中便不会再出现任何烦恼和问题。这也正好反映了他们没有信心能处理好恋爱和婚姻中出现的难题。

（2）“完美主义”心理的咨询

求助者咨询的问题是不知道如何抉择，他们对现在交往的对象较为满意，但又觉得他应该再具备更多自己希望的品质和优势，苛求完美。这种要求他人型的完美主义者为恋人设下高标准，不允许恋人犯错误，也不允许恋人有丝毫的不足。

前面已经介绍了具有完美主义情结的人通常具有的几种特征。根据他们的特征，婚姻家庭咨询师需要帮助求助者树立“绝对的完美是不存在的”的观点。要让求助者做到：

1）了解自我。

2）重新认识“失败”和“瑕疵”。

3）了解自己的择偶要求，抛弃以各种苛刻条件来选择恋人的习惯。

4）增强解决恋爱问题的能力。

让求助者以发展的眼光看待另一半以及恋爱婚姻，要相信通过双方的努力可以改进缺点，让暂时的不完美变得完美，要用更开放的态度与人接触。

绝对的完美是不存在的。

拥有完美心理的人，往往反映出他们没有信心能处理好恋爱和婚姻中出现的难题。

7. 性问题

（1）性心理问题

热恋中的恋人由于性激素分泌旺盛、心灵相通、外表相互吸引，很容易发生性冲动和性关系。

但婚前性行为最容易伤害女性的身心健康。能否在恋爱中与对方发生性关系，这是当前在恋爱咨询中常见的问题，求助者多为女性。

女性最担心的常见问题有：一旦发生性行为，对方的态度是否会改变；对方是因为性还是爱才和她在一起；如果被对方抛弃，自己还能否找到称心如意的伴侣。

在没有解决问题前，困惑一方往往产生严重的焦虑情绪，这种情绪可能导致恋爱受阻。

（2）性问题的咨询

求助者对于性行为的态度是性问题咨询的关键。

1）需要了解的问题：求助者最焦虑的问题是什么，讨论求助者对婚前性行为的看法，和求助者共同探讨他常用的处理方法以及这些处理方式带来的后果，讨论其他的处理方案，寻找最符合求助者心意的方法。

2）对于在恋爱中出现的性冲动问题，常见的控制方法有：

①丰富恋爱的形式和内容，不要总是一味地卿卿我我。

②学会转移注意力。当在热恋中有了性冲动时，要马上转移注意力，

这样可以有效地缓解性冲动。

③注意选择谈恋爱的地点。

④注意保持一定的距离。

⑤要善于用理智和道德来约束自己的行为。

恋爱常见心理问题咨询要点

当求助者遇到恋爱中常见问题前来咨询时，婚姻家庭咨询师并不是马上为其出主意和提建议，也不是把自己认为有效的恋爱经验和方式与其分享。

恋爱问题咨询的主要目的是帮助求助者提升个人能力并且寻找到适合他自己的恋爱方式及解决问题的办法。

一般求助者都是独自一人前来咨询，但也可能是恋人双方同时前来。无论是几个人，咨询解决的只是求助者的个人问题，婚姻家庭咨询师不能强迫另外一方改变。

【案例 1—2】结婚还是分手

❖ 案例描述

艾女士初中毕业那年，父母办理了离婚手续，艾女士开始跟母亲单独生活。艾女士很难受，虽然从记事开始就经常听到父母吵架，虽然她也知道父母是为了等到她中学毕业才一直维持这段婚姻，但她心里还是不希望看到这样的结果。从高中起，艾女士更加发奋读书，她总觉得自己不如其他同学，所以更加希望通过自己的考试成绩得到老师和同学的认可，也希望自己能够成为妈妈的骄傲。高中 3 年，艾女士的成绩始终排在全年级前 10 名。

3 年的苦读换来了上海重点院校本科的录取通知书。4 年的大学生活，艾女士更是勤奋向上。做家教、到公司打工，4 年的生活费，艾女士没有向家里伸手要过一分钱。

毕业后，艾女士应聘到北京一家国企，一干就是 5 年。刚工作时，同事介绍了一位高大帅气的男孩给艾女士，但相处不到 3 个月，艾女士觉得对方说话做事太自我，就提出分手。

后来，同事、朋友也陆续介绍了好几个男孩给艾女士，但艾女士总对他们不满意，如其貌不扬、工作单位不好、没有北京户口、做事情不到位。总之，朋友们介绍的这些艾女士没有一个满意的。渐渐地，大家也不给她介绍男朋友了。

从此以后，艾女士更加努力工作，很快从一个普通的技术人员提升到了领导岗位。

28 岁那年，艾女士参加一个交友活动，认识了现在的男友董先生。董先生是北京人，比艾女士大 5 岁，1.78 米的董先生站在 1.69 米的艾女士面前正好合适。董先生专科毕业后在北京的一家事业单位从事建筑设计工作已经快 12 年了。这么多年，董先生的工资还没有超过一个月 5 000 元。第一次和董先生单独相处，艾女士觉得他很实在。董先生虽然是家里的独子，但很会照顾人。董先生的家住在最东边，艾女士住在西边，距离有 40 多公里，但董先生每次开车接送艾女士从来没有怨言。董先生的父母对艾女士也很好，他们觉得一个女孩独自在北京工作很不容易，所以家里只要做了好吃的，他们总会让董先生接艾女士来补补。

但艾女士的妈妈见过董先生以后非常反对他们的交往，认为董先生无论学历还是工资都不如艾女士。妈妈希望艾女士找一个工作能力强、个性又很好的人结婚。艾女士很犹豫，因为董先生和他家人的呵护让艾女士难以放弃。

艾女士还是和董先生交往着，但她越来越不开心。董先生很喜欢艾女士，交往半年后，董先生向艾女士求婚了。结婚还是分手，艾女士始终拿不定主意。带着疑问，艾女士独自来到咨询室。

✣ 分析与建议

1. 初步分析

本案例中婚姻家庭咨询师首先可以了解到艾女士的家庭情况。父母离异，艾女士从小和妈妈一起生活，在学习和生活上艾女士都严格要求自己，从不服输。她希望通过自己的努力得到别人的认可，也希望自己能成功。同样，艾女士对恋人也有这样的要求。在她的眼中，对方无论从什么条件来讲，都要高于自己才行。

2. 咨询操作

(1) 当求助者来到咨询室时，婚姻家庭咨询师需要简单收集其情况(见表 1—1)。这个表格由求助者自己填写。

表 1—1　　咨询人员登记表

姓名：	性别：	年龄：	婚史：
住址：	职业：	联系电话：	紧急联系人：
需要咨询的内容：			
咨询日期：			

婚姻家庭咨询师通过表格可以大致了解到求助者需要咨询的问题。这样，在提问的时候可以有针对性地收集资料。

(2) 了解艾女士需要咨询的问题是“不知道该不该结婚”后，婚姻家庭咨询师需要了解艾女士现在的恋爱情况和发生的问题。

有可能一个小时的时间并不能了解求助者的全部信息。婚姻家庭咨询师应该在咨询前和求助者约定第一次咨询的时间和内容安排。

(3) 深入了解求助者的家庭背景和生活、学习经历，清楚求助者的个性特点以及问题的来源，为后续的咨询奠定基础。

(4) 了解清楚求助者的个人情况和困惑后，婚姻家庭咨询师可以开始和求助者讨论有关的解决方法。

3. 解决思路

第一步：艾女士没有一个清晰的择偶标准，她不清楚自己需要找什么样的对象。婚姻家庭咨询师可以通过《婚恋状况诊断测评系统》来了解艾女士的择偶要求及和董先生的交往情况。

具体做法：让艾女士放松心情，根据自己的需要真实地填写以下内容。

(1) 恋爱前，选择对象在外表方面比较重视对方的：

容貌　身材　衣着　口才　社交能力　职业　收入　学历　理财能力　家庭背景　资产　社会关系　社会地位　兴趣是否广泛　健康

(按照先后顺序排列以上的因素)

(2) 恋爱前，选择对象在内在方面比较重视对方的：

脾气　心地是否善良　人是否善变　上进心　感情是否执著　忍耐能力　人生观　孝心　情绪是否稳定　爱心

(按照先后顺序排列以上的因素)

(3) 如果你和他恋爱结婚，结婚后你希望过哪种生活：

风平浪静的日子　丰富多彩的社交生活　夫妻之间关系密切　夫妻之间保持一定距离　有小康生活的享受　有高级的物质享受　配偶精于制造生活情趣

（按照先后顺序排列以上的因素）

(4) 艾女士对以上内容作出选择后，婚姻家庭咨询师应让艾女士利用两周的时间，对恋人作出详细的观察。尤其注意他的生活习惯、接人待物的态度以及处理情感的方式。

让艾女士仔细考虑她最不能接受的是恋人哪方面的特点。

婚姻家庭咨询师让艾女士再次回答前面 (1) (2) (3) 的问题，看看她的答案是否会有所改变。

第二步：了解艾女士的原生家庭对她的个性和恋爱的影响。从本案中可以了解到艾女士从小父母离异，让她更加争强好胜，做任何事情都期望完美。而且艾女士很在意别人对她的评价和感觉。她希望自己在别人眼中总是优秀的、能干的。通过以下几个简单的问题，婚姻家庭咨询师可以大致了解艾女士是否具有完美主义情结。

(1) 经常在想，某件事如果换另一种方式，也许更加理想。

(2) 是否经常对自己有更高的要求。

(3) 是否对恋人常感到不满，因此经常挑剔恋人所做的任何事。

(4) 是否经常顾及别人的感觉和需要，而放弃自己的需要和机会。

(5) 很在意别人对自己恋人的评价。

(6) 是否常常心里计划今天该做什么、明天该做什么。

(7) 是否总在想，也许下一个恋人会更好。

这些问题她的回答都是肯定的，说明艾女士具有完美主义情结。而且，在咨询中，婚姻家庭咨询师可以了解到艾女士对家人的意见很重视，并且她只要和董先生在一起交往，就会不断观察董先生的这些不足。相处的结果是，艾女士越来越觉得董先生做得不好，越来越觉得董先生身上有很多的不足。

第三步：帮助艾女士接受父母离婚的事实。对于这个案例中的艾女士来讲，父母的离异让艾女士觉得很自卑，总觉得自己不如其他人。所以，可以运用“简快心理疗法”让艾女士接纳父母以及她认为的父母的过错。

具体的操作方法是：

(1) 让艾女士选择一个舒服的姿势坐好，慢慢地呼吸。让她把注意力放在自己的两个肩膀上，感觉自己在慢慢地放松，再放松，允许这种放松到达身体其他部分。

（2）婚姻家庭咨询师对艾女士说，现在用你的方式，看到你的爸爸妈妈就在前面。爸爸在你的左边，妈妈在你的右边。注意看他们在你面前是什么表情。

（3）婚姻家庭咨询师让艾女士把注意力放到爸爸身上，并对艾女士说，我说一句，你在心里默默地说一句："爸爸，亲爱的爸爸，你是我唯一的爸爸，也是最有资格做我爸爸的人。我完全接受你为我的爸爸，也因此接受为此付出的所有代价。请你接受我为你的孩子，生命经由你跟妈妈传给我，里面已经包含了所有我需要的爱、支持与力量。就算我有其他需要，我也能用你们给我的在其他地方拿到。我会好好运用你们给我的，去建立一个成功快乐的人生。爸爸，请你允许我用这个方式来表示我对你的爱、尊重与感谢。爸爸，我把你放在我心里重要的位置，好让我每天都感受到你对我的爱、力量与支持。爸爸，谢谢你，爸爸，我爱你。"

（4）婚姻家庭咨询师让艾女士保持以上状态，看着妈妈，并让艾女士在心里默默重复自己以下说词："妈妈，亲爱的妈妈，你是我唯一的妈妈，也是最有资格做我妈妈的人。我完全接受你为我的妈妈，也因此接受为此付出的所有代价。请你接受我为你的孩子，生命经由你跟爸爸传给我，里面已经包含了所有我需要的爱、支持与力量。就算我有其他需要，我也能用你们给我的在其他地方拿到。我会好好运用你们给我的，去建立一个成功快乐的人生。妈妈，请你允许我用这个方式来表示我对你的爱、尊重与感谢。妈妈，我把你放在我心里重要的位置，好让我每天都感受到你对我的爱、力量与支持。这么多年，你看到我做得这么多、这么好，全是因为你的爱。妈妈，谢谢你，妈妈，我爱你。"

做这个感谢父母的内容，能让艾女士逐渐释放压抑在心里的那份烦恼和痛苦，也能让她减轻对自己的责备。

第四步：帮助艾女士降低由于完美主义情结带来的苦恼。在这个阶段，婚姻家庭咨询师可以和艾女士讨论她做人的标准。先不要在这时和艾女士讲对错问题，也不要轻易判断艾女士的做法就是不好。

婚姻家庭咨询师可以和艾女士做一个"照镜子游戏"，让艾女士了解自己身上的优点，看到自我的价值。

"照镜子游戏"的具体做法：拿出一张白纸，让艾女士先闭上眼睛，认真想想自己身上的优点，然后一一写下来。在写的时候要求不能少于

10 条，每一条都要用肯定的言词。不能出现不错、还行、凑合之类的话语。

写完自我评价优点后，继续闭上眼睛思考，想想如果是自己的家人，会怎么评价自己，会说自己有哪些优点。想清楚之后写下来。

这个步骤让艾女士了解到自己和别人的评价，并且认同自己的优点。

第五步：婚姻家庭咨询师需要和艾女士探讨恋爱遇到矛盾时的处理方法，并且让艾女士学会一些恋爱交往技巧和沟通技术。

做完这五步后，婚姻家庭咨询师需要让艾女士思考这样几个问题：

第一，自己究竟想找什么样的人结婚。

第二，自己是否需要调整已制定的择偶标准。

等到艾女士确定知道自己需要找什么样的人时，她发现董先生并不是真的适合她，她只是因为太缺少家庭的温暖，而被董先生及其家人的照顾所打动。于是，艾女士很快结束了和董先生的恋爱关系，并在不久后找到了真正心仪的另一半。而婚姻家庭咨询师则在艾女士有新的恋情时，每两个月和艾女士做一次面谈，持续帮助艾女士正确处理恋爱中的问题，让她顺利地走向婚姻。

本单元思考题

1. 恋爱中常见的心理问题有哪些？

2. 猜疑的自我调整方法有哪些？

3. 分析下面的案例属于哪类问题，如何进行咨询。

林女士，女，25 岁，经朋友介绍与姜先生恋爱。刚开始时，林女士觉得姜先生脾气好，工作能力也很强。在一次工作联谊中，林女士认识了王先生。在王先生的追求下，林女士很快投入其怀抱。但林女士发现王先生虽然高大帅气，收入很高，可脾气很急，有些时候甚至动手打人。姜先生和王先生各有优点，林女士周旋在他们之间难以抉择。

学习单元 3　防止恋爱暴力的建议

恋爱是大多数青年成长并步入婚姻的一个必经阶段。通常这是一个美好的、令人留恋和怀念的时期。但是，有时候在恋爱中也会经历狂风和暴雨——遭遇恋爱暴力。

了解恋爱暴力及其危害、避免恋爱和约会中暴力的发生，对于婚姻家庭咨询师做好咨询工作十分重要。此外，婚姻家庭咨询师不仅要懂得咨询方法、技巧和原则，更要了解可以纳入的解决暴力的社会机构，了解伤情鉴定的基本知识，能够为遭受恋爱暴力的咨询者提供建议和支持。

学习目标

- 掌握有关恋爱暴力的相关知识
- 能帮助求助者分析恋爱中的暴力
- 为求助者解决恋爱中的暴力问题提供建议

一、恋爱暴力的概念

恋爱暴力，在西方国家也称为约会暴力。目前没有统一的定义，一般将恋爱期间或约会期间发生的暴力行为归为恋爱暴力或约会暴力。可以将恋爱暴力界定为：发生在具有恋爱或约会关系的两个人之间，一方向另一方施加的暴力。这种暴力行为包括性、精神或肉体方面的虐待。

在我国，恋爱暴力尚未引起社会充分的关注，案例情形和统计数字待考。但从一些公开的案情来看，它确实存在，主要表现形式为：

1. 性虐待和约会强奸

性虐待和约会强奸指非自愿的性行为或性接触，或被迫参与低劣可耻的性行为。包括因时间太晚，女性无法回到自己住处，男性强留女朋友同宿并强奸；约会时酒后或下迷药后强奸；强行在女性住处留宿并强奸等。由于在约会中的关系并不一定是稳定的情感关系或确定的同居关系、约会的场所不确定，约会中的强奸也可能在任何地方发生，如住所、酒吧、公园等。这里的特殊性不在于地点，而在于受害人对约会对象通常缺乏警惕。因此，有必要提出约会强奸的概念，让社会意识到这种犯罪形式是存在的。

2. **身体暴力**

身体暴力包括拳打脚踢、掌掴、手推、扼喉、嘴咬、烧伤、扯发、禁闭、击打或武器袭击等行为。

3. **精神虐待**

精神虐待包括威逼、恐吓、侮辱、取笑、叫骂、施压、破坏对方财物、限制对方行动、使其与亲友隔离等行为。

统计数字表明，男性对女性施暴并不是个别的、偶发的事件。绝大多数两性之间的暴力都是男性侵犯女性，也有个别女性对男性施暴的案例。妇女受到的暴力是系统的、结构性的。所谓结构性就是指女性所处的不利的社会地位，男尊女卑、对性别角色的传统期待，男性在政治、经济和社会各个方面的支配地位，都是男性对妇女施暴的原因。

一般认为恋爱、约会是私人的事情。但是，如果恋爱、约会伤害女性甚至致人死命，这就不是私人事情，而是触犯公法、危害人权、破坏社会稳定的事情，社会、法律必须介入。

二、恋爱暴力的特点

暴力发生在有恋爱行为的两个人中间，双方没有明确的法律意义上的婚姻关系。这是恋爱暴力的首要特点。此外，它还具有以下特点：

1. **具有普遍性**

这种暴力不仅可以发生在血气方刚的年轻人身上，不同年龄、职业或者性别的人之间都会发生恋爱暴力。

2. **具有隐蔽性**

在恋爱关系中，一般人会把暴力看做当事人双方的吵架行为，而不是暴力行为，更有人认为这是两个人之间亲密行为的正常表现。暴力发生之后，女方会用“他是爱我的，不爱我就不会生那么大的气”来安慰自己。因此，即使发生了暴力行为，通常情况下很多人不愿意公开，不愿意寻求外援，或者不好意思公开。这就导致恋爱暴力被掩盖，曝光率低。

3. **具有多样性**

暴力的形式包含精神上、情绪上、语言上、肢体上、经济上与性方面。有些男女朋友会约束对方不准与别人接触，特别是不许与异性朋友接触，从而造成对方精神上的压力。有些人在心情不好的时候，可能将情绪转移到自己的朋友身上，甚至引发尖锐的语言冲突。此外，也有的人因为一方长期供养对方而认为出钱的就拥有发号施令权，经常以金钱作为控制的手段威胁对方。

4. 具有循环性与增强性

暴力像一个以控制为核心的旋涡。暴力通常由一些事情作为导火线而形成，然后回复平静。暴力经常会由小到大、由少到多、由缓到急，从推拉演变成殴打，从几个月一次逐渐成为一个月好几次。暴力会逐渐增强，甚至置人于死地。

三、如何防止恋爱暴力

恋爱中的女性要学会自我保护，防止恋爱暴力的发生。第一，警惕约会强奸，充分与对方沟通，达成共识：没有双方同意，不发生性关系。第二，用言语技巧说服、阻止自己不想接触的性接近。第三，学校增设反强奸课程，教女生防身自卫。第四，万一发生了强奸，千万不要立即洗澡洗衣服，而要先到医院检查、取证，继而向警方报案。第五，建立社会支持网络，给强暴受害者以情感和心理支援。例如“强暴危机热线”协助报警、联系心理咨询，防止受害人陷入心理危机。如果被害人系未成年少女，要帮助通知其父母或监护人；对于严重受害者，要协调联系医疗照顾。第六，诉诸媒体，提高全社会反对约会强奸的意识。

在恋爱的过程中，对对方要“三看”：一看原生家庭交往和沟通模式，其父母是否经常用暴力解决问题；二看他本人的性格及交往模式；三看对自己的态度，是平等还是控制。

四、恋爱暴力的咨询建议

1. 了解求助者恋爱现状

对于刚刚遇到过恋爱暴力的求助者，在完成了以上工作后，咨询工作进入本环节；对于其他求助者，咨询工作可直接进入本环节。此时，婚姻家庭咨询师要了解求助者目前恋爱的进度，了解恋爱中两个人的沟通方式、问题解决方式、主要矛盾的焦点等状况，判断两个人的权利关系及沟通模式等，为下一步咨询奠定基础。

2. 帮助分析恋爱暴力

在了解求助者的恋爱状况后，和求助者一同探讨产生恋爱暴力的原因、频率，通常发生的时间和地点等。

3. 给予建议

婚姻家庭咨询师可以根据不同的情况给予求助者避免恋爱暴力的建议。例如，学习自我保护知识，重建沟通模式，重新审视恋爱关系，在暴力发生时不要进一步激化矛盾，帮助求助者寻求并建立自身的支持网络等。

（1）对偶发性恋爱暴力的建议

第一，学习有效的人际沟通模式，促成双方有效的沟通。第二，发现过往事件中矛盾冲突的原因，在以后的交往中避免类似行为的发生，减少产生暴力的可能。第三，要勇敢地阻止第一次偶然的暴力，而不是在发生暴力后忍气吞声。这样才能避免以后再次发生暴力。

（2）对经常性恋爱暴力的建议

对于经常发生恋爱暴力的求助者，首先建议其诉诸法律，寻求法律的保护；其次考虑指导施暴者进行人格测试，并约见心理学专家，测定其是否存在心理问题，根据问题对其进行治疗；最后建议求助者对现在的恋爱关系进行评估，考虑开始新的生活。

防止恋爱暴力咨询要点

1. 由于恋爱暴力具有隐蔽性，因此，预约求助者要注意以下问题：第一，如果求助者不愿意公开求助，那么约见的时间和地点都要事先征得求助者的同意。第二，预约时告知求助者咨询中的相对保密的原则。第三，预约求助者时要问求助者是希望恋爱双方都参加，还是仅求助者参加，根据不同的参与人员制定不同的咨询方案。

2. 婚姻家庭咨询师要观察、判断求助者是否有伤情，确定是否需要转介到有关医疗单位。婚姻家庭咨询中心应该常备一个通讯录，记有医疗单位的地址和联系方式，以便在第一时间帮助求助者联系到对应的医疗机构。

3. 除了观察、询问求助者受伤情况外，特别要注意观察了解是否发生了性暴力，尤其是交往关系不太深入的人之间的约会强奸。一般而言，如果发生了后一种情况，求助者会有比较强烈的身心反应。这时，需要婚姻家庭咨询师进行紧急介入，进行安抚，并要与求助者讨论是否报案及如何报案。

【案例1—3】他是爱我的，他是会改变的

✣ 案例描述

刘先生和华女士谈了一年的恋爱。一次，刘先生对华女士表示，两人一年多以来感情没什么实质性的进展，如果她真的喜欢自己就应该答应发生性关系，否则两个人就分手；并表示他若与华女士发生关系一定会娶她，会对她好的。华女士原本不愿意，但刘先生连哄带威胁的话使她感到很大压力，两人便发生了性关系。此后刘先生对华女士越来越没有耐心，和当时追求她时判若两人。在一次冲突中，刘先生竟出手打了华女士两个耳光，事后刘先生马上道了歉，说自己很爱华女士，不把华女士当外人才会这样，表示以后一定会改的。可后来他出手打人的频率却越来越高。每次被打后，尽管感到非常伤心，但华女士还是又原谅了刘先生，心想自己已经是他的人了，他是爱我的，他是会改变的，并想着或许等两人结婚后情况便会改善。华女士经常带着伤去上班，终于有一天，她的同事也是好朋友晓云看不下去了，在晓云的再三劝说下，华女士来找婚姻家庭咨询师咨询。

✣ 案例分析

本案例中华女士遭受到的是恋爱暴力和约会强暴。华女士并非出于自愿与刘先生发生关系，而是在刘先生甜言蜜语又语带威胁的情形下发生的。刘先生并没有真正尊重华女士的选择，很明显，刘先生对华女士实施了精神、情绪、肢体上的暴力。但是，华女士并不希望寻求帮助和支持，并用“他还是爱我的”为借口来安慰自己，认为婚后会有好转，这正反映了恋爱暴力的隐蔽性。刘先生对华女士打骂频率的增加正是约会暴力呈循环性和增强性特点的体现。

华女士对待恋爱暴力的想法和做法，也反映了社会上一些人的传统观念。一是认为自己已经与对方发生性关系，“是他的人了”，就应该与对方继续保持恋爱关系。二是认为对方是爱自己的，对自己的暴力是可以原谅的，以为婚后可以改变目前所处的暴力状况。

✣ 咨询建议

1. 做好接案的工作

本案例中，当事人华女士并不是完全自愿的求助者，是被朋友动员

来的。因此，婚姻家庭咨询师在接案阶段要用心与其建立咨询关系，使其有信心接受辅导。

在此阶段，婚姻家庭咨询师的工作重点在于了解情况，决定是否需要进行紧急介入；了解华女士遭受暴力的情况，暴力属于哪个类型，暴力的严重程度。

2. 帮助改变求助者的偏差认识

在咨询中，应通过介绍相关知识增强求助者对恋爱暴力的认识，与求助者一起分析产生恋爱暴力的原因，并一同探讨解决方案，改变华女士“他是爱我的，婚后会改变”的消极想法，帮助她树立改变的信心，学习恋爱沟通技巧，提高重建恋爱关系的能力，并给予恰当的建议。

此外，应设法动员其男友一起接受辅导，重点做好对刘先生的辅导。对刘先生的建议主要可围绕这样几方面：一是帮助分析其家庭背景、生活环境，分析其暴力行为形成的主要原因。二是运用行为治疗方法帮助其改变在恋爱关系中的暴力行为。三是帮助其树立男女平等的思想，认识暴力的危害，看到暴力对华女士造成的影响，从华女士的角度考虑问题，学习正确的沟通技巧，使其能够应用到今后生活中。

✣ 注意事项

1. 注重帮助求助者分析暴力的发生频率

首先让求助者认识到什么是暴力，哪些行为属于暴力范畴。明确暴力的定义后，让求助者描述暴力发生的时间段，用明确的量词加以限定，如是每周一次殴打、辱骂，还是每月一次，或者每天一次等。明确暴力发生的频率有助于婚姻家庭咨询师判断暴力是偶发性的还是经常性的，进而采用不同的辅导方法，给出不同的咨询建议。

2. 帮助求助者分析暴力的性质

帮助求助者分析暴力的性质和认识暴力并非正确解决问题的方法；暴力会导致关系的破裂甚至人员伤亡。通过分析暴力产生原因和进行社会性别等培训，进而认识家庭暴力的思想根源、错误性和非法性。

对于恋爱暴力，尤其是约会强奸，要提醒求助者保留证据，及时报警；如有需要，应陪同求助者就医。

3. 注重对施暴者的帮助

防止恋爱暴力的发生，要注重对施暴者的辅导和帮助，帮助他们认识到实施暴力行为的思想根源、危害，帮助其树立正确解决问题的方法，并消除暴力行为。只有使施暴者正确认识到施暴行为的错误性和非法性，才能从根本上发生改变，才能改善双方的交往关系，获得真正意义上的两性平等。

本单元思考题

1. 如何正确地评价恋爱关系？
2. 如果遭遇恋爱暴力，受暴者应当如何对待？
3. 婚姻家庭咨询师应当如何处理恋爱暴力？
4. 在恋爱暴力咨询中，婚姻家庭咨询师如何坚持保密原则？
5. 请分析以下案例，并给出咨询建议。

家住郊区的梅小姐，25岁，中专毕业。毕业后一直没有合适的工作，就和母亲一起在小区门口卖香烟。梅小姐的母亲认为梅小姐该结婚了，于是到处托人给梅小姐介绍朋友。在经过几次相亲后，最终梅小姐的妈妈为梅小姐选择了刘先生。起初梅小姐并不看好这个人，因为此人初中毕业，个子不高，相貌普通，梅小姐认为不合适。但是梅小姐的妈妈坚持认为刘先生初中毕业后就自己闯荡，做生意，会赚钱，而且家又在市区，有房子、有车，跟着刘先生还可以把户口落到市区。禁不住母亲的劝说和刘先生每天的甜言蜜语，梅小姐决定听从母亲的建议，与刘先生建立恋爱关系。起初，刘先生对梅小姐很照顾也很体贴，半年之后准备谈婚论嫁。一天刘先生损失了一笔生意，心中不快，就去餐馆和朋友喝酒，梅小姐劝他少喝，怕喝多了伤身体。结果，刘先生认为在朋友面前没有面子，打了梅小姐一巴掌。梅小姐哭着回了家。第二天，刘先生买了东西前来向梅小姐的母亲赔礼道歉并保证以后不会发生这样的事情。梅小姐很生气，但是梅小姐的妈妈认为这是很正常的事，梅小姐应该和刘先生和好。于是，梅小姐听从母亲的建议和刘先生和好了。第二次，梅小姐因为劝刘先生不要和不三不四的人进行生意往来，刘先生生气说，生意是自己的，梅小姐没有资格说，并踢了梅小姐一脚。如同第一次一样，梅小姐又在刘先生的甜言蜜语和母亲的劝说下回到了刘先生身边。此后，刘先生生意不顺或者喝酒以后经常对梅小姐进行辱骂，有时还动手。但是，每次母亲都会说刘先生怎样好，生活就是这样的。梅小姐不知道该怎么办，于是求助婚姻家庭咨询师。

第 2 节　婚前咨询

学习单元 1　原生家庭对婚姻的影响

原生家庭是指个体与父母、祖父母、兄弟姐妹所构成的血亲家庭系统，而非自己与妻子（丈夫）、子女所组成的现实核心家庭。原生家庭对一个人的成长历程、身心健康、人格特点、认知情感特征、价值观的形成和待人接物方式等，都产生着至关重要的影响。对个体的婚姻观、婚姻角色和能力、对婚姻的期待和主观幸福感等，也具有难以估量的影响。了解一个人的原生家庭，对分析和了解其现实家庭的结构、功能和问题都是至关重要、不可忽略的。

学习目标

➢ 了解原生家庭的相关内容

➢ 了解原生家庭对个人婚姻的影响

➢ 熟悉家谱图的绘制和使用

一、原生家庭概述

原生家庭这个概念最早是维琴尼亚·萨提亚提出来的，萨提亚认为，一个人和他的原生家庭有着千丝万缕的联系，而这种联系有可能影响他的一生。个人和经历也有着难以割断的联结，一个人的不快乐可能是因为儿时未被满足的期待。

原生家庭又称生长家庭，是人出生后为人儿子或女儿的家庭。人出生后成长的家庭具有不同的家庭成员，这些家庭成员之间形成了不同的关系，这些关系包括父亲、母亲、兄弟姐妹与自己，也可能包括继父母与继兄弟姐妹，或者与该家庭关系密切的姑姑、叔叔、舅舅、姨等。人在家庭关系中，通常会先接受父母与家人的社会化，家庭对于个人成长、个人人格塑造方面有着深刻的影响，可能一个人对于父母未完结的情绪的反应会体现在这个人的一生当中。

作为婚姻家庭咨询师，在进行婚姻家庭咨询时，要把家庭作为一个系统来综合考量，不能把个人的行为独立于家庭之外。因此，婚姻家庭咨询师应当了解以下几点内容：

1. 原生家庭具有投射作用

例如，一个人如果从小和其父母、兄弟姐妹的感情比较疏远，那么他将来也会和自己的妻子保持一定的距离，在这种情况下，他的配偶会将自己的关注转移到孩子身上，从而更加加深了配偶和孩子的过度亲近以及夫妻间的疏远。

可见原生家庭的成员关系影响到新生家庭的成员关系，其结果可能致使新生家庭孩子的情绪发展受到影响。

2. 个人在原生家庭中的排序会对其产生影响

个人在原生家庭中的排序，会对其以后的行为方式、情绪的发展产生一定的影响。特别是原生家庭中的家长对于不同排序的孩子的关注，会对个人的成长产生影响，这种影响会延续到新生家庭。

3. 原生家庭的焦虑会代际传递

如果一个人的原生家庭中，父母的焦虑（婚姻冲突、夫妻关系、孩子问题等）较多，他可能会在自己婚姻问题上选择一个类似的女子作为配偶，并且在之后的新生家庭中沿用父母的行为模式，还会将这种气氛复制到自己的孩子的生活中，而且可能会比原生家庭的父母的焦虑更多。可见这种情感、影响可以在代际间传递。

因此，婚姻家庭咨询师，在进行婚前咨询的时候要分析求助者的原生家庭系统对其是否产生影响，影响是什么样的，影响的程度如何。对于求助者和原生家庭的关系，可以借助家谱图来简单的勾勒，帮助婚姻家庭咨询师尽快清晰地理清问题所在和咨询思路。

二、原生家庭的影响

1. 原生家庭对个人的影响

原生家庭影响和塑造着个体，决定着人格的发展，决定着一个人的自我分化程度。

自我分化是个体成熟与独立的象征，是一种面对焦虑时能否弹性和聪明地处理问题的能力。自我分化的程度影响一个人处理压力的能力。自我分化程度低的人更倾向于情绪化，他的生活会被周围人的反应所驱使，在承受压力的情况下会表现出情绪或出现症状。自我分化度越高的人，就越有弹性，他处理问题与人际关系更为灵活。一个人自我分化的水平很大程度上表明他在家庭中的自主水平。原生家庭中的三角关系、家庭投射过程、跨代传递过程等，都能够影响一个人的自我分化水平。

原生家庭对个人社会化有着重要影响。婚姻家庭咨询师应十分重视其对个人成长家庭观念、婚恋观念等的影响。

当家庭中父母之间出现不能处理的问题时，会有一方或双方都转而寻求同情与支持。这时往往迫使孩子卷入冲突，以便处理问题，平衡关系。如果冲突频繁发生，孩子就会被卷入并形成情感三角关系。在原生家庭投射过程中，父母会将他们之间功能太强或者失去功能的状态传递给子女。

正如前面提到的例子，如果丈夫从小和自己的父母、兄弟姐妹的情感是疏远的，他会倾向和妻子也保持一定距离。妻子因为丈夫的疏远，可能转而将关注都倾注在孩子身上。妻子花很多时间和精力对孩子过度关注，这使妻子特别依恋孩子。这种依恋不同于关心：妻子因为焦虑而过度关注孩子，从而减轻这种焦虑。同时，丈夫也会接受妻子对孩子的过度关注，这就加剧了妻子与孩子之间的纠缠以及与丈夫的更加疏远。这种情感减少了丈夫和妻子共同分享兴趣的可能性，并损害了孩子的独立性和自我分化程度。

这种关系模式通过代际传递可以将焦虑一代一代长期地传递下去。那些一定要给孩子过度关心的父母，不管孩子是遵从还是反抗，都代替孩子选择。这使孩子基本上没有机会学习如何独立思考、如何对他人作出正确的反应。当这些孩子离开家庭后，他们希望成为自己生活的主宰，不像父母那样。不幸的是，很多人通常是失败的，不得不继续传承原生家庭的模式。

家庭发展的最佳模式应该是家庭成员能够很好地自我分化。绝大多数父母都与自己的原生家庭有很好的情感联系，但不能避免代际传递的影响在自己的家庭中出现，清楚地了解原生家庭对自己的不良影响，有助于出现问题时进行自我调整。

2. 原生家庭对择偶的影响

一个人受其父母分化程度的影响，往往会和父母一样，选择与类似分化程度的人结合，两个人在新家庭中建立起类似父母的情感气氛并将孩子置于这种气氛之中。比如在一个母亲强势、父亲弱小的家庭中长大的男孩儿，很可能找一个与他的母亲相似的女人为妻，并将这种情况重复下去。在原生家庭中的同胞兄弟姐妹之间的排序也会影响一个人的择偶，比如一个在家中最小的孩子，会期望找一个能照顾他（她）的伴侣；一个长子会比较主动承担家庭的责任。核心家庭中的独生子女不得不同时承担家庭的期待、责任与义务，感到压力太大时会逃避。但不管在哪里，都需要面对和处理内心的矛盾与冲突。此外，一个人在原生家庭成长过程中所遭受的重大生活事件或者创伤，同样也会影响其对配偶的选择。

原生家庭由于父母的情况不同，他们长期互动共同建立起的生活关系模式各不相同，因此对子女择偶的影响也比较复杂，没有一种固定的模式，需要依照具体情况进行分析。

3. 原生家庭对婚姻关系的影响

“他们经常唇枪舌剑、彼此伤害，天天活在痛苦的煎熬里，然而在心理上，却又处在‘剪不断、理还乱’的纠缠‘共生’状态。”一方面叫苦连天、彼此怨恨，另一方面又都离不开对方，这就是在许多夫妻中都可以看到的纠缠型的“共生”状态。这种夫妻，在工作场合各自与人相处都没有问题，但在婚姻关系中，问题却层出不穷。这种情况从心理学角度来看，双方是把过去在“原生家庭”中没有解决的心理情结，又带入到现在的婚姻关系中。在这里，夫妻在亲密关系中的情感依附和原生家庭的格局常常十分相似。

那些通过疏远和退缩来处理焦虑问题的人在自己的婚姻中也会表现得如此。在心理退化状态中，当事人潜意识里会误以为配偶是自己的父母或是主要抚养者。

有这样一个个案。父亲在女儿12岁那年有了外遇，一天，与妻子大吵之后就离家出走再也没回来。这个女孩在后来与配偶冲突时，潜意识中把配偶当做过去抛弃自己的父亲，引发了深藏在心中难以控制的情绪，终于导致了激烈而难以理喻的行为。

由此可见，在原生家庭中形成的分化的独立人格是人们正常发展的标志，也是推进治疗的基础。有研究者用家庭生命周期描述了家庭系统重新调整的过程以及家庭成员的加入、离开和成长的过程。在脱离家庭阶段，年轻人的主要任务是与家庭分离，但不是剪断与家庭之间的关系。年轻人在谈恋爱、建立自己的小家庭之前，是建立独立自我的最好时机。在通过婚姻进入到家庭生活的阶段，人们面临的主要任务是成为婚姻中的配偶，这并不是简单地两个人住在一起，这是两个系统的转换。如果前一阶段的问题没有解决，两个年轻人不能处理好与原生家庭的分离或情感阻断，就会给新婚夫妻间的磨合带来很多的麻烦，这些麻烦有可能一直缠绕在夫妻之间。

三、家谱图的绘制和使用

1. 家谱图概述

家谱图用图表的形式将至少三代人两系（父系和母系）的家庭的血亲、婚姻关系等家庭状态画成图表，用来记录家庭的历史、家庭成员间的关系及关系程度、个人在家族中的位置等信息，帮助婚姻家庭咨询师和求助者对于一个家庭及其系统有清晰的认识，以了解求助者现在的问题的根源。

2. 家谱图的绘制

家谱图是用来描述家庭模式的简明直观的方式。它可以清楚地展示家庭的结构框架和关系模式。无论是家庭生命周期不同阶段所发生的典型模式，还是发生特殊生活事件时出现的问题和困难，在家谱图中都可以明确地展现。

运用家谱图可以协助婚姻家庭咨询师对求助者的家庭状况有较清晰的认识。绘制和使用家谱图是婚姻家庭咨询师的基本能力。

家谱图的基本结构主要是描述不同的家庭成员从一代到下一代的血亲关系和婚姻关系。在家谱图中，图形代表人，线代表关系。

(1) 绘制家谱图的步骤

1) 询问求助者父母的自然情况。父母的结婚日期、生日和出生地、目前的年龄或去世时的年龄、职业、民族、受教育情况、业余爱好、健康状况等。

对于单亲家庭、继父母家庭以及其他意义上的家庭来说，可以对家谱图进行适当的调整和改动，以适应现实情况。

2) 形容求助者父母的相关情况。请求助者用三个形容词描述父母在压力情境下采用的主要应对方式以及对现在的影响。

3) 了解家中孩子的状况。用上述步骤分别了解求助者的孩子从小到大的情况。

4）了解求助者祖父母、外祖父母的情况。用上述步骤分别了解求助者的祖父母、外祖父母的情况。

求助者还要根据自己的观点指出父母和祖父母持有的家庭规则、家庭价值和信念（对教育、对金钱的观念等）、家庭的禁忌和目标。

（2）绘制家谱图的标志

在绘制家谱图时，一般用方形代表男性，圆形代表女性。用双线条的方或圆来表示被家人定义为有问题的男性或者女性，要围绕求助者来构建家谱图。已经死去的人，在其相应的符号中画×。出生和死亡日期分别标记在符号上面的左边和右边。成员当下的年龄或者死亡时的年龄通常标记在符号内。夫妻关系用先向下再横接的线相连，丈夫位于左边，妻子位于右边。日期之前的“M”代表结婚时间。如果年代混淆的可能性很小，结婚时间通常用结婚所在年份的最后两个数字来表示。用三条平行线表示过于亲密的关系（纠结），折线表示冲突，点线表示关系疏离，断开的线表示关系中断。

夫妻双方分居或者离婚相应的表示方法为：在婚姻线中间画一条单斜线表示夫妻分居，画双斜线代表离婚。追溯到三代以上的家谱图中，已死亡的个体中间打叉。只有那些与求助者相关的死亡者才在家谱图中标示出来。一般用汇聚一点的线连接双胞胎与他们的双亲。

家谱图绘图规则与标志见如图 1—2 和图 1—3 所示。

一般在婚姻家庭咨询中，通常家谱图由婚姻家庭咨询师绘制，但也可以是婚姻家庭咨询师与求助者一起绘制，采用哪种方式绘制，取决于婚姻家庭咨询师使用家谱图的目的。如果婚姻家庭咨询师使用家谱图只是为了自己对求助者有比较清楚的了解，从家庭系统的角度建构自己的假设，那么可以自己根据对求助者的访谈绘制出家谱图。如果婚姻家庭咨询师希望与求助者一起利用家谱图探讨求助者的问题，那么最好由婚姻家庭咨询师与求助者一起绘制家谱图，这样可以促进求助者更投入，还能让求助者自己从家谱图中得到一些顿悟。

（3）家谱图上所表达的家庭信息

家谱图可以勾画出家庭生命周期中每一个阶段的家庭状况。在家谱图中，不同的结构提示婚姻家庭咨询师去探索不同的问题，家谱图上所表达的家庭信息及功能主要包括以下方面：

1）家庭成员的基本信息及历史。包括人数、年龄、性别、种族、宗

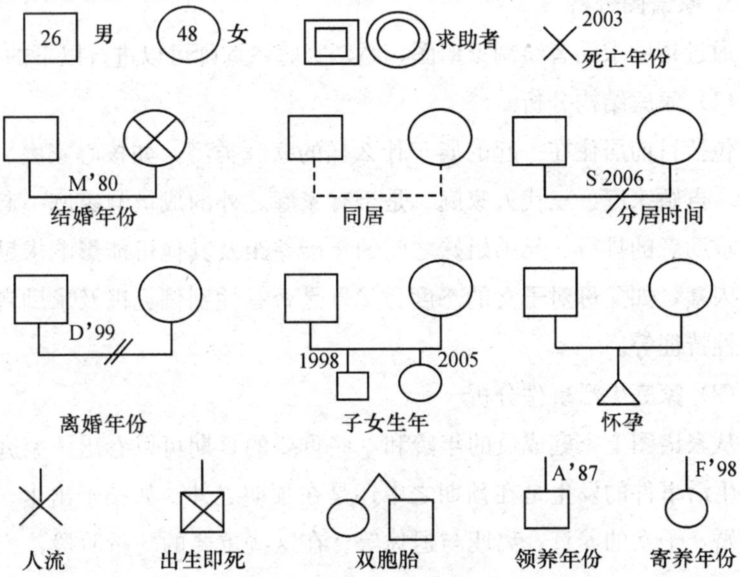

图 1—2　家谱图中家庭结构现状的标志

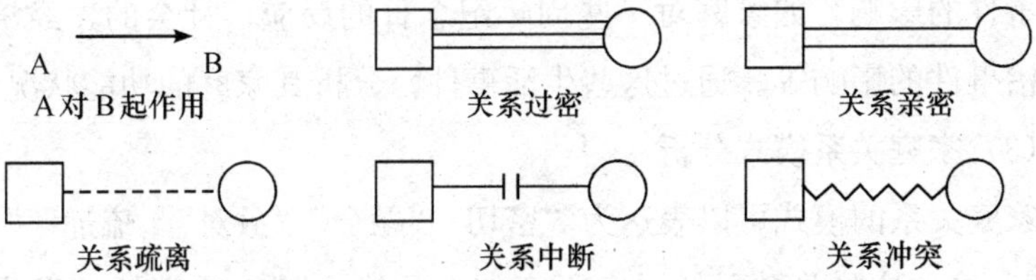

图 1—3　家谱图中家庭关系模式的标志

教背景、兄弟姐妹的排位顺序、教育文化程度、社会角色、经济状况、目前健康状况等。

2）家庭重要生活事件信息。包括出生、死亡、结婚、分居、离婚、大病、重大事件的日期（原因）、家庭结构。如当某一位家庭成员进行手术时，其他家庭成员有何反应及家庭有无特殊文化偏见和禁忌等。

3）家庭成员信息角色及关系。主要表现，一是在这个家庭中几个不同世代关系的资料，如哪些家庭成员相互疏远或有严重冲突，哪些家庭成员之间关系非常亲密，家庭中有无权威，家庭成员一般向谁倾诉情感或困难。二是这个家庭中的问题所在，如夫妻之间的婚姻状况如何，家庭成员在与孩子相处中有无特殊的困难；哪个家庭成员被认为有问题，他的主要问题或症状是什么；哪个家庭成员热心关注家庭的事情，哪个是疏远的，哪些家庭成员构成了紧密的小团体，等等。

3. 家谱图分析

通过帮助求助者绘制家谱图，婚姻家庭咨询师可以进行以下的分析：

（1）家庭结构分析

包括目前居住在一起的属于什么样的家庭类型，如核心家庭、单亲家庭、再婚家庭、三代人家庭、是否有家庭之外的成员与家庭一起居住等。求助者的排行、兄弟姐妹之间的年龄差距及其他可能影响求助者发展的因素，如父母对子女的态度、父母是否有性别偏见以及求助者本身的个性特征等。

（2）家庭生活事件分析

从家谱图上家庭成员的年龄和一些重要的日期可以看出，家庭中的一些生活事件的发生是在预期之中还是在预期之外。如孩子出生、离家及结婚，子女的养育、离职与退休等。在这些重要的转折阶段，家庭是如何应对的。

婚姻家庭咨询师应当注意一些偶然事件的发生，生活变化、转折及创伤事件的影响，如家庭对一些周年纪念日的反应；社会的、经济的以及政治事件的影响等。通过这些生活事件，分析其家庭的功能状况。

（3）家庭关系模式分析

家庭关系的模式可以表达为“密切”“融合”“敌对”“疏远”“冲突”“隔离”等，这些关系不是固定不变的，可能会随一些事件的发生而改变。可见，家庭关系是非常复杂的，婚姻家庭咨询师要特别注意细节的变化。

尽管从家族谱图上可以直观获得很多对了解研究家庭有益的信息，但家谱图毕竟只是一张图示。收集更详细、重要的信息还需要深入的访谈，家谱图只是对信息的一种概括。尽管家谱图有局限性，但是，家谱图与家庭年表仍被认为是追踪家庭生命周期的最佳工具。

（4）家庭角色分析

新生家庭的夫妻双方来自不同的家庭，有些家庭夫妇双方都来自大家庭，也有些是一方来自大家庭，另一方来自核心家庭。婚姻家庭咨询师通过对家庭成员角色的观察可能会发现，在有些家庭中，多个人扮演同一个角色。如现在的独生子女家庭中，特有的家庭结构往往使养育孩子的角色由原来的父母双方扩大到祖父母、外祖父母都参与，甚至有些家庭中连父母的兄弟姐妹也扮演这一角色。反之，也有一个人在家庭中扮演多种角色的情况，我国的城市家庭大部分是双职工家庭，妻子不仅是家庭主妇，也是家庭的经济支持者。对于这种情况，婚姻家庭咨询师要注意到求助者在家庭中的角色问题。

原生家庭对择偶和婚姻影响咨询要点

针对婚前咨询的案例，婚姻家庭咨询师首先要想到求助者原生家庭对其成长过程的影响，以及由此带来的择偶和婚姻的影响。可以借助家谱图的形式帮助求助者认识家庭结构、家庭关系和家庭影响，从而帮助婚前求助者更好地做好择偶和婚姻的心理准备，解决遇到的问题。

【案例1—4】她为什么总让姑姑出谋划策

✣ 案例描述

毕先生和陈小姐恋爱3年多，小吵不断，完全没有了恋爱初期时的甜蜜。毕先生认为陈小姐做事从来不听自己的意见，不论大事小事全要她说了算，并且陈小姐还特别喜欢让她的姑姑“出谋划策”。对此，毕先生特别不满，他觉得陈小姐没有和自己一条心，老是让外人掺和到两人的恋爱关系中。于是，毕先生和陈小姐到婚姻家庭咨询中心找婚姻家庭咨询师进行咨询。

✣ 分析与建议

经婚姻家庭咨询师详细的询问，毕先生和陈小姐各自的原生家庭的情况及其对两人恋爱关系的影响逐渐清晰。

1. 原生家庭分析

毕先生的原生家庭基本情况如下：毕先生出生在一个书香门第，在家里是长子，弟弟比他小了七八岁。在弟弟尚未出生的几年里，父母对他倾注了很多心血，给予良好的教育。有了弟弟后，他以大哥的姿态处处做表率，尤其是父母去世后，他成为家里的核心，弟弟的许多事情都是他做哥哥的来操办，弟弟也十分尊重他。这使得他习惯于在家里说一不二。

陈小姐的原生家庭背景是这样的：陈小姐家有三个孩子，她在家排行老二，上有姐姐下有弟弟。在她出生前，父母就一直想要一个男孩，她的出生使父母很失望，一年后她的弟弟便出生了。一直以来，陈小姐觉得父母对姐姐和弟弟特别好，而自己在家里一直处于被忽视的处境。不管姐弟们谁闯了祸，父亲总是先批评陈小姐。姐姐的工作是父母找人帮忙安排的，陈小姐的工作却是自己经过辛苦努力，一家家单位应聘得来的。从小陈小姐就觉得亲人中对她最好的人，不是父母而是姑姑，她也非常重视姑姑的意见。

2. 原生家庭对当前恋爱关系的影响分析

在对毕先生和陈小姐各自原生家庭情况有了一定了解后，婚姻家庭咨询师和两人一起分析了原生家庭对现在恋爱关系的影响。

通过对双方在原生家庭中的排行及角色功能的了解，可以看出：第一，陈小姐在与毕先生恋爱准备建立自己的小家庭时，幼年渴望受到重视、以她为中心的想法再次被放大，并希望梦想能够实现。小时候让她觉得比父母更亲近的姑姑则成了替她“拿主意”的人。而她遇到的男朋友老是摆出“大哥”风范、经常反对自己的行为，这就使她十分愤怒，觉得男朋友仿佛就是当年的父亲一样，对自己过于严格和苛刻。可以说，陈小姐对男朋友的不满，是对父亲多年不满的再现。第二，虽然事实上毕先生对女朋友是尊重的，他希望双方有事要商量，但做惯“大哥”的毕先生不仅不能接受女朋友专断的现实，不能容忍女朋友有事都与姑姑商量，更是不知不觉中以自己一贯正确的态度对待女朋友，贬低女朋友的意见，指责女朋友。这样，双方自然会产生矛盾。

3. 婚姻家庭咨询师的建议

在咨询中，婚姻家庭咨询师帮助两人重新认识自己在原生家庭中的位置及对现在恋爱关系的影响。一方面，帮助陈小姐重新看待、解释父亲当年的严格和用心良苦，让她尝试和父亲进行积极沟通，并把过去的想法表达出来。另一方面，帮助毕先生看到女朋友曾经历的内心痛苦，更加体谅女朋友，尽量减少自己大男子主义的办事风格，使双方在处理生活事务上能以一种平等的方式来沟通。双方“一条心”，陈小姐的姑姑自然就“退居二线”了。

✣ 注意事项

婚姻家庭咨询关系到求助者想作出什么样的改变，以及他们在获得这些改变方面是否努力。婚姻家庭婚前咨询的效果是求助者和婚姻家庭咨询师互动的结果，婚姻家庭咨询师在咨询过程中既要保持中立又要适时与求助者进行互动。但是，在此过程中，要避免让求助者有被攻击之感，避免对求助者造成不必要的伤害。

【案例 1—5】 小楠的迷茫

✣ 案例描述

小楠今年 26 岁，很有书卷气，一看就是个有文化有教养的女孩，单位里不乏追求者，亲戚朋友也争着给她介绍对象，但不是小楠看不上，就是外婆和母亲干预，为此，小楠感到很迷茫。

母亲和外婆一心想让小楠找一个老实厚道、沉稳可靠的男友。小楠觉得她们是真心诚意为她将来的幸福着想，可小楠喜欢的却是那种充满朝气和活力，像父亲那样帅气、有才华的男人。但让小楠至今困惑不已的是，父亲后来居然有了外遇，导致与母亲离婚。母亲十几年一直为此十分痛苦，身体也不好。外婆常常感叹："你母亲当初要是听我的，何至于今天这样！"

✣ 案例分析

1. 绘制小楠的家谱图

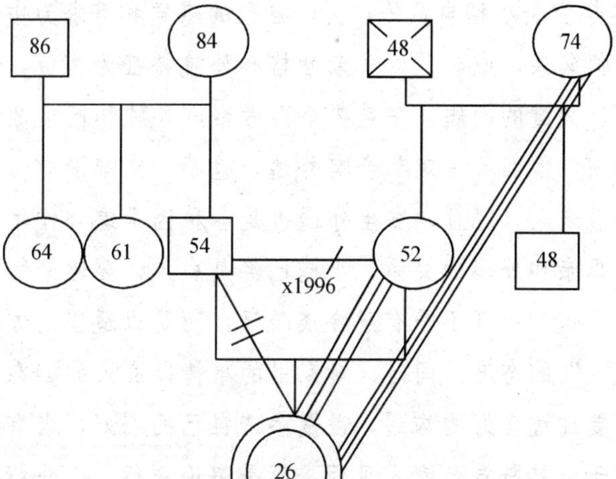

2. 运用家谱图分析小楠的原生家庭对其择偶的影响

（1）小楠的父母在其 13 岁时离婚，这对小楠身心健康成长和将来在婚姻中与配偶相处会带来一定影响。

（2）外公 48 岁时因病去世，外婆一直与女儿相依为命，特别希望未来的女婿能够接纳和孝敬她。当初外婆反对父母的婚事，主要是因为男方"爱玩""不知道疼人"。没想到不幸言中，女婿甚至还有了外遇（发生外遇与其原生家庭和婚后与小楠外婆及母亲之间相处模式也有关联，这里不再赘述），外婆因此更加耿耿于怀，对他深恶痛绝。

(3) 父亲再婚后，由于外婆和母亲的强烈干预和“没有良心、道德品质恶劣”的评价，小楠与父亲中断了联系。但小楠的内心，一方面以与父亲中断联系表明自己对受到背叛和伤害的母亲的忠诚与声援，一方面又深深思念父亲，遗传基因和十几年共同生活的影响，使小楠在有意和无意之中，以父亲为模板去挑选自己未来的伴侣。

(4) 外婆和母亲与小楠的关系十分亲密，小楠是她们呵护的重心。小楠选择的对象，不仅直接与小楠有关，也是这个三代同堂家庭未来的幸福与期望。所以外婆和母亲汲取教训，同时牢牢控制，要小楠找一个老实厚道、沉稳可靠的男友。

✣ 咨询建议

1. 小楠要充分理解外婆和母亲的苦心与需求。她们的苦心与需求和小楠自己的婚姻幸福大方向是一致的，她们希望小楠婚姻幸福，当然，小楠幸福，外婆和母亲的需求才有基础和实现的可能。

2. 婚姻毕竟是小楠自己的，要以自己的感觉和需求为中心。小楠喜欢的类型酷似父亲，或者是以父亲性格和外貌特征为模板，这是人之常情，很正常。关键的问题，一是要全面考察，外貌和性格像父亲的男青年的人品如何，他们不一定都会有外遇，也不一定都没有责任感，不会疼人，不孝敬老人。况且，发生外遇也是各种因素综合作用的结果。二是要调整与母亲和外婆的关系，小楠已经是成人，要逐渐拉开与母亲和外婆的距离，这种拉开不是有意冷淡疏远，而是以适当的方式表明“我的婚姻我做主”的态度。同时，对家里的事情以成人的姿态更多地承担责任。三是要通过良好的沟通，慢慢渗透自己的偏好，当有合适的意中人时，不急于让其与自己家人见面，而是舆论先行，先介绍其人品，当家人有良好印象时再与其见面。

3. 小楠要通过适当的方式，向母亲和外婆表明，自己作为独生女，会永远照料、孝敬母亲和外婆；但小楠必须摆正位置，明白母亲和外婆对于自己婚姻和未来生活上的需求是附加的、第二位的，可以通过其他方式去满足和补偿。

本单元思考题

1. 原生家庭对个人成长可能有哪些意识、潜意识的影响？
2. 试分析原生家庭对自身择偶、婚姻关系的影响。
3. 建立三人小组，练习相互绘制家谱图，思考在家谱图中得到哪些启示。

学习单元2　提供消除恐婚心理的建议

结婚原本是一件美好而浪漫的事，可在这温馨的情调里有的婚姻却被蒙上了阴影。因为担心未来的婚姻会发生不幸，一种在医学上被称之为“都市恐婚症”的病让一些准新人们止步于婚姻殿堂的门口。一些人开始质疑婚姻的形式和意义，一边衡量着婚姻的得失，一边不断地给婚姻增加各种条件。尽管如此，他们还是无法克服对婚姻的恐惧和担忧。本单元将探讨恐婚背后的原因、寻找消除恐婚心理的有效方法，并就消除恐婚心理提供建议。

学习目标

- 了解患恐婚症的主要原因
- 掌握消除恐婚心理的方法

一、恐婚心理的表现

“恐婚症”是一种很有代表性的现代社会心理疾病。现在的年轻人多是独生子女，一直以来都是习惯接受别人的关怀，自己并不擅长照顾别人和承担责任。当他们想到建立一个家庭需要夫妻共同承担责任和义务、要处理好与另一方家人的关系、面临新环境和新关系，听到周围的人讲述婚姻生活负面的事例时，就会产生一种焦虑和紧张的情绪。

这种社会氛围使尚未走入婚姻的人们感到一种无形的压力，在面临婚姻时的表现形式就是对结婚的恐惧和逃避。很多人因此推迟结婚，甚至宁愿独身，也不愿意“受罪”。

“何必要用一纸婚书把两个人绑在一起呢，日子久了，总会有彼此厌倦的时候，何必束缚别人、束缚自己。还是作恋人好，合则聚，不合则散，没有心理负担。”这是目前很多年轻人的想法。

婚姻恐惧的表现主要分为两个阶段：

第一阶段，在谈婚论嫁时，对婚姻的持久性表示怀疑和恐惧。

第二阶段，结婚的前一个月或前一个星期，出现恐惧、紧张、焦虑等“症状”。与第一阶段不同的是，这时产生“恐婚”的原因是怕应付不了婚后生活可能出现的困难。如担心忙于事业而无暇承担婚姻中的责任，担心及时行乐的生活受到影响；有过失败婚姻史的人怕再次受到伤害，再婚者担心双方子女引发纠纷等。

目前，人们对同居现象大多持宽容态度，所以同居现象越来越普遍，这使得以往未婚青年对婚姻的期待心理相当程度地减弱。年轻人由于同居而对婚姻失去新鲜感，反而对婚后责任产生了更多顾虑，由此，便表现出对结婚的恐惧，这也是恐婚的原因之一。

婚姻恐惧症的通常症状有焦虑、烦躁、易激怒，或是疏远、冷淡、沉默寡言等。它对个体的生活和工作都会产生消极影响。

二、现代人恐婚的主要原因

1. 传统的“家本位”向“个人本位”的转化

传统社会中的婚姻无论是从形式、过程还是内容上，都显示出婚姻是一个家庭，甚至是社会的事情。传统社会男女缔结婚姻要听从父母之命、媒妁之言，选择对象时也更多的是出于家族的利益和传宗接代等方面的考虑。一旦结婚，双方就被禁锢在“婚姻”中，受到礼教、家长及亲戚、邻居们的监督和管制，一旦出现不合规矩，或是有出格的行为，就会成为周围人评论的对象。尤其是妇女，讲究的是“三从四德”，婚姻出现任何问题都不允许她们提出离婚。

现代社会，传统的“家庭本位”正在转化为“个人本位”。个人结婚已经不再是为了满足家族的利益，而更多是从个人心理感受、个人情感和个人意愿出发。随着社会流动性的增强，亲缘关系在婚姻中的作用逐渐弱化，结婚不用再考虑亲戚朋友的想法，大多数情况下都是两个人权衡后的选择。现在能够对结婚产生一点压力的只有父母，父母的意见还是不能不考虑的，一些年轻人最后结婚也是迫于这方面的压力。

虽然在传统社会中也有逃婚的现象，但是逃的是婚姻的不自主，而非婚姻本身。社会的发展，使人们在婚姻的选择上有了更多的自主性，但也正是因为这种自主性使个人在面对婚姻时承担了更多的风险，而不再像传统社会中有社会大背景和家庭的庇护。人们不得不权衡婚姻中的所有得失和利弊，独自承担选择的后果，这是人们在面对婚姻时犹豫不前的重要原因。

现代婚姻给人们更多自主选择的同时，也在另一方面增加了选择婚姻所要承担的风险。

2. 现代婚姻风险的增加

所谓婚姻风险是指人们在作出婚姻决策时所面临的各种不确定性的总和。在传统婚姻中，风险主要涉及生育子女、丈夫的忠诚度以及自己将来在家庭中的地位。而在现代社会中，婚姻的风险无论从广度还是深度上都要宽泛得多。其原因主要有以下几个方面：

（1）对婚姻背叛与感情欺骗的担忧

离婚率的上升，做亲子鉴定、财产公证、婚姻合同，给私家车安装 GPS 定位系统监控配偶等情况的出现都表明了现代社会婚姻的脆弱性。

（2）经历与环境的影响

有过失败的婚姻或曾经受过伤害的人，或者亲眼见到父母、亲友、邻居等为婚姻受折磨的人，常常害怕重蹈覆辙。

（3）对生活压力的担忧

房价居高不下，结婚费用节节攀升，一些人担心自己不能承担组建家庭的重担，婚后还要面临养育子女和赡养老人的责任；在收入水平不是很高，社会保障体系不够发达的情况下，这些责任转化成了生活的压力。

（4）工作的不稳定状态

如空姐、列车员、缉毒警察、演员等，这种不稳定使一些人无法为婚姻承担起更多的责任。

（5）社会交往的压力

对社会资本不足、自身又缺乏社会交往能力的人而言，结婚会大大增加他们的社会交往压力。因为他们必须要去解决涉及配偶和子女的工作、生活、教育等方面的诸多现实问题。

（6）家庭关系难以处理

一些人害怕处理不好婚后家庭生活，讨厌过多的人际交往，包括应付对方的父母、亲戚朋友等琐事。

（7）担心失去自由与财产

生活自由潇洒的白领阶层担心婚后会失去自由，一旦离婚还会面临财产被分割的危险。

（8）担心婚后失去许多追求者

担心首次结婚选错对象，日后即使离婚身价也会大打折扣。

3. 恐婚的心理原因

对恐婚人群的调查发现，他们对于婚姻的看法一般都是矛盾的。表面看来，他们在异性面前很大胆又很随意地伸出爱情之手，可实际上他们的心扉自始至终是紧闭的，时刻警惕并防范着，生怕不小心便会踩进温柔陷阱，一失足成千古恨。

有些看似大胆的现代人其实在婚姻面前是谨慎而胆小的。

恐婚族处在一种极端矛盾的心态中，一方面渴望爱情、渴望婚姻，一方面却又怕婚姻毁了自己原有的欢乐和安宁。这与如今社会上越来越多的关于婚姻失败的案例、某些媒体和影视作品的误导不无关系。这些因素使人感觉婚姻似乎真的变成了爱情的坟墓。也正因为如此，许多恐婚族在与异性交往时，只交朋友不结婚。

出现这样的现象，从心理层面上分析主要有以下几方面原因：

第一，对婚姻的期望过高或过低。在面对婚姻决策和出现问题时，没有充分的心理准备和承受能力。因为害怕婚姻中的不稳定、不安全，怕承担责任、怕繁杂的琐事、怕处理家庭关系等而选择了消极逃避的方式。事实上，真正的婚姻不是爱情的结束，而是培育爱情的摇篮。婚后在一起生活，很容易发现对方的缺点，需要不断调整自己、发展感情、相互磨合，使婚姻关系和家庭生活不断巩固。婚姻需要承担责任，也需要更多的付出，在此同时享受其中的乐趣。

第二，婚姻负面宣传造成的不良影响。耳闻目睹婚姻中的种种“问题”，使人们对婚后生活的预期存在很多疑虑。总拿自己未来的婚姻与别人不幸的家庭生活相比较的做法是不可取的，结果只会徒增很多压力和麻烦。

第三，现代社会多是独生子女，从小很少有机会练习与同伴相处。他们在不断突显自我、张扬个性的同时，也为今后与异性建立亲密关系制造了一些困难。正所谓“相爱容易，相处难”，两个人在出现分歧和矛盾时，双方都相信自己，都希望对方按照自己的意愿行事。其实，恋爱的神奇之处也正在于两个不同人之间的分享和碰撞，如果双方都按照自己的意愿行事，恐怕永远也体会不到爱情的真正含义。

第四，多虑的个性特点提高了恐婚的发生率。“都市恐婚族”具有一个共性，即“多虑型”特征。恐婚一族也许担心经济状况不好，也许忧虑感情不稳，虽然原因不一，但大多是处于一种多虑的状态。他们应该知道，任何事情，包括婚姻都是有风险的，进入婚姻也需要有勇气。

三、如何消除恐婚心理

1. 正确而充分地认识婚姻

人们对于婚姻或者过于悲观，或者期望太高，实质上是一种模糊的认识。恐婚者普遍是理想主义者，他们所期待的是一种完美的生活。对于婚姻他们大多根本没有想过究竟是怎么回事，对“嫁”“娶”这种仪式的向往远远超过对“嫁”“娶”结果的向往。也就是说他们所谓的想结婚，只是想得到“嫁”“娶”这样一种仪式，而不是“嫁”“娶”之后的婚姻生活。提到婚姻生活，他们往往会表现出一种恐慌。有一些恐婚者一旦进入婚姻，恐婚的心理也就自然消失了，幸福的婚姻本身治愈了他们的恐惧心理。

婚姻其实是对爱情的保护。要提醒害怕结婚的人们不要忘了那句老话，婚姻是一双鞋，合不合适只有自己知道。如果你拒绝穿鞋，也许避免了因为鞋子不合脚而磨出血泡，但也可能因赤足行走而踩到钉子上。到那个时候，人们或许会意识到，婚姻其实也是对爱情的一种保护。幸福的婚姻生活是治疗“恐婚症”的最佳方法。

2. 确认对方是你的结婚对象

有些时候，对婚姻的不确定来源于人们对对方的不确定。所以，在结婚之前，人们首先要确定对方就是你想要结婚的对象。

3. 充分认识男女双方在婚姻中应当承担的责任

传统的婚姻家庭中，“男主外，女主内”是普遍的模式，这在某种意义上为婚姻的稳定性奠定了基础。随着社会的发展，女性在社会分工中承担了越来越多的责任，相应地，婚姻家庭的模式也逐渐多样化，“男主外，女主内”，“男女共同分担”甚至是“女主外，男主内”的形式同时存在，这就决定了婚姻家庭的模式有了更多的选择。男女分别在家庭中承担什么样的责任，成了婚姻中必须要明确的问题。

婚姻和恋爱所不同的地方就是婚姻是现实的，双方需要为彼此共同的生活负责任。如果只想着婚姻中浪漫的因素，期待从婚姻中得到实惠，而不愿意承担自己的责任，那么，这样的婚姻一定会失败。男女双方都必须学会为对方付出，为共同的家庭付出。这是爱的真谛，同样也是婚姻的真谛。

4. 双方共同增强抵御婚姻风险的能力

现代婚姻确实要面对更多的诱惑和风险，男女双方应该在各方面努力提高抵御这些风险的能力，而不是一味逃避。

（1）正确看待物质因素在婚姻中的作用

我国自古就有“贫贱夫妻百事哀”之说，可见婚姻与物质水平是不可分割的。然而现代社会，人们往往过于看重物质生活在婚姻中的作用，甚至在择偶的过程中“明码标价”。有调查显示，在被问道“您有哪些条件才会选择结婚”时，人们给出的排序是：有稳定的收入（73.2%），信任对方（58.8%），有房（55.8%），事业稳定（53.3%），到了一定年龄（50.9%）。实际上人生不是做菜，要等料备齐了再下锅。如果万事齐备会错过很多机会。

（2）结婚前要了解和认识两个家庭

现在有很多年轻人比较自主独立，甚至结了婚双方父母都不知道。结婚后再去了解彼此的家庭，会引发很多矛盾和误解。结婚不仅是对彼此双方的承诺，同时也意味着双方融入到彼此的家庭中去，共同面对今后的生活。婆媳之间、姑嫂之间、翁婿之间都需要逐渐建立感情基础，面对家庭经济、赡养老人、子女教育问题时才能彼此和谐合作。所以在结婚之前对双方家庭的认识和了解非常有必要。

（3）信赖来自于双方的理解和包容

理解和包容会产生安全感，双方要积极主动地理解对方，包容对方的不足，而不是各持己见、指责对方。

（4）培养共感能力

站在对方的立场上考虑问题，接受对方的情感变化，夫妇共悲哀、同喜悦，培养敏锐的共感能力。

（5）正确理解自由

一方支配、一方隶属的婚姻是不幸福的，夫妇之间的自由也要体现“己所不欲，勿施于人”，不剥夺对方的自由，不干涉对方的爱好。而自由是与自律、自立相联系的，没有规则和没有自律的自由，是不能支撑婚姻生活的。

（6）建立互助互补的关系

夫妇之间应当具有相互辅助、相互弥补的能力。互助互补的关系能体现出婚姻的活力和喜悦感。

（7）学会互让

保持、重视自己的个性、风格、生活色彩，又不绝对化、强制化，尊重夫妻双方的异质性，保持夫妇间的柔软性，是防止婚后生活挫折的"基石"。

（8）创造新生活

要不断地创造新的生活，夫妇之间要有改善关系和纠正过错的意志、勇气，要有追求新目标的冒险精神，给婚后生活注入"新鲜血液"。

恐婚问题咨询要点

1. 了解求助者产生恐婚心理的外在原因。
2. 了解求助者产生恐婚心理的内在原因。
3. 根据内在原因分析其恐婚心理。
4. 提出消除其恐婚心理的恰当建议。

【案例1—6】他患上了恐婚症

✣ 案例描述

34岁的陈先生是一家电子公司的部门经理，与女友相恋已5年。刚开始的几年里，两个人谈着甜蜜的恋爱，都没有着急结婚。但是这两年来，女友总是以各种理由催促结婚，双方家长也都很着急。虽然陈先生自己也很希望早点结婚，但是心底里对于未来却总是有很多的担忧：一会儿害怕以后会离婚，一会儿又害怕经济危机来了，会养不起孩子；既害怕她变成泼妇，又害怕自己变成糟老头。面对女友真诚的目光和家人的催促，自己也觉得很愧疚。但是，越着急越焦虑，有时候控制不住自己，他还会和女友发脾气，两个人经常为此吵架。

✣ 案例分析

陈先生对于婚姻的恐惧主要来源于对未来不确定因素的担心，如对未来两个人感情的稳定性、未来经济状况以及对于生命本身变化的担心。

要解决本案例中陈先生的恐婚心理，一是要引导陈先生正确看待婚姻生活中的压力和负担，以平和的心态迎接一个新的生活阶段的到来。二是建议陈先生加强和女友以及家人的沟通，为未来的婚姻制订计划，共同承担，共同面对。

✣ 咨询建议

第一步，通过与陈先生沟通，引导他分析使自己对婚姻恐惧的外部原因及每个因素。

首先，发现陈先生对未来的经济状况比较担心。有一些年龄较大的同事经常抱怨养育子女、赡养老人的压力，让陈先生过早产生了很大心理压力。建议陈先生作一个详细的未来10年的家庭支出预算和收入目标，使其明确每个阶段自己的目标，做到心中有数。

其次，陈先生受到周围朋友高离婚率的影响，有些朋友离婚后甚至抱着不再结婚的打算。因此比较担心两个人关系的稳定性，害怕将来会离婚。建议陈先生适当屏蔽这些负面的影响，倾听时也要客观分析。

第二步，分析陈先生性格因素对恐婚的影响。

相对来讲，陈先生是一位比较内敛的男士，对婚姻的看法比较传统。加之在家中排行老大，很有责任感，在婚姻方面，给自己预加了很多的责任和压力，面对婚姻的各种风险，担心自己能力不足。

第三步，鼓励陈先生加强和女友的沟通。

陈先生对于女友的信任度不足，虽然两个人已经相处5年，但还是很担心婚后两个人会因为性格差异和思考方式不同而争吵甚至不和。建议陈先生加强对女友的了解，适当地把自己的担忧和女友分担。同时，俩人共同制订未来的婚姻和生活计划，确定彼此的分工。

【案例1—7】一个女孩子的恐婚诉说

✣ 案例描述

刘小姐30岁，自己经营公司，是人们眼中那种条件极好的女孩，漂亮、聪明，有良好的教育背景和工作能力。但是，她有一点儿害怕结婚，不相信世界上真的存在爱情，有那个可以托付终身的人。

刘小姐曾经交往过两个条件非常优秀的男性，长得帅，经济条件好，对她也很体贴。问起分手原因，第一个男友出国了，后来两个人的感情就慢慢淡了。跟第二个男友都快结婚了，但总觉得跟他在一起不太自由，有时候穿什么衣服都被限制。分手时也没觉得自己错过了优秀的人，总觉得还会有机会，可是现在碰到的人却让她很难放心。有时候迫于家人的压力，她也想赶快找一个人结婚。但是一接触，又觉得对方各方面还不如自己，自己很难有喜欢和钦佩的感觉，怕是将来结婚了也会离婚，因此，婚事就拖了下来。

✣ 案例分析

本案例中的刘小姐正是一位现代女性的典型代表，漂亮、能干，对爱情有很高的期望。这样的女性游走于传统与现代社会对女性不同的要求中，有更多的冲突和挣扎，对自己和他人的要求都比较严格甚至苛刻。一方面享受着工作带给自己的成就感，另一方面又忍受着感情上的孤寂，对自我的评价也经常失衡。虽然看似有很多选择，但是却很难和一个人深入发展。要解决本案例中的问题，重点是帮助刘小姐清晰地认识自我，找到自己在婚恋中的定位。

✣ 咨询建议

第一步，分析外部原因。

刘小姐的工作和生活圈子大多是生意场合，很多婚姻负面的例子使她对待婚姻非常谨慎和害怕。另外，生活中又不缺乏追求者，所以，刘小姐一直自我感觉良好，对另一半的要求也很高。

第二步，分析内部原因。

刘小姐的个性大胆而又追求完美，注重生活细节，很多时候对于选择会摇摆不定和充满矛盾。这样的个性使她错过了很多机会。

第三步，综合以上两点，分析刘小姐在婚恋中的定位。

首先确定目标群体，同时鼓励刘小姐平时多创造一些机会和异性接触。告诉她谨慎地面对婚姻是正确的，但是千万不要把机会都挡在门外。

✣ 注意事项

婚姻家庭咨询师在分析每个案例的恐婚原因时一定要充分考虑外部原因和内部原因，分析外部原因主要是引导求助者客观看待、接纳现实。而对于内部原因的分析，是要引导求助者发现问题，做相应的改善。

本单元思考题

1. 为什么有人说恐婚是现代病？

2. 如何克服恐婚心理？

3. 作为婚姻家庭咨询师，面对下面案例中的问题，你会怎么做？

周先生说他和女朋友认识快两年了，同居也有半年了，已到了谈婚论嫁的地步。可是，这段时间里，周先生越来越觉得自己是个厌恶婚姻的人。作为男女朋友相处时，可以很坦然。但是，要结婚了，两个人为装修房子忙得一塌糊涂，女友还总管着他，去哪里都要向她汇报，好像一切都得在她的掌握中。于是，两人三天两头吵架。现在，装修还没有结束，已经吵得快分手了，他不知道该怎么办。

第 3 节　再婚择偶咨询

学习单元 1　再婚择偶心理问题的辅导

婚姻的解体或者丧偶对大多数人而言是灾难性事件，会给当事人与孩子及其他亲属造成巨大的情感与精神创伤。再婚成了离异者或丧偶者消除情感创伤、重建精神家园的一种方式。因此，一些人重新鼓起勇气选择再婚。

再婚本应让原来在婚姻生活中不幸福或遭遇丧偶之痛的男女双方，获得更匹配的伴侣和组建美满家庭的机会。然而，再婚家庭成员间的心理距离、家庭经济问题以及再婚家庭的子女教育问题等诸多方面的负面因素，又都在或多或少地影响着再婚后的婚姻质量。准确地解析再婚现象，有针对性地分析解决再婚过程中容易出现的问题，是再婚成败的关键。本单元的内容，就是介绍再婚家庭的主要特点和常见问题，并提出相关建议。

学习目标

- ➢了解再婚择偶及家庭关系的特点
- ➢了解再婚择偶中的常见问题
- ➢熟悉解决再婚问题的主要方法
- ➢掌握构建和谐再婚家庭关系的原则

一、再婚家庭的主要特点

1. 再婚择偶及家庭关系的复杂性

再婚家庭的家庭成员关系比较复杂。组成家庭成员的个体都有自己的利益需求，但是个体的需求与家庭其他成员的需求并不总是和谐一致的。再婚后，本来复杂的婚姻关系变得更加复杂了，其涉及的核心家庭最少有三个。再婚家庭中最难以处理的是继父母与继子女间的关系、离异后的再婚者与前配偶间的关系。

再婚家庭的家庭矛盾比较复杂。再婚家庭成员结构复杂，除了再婚双方的子女外，还有再婚双方的父母甚至祖父母。由于家庭成员的家庭背景不同、文化程度不同、思维方式和性格爱好不同，必然会在生活中产生各种各样难以预料的矛盾。与前夫或者前妻所生的子女，如果与前夫或者前妻联结过甚，往往会引起再婚家庭夫妻间的猜疑；而离异后的子女会认为第三方的侵入使得亲生父母失去了再次团圆的机会，转而人为地为再婚家庭设置沟通障碍。

再婚家庭的经济关系比较复杂。经济问题也是引起再婚夫妻发生冲突的主要问题。具体表现为：第一，再婚后的夫妻各自要为不与自己生活在一起的子女负担一定的抚养教育费用；第二，要负担双方父母的赡养费用；第三，要负担再婚后生活在一起的继子女的抚养费用；第四，再婚后夫妻一方死亡后的财产继承问题。经济问题一直都是再婚关系中较为敏感和突出的问题，处理不当就会直接影响再婚生活的质量。

2. 磨合过程的脆弱性

再婚者相对于初婚者年龄大，性格、思维习惯和核心价值观相对牢固，使得双方磨合成本增加。初婚中经过磨合后保留下来的生活习惯和固化下来的观念是被初婚者所接受和认同的，但这些习惯和观念再婚后却不一定被接纳，这就增加了再婚后磨合的难度。其表现常为：

（1）相互猜疑

离婚让曾经相爱的两个人以冷漠或者相互仇视而分开，但多年在一起的生活经历以及共同孕育的孩子还会使分手的双方继续保持联系。这种联系往往会引起再婚家庭夫妻间的情感猜疑。如在经济收入上，怀疑对方存“私房钱”，用这些“私房钱”赞助了前夫/前妻或者给了与前夫或前妻所生的子女。彼此的信任感会逐渐降低，隔阂会不断增加，最后会导致再婚关系破裂。另外，再婚家庭夫妻双方往往婚前相处时间短暂，感情基础不够牢固，各怀心事的状态也拉远了双方的心理距离。

（2）子女介入

经济上的来往常常会引起感情上的变化。与前夫/前妻离婚时的憎恨可能会逐渐消除，再加上有共同子女的积极努力，感情开始升温，直接影响现在的家庭关系，严重的也会导致再婚家庭的破裂。

3. 离婚影响的顽固性

（1）创伤未愈

离婚双方经历的离婚过程也是遭受创伤的过程，再婚前与前夫/前妻吵得天昏地暗、打得头破血流的人，再婚后他们的心灵创伤并没有完全愈合。任何不和谐的刺激都有可能启动再婚者曾经的痛苦经历，并且放大自己的情绪体验。

（2）比较效应

前夫/前妻常常成为再婚夫妻的“参照系统”，用前配偶的长处与现配偶的短处相比较，常常会让当事人对现有的婚姻状态再度产生不满。再婚夫妻由于双方或其中一方已经建立过家庭，在进行外部比较的同时，还有内部比较。尤其是再婚夫妻发生争执时，会不自觉地把现任配偶的缺点同原来配偶的优点相比较。这种比较自然会加深矛盾。如果再听到现任配偶提到“你还不如我原来的爱人”时，内心的不快就更加强烈。

相关链接

离婚者再婚的理由

1. 告别寂寞的单身生活

人是社会化了的动物，习惯了有个人陪伴在身边的夫妻生活模式。尤其每当佳节来临时的失落感，会让离婚者备感孤独和寂寞。

2. 寻求感情上的寄托

离婚过程中情感受伤较重的一方，希望借助新的感情生活来愈合自己心灵的创伤。

3. 为了孩子

离婚后带孩子的压力使得父母亲选择再婚，不仅在经济和生活上可以相互帮助，也可以给孩子提供一个家庭功能完整的成长环境。

4. 告别过去

离婚导致原有的朋友圈子发生了变化，双方共同的朋友见面后的尴尬和疏离感使得离婚者不得不建立新的社交圈子。朋友的缺乏，精神上的孤独很容易让离婚者选择再婚。

二、再婚者容易遇到的问题

1. 与前任配偶的关系问题

与前配偶关系边界不清。如果离婚双方中有一方不愿意放弃以前的亲密关系，就会以子女的教育为借口拉近与另一方的距离来争取重新在一起的机会。同时，子女也会想办法为父母创造接触机会，促进父母感情升温。如果再婚者边界不清，就会丧失现有的婚姻生活。

离婚后双方应维持友好的关系，积极地面对两人的分离。为了抚养共同的子女承担责任，参与子女的教育和管理是必要的。但再婚后与前配偶要保持距离，以一般朋友的方式礼貌交往。坚持不与前配偶单独交往，如果有必要交往一定要征得现有配偶的同意。

2. 再婚夫妻之间的关系问题

（1）易引发的常见问题

1）对前配偶的仇恨心理使得再婚者在选择配偶时可能更注重经济条件和外貌。

2）将前配偶的优点与现有配偶的缺点相比较，使得再婚生活充满挑剔和抱怨。

3）固执己见，拒绝磨合。再婚前多年养成的生活习惯和观念慢慢地固化下来，成为人格的重要组成部分。如果没有开放的心态去面对再婚生活，相互适应会变得尤为困难。

4）离婚对当事人造成的心理伤害很难在短期内愈合，使得再婚者心理承受力下降。为了避免再一次受伤，更多的再婚者选择部分投入情感，使得再婚配偶双方在心理上存在着隔膜。

（2）解决方法

对再婚配偶要坦诚相待、及时沟通，减少不必要的猜疑。双方之间要求大同存小异，接纳彼此不同的生活方式或者思维方式，顺利度过磨合期。

3. 再婚后的代际关系问题

（1）常见问题

1）配偶只允许对方照看其孩子的生活，不允许批评和约束孩子的行为。

2）孩子为亲生父母创造更多的接触机会，有意在再婚夫妻中间制造误会。

3）孩子与亲生父母的关系更为亲密会引起另一方的嫉妒。

4）继父母冷淡和漠视继子女的存在。

5）对待再婚所生子女与前配偶所生子女有失公平、公正。

6）如何面对孩子身上存在着前配偶性格中令人不能容忍的缺点。

7）如何处理双方带来的继子女间发生的冲突。

8）如何解决亲生子女与继父或继母之间发生的冲突。

（2）如何当好继父母

1）投入情感和精力。情感和精力的全力投入可以促进与继子女建立良好关系。孩子经历了家庭的变故，从前的安全屏障被打破，要重新面对新的环境，适应新的家庭规范，扮演新的家庭角色，都需要时间去适应和调整。

2）不要企图替代亲生父母的角色。继父或继母首先要明确自己是继子女的“额外家长”，永远都不可能成为缺席家长的替代者，也不可能独占继子女亲生父母的位置。

3）面对问题时积极寻求援助。处理再婚家庭关系的复杂性需要更多的智慧和精力，出现解决不了的问题也是正常的，要积极寻求解决问题的途径。如果有必要，可以求助于专业人士。

（3）如何做好继子女

1）适应复杂的新环境，努力与再婚家庭中的异性家长建立新型的亲密关系。

处理继父母与继子女之间的关系，不仅是心理调解问题，还涉及一系列法律问题。有关内容见本书相关章节。

2）与无监护权的家长保持必要的联系，给予宽容和理解。

3）保护自身安全，发生性侵犯或者虐待时，要及时与亲生父母或者警察取得联系。

4. 再婚家庭经济问题的特殊性

经济问题是导致婚姻冲突的主要杀手，处理好经济问题是再婚生活幸福的保障。下一单元将对此问题做专门阐述，请参考。

相关链接

再婚前要面对的四大难关

第一，“恐婚关”。离婚过程让当事人情感受挫，情绪消沉，断绝社交活动，有意封闭自己。

第二，“否己关”。婚姻的失败和家庭的破裂是由内而外的否定过程，被别人否定也被自己否定。即使自己选择了第二次婚姻，也会因为强烈的自我否定而无原则地降低自己的择偶标准。

第三，“复仇关”。超越前夫或者前妻，成为再婚者最急于解决的问题。这使自己的真正需求没有机会考虑或者被忽略。

第四，“完美关”。再婚者对婚姻的要求过高，使得现夫或者现妻不堪重负而离开家庭。告别不切实际的幻想，客观地评估自己的条件，才可以顺利过关且有机会享受踏踏实实的新生活。

三、再婚择偶的误区

1. 再婚择偶的动机不正确

再婚者的离婚率居高不下，与其择偶动机有着直接的关系。初婚的动机较为单纯，是以寻找爱情为出发点建立婚姻关系。经历过婚姻不幸的人，再次择偶时少了盲目和冲动，但会过于功利和实际。再婚者有的为了减少经济上的压力，就会更看中对方的经济收入和工作性质；也有些再婚者把对方是不是对自己言听计从作为择偶的标准，没有把爱情、人品及相似的价值观作为首要考虑的因素，势必会给再婚后的生活带来阴影。

2. 再婚男性与女性年龄差距过大

大多数男性离异后会选择年纪更轻、相貌更漂亮的女性为妻。年龄差距存在的问题是：

（1）对双方的沟通有影响

年龄记载着生活的经历。双方年龄相差较大，会导致因共同话题少、生活习惯差距大而产生摩擦。

（2）生理差异大

这是和谐的夫妻关系难以持久的一个重要原因。

（3）难得到子女的认可

再婚父母的新配偶与子女的年纪相仿，子女在心理上难以接受。不被子女接纳的婚姻易产生家庭矛盾。

相关链接

离异人群的八大性格类型

浪漫型——对婚姻生活充满了浪漫的幻想，当现实生活无法实现其幻想时，便抱怨自己找错了人，导致双方产生冲突。

完美型——对事物要求的标准极高，易给身边的人造成精神压力。

吝啬型——生活的中心以省钱为主，家庭中的细小开支都要计较，使生活失去了乐趣。

悲观失望型——对生活和工作中发生的事件大多进行消极归因，抱怨是他们面对生活的武器，在他们的人生字典里找不到“开心”。

挑剔型——在他们的语言系统里找不到鼓励，爱人做不到言听计从，他们就会不厌其烦地找毛病。

情绪化型——喜怒哀乐等情绪体验很强烈，生活中发生不称心的事情容易反应过激，在生活中往往因言行过激而伤人伤己。

自私型——生活中只考虑自己的需要，做不到换位思考。

嫉妒型——希望时时掌控对方的行为动向，使对方没有任何社交空间，在心力交瘁时两个人便分道扬镳。

四、构建和谐再婚家庭关系的原则

1. 平等原则

所谓平等，即指再婚夫妻家庭地位平等、双方子女间的地位平等。再婚夫妻家庭地位平等包括两个方面：一方面要强调再婚夫妻在人格上的平等，包括尊重双方自由参加社会交往的权利。另一方面是在人身关系和财产关系方面的权利和义务平等。即一方不能强迫另一方做什么，或者不做什么；对夫妻双方共同财产享有平等的支配权和处分权。双方子女平等也包括两个方面：一方面要求把对方子女当成自己的子女来看待，承担抚养教育双方子女的权利和义务。另一方面要把握好教育对方子女的力度，教育对方子女的原则是鼓励为主。批评指正的权利最好由亲生父母来完成。

2. 民主协商原则

民主协商原则，是指家庭的每个成员都能平等地参与家庭事务的管理和家庭规则的建立。家庭新成员们积极倾听并考虑不同的观点，最终通过民主协商作出对家庭每个成员都具有集体约束力的决定。坚持公平而持久的民主协商原则可以促进家庭成员间相互理解与合作，协调家庭成员之间的关系，从而保证在短时间内建立起家庭新成员间的心理联结。

3. 信任原则

再婚家庭关系往往更加复杂，夫妻双方在性格、家庭关系处理等方面更需要磨合。许多再婚者在婚姻失败经历的影响下，怀着对婚姻的疑惑踏入新婚姻生活。为了避免再受伤害而对另一方在感情和经济上都有所保留，以免全情投入后，换来的是再一次的伤害。这就需要再婚夫妻具备更多的耐心和智慧来理顺关系，增加交流沟通，特别是要注重加强家庭财务上的交流和沟通。

再婚择偶心理问题咨询要点

1. 要注意选择时机，对前段婚姻进行回顾和总结。

2. 与求助者共同讨论择偶观，建立更符合实际的择偶标准。

3. 再婚者都经历了离婚的过程，这个过程对大多数人而言是一种创伤经历。所以，在咨询中可以借鉴创伤治疗的方法。

4. 再婚择偶及家庭咨询需要注意的问题

（1）再婚家庭的姻亲关系问题

（2）再婚家庭的经济纠纷

（3）再婚家庭的亲子关系

（4）再婚家庭配偶与原配偶间的关系

（5）再婚家庭的择偶动机问题

（6）再婚者对婚姻的再认知问题

（7）再婚者自身心理的调适问题

【案例 1—8】 再婚为何那么难

✣ 案例描述

42 岁的张女士离婚 2 年了，有个 16 岁的女儿，读高二。前夫是中专同学，离婚原因是前夫性格内向，不愿意沟通，两个人共同的话题越来越少。女儿上初二以后，为了给女儿创造更好的学习环境，夫妻开始分居，很少有机会过夫妻生活。女儿升高中考试结束后，两个人就办理了离婚手续，女儿由张女士抚养。一年前张女士经人介绍认识了刘先生，他是技术管理人员，48 岁，妻子因车祸去世，有一个上大二的儿子。两个人相处半年后，都感觉对方善良、脾气好，且都是“正经过日子”的人，就决定结婚。没想到新婚不到半年就开始争执不断，张女士发现丈夫总是背着自己给其儿子攒钱，经济收入不透明；对女儿的关心不够，对死去的妻子总是念念不忘，还拿她的优点与自己的弱点进行比较；不主动做家务，常常在外面应酬，对家庭越来越不关心；还常常夸夸其谈，华而不实。这让张女士开始迷惑，自己是否选错了人，是否应该结束第二次婚姻。无奈之际她步入了婚姻家庭咨询室。

✣ 案例分析

再婚夫妻相处之道应该是：

1. 再婚夫妻经济生活要透明化

婚姻伤痛的阴影不会随着再婚消失得无影无踪，再婚且带孩子的夫妻在经济上彼此不信任是比较平常的现象。

2. 处理好与继子女关系

再婚家庭能否与继子女和睦相处是家庭稳定的一个至关重要的因素。继父或继母大多都希望经过自己的努力与孩子形成良好的关系，但在继子女眼里，继父母却是闯入到家庭的入侵者，害怕他们夺走亲生父母给自己的爱。在相处的过程中，继子女也会把再婚家庭中有利于自己的做法都归功于自己的亲生父母，而对自己不利的决定归罪于继父母。所以继父或继母要摆正心态，用真诚、爱心和时间来处理与继子女的关系。

再婚家庭中处理好继子女和亲生子女的关系也非常重要，这需要家庭成员一起制订家庭规则，用规则去约束和解决孩子们的冲突。

3. 正确面对前配偶与现配偶的关系

离婚或丧偶意味着原来配偶间法律上没有了任何牵连，但是原配偶与子女的联结、与亲属间的联结却没有办法完全划清界限。对方不愿意提及或者透露的往事需要尊重对方的选择，要允许对方怀念自己的前配偶尤其是已故的配偶，也允许与原配偶进行正常的接触。

4. 做到理解和适应

再婚后，两个独立的人在一起生活像初婚一样，依然需要相互理解和相互适应。生活、工作及学习经历不同的人在对事物的看法和观念上存在差异是正常现象。不要主观否定对方的想法和做法，经常交流思想，促进求同存异。

行为习惯和价值观念是在生活经验以及社会影响双重作用下不断修

正而形成的，有些已经固化成为人格的一部分。所以，调整起来就更加困难，相互适应和接纳的态度会帮助双方打开心扉、面对差异。

5. 为再婚后的磨合做好心理准备

经历过失败婚姻的人对婚姻会怀有更多顾虑，排解顾虑最好的方法就是客观评估再婚可能存在的问题，共同创建新的家庭规则去解决问题。家庭生活是由不同类型的大小麻烦组成的，每个麻烦的出现和解决都会成为夫妻感情升华的机会。婚姻是自我提升的学校，不断地开阔自己的视野，增长见识，点亮自己的闪光点，有助于提高婚姻的自信心。

✣ 咨询建议

1. 每年清明节，张女士要主动建议丈夫带领全家人去拜祭丈夫的亡妻。

2. 要给丈夫和继子创造单独相处的机会，同时自己与女儿的交流也要及时，让女儿了解自己对她的爱永远都不会消失或者减少。

3. 把自己的经济收入告诉丈夫，并一起讨论第一个家庭五年计划，其中包括继子升学及结婚的费用规划。

4. 坚持看媒体上的经济类报道，了解经济形势，增多与丈夫沟通的内容。

5. 坚信再婚一定能幸福，不怀疑、不抛弃、不放弃，积极解决再婚中出现的问题。

相关链接

再婚的幸福密码

1. 当事人要清醒地找到前次婚姻失败的原因，总结经验，完善自我。

2. 慎重地对待再婚，过于理想化或者过于悲观都不利于再婚的成功。了解清楚对方的背景、信仰、价值观、兴趣、感情经历、有无不良爱好以及对婚姻的期望。对于想再要孩子的再婚者，需要了解对方对生育、教育子女的看法和观点，了解其从小受的教育环境，这是避免婚后冲突的关键。

3. 要及时与前次婚姻做个了断。不要拖泥带水，影响再婚的质量。

4. 建立新家庭的边界，用家庭新规范来约束家庭新成员，尤其是处于青春期的继子女。

5. 坦诚、信任和体贴是处理再婚家庭问题的万能钥匙。

【案例 1—9】 李女士是否该复婚

✣ 案例描述

李女士，38岁，与丈夫离婚一年了，有个12岁的儿子马上要升初中。与丈夫离婚的原因是丈夫的家庭结构过于复杂，她常常觉得丈夫更需要他的兄弟姐妹和父母，很少在意自己的感受。结婚15年来，他对自己家庭的资助越来越无原则，每当为此事劝解丈夫，就以争吵而结束。儿子是他们结婚3年后的结晶。随着儿子的长大，教育需要的花销逐年递增，但丈夫根本就不考虑。儿子教育问题是俩人必然争吵的话题之一。一年前，由于两件类似事情同时发生了，李女士实在没有力气与丈夫争吵下去，于是选择了离婚。儿子、房子给前夫，自己开始了单身的生活。离婚的头半年，还只是孩子想妈妈，常常来看李女士，后来前夫也找各种各样的理由与儿子一起来看望她。有时候，一家三口有说有笑地出去玩，很是开心，笑声常常引来旁观者羡慕的目光。后半年儿子要升初中，前夫希望李女士关注一下儿子的学习。因此，儿子顺理成章地住在李女士家里，她与前夫几乎天天见面。前夫多次试探着要留宿，李女士都拒绝了他。儿子升初中考试成绩优异，如愿考入全市最好的中学。最近，儿子很正式地请她原谅爸爸，希望一家三口团聚。李女士很是矛盾。如果复婚，前夫的一些办事方式自己实在无法接受。如果选择不与前夫复婚，离婚后的相亲经历如噩梦一般，介绍给她的对象大多不是大她十几岁，就是拖家带口又个性极强。而且，刚离异时儿子的成绩一落千丈，初中后儿子的学习难度增加，完整的家庭是他好好学习的保障。带着困惑，李女士步入了婚姻家庭咨询室。

✣ 案例分析

首先，与李女士一起分析问题。

1. 离婚的原因

（1）姻亲关系过于复杂，核心家庭与原生家庭间的边界不清导致夫妻间冲突不断，无法调整，最后以离婚收场。

（2）对于子女的教育方式有差异，不能相互认同。

（3）夫妻间沟通渠道不畅，使问题无法得到及时解决。

2. 要求复婚的原因

（1）离婚后的生活过于寂寞，无人陪伴比争吵还让人痛苦不堪。

（2）担心离婚对孩子的心理造成不良的影响，同时又影响孩子的学习。

（3）重新择偶不顺利，担心自己找的人还不如前夫。

（4）离婚后夫妻间的距离感让其找回了婚前的恋爱状态，前夫的示好让其感动。

（5）双方还有感情，当初双方争吵之后，是在冲动的情况下办理离婚手续的。

（6）孩子性格乖巧，很聪明地为父母穿针引线让其非常感动。

（7）15 年的共同生活见证了两个人的成长历程，凝结的纠葛实际上加固了二人的情感联结。

3. 不接受复婚的理由

（1）对双方未来的调整没有信心。

（2）单身生活使自己更有精力关注自我成长。

✣ 咨询建议

1. 不仓促做复婚决定

婚姻的解体有一定的偶然性，也存在着一定的必要因素。复婚后如果破坏婚姻的隐患没有排除仍然不能让婚姻双方幸福，所以在决定复婚之前当事人双方一定要就经常争吵的问题进行讨论，重新建立规则来面对问题。

2. 讨论复婚的利弊

根据李女士的实际情况分析复婚的利弊，帮其理清自己的思路，看自己想从再婚中得到什么，对方希望自己能给他带来什么，自己能为对方做哪些方面的调整，想清楚后再做决定。从李女士对复婚利弊的分析结果可以预测她复婚的概率是非常大的。

3. 做好复婚后的心理准备

(1) 拿出勇气面对别人的闲言碎语，尤其是那些缺乏主见的求助者更要做好准备工作。

(2) 拿出勇气面对亲人的反对意见，离婚时彼此造成的伤害会波及家人，来自原生家庭中的反对声常常是复婚道路的最大阻碍。

(3) 恢复对婚姻的信心，曾经的伤痛让复婚者举步不前。任何一种选择都是一种冒险，只要学会了正确处理冲突、表达情感和情绪的方法，提高婚姻的幸福指数并不是难事。

(4) 复婚后仍然会麻烦不断，因为争吵和冲突是解决婚姻中问题的重要途径。婚姻中不变的是争吵，变化的是应对争吵的方法与策略。

相关链接

复婚可以很温馨

婚姻让很多人感到无助，他们想挣扎着跳出“围城”。可是满世界寻寻觅觅，才知昔日感情的珍贵。居高不下的复婚率说明“爱人还是原装的好”。

复婚也许是对人生、婚姻认识的升华。冲动地离婚，理智地复婚。双方被“剪不断，理还乱”的情丝缠绕着，离婚后百无聊赖之际，他仍然是最先蹦入脑海中的形象。自我反省过后，感悟到离婚是一步错棋。

姻缘可以通过离婚了断，但与子女的血缘关系却无法割裂。孩子似一条剪不断的纽带联系着男女双方。只要双方尚未找到归宿，对孩子的爱心又有增无减，在孩子小手的牵引下，双方往往会摒弃前嫌，握手言欢。

复婚是社会对离婚后悔者的宽恕，也是对草率离婚者的挽救。

本单元思考题

1. 再婚择偶中常见的问题有哪些？再婚中应该遵循的原则有哪些？

2. 对构建和谐的再婚家庭有哪些看法和建议？

3. 请婚姻家庭咨询师为其提供建议。

王先生38岁，私人企业主，车祸中失去了女儿后夫妻反目，以离婚收场。王先生经人介绍认识了一个29岁的医生刘女士。两人恋爱半年后结婚。刚开始感情很好，一年后刘女士想要个孩子，但王先生不同意，觉得现在的婚姻状态很好，不想改变。两个人的感情开始降温，慢慢地王先生发现妻子值夜班的频率增加，有些怀疑妻子是不是有意躲避或者有了第三者。王先生开始有意询问一些妻子从前的感情经历，但妻子一直都躲避不谈。一次王先生问急了，二人发生争吵。刘女士离家前说："你和前妻总是联系，我从来也没有过问过，我的事情你也不要管！"妻子离家已经两个星期了，王先生自从再婚那天起就发誓不再离婚了，自己脆弱的神经再也承受不了任何的打击，现在该如何面对这些矛盾，他心里充满疑惑。

学习单元2 再婚后的家庭理财辅导

本单元介绍的是再婚后的家庭理财辅导知识。主要包括了解再婚家庭常见财产纠纷的类型及原因，夫妻财产约定与遗嘱继承的关系，再婚家庭夫妻与继子女、生子女之间的权利义务关系。为了使婚姻家庭咨询师更好地掌握这方面的技能，本单元通过一些案例进行详尽的论述、分析与说明。

学习目标

- 了解再婚家庭可能出现的财产争议、矛盾的主要类型及特点
- 熟悉平衡再婚配偶及生子女、继子女之间的财产利益的相关知识
- 掌握解决因财产矛盾引发再婚障碍的方法

一、再婚家庭常见财产纠纷的类型及原因

1. 再婚夫妻因婚前个人财产与婚后财产混同的纠纷

由于再婚家庭的成员曾有过婚史，无论前配偶死亡还是离异，再婚成员在又一次结婚前都会有其个人财产；而在再婚后，又会产生新的夫妻共同财产，或是再婚后的个人财产。这样一来，就有可能发生财产界定不清的情况，从而引发家庭矛盾。

某位先生在与前妻离婚时协议约定，在男方名下的一处住房归男方所有。在离异两年后，男方考虑再次结婚，但是再婚的妻子提出来，家里住房比较紧张，希望能以小房换大房，为两个人结婚准备一套比较宽裕的新房。男方同意后，购买新房并付了首付款，签订了购房合同，同时向银行申请了 20 年的按揭借款，婚后与妻子搬进新房。结婚两年后，这位先生觉得按揭还款利息太高，于是就决定将其以前离婚时分得的那套旧房变卖，将所卖的购房款 80 万元全部用于偿还新房的银行贷款。偿还贷款之后，夫妻俩觉得经济压力小了很多。但此后发生的问题是，对这位先生来讲，新房无疑是他们夫妻的共同财产，但新房之中有一大部分的资金来源于自己婚前的个人财产变卖所得。后来该房在申办产权证时，夫妻为登记谁的名字发生争吵。丈夫认为，既然新房子的 80％都是自己付的钱，房产证上理所当然应写上自己的名字。但再婚的妻子却认为，既然是婚后购买的房子，无论买房的收入从何而来，都应当属于夫妻共同财产。所以，坚持认为房产证上应当登记两个人的名字。就这样，争吵导致彼此不信任和生气。

前述的举例是为了说明再婚的某一方配偶常常会面临这样的状况，其婚前的个人财产与其婚后的夫妻共同财产容易发生混同。而且不同于初次婚姻的是，再婚者的婚前个人财产往往还与其前一次的婚姻解除时财产分割的方式有关。有些婚姻在解除时，虽然签订了离婚协议，但却并未实际履行，比如说房产没有实际过户。这样，就可能导致其婚前的个人财产界定更为复杂。

面对这种情况，通常建议，再婚者在再婚之前对其财产的归属应有一个明确的界定。界定的方式有多种，比如说婚前财产协议、公证、房屋产权比例协议书等，即便是发生将其婚前个人财产转化为婚后共同财产的情形，最好也保留相关的出资证明、转账证明等合同或票据。

2. 再婚夫妻因婚内财产约定产生纠纷

有一些再婚夫妻已经考虑到有可能发生财产模糊不清的状况。所以，可能会在结婚时或结婚后对某些特殊类型的财产予以约定。但由于当事人对夫妻财产约定的有关知识了解不够，最后还可能发生争议。

王先生与张女士再婚后生活得比较幸福，但是由于张女士担任法定代表人的公司急需办公用房，于是公司股东会决定借用张女士的个人名义买办公用房，因为这样可以从银行申请到按揭贷款，缓解公司资金压力。对此提议，王先生也表示同意，打算支持太太的事业发展。在这种情况下，夫妻俩口头约定，买好的写字楼是公司的财产，并且由公司出资，公司还贷，等将来银行贷款还清以后，再将写字楼过户到公司名下。在说好之后，张女士就以自己的名义签订了购房合同，并且让公司支付了购房的首付款，每个月的按揭还款也是由公司出钱，将款项转账到自己在某家银行的按揭还贷账户上。这样的情况持续了三年。后来，王先生与张女士因为各种原因经常发生争吵，两个人开始考虑协议离婚的事情。此时双方分歧最大的就是公司所在的写字楼的财产归属问题。王先生认为，既然房子是在再婚之后购买的，不论是谁出资，房产证是登记在妻子名下，房子当然是属于夫妻共同财产，而且该写字楼现在的市场价值比当年的购买价值已经翻倍。而妻子却认为，当初双方已经约定好，这个房子只是公司借用自己名义购买，房子应当是属于公司的财产，与夫妻俩无关，这个例子就是典型的因为婚内财产约定不明而导致的家庭矛盾。

再婚夫妻最重要的是信任的建立，所以，当一方希望签订夫妻财产约定时，一定要考虑到对方的接受程度，并提前在咨询师的帮助下做好铺垫和沟通工作。

为避免这一类的家庭矛盾，首先应当建议再婚者在婚前就达成协议，婚后对于重大的或者是特别的财产项目应当进行书面的夫妻财产约定。从常理上来说，一般的夫妻财产约定，夫妻双方如果是真实的意思表示，约定又没有违法的内容，该约定应当是双方签字后就可以生效，并不一定需要办理公证。如果再婚夫妻俩的财产类型及构成非常复杂，建议他们向专业的法律人士进行咨询，或委托专业的服务机构代为草拟夫妻财产约定，以防发生上述案例的风险。对于已经发生界定不明的夫妻财产约定纠纷的，婚姻家庭咨询师应当对其财产关系进行梳理和说明，帮助他们澄清误解，消除猜疑，尽可能地在双方共同利益点上调解家庭关系。

3. 再婚夫妻因继子女的抚养费用产生纠纷

再婚前，夫妻往往某一方或者双方都有前婚史生育的子女，如果双方子女均已成年，且独立生活，通常情形下很少会引发这一类的财产矛盾；但如果有子女尚未成年，还需要与再婚夫妻共同生活，那么在未成年子女的生活费用、教育费用及抚养费用等诸多方面就容易引发财产纠纷。

刘先生和孙女士再婚时，孙女士有一个5岁的女儿，刘先生有一个10岁的儿子，双方再婚时约定，两个子女都和他们共同生活，对于两个子女的生活费用及教育费用都由双方共同担负。结婚两年后，一次偶然的机会刘先生得知，妻子偷偷地用她自己的部分工资收入给她的女儿购买了一份教育分红保险，每年的保费高达上万元，却没有为自己的儿子投这个险。刘先生对此感到很气愤，认为妻子向自己隐瞒了她的真实收入，对两个子女不平等对待。在刘先生与妻子争吵之后，双方感情急剧恶化，刘先生决定要保护自己的儿子，于是他立下了一份遗嘱，遗嘱中将自己名下的所有财产交给儿子继承，没有保留任何份额给妻子及继女。孙女士发现遗嘱之后，大发脾气，双方争吵更为激烈，以至于闹到要离婚。

从这起矛盾可以看到，再婚夫妻常常因未成年继子女的抚养、教育费用而产生家庭矛盾。矛盾的表现形式形形色色，如给孩子除提供普通的义务教育费用外是否还增加昂贵的特殊教育费用，孩子是在普通公立学校里就读还是在私立学校里学习，是否给孩子名下投入各类投资、信托财产或是保险收益，甚至包括遗嘱当中的遗产继承对象，都会成为引起再婚家庭矛盾的导火索。

为避免发生这类家庭矛盾，婚姻家庭咨询师应当提出建议：准备再婚的家庭，如果继子女与再婚夫妻共同生活，夫妻俩首先应给双方子女确定一个生活费标准及教育费标准，并且明确费用的负担。遇到大额的教育投资、消费支出或给予孩子其他财产时，一定要与配偶商议，取得对方的理解和支持，切忌像上述案例那样，私自作出财产的处分安排，对双方的继子女都应当给予同等对待。已经发生上述家庭矛盾的，如果再婚一方意识到自己处理事务不妥，应当主动向对方表示歉意，并作出调整。婚姻家庭咨询师针对这类纠纷的调解不是重在财产的安排上，而在于引导家庭成员树立平等、和睦的婚姻家庭观。

如果再婚一方希望给予自己亲生子女更多的财产安排，婚姻家庭咨询师可建议其用自己一方个人财产作相应的安排，而不是私自动用夫妻共同财产。

4. 再婚夫妻因生子女、继子女的遗产继承产生财产纠纷

再婚家庭的成员构成比较复杂，常常可能再婚之前夫妻双方或一方已经有子女，而再婚后可能又会生育新的子女。这样，生子女与继子女就同时出现在再婚家庭中。这种家庭成员关系处理起来更为复杂，也常常会由于财产关系处理不妥当而引发家庭矛盾。

比如，许先生与谭女士再婚前，许先生已经有了两个儿子，而谭女士与许先生是初婚，所以根据计划生育的政策许可，谭女士与许先生结婚后又生育了一个女儿。这个女儿10岁的时候，许先生已经是50多岁的人了，因为疾病住进了医院。当医生告知家属，许先生病情危急，家属应当做好思想准备的时候，许先生两个已经成年的儿子在医院里讨论起了父亲遗产继承的问题。两个儿子认为，父亲与谭女士结婚的时候，已经拥有大量的婚前个人财产，并且认为许先生与谭女士现在的住房是自己父亲与自己的生母在结婚时就已经购买的，该财产与谭女士无关。所以，认为夫妻名下的所有财产应当由这两个儿子继承。而谭女士却认为，再婚后自己照顾丈夫多年，并且与许先生又生育了一个女儿，许先生名下的所有财产应当在两个儿子和自己、女儿四人中平分。双方在谈及这些财产继承的时候发生了口角，甚至导致矛盾激化。许先生的两个儿子偷偷跑到父亲的家里拿走父亲的身份证件、户口本及存折、房产证，而谭女士也毫不犹豫地报了警。幸运的是，许先生经过医院的抢救，病情得到了缓和。尽管如此，由此产生的遗产继承纠纷并没有真正解决，而是长久影响到了再婚家庭的和谐。许先生对此苦恼不已，一边是亲生的两个儿子，一边是相伴十多年的配偶及亲生女儿，他感到左右难以平衡。

这一类再婚家庭的矛盾也是常见的。婚姻家庭咨询师应当知晓，作为许先生的两个亲生儿子，对自己的生母和生父有着深厚的感情，所以往往对于父亲名下的财产都会理所当然地认为是自己的生母与父亲共同创造的财富，他们往往不愿意这些财富被父亲再婚的妻子所分享。同时，他们也担心自己应分得的财产份额受到影响，所以往往会向父亲提出很直白的遗产继承要求。而对于谭女士这样的再婚妻子来说，她与许先生婚后共同生活多年，也尽到了做妻子的责任和义务，再婚后的夫妻共同财产理所当然有她的一半。如果许先生没有留遗嘱的话，许先生的遗产当然也有她的份额，而谭女士的女儿显然也是许先生的法定继承人。面对这类家庭纠纷，重要的是首先要分清许先生的遗产范围，这些遗产范围包括许先生再婚之前的个人财产和许先生在再婚之后夫妻共同财产属于他自己的那一半。特别要弄清楚，许先生的婚前个人财产应当包括两部分，一部分是他与前妻在协议离婚时约定归其所有的财产，另一部分是他在离婚后再婚前，通过个人的劳动所获得的收入。确定好上述遗产范围之后，再来确定法定继承人。在上述的家庭纠纷中可以看到，对于许先生来说，三个子女及其妻子都是他的法定继承人，都应当有权继承其遗产。

在理清上述思路之后，婚姻家庭咨询师就可以帮助求助者梳理遗产继承关系。而在调解这类矛盾时，对于许先生与前妻所生育的子女，应当教育他们尊重老人、尊重父亲的意愿，更多地去理解父亲再婚婚姻的重要性。而对于谭女士来说，应当告知其如何利用正当的手段来保护自己的财产权益。婚姻家庭咨询师应该对此类可能发生的问题向再婚者做一个全面的、清晰的说明，才利于避免今后再婚家庭产生误解和分歧。

5. 再婚夫妻的遗嘱继承产生的财产纠纷

再婚夫妻其中的一方配偶在去世之前可能会通过遗嘱的方式来处分自己名下的财产。但这种处分财产的结果相比起普通的婚姻来说，家庭当中某些成员可能会对遗嘱产生质疑或者会觉得心中不平衡，由此引发矛盾。

比如，袁先生再婚之前有一儿一女。袁先生 40 岁的时候又再次结婚，妻子徐女士和他相处得非常好。袁先生身体不好，常年患病，再婚的妻子十分耐心地照顾他长达十余年。袁先生 54 岁的时候因疾病住院，医生告知其病危。袁先生非常感激妻子这些年来对他的照顾，而两个子女因都在外地工作不能尽孝。为此，袁先生在住院期间就立下遗嘱，写明自己名下所有的财产都留给妻子。妻子拿到遗嘱之后，并没有当回事，而是希望丈夫能够康复。但这一次住院之后，袁先生终于没能够战胜疾病。临终前，徐女士通知了所有的子女和其他亲戚朋友，但袁先生并没有提到遗嘱一事。在袁先生去世后，徐女士和袁先生的两个子女共同料理了亲人的后事。在谈及遗产分割时，徐女士出示了袁先生生前所立的遗嘱，但两个子女当即认为这份遗嘱是伪造的。因为他们认为，父亲名下的财产多达 300 万元，不可能没有留任何遗产给两个亲生子女，而把财产全部留给现任的妻子。徐女士本来就面临丧失亲人之痛，备受打击，现在又面对继子女这样的指责和质疑，她感觉到自己的人格受到了侮辱，气得一病不起。这样的家庭矛盾在再婚配偶一方死亡时常常会出现，法律赋予了袁先生立遗嘱处分自己遗产的权利。但遗憾的是，被继承人往

这类家庭矛盾出现的根本原因在于再婚配偶一方与继子女平时关系相处不够融洽，沟通欠缺。所以，婚姻家庭咨询师应当详细了解在纠纷发生前，再婚家庭成员之间彼此相处的情况，是否还有其他矛盾。这样才能化解深层次的矛盾。

往在立遗嘱时没有采取法定的形式或者是提前做好相关的沟通工作，最后导致不必要的家庭矛盾的发生。

对这类家庭纠纷，婚姻家庭咨询师所能起到的作用会比较小，因为被继承人已经去世，面对大额的遗产分割，尤其是涉及遗嘱真假这样的疑问时，法定继承人各方往往会分歧巨大，各执一词。面对这类咨询时，婚姻家庭咨询师首先可以从法律及情理的角度给予说明，对于双方分歧实在不可调和的，则要建议他们采取司法程序。这时候，通过法院判决的方法来确定遗产的分割是一种理性的方式，它往往能够使再婚家庭的成员最终接受遗嘱继承的现实。即便通过司法程序解决问题，婚姻家庭咨询师也可以起到缓解矛盾、降低诉讼双方对立程度的作用。

二、夫妻财产约定与遗嘱继承的关系

由于再婚家庭成员构成比较复杂，涉及再婚成员与前配偶的关系、与继子女关系、与生子女关系，如果在处理这些关系过程中同时出现了夫妻财产约定和遗嘱继承，往往会导致其财产的处理更为复杂，下面做一些简单的梳理。

1. 夫妻财产约定和遗嘱继承

夫妻财产约定的知识已经在婚姻家庭咨询师三级教程中第 1 章第 4 单元给予了详细阐述，相关知识请参见这部分内容。

遗嘱继承的知识已经在婚姻家庭咨询师基础知识教程中第 13 章给予了详细说明，请参见这部分相关内容。

2. 二者之间的关系

无论是初婚夫妻还是再婚夫妻，对于夫妻各方所拥有的财产范围往往是通过夫妻财产约定来实现的。对于再婚家庭来说，如果再婚夫妻已经签订了婚内财产约定，那么这份财产约定就可以清楚地界定哪些财产是属于再婚配偶一方的个人财产，哪些财产是属于再婚夫妻双方的共同财产，明确再婚配偶一方可以自行处分的财产范围。但是，这不足以确定再婚配偶一方名下的遗产。

遗嘱继承的前提是，再婚配偶一方在遗嘱当中可以处分的遗产必须是自己个人的财产，而不能处分配偶或者是其他家庭成员的财产。所以，如果再婚配偶一方准备立遗嘱，首先应当分清楚遗嘱当中自己有权分配的财产究竟是哪些。通常情形下，再婚配偶一方可处分的遗产包括：

（1）若与前配偶有离婚协议或是离婚判决书、离婚调解书，那么该协议当中或者是该判决书、调解书当中所确定的归他所有的财产属于其再婚前个人财产。若相关财产条款已经履行，则这些财产属于遗产范围。

（2）若前次婚姻属于丧偶的情况，那么其前配偶名下的遗产无论是通过遗嘱继承还是法定继承的方式、确定的他已经继承的遗产份额，也属于其再婚前的个人财产，这部分财产可属于遗产范围。

（3）再婚之前以个人的劳动经营所得的收入、接受赠与财产等，也属于其遗产范围。

（4）再婚后根据他与配偶的夫妻财产约定所确定的属于其个人名下的财产，也是遗产的范围。

（5）对于再婚后夫妻财产约定并未提到的其他财产收益，根据现行法律的规定，如属于其名下的个人财产可属遗产范围。其他的财产收益，如法律没有特别规定的，视为夫妻共同财产，该财产的一半属于他（她）的遗产。

可见，通过上述的分析，我们知道再婚配偶一方可处分的遗产构成比较复杂。夫妻财产约定只是确定其遗产范围的一个关键性因素，当然夫妻财产约定如果无效或者只是部分有效，同样会影响到遗产范围的确定。婚姻家庭咨询师在处理这类家庭矛盾时可能遇到的情况会比较复杂，尤其是财产关系难以梳理清楚，可建议求助者寻求专业人士的帮助。但更多的经验表明，这类家庭矛盾往往是由于再婚的某一方家庭成员对相关的财产关系不理解、不清楚而产生误解所造成的，所以沟通、解释和说明是十分必要的。

三、再婚家庭夫妻与继子女、生子女之间的权利义务关系

关于这部分的相关法律知识，将在本教程第 3 章第 3 节学习单元 1 中给予详细阐述。婚姻家庭咨询师只有在明确了再婚家庭夫妻与继子女、生子女之间的权利义务关系后，才可能明白地告诉求助者家庭成员之间的关系该如何相处，哪些是权利，哪些是义务，财产关系该如何梳理。所以，这部分知识十分重要。

婚姻家庭理财四大基本财务体系对二级婚姻家庭咨询师来说依然十分重要，这部分的内容详见婚姻家庭咨询师基础知识教程的第 8 章。此处不再重复，学员应当熟练掌握。

相关链接

老人同居热　源于再婚难

东方网曾刊登过一则消息，在北京市妇女代表大会上，北京市老龄协会有关负责人向记者透露："同居正在成为除了再婚之外，独居老年人的一种较为普遍的生存状态，同居是老年人因不愿或无力面对再婚的诸多问题而采取的一种无奈之举。不过从目前的情况看，多数人对这一现象抱以宽容的态度。"

北京市婚姻家庭研究会报告中的一组数据清晰地显示出：本市女性丧偶率达47.2%，男性20.8%。由于女性预期寿命比男性长3～5岁，因此丧偶率高于男性。男性老人有配偶的占76.83%，而老年妇女中只有51.86%的人有配偶。北京市65岁以上的老年妇女中有60%以上处于寡居状态。

对于老年人来说，独居是否会影响他们的身心健康呢？心理学家认为：并非所有人独居后都能很好地调适自己的生活。不少独居老年人反映他们其实非常需要婚姻。事实也证明，有配偶的老年人的健康状况普遍比没有配偶的老年人要好。由于现实问题，当前老年人再婚还面临着许多困难，再婚的成功率较低。

那么，什么问题位于这些问题的首要地位呢？社会学家、家庭问题分析专家和婚姻家庭律师等大致都认为，财产问题是造成老年人再婚难的最主要问题。一位学者指出："如果双方都有房，老年人在结婚前可以约定把各自的房子留给自己的孩子。如果一方没房，问题就比较麻烦了。有房一方老人和儿女在谈论房产归属问题的时候，总是避免不了尴尬。为了回避这个问题，一些老人选择了同居。"

当然，除了以上的财产问题，老年人同居现象中另一个严重的问题是可能会最终伤害女性老人的权益。老龄协会有关负责人表示："由于女性老人的预期寿命长，往往同居到最后还是男性老人要先离开人世。女性老人不仅在日常生活中照顾'老伴儿'

的起居，在‘老伴儿’生病住院期间，还承担了护理照料工作。如果她不能被对方子女接纳，等男性老人离开后，她很可能会被扫地出门。”

面对老年人同居这个问题，专家给出了一些建议：“虽然从目前社会反映来看，很多人对于老年人同居的认可程度甚至超过了对年轻人同居的认可，但是，老年人仍应该对同居的利弊有一个清醒的认识，慎重对待同居。老年人在面对婚姻的时候必须有一个充分的理性思考，倾听儿女的意见也十分必要。尤其重要的是，老年人再婚要注重情感，并尽量门当户对，还要注意提前与儿女多多沟通，取得晚辈的理解和支持，才能避免日后造成麻烦和伤害。”

再婚家庭理财咨询要点

了解再婚家庭求助者的婚姻与财产信息，比了解普通的家庭信息更为复杂。婚姻家庭咨询师应当详细地询问再婚配偶双方以前的婚史，与前配偶之间离异时的财产处理，前配偶死亡时的财产继承，再婚前的个人财产构成，再婚后的夫妻共同财产所得，再婚前或再婚后的夫妻财产约定，再婚家庭的继子女及生子女状况，再婚家庭目前稳定的共同生活的家庭成员等。同时，明确求助者的主要问题及求助目的，以便对求助者的问题分类进行分析和说明，并提供解决问题的可行性方案。必要时，可以出具书面说明方案。

【案例 1—10】继女姗姗有没有财产继承权

✣ 案例描述

张女士的丈夫李先生今年已经 65 岁。20 年前经人介绍，她认识了李先生。当时李先生与前妻已经离婚，并且有两个子女，儿子当时 22 岁，女儿 20 岁，都已经参加了工作。张女士当时也处于离婚状况，有一个 8 岁的女儿姗姗。与李先生认识之后，双方感情很不错，很快就缔结了婚姻，并且和小女儿生活在一起。之后，李先生的儿女各自成了家，偶尔会回来看望夫妻俩，这种状况持续了20年。现在李先生因为患病住到了医院，李先生想立遗嘱，将其遗产分配给所有的继承人，却遇到了麻烦。原因是李先生的亲生子女认为，姗姗是张女士的亲生子女，但却不是李先生的亲生子女。所以，父亲的遗产只能由兄妹俩和张女士继承，姗姗没有权利继承父亲的遗产，只有权利继承张女士自己名下的遗产。而李先生却希望能把他的遗产在三个子女和张女士四个人之间共同分配。这件事情弄得生病的李先生和两个亲生子女发生了争吵。张女士觉得挺伤心，并预感到将来有可能因为这件事产生更大的风波。她心中觉得很不安，于是来找婚姻家庭咨询师进行咨询。

✣ 案例分析

这是一起典型的由于再婚家庭配偶一方遗嘱继承所引发的财产纠纷，它涉及生子女、继子女及再婚配偶的遗产继承关系。对于这类问题的咨询，应当首先理清法律上的被继承人和继承人的关系，明确法定的权利和义务，再明确当事人可以自行处分的权利。

先假设李先生没有立遗嘱。根据法律规定，在这起纠纷当中，有资格继承李先生遗产的首先是李先生的两个亲生子女。其次，李先生的再婚配偶与李先生有着合法的婚姻关系，张女士本人也是法定继承人之一。再次，重要的是双方发生矛盾的焦点，也就是姗姗有没有法定继承权。姗姗进入再婚家庭与李先生、张女士一起共同生活时，她才8岁，并且李先生和张女士夫妻俩和姗姗长期共同生活在一起，对她进行抚养和教育，这已经形成了法律上、事实上的抚养、教育关系。根据法律的规定，姗姗应当与李先生之间具有生子女与生父母之间的权利义务关系。换句话说，姗姗有权利继承李先生的遗产，同时也有义务在成年后对李先生进行赡养，所以姗姗也是法定继承人之一。

现在的问题不是法定继承，而是李先生要立遗嘱来分配遗产。李先生的两个亲生子女对继承法有误解。事实上，公民立遗嘱处分自己的财产，这种自由是受到法律保护的，不论是他将遗嘱分配给自己的法定继承人还是将遗产赠与给法定继承人以外的其他人，法律都会保护他的权利。换句话说，无论姗姗是不是李先生的法定继承人，李先生都有权利自己来决定是否将遗产分配给姗姗，甚至是上述所提到的四个法定继承人以外的其他人。李先生的两个亲生子女其实是没有权利干涉父亲对遗产进行处分的，更不能因为父亲要把遗产的一部分留给姗姗而发生争吵。

但作为婚姻家庭咨询师要注意到，如果从情理的角度看，李先生的两个子女的想法也能够理解，因为站在他们的角度会认为，父亲多年来对姗姗已尽到抚养和教育的义务，已经付出了很多，而亲生子女在父亲再婚时已经成年，并没有享受到父亲与张女士的抚养和教育的资助。所以，他们会认为，父亲将遗产的一部分留给姗姗有失公平。了解到这种心理状态，有利于婚姻家庭咨询师做更好的沟通工作。

✣ 咨询建议

首先应当向张女士进行解释和说明，让她知道丈夫是有权利为遗产做这样的处分和安排的，姗姗的遗产继承权利也可以得到法律的保护。但现在问题的症结在于，李先生的两个子女不能够理解和接受父亲这样的遗产安排。所以，重点工作应放在与李先生的两个亲生子女进行沟通上。

婚姻家庭咨询师建议张女士将咨询的结果告诉丈夫。如果李先生健康状况允许的话，最好由李先生与他的两个子女进行谈话，告知他们，姗姗也是李先生的法定继承人之一。所以，李先生将遗产分配给姗姗一部分是完全合乎情理和法理的。

如果李先生的健康状况不允许做上述工作，建议张女士能够说服李先生的两个子女和张女士一同再来找婚姻家庭咨询师，共同做咨询。对于李先生两个子女心中迷惑不解的财产关系，由专业的婚姻家庭咨询师给予解释和说明，在必要的情况下，还可以向他们出示国家的相关法律规定，以获得他们的理解和认可。退一步说，假设姗姗没有这样的法定继承权，他们的父亲也是完全有权利自由处分自己遗产的，无论是将遗产给予亲人还是法定继承以外的人。

如果李先生的两个子女拒绝来见婚姻家庭咨询师，也可以考虑由李先生出面，建议自己的两个子女到律师事务所向专业人士进行咨询。如果两个子女自行寻找的律师能给予他们一个明确答复的话，可能更容易获得他们的信任。另外，张女士还可以考虑另一个办法，那就是由婚姻家庭咨询师出具一个书面的咨询方案，并将咨询方案给予李先生及他的两个子女分别阅读和沟通，如有疑问可以再寻求专业的咨询。

在发生这样的家庭矛盾过程当中，除了财产方面的问题，婚姻家庭咨询师发现，李先生的两个亲生子女对张女士多多少少有一些误解，怀疑张女士在打他们父亲财产的主意。建议张女士在必要的场合主动向对方表明自己对家庭财产的立场和观点，甚至把对方心中的怀疑和猜测主动提出来，也许这样能起到更好的沟通效果。

婚姻家庭咨询师这样的解答，使张女士觉得心中轻松了很多。回到家里她将咨询的结果告诉了李先生，李先生也明白了自己的所作所为无论从情理上还是法理上都能得到支持，心中觉得有理有据。于是，他挑选了一个周末请两个孩子回家吃饭，当着两个亲生子女和张女士的面把话说开，说明了姗姗有继承遗产的根据。面对两个子女的疑惑，张女士主动提出，建议他们寻找专业的律师或者咨询师再做一次咨询，看看与李先生所说的结果是不是一样。经过一段时间之后，李先生的两个子女表示，他们已经明白了父亲对遗产的处理是有自主权利的，而且觉得父亲这样的处理没有什么不公平的地方，也表示同意。看到子女和配偶已经能够对遗产的分割达成共识，李先生觉得十分欣慰。

✣ 注意事项

1. 对于各类再婚家庭引发的财产纠纷，从法律专业的角度来说，可能会涉及夫妻财产约定，遗嘱继承，法定继承，夫妻财产制，再婚配偶与生子女、继子女的权利义务关系等诸多的复杂关系。如果婚姻家庭咨询师面对比较复杂的咨询案例，在进行初步的答复之后，求助者需要更进一步、更明确的解决问题的方案，可以建议求助者到专业的咨询机构做进一步的咨询，委托律师来起草夫妻财产约定、遗嘱或者是代办公证等，防止因为一些细节问题的疏忽给求助者带来错误的指导意见。

2. 再婚家庭构建婚内四大财务体系，因家庭成员构成比较复杂，且子女的经济独立能力及财产状况都各不相同，所以面对家庭的消费支出、投资获利、风险防控及遗产传承等方面的财务体系的建立，需要更多地考虑具体情况具体对待；同时对于这种财务体系的建立还应当充分考虑家庭成员之间相处的关系，考虑实施的可能性与现实性。如家庭财产额巨大，或是家庭成员法律关系复杂，可以建议求助者到专业的理财机构进行咨询，以提供更为详尽的书面方案。

本单元思考题

1. 再婚择偶者防范再婚家庭财产纠纷的注意事项是什么？

2. 再婚家庭常见因财产引发家庭纠纷的类型有哪些？

3. 再婚夫妻与生子女或继子女之间发生财产纠纷的根本原因是什么？

4. 与普通新婚家庭的理财相比较，为再婚家庭提供理财咨询服务有何特殊之处？

第 2 章

夫妻关系咨询

来自两个家族和系统的青年男女一旦携手走进婚姻，他们对婚后很快面临的两大角色转变，即从恋人到夫妻、从夫妻到为人父母，往往缺乏足够的认识，很难承担和胜任应有的职责，很多人由此陷入苦恼和迷茫。

夫妻关系，依据人们从原生家庭和成长经历中习得的调适方式以及各自在婚姻中拥有的资源、期待和实际贡献率，分为许多类型。而由夫妻为核心的家庭本身还有不同生命周期，如二人世界、养育子女、人到中年、子女求学、离家、退休、丧偶等，每个周期都会有各自不同的任务与冲突，再加上外界环境的种种变化，如婚姻的市场化、商品化趋势，金融危机等，都会为原本就复杂易变的夫妻关系带来更多的风险和挑战。

本章涵盖夫妻冲突的几个重要方面的内容，首先从角色转变入手，分析生育对夫妻关系的影响，并为不孕不育夫妻关系调适提出合理建议。其次，深入探讨如何运用家庭系统论的相关知识调适夫妻关系，掌握解决夫妻冲突、拥有和谐性生活的有效方法等。再次探讨了发生婚姻变故的社会、家庭、个人等主要成因，判断婚姻是否能够继续维系，以及挽救婚姻的技巧，发生无效婚姻的原因及法律后果，如何做好善后工作，如财产债务清偿、子女抚养等。

第 1 节　夫妻关系调适

学习单元 1　提供解决冲突、调适夫妻关系的技巧和建议

新婚夫妻带着激情和对未来的憧憬走进了婚姻生活。然而婚后的生活，往往不能像亲友祝福的那样顺利和甜蜜。分歧、矛盾、争吵甚至冷战……各种各样的冲突会给夫妻生活蒙上阴影，困扰着很多家庭。很多家庭历经沧桑后才走上真正的幸福之路。本单元分析夫妻冲突的类型和发生冲突的主要原因，讨论解决夫妻冲突的技巧和调适夫妻关系的主要途径，并提供关于冲突的一些测评工具和咨询案例。

学习目标

➢ 了解夫妻冲突的普遍性

➢ 掌握解决夫妻冲突的技巧

➢ 学会调适夫妻关系

一、夫妻冲突

1. 人际冲突

人际冲突指的是人与人之间的不相容性，包括目标、计划、行动、愿望、态度、兴趣、意见、观点等的差异和不相容。同时，常常伴随消极的情感体验或其他紧张指数的指标。夫妻冲突是指夫妻之间的人际冲突。

2. 夫妻冲突的特点

夫妻冲突具有广普性、重复性和隐蔽性三个特点。

（1）广普性

广普性是指有冲突的夫妻关系是普遍存在的。冲突是夫妻生活的一部分，关系再好的夫妻在日常生活中也会闹矛盾、起冲突。夫妻在家中可以看成是一个统一的整体，但在社会大家庭中他们又属于集体成员，是不同的个体，这就导致夫妻两人各自带有社会生活的种种折射。不同的社会环境、不同的生活经历以及不同的文化素质，使夫妻双方在个性特征、思维方式、行为方式、兴趣爱好、生活习惯、伦理标准及审美感受等各方面都潜藏着发生冲突的必然性。如果一对夫妻婚后从不发生冲突，反而不正常。著名作家阿瑟·黑利说的一段话发人深思："假如有一对夫妻告诉我，他们结婚多年从未有过冲突，那是他们在说假话；要么他们的婚后生活极度单调乏味，或者其中一方完全受另一方的摆布。"

（2）重复性

重复性是指夫妻之间的同一冲突会重复出现。夫妻生活日复一日，同一个冲突问题如果得不到彻底的解决，就有可能重复出现。

夫妻冲突具有广普性，冲突是夫妻生活的一部分，关系再好的夫妻在日常生活中也会闹矛盾、起冲突。

（3）隐蔽性

隐蔽性是指并非所有的夫妻冲突都是明显可见的，也就是说，有些夫妻冲突不一定存在明显可见的对立，可能并不被另一方所察觉。

3. 夫妻冲突的影响

有人认为，夫妻之间为了不同的需求和目标发生冲突，会产生不良后果，因此，冲突是不好的。其实不然，冲突不一定是坏事。从一定意义上讲，冲突具有积极的方面。因为冲突体现了一种权利、一种地位或一个独立人对于自身价值的肯定和对自己意见的尊重，同时也要求对方尊重。在冲突中，双方的不同意见和反对情绪都可以宣泄出来，不仅能使夫妻双方深化了解，而且能使人得到某种心理上的安慰。

夫妻冲突本身并不会对婚姻产生伤害，关键在于两个人面对冲突的态度和解决冲突的方式。冲突使夫妻双方能够增进了解，处理好了可以加深夫妻感情。

冲突过后，如果能进行沟通，寻求对双方都有益的解决方法而非试图忘记或视而不见，往往能改善关系。有问题总是要解决的，也是可以解决的。幸福的婚姻是能够建设性地解决冲突，而不是回避或掩盖冲突。

夫妻在长期的磨合中，要一起学习解决问题的方法。学习相互理解、信任、宽容和支持，使彼此更了解，关系更紧密，并学会避免不必要的冲突。据调查，关系最融洽美满、和谐稳定的，不是为一点小事就吵得不可开交的夫妻，也不是那种"举案齐眉""相敬如宾"的夫妻，而是那些有较深的感情基础，但又经常发生一些小小冲突的夫妻。

4. 夫妻冲突的分类

(1) 彼得森冲突四分类

美国当代心理学家彼得森认为，夫妻冲突可以分为四类：第一类是批评 (criticism)，即贬低对方或对其不友好的语言及非语言行为；第二类是无理要求 (illegitimate demands)，即要求对方做其认为不公平的事；第三类是拒绝 (rebuffs)，如妻子请求丈夫按照自己的希望行动，但是丈夫没有像妻子预期的那样进行回应；第四类是累积的愤怒 (cumulative annoyances)，这种愤怒由很小的不满累积而成，因重复的不满而导致愤怒。

彼得森认为，冲突发生之后，接下来会有两种走向。第一种是将冲突升级，也就是说一方或双方将冲突问题泛化，继续责怪对方、进行人身攻击，或者以更强硬的语气、方式命令对方或进行威胁。必须指出的是，威胁其实作用不大，只能让夫妻陷于更深的痛苦 (如敌意、报复)。同时，不管发出威胁的人是否真正实施威胁，结果对双方都没有好处。相对于冲突升级而言，冲突的第二种走向是协商，是指夫妻双方理性地解决冲突，表明各自的立场，不偏不倚地讨论问题，共同努力寻找双方都可接受的解决方法。这种方式，有可能直接终止冲突，使双方重归于好，甚至比以前更紧密。

(2) 戈特曼夫妻冲突类型

美国当代著名婚恋心理学家约翰·戈特曼把夫妻冲突的类型分为以下四种：

1) 波动型 (volatiles)。这类夫妻的卷入程度都较高，当双方意见不同时，喜欢努力说服对方，随着谈话的进行，说服彼此的努力下降，但仍高于其他类型的夫妻，这类夫妻倾向于公开面对冲突，愿意面对不同意见的存在并努力说服对方。

2) 认可型 (validators)。这类夫妻以平静、放松的方式讨论分歧，双方共同努力解决同一个问题，讨论一开始就重视对方的意见，会控制自己不去互相影响，然后才试着说服对方，这类夫妻的卷入程度适中，倾向于公开面对冲突，愿意面对不同意见的存在并努力说服对方。

3) 逃避型 (avoiders)。这类夫妻一般不会有解决冲突的策略。他们只是希望随着时间的流逝，问题自然而然地解决。讨论中，很少努力影响对方，情感卷入程度很低。

4）对立型（hostiles）。这类夫妻的讨论以负面性为特点。他们更可能表现出批评、轻视、自卫/自我保护、退缩等行为，较多直接的冲突，很少认真倾听，双方都会自我保护，更有可能爆发情绪“决堤”的危险，即负面情感出乎预料地爆发，淹没和扰乱配偶，这类夫妻往往婚姻满意度很低。

与此同时，戈特曼研究发现，夫妻之间发生冲突的时候，双方有可能以负面的形式进行交流。这些负面因素一旦失控，对夫妻关系就会造成毁灭性的打击。戈特曼把这些负面因素称为四大杀手。这四大杀手按如下顺序对婚姻发生冲击：指责、轻蔑、防卫、冷淡。

指责不同于抱怨。抱怨仅仅针对对方没有做对的事情，而指责所针对的范围要广得多，并常常将负面的言辞加在对方的人格上；抱怨的焦点仅仅是特定的某一做法，而指责是对一般个性的抹杀，对俩人关系的打击要比抱怨大得多。指责的破坏性在于当指责泛滥时，就为其他更致命的“杀手”铺平了道路。

轻蔑包含很多种类，冷嘲热讽、直呼其名、翻白眼、冷笑、恶意模仿以及开敌意的玩笑等，都是轻蔑的表现。无论其形式如何，轻蔑作为威胁性最大的杀手，表示了一方对另一方的厌恶，对夫妻关系危害很大。一旦对方得知自己被厌恶，夫妻之间的问题就很难得到解决。也就是说，轻蔑不可避免地会引发更多的冲突，而不是让人们重归于好。轻蔑的原因是对对方长期持负面的看法。夫妻间的分歧越是得不到解决，就越容易用负面的眼光去看待对方。另外，轻蔑的同伴是挑衅，挑衅有威胁或激怒的意思，是攻击性愤怒的一种表现，对夫妻关系有着同样致命性的破坏。

防卫本质上是指责对方的一种表现形式，等于说“问题不在我，而在你”。所以，攻击方不会因为另一方的防卫而道歉。因此，防卫的结果只能是使冲突升级，对婚姻关系也有致命危害。

在夫妻生活中，冷淡常常出现在其他三个“杀手”之后。与那些负面气氛浓重的夫妻关系相比，冷淡行为更常见。前面三个“杀手”带来的负面影响不断扩大，让人有一种被压垮的感觉，冷淡便理所当然地成为一种远离不快的方式。但事情发展至此，需要一定的时间。如果夫妻间争论常常以“尖刻”的方式开始，然后指责和轻蔑使争论出现防卫，并继而引发更多的轻蔑和防卫，最后，一方宣布退出争论，这意味着第四号“杀手”已经出现。正常情况下，两人在交谈中，听的人一般会用各种方式向说话人表示自己在听，比如目视对方、点头、发出一些应答的声音。而冷淡者不会向对方表示这类反馈，他会东张西望或看着脚底下，没有一点声音，坐在那里无动于衷，就算是听见对方说话，也只是表现出一副漠不关心的样子。

指责、轻蔑和防卫对夫妻关系的破坏作用像是接力跑，如果夫妻双方没有打断它们，接力棒就会一个一个传递下去，并且循环往复，最终走向冷淡。冷淡是一种回避，避免正面冲突，同时也就等于逃避了自己的婚姻，变成一个冷淡的人。

夫妻冲突的四大杀手——指责、轻蔑、防卫和冷淡，不可忽视。

相关链接

夫妻冲突类型测试题

A. 我们关系中的冲突是最小化的。我们认为最好“认同彼此间的分歧”，而不要加以讨论，以免双方陷于僵局。生气是于事无补的。事实上，对分歧的过多讨论会使事情更糟。我们觉得出现问题时只要放松，问题自会解决。

B. 我们的冲突发生得比较频繁，这没什么太大的关系，因为我们的弥补修复范围会更大。我们会发生火山爆发似的争论，不过这仅仅是我们温暖关爱关系的一小部分。尽管我们会发生争论，我们仍能解决我们之间的分歧。事实上激烈冲突后会有许多修复、欢笑和温情，反而使我们的关系更好。

C. 我们经常激烈争吵。彼此间互有侮辱性的语言，如骂人、压制和讥讽。我们不能真正倾听对方在说什么，也不会常常看着对方。即使偶尔会有短暂的攻击和自卫，我们中的一方常常是超然的、不含感情的。我们关系中的负面情况显然多于正面积极的情况。

D. 当发生冲突的时候，即使存在分歧，我们也会让彼此知道对方的意见是受到重视的，感情是有效的。即使在讨论最激烈的话题时，我们也会更多地进行自我控制，表现平静。在争执的时候，我们会将许多时间花在认可对方上，也会努力说服配偶或找到妥协之道。

测试说明：根据美国著名心理学家约翰·戈特曼的伴侣冲突类型理论，情景 A 反映的是逃避型，B 是波动型，C 对立型，D 是认可型。

波动型、认可型和逃避型伴侣在冲突的讨论中，积极行为大于消极行为，交流过程主要是积极的，婚姻满意度也较高。其中，波动型和认可型伴侣都会公开地面对冲突，愿意面对不同意见的存在并努力去说服对方，彼此投入的程度大于逃避型。对立型伴侣的积极行为往往小于消极行为，交流过程主要是消极的，更可能互相批评、蔑视、自我保护和退缩，这些交往形式损害了关系的稳定性，婚姻满意度很低。

（3）巴斯进化论视角下的夫妻冲突

美国当代著名进化心理学家戴维·M. 巴斯认为，夫妻冲突源于两性生殖利益的差异。从进化论的角度看，妻子对丈夫的愤怒，源于丈夫对妻子主动、频繁或侵犯性的性进攻，以及丈夫对多个性配偶的欲望；而丈夫对妻子的愤怒，是源于妻子以减少、停止或延迟性生活作为要挟来满足自己的某些条件。总体而言，一夫一妻制，使得夫妻间性的冲突减少。

5. 解决冲突的基本模式

（1）竞争

这是一种以己得彼失为特征的赢取对方的努力。这种模式只追求满足自己而无视对方，夫妻中强势的一方经常运用权力以对抗的方法压迫弱势的一方，以获取最大满足。

（2）迁就

这是一种以己失彼得为特征的迎合对方的努力。夫妻中的一方被迫屈从对方的意愿。这是夫妻中弱势一方经常被迫采取的方法，即使有理，也只能退让。长此以往，将导致弱势一方产生累积的愤怒，并最终一发不可收拾。

（3）回避

这是一种以各无所得为特征的容忍分歧的努力。发生冲突的夫妻有意识搁置冲突或者降低冲突的强度，直到下一次严重冲突再次爆发。回避是一种维持行为，可以减少冲突引发的消极后果，但是问题没有得到解决，而是逐渐积累，为夫妻关系埋下隐患。

（4）妥协

这是一种以各有得失为特征的折中互惠的努力。为避免僵局，发生冲突的夫妻双方可能会互相做一定的让步。妥协可能满足短期目标，但牺牲了长期目标。特别是两个强势的夫妻互相冲突时，暂时妥协是一个可取的办法，可以暂时化解冲突，防止问题复杂化。或者是作为紧急情况下的权宜之计，待冲突过后再讨论更好的方法。在合作或竞争不成功时，也可能采取这种方式。暂时等待，静观其变，准备下一步沟通。

（5）合作

这是一种以互补共得为特征的协调双方的努力。尽可能满足夫妻双方的目标，实现双赢。合作能否取得成功，取决于冲突的具体情况。特别是夫妻双方是否能够同样满足目标，各取所需，实现双赢。在共同的目标下，夫妻双方可能放弃原来的冲突，寻求合作。

上述五种模式是夫妻之间发生冲突时可能采取的方法，竞争和迁就都是一赢一输，以牺牲一方的利益来解决冲突，难以持久；回避是双输，它试图避免正面冲突，然而冲突依然存在；妥协介于输赢之间，是一种双方还可以接受的对策，但是当一方或者双方想更进一步解决问题时，已达成的妥协将以冲突的再起而结束。相比之下，只有合作才可以满足双方的共同利益。这是一种双赢，是一种最可取且最为可行的冲突解决模式。

解决冲突有竞争、迁就、回避、妥协、合作五种基本模式。竞争和迁就是一输一赢，回避是双输，妥协介于输赢之间，合作是双赢。

相关链接

冲突解决的基本模式测试题

1. 我与配偶一起讨论我遇到的问题，以显示我的意见的优越性。

2. 我与配偶共同协商，以找到一个折中方案。

3. 我试图满足配偶的期望。

4. 我与配偶一起研究问题，以找到一个双方都能接受的解决办法。

5. 在任何问题上，我总坚持自己的看法。

6. 我试图回避针锋相对，并把自己与配偶之间的冲突藏在心里。

7. 我总坚持自己对问题的解决办法。

8. 我使用互相让步的方式获得折中解决的办法。

9. 我与配偶相互交换信息，共同解决问题。

10. 对于我与配偶之间的差异，我回避开放的讨论方式。

11. 我会迁就于配偶的希望和要求。

12. 我试图把我们关注的所有问题公开化，以便找到最佳解决办法。

13. 为了打破谈判僵局，我倾向于采用中庸之道。

14. 我常常赞同配偶的意见。

15. 为了避免对方的激烈情绪反应，我试图把自己与配偶之间的不一致藏在心里。

测试结果的说明：

1、5、7 题是竞争型的题项，4、9、12 题是合作型的题项，6、10、15 是回避型的题项，3、11、14 是迁就型的题项，2、8、13 是妥协型的题项。

把各类型所属的三题得分相加，就得出某一类型的总分。得分最高的一类是你在解决夫妻冲突时的基本意图或方式，其次是得分第二高的。

合作型冲突解决模式的夫妻，往往婚姻满意度最高。

6. 夫妻冲突的归因

归因是对双方之间产生问题原因的解释，即如何解释自己和配偶的某种行为。美国当代心理学家奥维斯研究发现，影响夫妻冲突的认知因素有着明显的规律。

(1) 在发生冲突期间，归因过程比其他时候活跃。也就是说，当双方同意彼此的意见时（没有冲突时），同意的原因并不重要；而冲突才会促使人们寻找行为的原因。

（2）已婚夫妇对其关系中负面的、令人不快的事情会比积极的、令人愉快的事情更多地加以归因。

（3）冲突期间，双方都会积极看待自己的行为原因，做出利己性归因。夫妻双方思考各自行为原因的方式具有明显的偏差性，都倾向于进行不客观不公正的归因。这也反映了人们自我认知的偏见，往往认为自己的动机是好的，对自己的行为总有好借口。

（4）冲突期间，双方所做的归因会产生归因性冲突，即对动机的不同看法会引起冲突，往往关注的是“为什么这么做”。这时冲突通常无法解决。

（5）不幸福的夫妻对冲突做的是持续烦恼和痛苦的归因，倾向于夸大坏处，缩小好处。对配偶的负面行为强调的是坏处，归因于其内部的、稳定的、普遍性的因素；而对配偶的积极行为大打折扣，归因于外部的、不稳定的和特定的因素。不幸福的夫妻更可能在配偶的行为中找到自私自利和消极的意图。

（6）幸福的夫妻做的是促进关系的积极的归因，与不幸福的夫妻的归因模式相反。

幸福的夫妻对冲突的归因往往是积极的、促进关系的；不幸福的夫妻对冲突的归因倾向于夸大坏处、缩小好处，并更可能在配偶的行为中找到自私自利和消极的意图。

（7）人们倾向于将与婚姻关系状态相一致的行为放大，过滤掉不一致的行为，这样就会巩固之前夫妻关系的状态，导致幸福的夫妻更幸福，不幸的夫妻更不幸。

二、夫妻之间发生冲突的主要原因

1. 价值观差异

有些夫妻婚前相互了解不够，对价值观方面的问题没有进行足够的探讨就决定结婚；或者明明知道双方在价值观方面存在差异，但相信自己婚后可以改变对方而步入婚姻。这类婚姻往往面临较大的问题，因为价值观会辐射到婚姻生活的方方面面，夫妻之间价值观的差异会带来很多方面的差异。一旦这些差异不能相容，就会引发冲突。

2. 性格差异

有些性格的人，容易与人发生冲突，如神经质、社交外向型、高控制型和自尊过高的人。对夫妻而言，某一方或双方的高度神经质（焦虑、抑郁、敌对感、冲动性、脆弱性），往往导致高频率的冲突。

此外，夫妻双方性格差异过大，再加上相互的协调和包容性不够，也容易引发冲突。

3. 角色期望差异

婚姻角色是互动的。当双方对婚姻角色有不同看法时，会导致困扰，也会引起冲突。这些差异可能在婚前就存在，也可能婚后才发生。

例如，妻子所扮演的角色有“女儿”“妻子”“母亲”。每一种角色都担负各自的权利和义务。但有可能妻子渴望着某一个角色的权利，但却不想履行这个角色相对的义务；或丈夫要求妻子执行某一个角色的义务，但却不赋予她相对的权利。这种矛盾，就会导致冲突。

4. 权力的争取与竞争

传统家庭的一个主要特征，就是丈夫与妻子各自拥有其影响力和权力范围。一般是丈夫负责家庭的经济来源，妻子负责照料家务和照顾子女。夫妻彼此都能从各自的领域获得相当的地位和自我满足。

时代在进步，男女平等观念改变了传统男、女两性各自在其领域所拥有的影响力和地位。在越来越多的家庭中，妇女的工作和丈夫的工作具有同等的重要性，丈夫也被要求做家务和照顾子女。解决彼此之间的冲突，不再是丈夫和妻子在各自的领域做主即可。新的家庭权威观念逐渐兴起，在转型期间，往往令一些人困惑、痛苦，并导致冲突，因此许多家庭的冲突增加。

5. 家务事

传统家庭中，妻子承担绝大部分的家务。但随着越来越多的女性参与社会工作，这种家务分配格局被打破，男性被要求承担相应的家务。如果夫妻双方对此没有一致的认识，或者认为双方的家务分配不合理，或者某一方在完成家务时不主动、不及时，就有可能引发冲突。

6. 生活习惯

生活习惯包括卫生习惯、作息规律、饮食偏好、不良嗜好等。这些点点滴滴的生活琐事，汇聚成整个的日常生活。夫妻之间的共同生活是否融洽，与双方的生活习惯是否一致关系很大，尤其是烟酒等不良嗜好。例如，丈夫习惯在家抽烟，而妻子的生活习惯很健康，又比较注重保健，那么，就可能产生冲突。

7. 工作压力

工作压力越来越成为导致夫妻冲突的一大因素。当今社会的夫妻一年所要工作的时间，比30年前的夫妻平均长了1 000小时。他们花在交谈、放松、吃饭甚至睡觉上的时间都比以前少。经过漫长的充满压力的一天之后，人们精疲力竭地回到家里，还要赶紧做家务、照顾小孩，准备新一天的工作。人们的工作、生活节奏加快，神经绷得紧紧的，变得易怒。夫妻之间稍有摩擦，便容易爆发冲突。

8. 姻亲关系

姻亲关系是指双方因婚姻而缔结的亲戚关系。姻亲关系中，最普遍存在紧张气氛的是婆媳关系。一个是妻子，一个是母亲，这两个女人因为爱着同一个男人而成为一家人，有的还在一起生活。而这两个女人对问题的看法、人格以及价值观等总会有些不同。如果她们不能处理好这些差异，在日常生活中就会有很多的摩擦。婆媳紧张的核心，往往是对儿子或者丈夫的爱。妻子在观望丈夫是支持自己还是支持他的母亲时，是想弄清楚在丈夫眼里哪个才是他自己的家；而母亲也常常会问儿子同样的问题。对丈夫来说，当然希望这两个女人能够友好相处。他既爱妻子也爱母亲，不想在两者之间做选择，因为选择了任何一个都让他感到荒唐。最终，他对两方都表示出忠诚和敬重。但不幸的是，虽然他常常不得不充当和平使者或者中间人的角色，也免不了会使情况变得更糟。

9. 金钱

婚姻中一个经常性的冲突来源就是钱。无论有钱还是没钱，许多夫妻都面临着与钱有关的冲突。钱重要还是感情重要，钱由谁管，钱怎么用，需要买些什么东西，买东西的时候主要考虑什么因素，给双方家长的赡养费用怎么分配，孩子的教育费用、夫妻未来的退休计划……这些问题都会引起分歧和争吵。

另外，金钱有许多情感体会方面的象征意义（如安全和权力），同时还影响着个人的价值核心。金钱可以给我们带来快乐，也可以给我们带来安全，每一对夫妻都要平衡钱在这两个方面的现实意义，因为人们对钱及其价值的看法因人而异。

在经济方面，最重要的是夫妻二人要像一个团体那样去共同处理经济问题，而且在作出计划之前，彼此表明自己关注的东西、需要以及梦想，必须保证计划的达成不以任何一方的牺牲为代价。

10. 性

夫妻生活中的性问题，可能会给人们带来很多的尴尬与伤害。很多夫妻觉得对这个问题进行沟通是一种挑战，于是常常含糊其辞。

当一对夫妻讨论彼此的性需要时，他们的交谈方式往往不直接、不精确、不集中。双方都急着结束话题，希望能够奇迹般地理解对方的渴望或是被对方理解。问题是越不说清楚要什么和不要什么，就越不可能得到什么。性可以让人分享快乐并加深亲密感，但对此的交流如果因为紧张而受到影响，结果则常常有受伤的感觉。

11. 子女

子女也是夫妻生活冲突的一个主要原因。如果夫妻双方对是否生育孩子，或者是对生育孩子的数量有不同想法，便可能产生问题。而子女的加入，也会改变夫妻原先的亲密关系而成为冲突的来源。

对子女不同的教养方式也是夫妻冲突的来源。夫妻之间有不同的教养方式，是非常普遍的。传统上，父亲往往是目标导向的，而母亲则往往是情感导向的。夫妻之间对孩子教养方式的不一致，也可能给孩子带来困扰。

12. 业余生活

业余生活方面的冲突由不兼容引发。夫妻之间对各种活动偏好的相似性越小，共同活动时体验的冲突越多。夫妻之间培养更多共同的兴趣爱好，有助于减少冲突，提高业余生活的质量。

13. 外在因素

各种外在因素都可能造成冲突。自然灾害如洪水、地震，社会性灾害如战乱或经济衰退等，都可能对婚姻造成压力，进而导致冲突。

三、解决夫妻冲突的技巧

1. 以柔和的方式开始沟通

幸福的婚姻和不幸福的婚姻有个相同点，那就是在两种婚姻状况下，妻子都会比丈夫更倾向于提出相关的话题并向前推进以解决问题。但在两种婚姻中，妻子在如何提出问题上却有很大的不同。不幸婚姻中的妻子，往往以尖刻的方式开始，常常导致“四大杀手”的相继出现，并最终陷入困境，彼此的情感距离进一步拉大，孤独进一步加深，婚姻关系枯竭。而幸福婚姻中的妻子往往以柔和的方式开始，使得夫妻双方在交谈中对自己和自己的婚姻有一种积极的感受，任何拥有这种感受的夫妻都相当于在自己的情感账户里面有了一笔存款，使他们对解决冲突感到乐观。研究发现，夫妻交谈以什么方式开始，往往会以同样的方式结束。如果夫妻之间的交谈都有一个柔和的开始，往往能使得婚姻更稳定、更幸福。

2. 学会表达或尝试接受和好

学开车时，首先要学习如何刹车。在婚姻生活里，“踩刹车”也是一个同样重要的技巧。如果夫妻间的交谈有个不好的开始，或者发现自己总是没完没了地在反唇相讥里面兜圈子，那么知道如何制止这一切，就可以避免事情发展成灾难，这种刹车行为叫尝试和好。

稳定的情智婚姻与其他婚姻的差别不在于情智夫妻能够想出更好的尝试和好方法，或以更好的方式来表达他们的尝试和好，而在于情智夫妻能够将他们尝试和好的信息传达给对方并让对方接受。这就使得他们之间的气氛比较缓和。

夫妻之间忽视对方的尝试和好的表达，有一种原因是尝试和好的信息常常不会以甜蜜的形式出现。比如夫妻一方向另一方吼道“你扯远了”或者发牢骚“我们可以歇一会儿吗”，尽管这些信息的表达形式有些消极，但都属于尝试和好的表现。如果仅仅关注对方的语气，而忘了说话的内容，就可能忽视其真实的意思。如果夫妻二人的关系沉浸在消极的气氛里，尝试和好的信息也很难被听到。解决这些问题的办法是彼此之间约定一些表示尝试和好的语句或手势，并且约定，一旦某一方作出尝试和好的标志，另一方要尽量以友好的方式回应。这样一来，至少可以缓解冲突时候的紧张程度，给冲突的有效解决营造友好的气氛。

3. 安抚自己和彼此安抚

首先要做的是停止争论，如果继续争论，无非是一方向另一方发火或自己窝火。这两种情况除了让婚姻向离婚更近一步，没有别的好处。因此，最好的办法是让对方明白，你觉得再吵下去也没有效果，谈话需要中断一会儿。这种中断至少需要 20 分钟，因为人体需要这样长的时间才能平静下来。在这段时间里，关键是要避免思考让人感到气愤和无辜受伤的事情，而要做一些有利于让自己平静下来或转移注意力的事情，如听音乐、深呼吸或做锻炼。总之，寻找适合自己的方式。

一旦自己安静下来了，如果能花些时间彼此安抚，使对方平静下来，对婚姻关系会有很大的帮助。显然，冲突后的夫妻往往感到很愤怒或很受伤，很难去安抚对方，但由于相互安抚对解决婚姻问题很有帮助，所以值得努力尝试。但要先自我安抚20分钟后，才能开始相互安抚。

安抚对方相当于反条件化，也就是说，如果对方常常让你安静下来，你就会把他与放松感联系起来，而不再将其看做生活中的一个紧张因素。这往往能增加夫妻之间的积极感受，因此对婚姻大有帮助。关键是要让对方能够接受和喜欢你所采用的方式。

4. 妥协

解决夫妻冲突的一个好办法是寻求妥协。即使你在亲密、充满爱意的关系中，总能证明自己是对的，事情也不会仅仅按照某一方的意愿来解决。如果总是这样，就会造成很大的不公平，损害婚姻关系。要有效地妥协，就必须重视对方的观点和期望。当然，不必事事都同意对方，而要真心诚意地站在对方的角度去考虑问题，客观地了解对方的观点，耐心询问对方，了解对方的真实想法和感受。当双方能够心平气和地说出自己的分歧和需要时，常常都可以达成妥协。

此外，夫妻之间要相互回报。这次发生冲突，我主动作出妥协，下次他就更有可能主动作出妥协。夫妻之间形成互谅互让的良性循环，彼此之间的关系才能得到改善。

5. 彼此容忍对方的缺点

夫妻之间只有接受对方的缺点和不足，双方才能顺利妥协；否则，就会为改变对方陷入一场无情的斗争。冲突的解决不在于改变一个人，而在于协商，寻找共同点，寻找双方都适应的方式。最好在选择配偶的时候，就考虑到能否接受对方的缺点，而不是认为自己婚后能改变对方。事实上，如果人们感受到的是批评、讨厌和不被欣赏，就不太可能改变自己，反而可能会因为感到被监视而努力保护自己。只有感到自己被理解或受欢迎的情况下，人们才会对自己的行为作出一些改变。

四、调适夫妻关系的主要途径

调试夫妻关系需要互相尊重、理解、欣赏、包容、信任、支持。

1. 互相尊重与理解

如果一对夫妻可以彼此尊重，并相互袒露各自的看法，那么不管他们之间的分歧是什么，都有很好的解决基础。总的来说，解决各种婚姻问题的最根本要点是一样的，也就是在接受对方人品的基础上进行沟通。从人的本性来看，除非一个人觉得对方理解自己，否则很难接受对方的建议。所以，如果想解决夫妻冲突，就要在要求对方改变之前，让对方感受到你对他的理解。如果夫妻中的一方或双方感受到被对方审视、误解或拒绝，那么无论问题是大是小，都很难得到解决。

一个重要的问题是不管是什么样的冲突，在所有的争执中，没有哪一方永远是对的。夫妻冲突不存在绝对的正确，只有两个主观的正确。因为人是一种复杂的动物，行动和反应受到观点、想法、感受和记忆等因素的影响，也就是说，所谓的“正确”，只是一种主观的看法，在争吵中，夫妻双方所发生的事情没有谁对谁错，只是双方的观点有所不同。因此，如果认为冲突的发生都是对方的错，这种看法在根本上是错误的。为了消除这种习惯性的态度，需要审视自己在引发冲突中所扮演的角色。

2. **欣赏与包容**

加强夫妻之间的喜爱和赞赏，将有助于缓解冲突。那些结婚多年保持幸福的夫妻总是能够相互喜欢，无论是面对对方的优点还是缺点。他们之所以能够做到这一点，是因为他们总是在加强彼此的喜爱和赞赏。

很多成功的婚姻是因为夫妻双方学会了将对方的缺点和不足看做整个性情中的幽默成分。一旦学会了如何使对方的缺点变得更容易接受，夫妻双方就在彼此表达各种情绪（包括生气、发怒、失望、受伤害等）的时候，同时也传达了彼此在根本上的喜爱和尊重，无论争论的主题是什么，他们都会向对方表达自己的爱和对对方完全的接受。

有些夫妻做不到这一点，可能是由于他们不能忘记过去的分歧。人们总是容易因为受伤害而怀恨在心。但为了使自己的婚姻向幸福的方向发展，夫妻间需要互相谅解，淡化过去的不满。尽管这很难做到，但这会给婚姻带来莫大的好处，因此值得努力去做。如果原谅了对方，自己也会从中受益。怀恨是一种很重的负担，莎士比亚在《威尼斯商人》中写道：慈悲宽大有双重的好处，既有利于给予者，也有利于接受者。

3. **信任与支持**

夫妻之间相互的信任，可以避免很多的误会和不必要的冲突。发生冲突时，有深厚信任基础的夫妻，较能达成谅解。夫妻之间相互的支持，尤其是一方在另一方困难的时候给予的坚定支持，犹如雪中送炭，真正让配偶感受到家庭的温暖，感受到夫妻之间同舟共济的信念。有了这样坚实的感情基础，对于避免不必要的冲突和有效解决冲突，都大有裨益。

夫妻冲突咨询要点

1. 在了解求助者夫妻关系冲突状况的基础上，让对方明白

（1）幸福来之不易

幸福婚姻并不是一蹴而就的。夫妻双方需要进行长期而深入的磨合，才有可能获得真正的长久的幸福婚姻。

（2）夫妻冲突具有普遍性

冲突有其自身的特点和发展规律。夫妻之间存在冲突是普遍的现象，关系再好的夫妻在日常生活中也会闹矛盾，起冲突。

（3）回避冲突于事无补

只有正视冲突才有可能解决冲突，回避冲突虽然能把问题暂时掩盖，但矛盾会越积越深。

（4）冲突也可以增加夫妻感情

夫妻冲突本身并不会对婚姻产生伤害，冲突对夫妻关系的影响取决于夫妻双方对冲突的态度和解决冲突的方式，冲突是夫妻双方增进感情的契机，处理好了可以增进夫妻感情。

2. 向求助者介绍解决夫妻冲突的技巧

以柔和的方式开始沟通，学会表达和好或接受对方的尝试和好，安抚自己和彼此安抚，互相妥协，彼此容忍对方的缺点。

3. 向求助者介绍调适夫妻关系的途径并提供建议

夫妻之间要有效地传达彼此的爱，就必须愿意学习配偶的主要爱语。夫妻之间爱的语言主要是给予肯定的言词、共度美好的时刻、给予或接受礼物、提供服务的行动、身体的亲密接触等。

【案例 2—1】 新婚之后

✣ 案例描述

王先生和林女士是一对新婚夫妻。新婚不久，林女士就开始烦恼：

王先生回家后就用计算机打游戏，打完游戏还要在家加班到很晚才睡，跟林女士的交流很少，对家里的事情也很少过问，家务更是不管。林女士下班后，要洗衣、做饭、打扫卫生，忙个不停，王先生却不管不问。有几次，林女士叫王先生别打游戏了，一起帮忙做家务，过过家庭生活。但是因为王先生过于专注游戏或工作，很少回应。另外，王先生属于夜猫子型的，觉得晚上的工作效率高，因而喜欢晚睡，而林女士喜欢早睡早起。生活习惯的差异也让林女士觉得不快。积累了一段时间以后，冲突爆发了：林女士指责丈夫只顾自己，王先生觉得妻子不理解自己，两人发生了冲突。

王先生表示自己最近工作很忙，压力很大，回家后就希望通过打游戏放松一下，打完游戏还要继续加班。在工作不忙的时候，自己还是做一些家务的，并且也是愿意做家务的。另外，王先生希望有自己独立的空间，虽然两个人结婚了，有了共同的生活，但是他还是需要有个人的生活，不是回家了，夫妻俩就要黏在一起。而林女士希望夫妻之间的业余生活有更多的相处时间，希望在家什么都一起干，一起聊天，一起做家务，一起早睡早起。

✣ 案例分析

本案例中，我们看到王先生婚后没有完成角色转换，成家后的行为方式与单身生活无异，这给夫妻双方的婚后生活带来困扰。同时，王先生又因为工作压力大，忽略了夫妻的业余生活，也没有承担起一定的家务劳动，缺乏合作精神和对婚姻生活的投入；而林女士则过于依赖丈夫，缺乏独立性和包容意识。这对夫妻存在一个重复性的冲突，即双方生活习惯的作息规律差异，加剧了夫妻矛盾。但是两人都希望改善夫妻关系，希望对方开心，表明这对夫妻关系存在改善的基础。

1. 难点：作息规律差异，是一个人长期养成的生活习惯，较难在短期内改变。

2. 解决思路：针对本案中双方的现状和特点，主要采用“认知领悟疗法”的思路为求助者做咨询。

“认知领悟疗法”认为人们的心理困惑和障碍深受其本人认知方式的影响，所以要矫正这些情绪和行为表现，就必须从改变其认知方式入手，使求助者跳出原有的思维方式，学会从远处看“庐山真面目”。

“认知领悟疗法”强调求助者对自己问题的症结中的非理性、非逻辑观念的深刻领悟，并以此来帮助求助者重新认识、评价自我，建立合乎情理的认知模式，摆脱非理性观念对自我的干扰。人的心情转变，通常是由认识问题的角度不同而获得。

婚姻家庭咨询师主要引导王先生认识到，婚姻生活不同于单身生活，夫妻双方对家务的分工、业余生活的相处、作息时间的调整，需要有协商和包容；在处理好自己工作的同时，需要对婚姻生活多一些投入；婚姻生活需要经营，夫妻之间需要合作，一起努力建设幸福家庭，强调合作精神。

婚姻家庭咨询师对林女士的引导是，夫妻之间也需要保留一定的空间，应给丈夫、给自己独立的空间，安排好自己的业余生活，培养独立精神；遇到问题要心平气和地沟通、协商，回避、压抑问题会导致问题的积累，积累到一定程度会爆发；婚姻生活需要经营，夫妻之间需要更多的理解、包容，强调真正的包容意识，而不是暂时的忍耐。

针对本案例中王先生和林女士的冲突，可供参考的咨询步骤是：

第一步：找双方分别进行访谈，找出发生冲突的原因。

第二步：找双方一起进行会谈，指导这对夫妻学习冲突的特点、影响和解决模式等有关知识。引导王先生完成婚后角色的转换，培养王先生的合作精神，培养林女士的独立精神和包容意识。

第三步：给双方一起提供咨询，寻找合适他们解决冲突的技巧和调适关系的途径。

第四步：依据求助者的实践，评估咨询计划的实施效果，并进行适时的调整。

✣ 咨询建议

王先生近期工作压力大，建议他主动寻求妻子的理解和支持，对家务分工进行灵活的分配，根据双方的工作、身体情况等，做相应的调整，寻求相互的宽容和支持；就双方对业余生活中独立空间需求的差异和生活习惯作息的差异，进行协商，约定双方都能接受的方式，并且约定，如果双方或某一方感觉双方的关系有哪里不舒服，可以就此协商，寻求双方需求的最大满足。建议王先生在夫妻双方都心平气和的时候，尝试解决冲突。解决冲突要注意以下几点：以柔和的方式开始沟通，学会向对方表达爱和给予妻子爱的回应，尤其要学习肯定的言辞（表达对妻子的尊重和感激），给妻子赠送一些小礼物，学习精心设计与妻子一起度过愉快又有意义的时光。

建议林女士在王先生工作压力大的时候，更多地理解和支持他，主动提供服务的行动（如给他按摩、帮他放松），多进行身体的亲密接触等，减少抱怨和指责。

本单元思考题

1. 夫妻之间发生冲突的主要原因有哪些？

2. 解决夫妻冲突的技巧有哪些？

3. 请对以下案例进行分析和指导。

刘先生和白女士结婚 2 年了，婚姻生活比较和谐，但是最近出现了问题：婆婆过来一起住了，与白女士经常发生冲突。婆婆非常爱干净，把家里收拾得一尘不染，并且要求大家保持卫生，尤其是做好个人的卫生工作。白女士认为婆婆有洁癖，害得自己在家里都不能放松，觉得很不自在。例如，夏天白女士光脚穿凉拖鞋出门，婆婆觉得她把脚弄脏了，回家后把家里的拖鞋也弄脏了；她做的饭，婆婆觉得不好吃；她洗的碗，婆婆觉得不够干净；她收拾的床铺，婆婆觉得不够整洁……白女士觉得婆婆在家碍手碍脚，打扰了他们小夫妻的二人世界不说，还对她挑三拣四，这让她心里很不舒服。两个女人都对刘先生抱怨。刘先生基本上是听之任之，不做什么反应，内心希望时间久了婆媳之间可以慢慢相处好。然而白女士越来越不满，常常很晚才回家，婆婆对此加以指责，冲突越来越频繁。

学习单元 2　提供夫妻性和谐的相关指导

世界上没有涉及完美夫妻性关系的任何秘诀，两个性格各异的人走到一起时，要靠自己来发现什么能使自己和对方共同得到乐趣和满足，并最终达到双方在性欲和性能力上的协调和平衡。2008 年涉及 26 个国家、受访人数达26 032人的《性高潮》调查报告显示，意大利人、西班牙人、墨西哥人和南非人是享受性高潮频率最高的人群，其中66%的人几乎每次性生活都能达到理想的状态；中国内地和香港地区的人成为性高潮“垫底”人群，中国女性达到性高潮的只有13%。羞涩是阻碍达到性高潮的主要原因。女性受到社会道德压抑更大而自慰频度低也是一个原因。另外，很多女性得不到伴侣足够的关注，感觉与伴侣的亲昵程度不及想象的那样密切也会影响性生活质量。本单元将就夫妻性和谐存在的误区、问题存在的原因及解决问题的办法进行阐述。

学习目标

- 了解性与婚姻关系的相关知识
- 了解夫妻性生活不和谐的因素
- 掌握夫妻性关系问题及解决方法

一、性与婚姻的关系

婚姻本身是一个系统，它包括夫妻关系、子女关系、亲属关系等，其中，性关系是夫妻关系的一项重要内容。大量事实表明，良好的、和谐的、健康的性关系是夫妻关系和谐的催化剂。这是因为：

未伴随适当平衡的爱和比例匀称的性，婚姻不会幸福，也绝难长久。光是爱不足以带给婚姻幸福，光是性也依然不能带给婚姻幸福。这两种美妙的情愫相融合的时候，婚姻可以带给人们一种几近俗世所难知的超自然心境。

第一，性行为的目的不仅是为了生育，更重要的是不断满足夫妻双方正常的生理需求，以巩固良好的夫妻关系。尤其在当代中国，由于受到国家政策的限制，一对夫妇基本上只能生育一个到两个子女。在生育后相当长的时期内，夫妻间都将保持着正常的性行为。为此，和谐的性生活在婚姻中的地位是十分重要的。

第二，人类的性行为与人的感情是紧密相连的。人比其他动物高级的表现之一是人是有感情的、有思想的、有理智的。在人的性行为中，充满了对所爱的人的感情。所以，夫妻间如果长期保持着和谐的性生活，一定会有助于婚姻的和谐与持久。

第三，和谐的性生活有利于夫妻的身心健康。中国古代大思想家老子认为，一阴一阳之谓道，道法自然。夫妻间的性行为，也应有其规律，也应服从其规律，这样才有助于双方的身心健康。而当人们的大脑和主要性器官不能按照正常的规律去运行时，如人们的性观念和性态度发生激烈变化和冲突时，就会导致性疾病的发生，进而影响整个机体的健康。

第四，和谐的性行为是防止婚姻变故的良方。20 世纪 80 年代以来，我国离婚率大幅度上升，其中性生活不和谐是一个重要原因。我国封建社会历经几千年，封建思想对人们的影响根深蒂固。在对性的看法上，一些人尤其是女性，偏于保守，容易造成夫妻间的性冲突。现代社会，人们思想已经比较开放，对性的认识开始出现多元化倾向，但在价值取向不同的夫妻之间，也会产生性冲突。夫妻性生活不和谐是导致婚外情、第三者的出现和增多的原因之一。可以说，夫妻间如果保持着良好的性关系，对抵御第三者插足、防止婚外性行为的出现，无异于拥有了一件优良武器。

二、夫妻性生活不和谐的因素分析

在夫妻性关系上，之所以产生上述种种不和谐的问题，其主要原因如下：

1. 传统性观念对夫妻生活的影响

封建的性观念至今依然在一些人头脑中残存并起作用，这主要表现在性观念上的男女不平等，男主女从。一些男性认为像在其他事情上一样，在性生活上自己也可以享有完全的主动权，他们不尊重妻子的性权利，不考虑妻子的性需求。因此，一些妻子只能被动服从，失去了性的热情，出现了性冷淡倾向，这就直接导致性生活的不和谐。

2. 对性与婚姻关系缺乏正确的认识

一些夫妻认为，婚姻关系和性关系互不相干，否认性生活质量对婚姻关系和谐融洽的影响，因而不关注性和谐问题。

3. 来自男性的错误的性心理因素

一些男性存在错误的性观念和性信息，如认为性生活会导致肾亏，精液是比血还宝贵的人体精华，性活动会影响人的寿命等，因此否认夫妻间正常的性生活，造成夫妻关系不和谐。

妇女发现她们总是不得不参加到传统的呆板的性交模式中，她们也清楚将会按照陈规得到令人厌烦的结局。妇女完全可以说，除非她不想往，否则有权不发生性交。

另外，也有些男性畏惧失败，总担心自己不能像过去那样作出正常的反应，结果越想表现得出色就越紧张，越紧张就越表现失常，造成了夫妻关系的不和谐。

4. 感情冲突带来的影响

现在社会节奏快、工作忙、压力大，导致一些夫妻间交流不够，特别是就性需求、性感受的交流更不够。由于缺乏共同兴趣和彼此间的信任与感情交流，一些人往往会把非性问题的冲突带进性生活中。性问题和非性问题本来可以单独存在，也可以单独处理好，如果缺乏技巧，把它们混为一谈，就会使问题加重或复杂化。因此，处理不好夫妻间的感情冲突，是导致性生活不和谐的杀手之一。

三、夫妻性关系可能存在的问题及解决方法

1. 夫妻间缺乏两性平等意识

在中国，有些丈夫认为性是由男人决定的，只要自己高兴，根本不考虑对方的心情和身体状况。但是，对妻子的主动需求却十分反感。因此，许多妻子对自己的性需求往往不敢轻易表白。

性就像婚姻系统的呼吸器官，有张有弛；夫妻双方都有自己特定的规律与需求，需要体验。要想保持良好的婚内性关系，就要树立两性平等意识，相互之间要有充分的敏感、坦诚与平等的性交流，这样才能在性关系上协调一致。

夫妻要努力发挥自己的主观能动性、平等坦诚地交流和相互适应，意识到性在婚姻中存在自然的节律变化并去努力适应这种变化。

2. 夫妻间很少关注爱抚

人类与其他动物不同，除了有本能的性行为之外，还有情爱。美满的婚姻关系应该是性爱和情爱的统一。但在日常生活中，一些夫妻常常是重性爱而轻情爱。这样，其性感满足程度，显然不如那些既重视性爱而又重视情爱的夫妻。在多数情况下，女性对情爱比对性爱更加重视。性的主动性也是情爱的一个主要组成部分，从这个角度讲，性主动者能得到更完美的性感满足。因此，男性的主动性如果只局限在性行为的主动，而忽视了对异性的性唤起，只重视性高潮一瞬间的自我满足，是不明智的。

在性生活中，男性要高度重视基于情爱基础上的爱抚。否则久而久之，配偶将会出现性冷淡、性唤起障碍等症。

3. 夫妻间不体谅体贴

有些夫妻在性需求节律上很少一致，不是你需要我不需要，就是我需要你不需要。夫妻双方虽没有必要达成完全的一致，但也不能完全不一致。要通过沟通、妥协逐渐达成一致。

夫妻既可以就同一事物同悲同乐，也可以存在不合拍的、不同水平和方式的情绪反应，但也不能太不合拍，完全失去平衡。追求平衡应该是夫妻共同的义务。

有些妻子可能觉得自己在性关系上只是消极顺从，自己的需求反应没有得到丈夫的共鸣；有些丈夫总是觉得妻子对自己体贴得不够。在现实生活中，夫妻在性生活上完全可以有不同的想法、偏好和追求，这是

十分自然的。但是，应该把不同的想法说出来，达不成一致意见时可以请教医生或专家。

4. 夫妻间的性“调节器”掌握不好

夫妻间的性生活需要一个“调节器”，以使双方的需求和满意度达到适当的平衡。性和亲昵本身需要调节，而且它们在婚姻系统中还往往可以起到某种“调节器”的作用。比如，双方争吵之后的性生活往往会使彼此的怒气烟消云散；又如，当一方处于情绪低落时，性和亲昵往往会使其感到快感与安全，能更好地面对困境。

一般而言，丈夫年轻时需要妻子给他过热的性反应降温；而妻子年轻时则需要丈夫帮她升温，需要丈夫对她的需求比较敏感，能摸准她的“性脉搏”。当然“调节器”的使用要恰当，如果“调节器”使用得太频繁，往往会把“机器”烧坏。一旦调节失败，最终会导致婚姻的不稳定。

性的调节功能有一定范围，超负荷运转或非正常运转都不可取。在美满的婚姻中，这种调节功能往往是自动的，不需要刻意去追求。

5. 夫妻间缺乏“换位思考”

两情相悦才能激发出无限爱意，但两人合不上拍的情形在所难免。比如，赶上女方月事或者男方身体疲惫，这些时候最容易闹矛盾。

不管是男人还是女人，在床上都有说“不”的权利。要度过那些不合拍的日子，相互之间的理解和体贴是最重要的。“想”的一方要替“不想”的一方着想，而“不想”的一方也要尽可能以温柔的态度回应。说“不 ”也要说得恰到好处。这样，即使一方拒绝了另一方，也不会导致夫妻间的隔阂。

夫妻性生活讲求的是质量而不是数量。如果认同这一点，就比较容易接受在对方不需要时忍耐一下。

6. 某些妻子的“性惩罚”行为

有些女性把性生活当成一种筹码，甚至当成一种“惩罚”的手段，丈夫想过性生活得讲点条件。这往往是她们自觉或不自觉的行为，没有考虑丈夫的心理反应及其后果。

客观地讲，当女方刚开始把性当做一种“惩罚”手段时，男方可能满口应承妻子的一切要求。一旦女方把这当成家常便饭时，男方的心态就会逐渐发生微妙的变化，会逐渐丧失对性的热情，要么有意回避性生活，要么到婚外寻求刺激。严重时，男方会因长期的压抑而出现性欲减退、勃起困难等性问题，甚至真的患上性功能障碍。这些是必须提醒女方注意的。

7. 对第三者的嫉妒导致的性问题

在婚姻生活中，大多数人都倾向于性的专一，当一方超越了这种专一性出现了第三者时，另一方就会产生性嫉妒。无论一个人的个性如何，无论夫妻彼此的情感有多深，性嫉妒都或多或少地存在。当男性的不轨暴露后，他往往会责备对方平时冷落了自己或家庭中缺乏温暖，所以去找第三者；如果是女性的红杏出墙曝光了，她更多的是自责并力图挽回婚姻。

婚外恋意味着某一方对婚姻的严重背叛，从而使婚姻面临最严重的威胁。此时应让求助者明白，性嫉妒不仅会破坏夫妻间的性生活，还会直接导致对身体的伤害。

夫妻性和谐咨询要点

1. 了解性与婚姻关系的重要性，明确健康、良好的性生活可以促进婚姻关系的和谐。

2. 了解夫妻性生活不和谐的基本因素，掌握分析夫妻性生活不和谐的主要角度及思路。

3. 掌握夫妻性关系方面可能存在的问题，并了解协助夫妻解决性生活不和谐的基本方法。

【案例 2—2】 宫外孕后性欲丧失

案例描述

吴女士因为宫外孕刚做完一侧输卵管切除术，按医嘱在家休息一个月。医嘱说一个月不要过性生活。现在，已经 20 天过去了，可是丈夫却几乎每天都很需要，吴女士担心性生活对自己身体不好。由于另一边的输卵管也不太通，吴女士很害怕再次宫外孕。而丈夫却好像很在乎自己的能力表现，总希望满足妻子。现在吴女士年纪不小了，既害怕生不了孩子，又害怕再次宫外孕。她每次做爱都是心事重重的，害怕自己表现不好而失去他。

男女双方的性需求似乎总是存在某种冲突，比如不同年龄阶段的性别差异。可是在这种特殊时期里，男方的性态度显然不够通情达理，必须多关心对方身体健康和长久大计，必须严格约束自己的性冲动。

案例分析

宫外孕手术治疗康复后丧失对性交的兴趣是很正常的。关键要了解是什么原因使吴女士对性交不感兴趣，如在宫外孕发生之前她对性交持何种态度，她是否害怕再次发生宫外孕，是否担心不育问题，对于宫外孕的发生有无任何可能的内疚，是否患过什么感染，是否采用宫内节育器避孕，手术摘除了单侧的输卵管，未受累一侧的附件情况是否正常等。凡此种种，都必须一一了解清楚。然后，根据收集到的详细情况作出一个大致客观的理解和判断。虽然现在还不能完全排除器质性因素的影响，但肯定有心理性因素，而且还涉及感情和婚姻冲突等其他问题。具体建议如下：

吴女士应该等到彻底康复后再过性生活，丈夫有要求可以用其他方式满足他。如果吴女士确实是害怕再次发生宫外孕，也不想马上就怀孕，那么就应采取切实可靠的避孕方法，以打消吴女士的顾虑。因为吴女士尚无子女，而宫外孕发生的几率最高2%左右，所以完全可以放心地准备再次妊娠。由于宫外孕主要发生在输卵管，而炎症又是造成宫外孕的重要原因，所以了解既往病史和术中所见对侧输卵管的状况是十分重要的信息，应当到医院进行诊断，以便进行针对性强的治疗。

应该强调的是，如果吴女士对先前的性交满意，也能从性交中获得显著的快感，她的丈夫也体贴入微，夫妻关系很融洽，那么，女方就很容易恢复到原有的性水平。相反，如果过去的性关系就不理想，女方一直把性交看成一种受罪和磨难，是不得不尽的义务，那么，要想让她的问题得到很快解决将是不容易的。还需要进行婚姻咨询，以解决双方关系、互相体谅与交流为目标，在克服婚姻中的冲突和阴影后，才能开始就性问题进行处理。

双方共同接受心理治疗和加强夫妻之间的交流可以使许多问题迎刃而解。

由于男方也存在一些心理问题，所以最好双方都接受心理咨询和治疗。

【案例2—3】神奇性具排斥丈夫

✣ 案例描述

有一位留学生从国外给妻子带回一只性具，不料妻子沉溺于性具带来的乐趣，不再愿意与丈夫同房，令这位好心的先生懊恼不已。

✣ 分析与建议

这一方面说明妻子对夫妻性生活认识不足，另一方面也反映出双方过去的性生活肯定存在不如意的地方，而且两人之间缺乏坦诚的交流。婚姻家庭咨询师要帮助他们正视性生活存在的问题，找出并分析原因，坦诚交流，让双方认识到性生活对夫妻关系的影响。让女方认识到，性具不是排斥丈夫的障碍物，只是必要时的辅助用品。

本单元思考题

与夫妻性生活和谐有关的误区有哪些？

学习单元3　为空巢家庭的调适提供建议

随着我国社会的发展，空巢家庭呈现了增多的趋势，除了传统的老年型空巢家庭外，还出现了新型的空巢家庭——中年空巢家庭。这两类家庭在面临的问题、问题产生的原因、特征和调适方法等方面均有不同。本单元介绍了这两类空巢家庭的特征，分析了问题产生的原因，并在此基础上提供了调适建议。

学习目标

- 了解空巢家庭的特征
- 熟悉空巢家庭容易出现的问题
- 掌握空巢家庭的调适方法

一、空巢家庭的特征

1. 空巢家庭的定义和分类

(1) 空巢家庭的定义

关于空巢家庭的定义，学者们有不同意见。根据对文献的梳理，主要有以下三种：

第一种是根据家庭生命周期中的“空巢期”来定义。认为空巢阶段是从子女全部离开、父母共同居住开始到夫妇中的一方去世为止。此定义认为空巢期的家庭即为空巢家庭。

第二种关于空巢家庭（empty nest family）的定义，是形象地用小鸟羽毛丰满后离开母巢来形容在人类社会里，子女长大成人后从父母的家庭中分离出去，独立门户，只剩下老一代人单独生活的家庭。这种以空巢的比喻义为基础界定的“空巢家庭”，不仅包括了空巢期的家庭，而且也包括解体期的家庭。

第三种定义强调了父母和子女分开居住的距离。空巢家庭，一般指子女离开后，留下老年夫妇独立居住的家庭。但如果子女与父母住在同一社区或住在同一城市，两代人的来往比较频繁，子女也可以尽照顾老人的责任，这种家庭就不是严格意义上的空巢家庭。即虽然父母和子女分开居住，但如果他们还住在同一个社区或者同一个城市，那么，父母的家庭就不能算是空巢家庭。

关于空巢家庭的定义，大多数学者赞同第二种观点，认为只要父母和子女在居住上开始分离，那么父母的家庭就成了空巢家庭。

相关链接

家庭生命周期的6个阶段

按照世界卫生组织对家庭基本模型的划分方法，将家庭生命周期划分为6个阶段。第一阶段是家庭形成期，指从妇女初婚到初育；第二阶段是家庭扩展期，指从初育到生育最后一个孩子；第三阶段是扩展完成期，即从母亲生育最后一个孩子到第一个（无论男女）孩子离开家庭；第四阶段是收缩期，即从第一个孩子离家到最后一个孩子离家；第五阶段是空巢期，这时只剩下夫妇两人，没有子女与他们共同生活，这一阶段以配偶一方的死亡而结束；最后一个阶段是解体（消亡）期，以配偶中幸存一方的死亡而告结束。

（2）空巢家庭的类型

空巢家庭的出现是社会发展变化的结果。在发达国家，空巢家庭出现较早，现在十分普遍。老年人与子女同住的只占10%～30%，大多数老年人都生活在空巢家庭中。随着我国社会的发展变化，计划生育政策实施后，第一代独生子女逐渐离家求学、就业和结婚，除了传统意义上的老年型空巢家庭外，还出现了一种新型的空巢家庭——中年型空巢家庭。

1）老年型空巢家庭。在我国没有实行计划生育以前（20世纪70年代末），一个家庭中的孩子比较多，空巢家庭到来的时间多集中在65岁以后，这类空巢家庭可以称为老年型空巢家庭。这种类型的家庭又可以分为两类：第一，指单身家庭中的老人，这种老人或从未结过婚，或丧偶、离婚，也可能是夫妻分居；第二，指老年夫妇二人的家庭，这类老人或无子女，或与子女分居。这是人类生命周期或家庭生命周期中可能出现的一个阶段。

2）中年型空巢家庭。中年型空巢家庭也被称为新空巢家庭。它是特指由于计划生育政策的实行，我国第一代独生子女逐渐离家求学、就业、结婚和迁移流动后，出现的一批以独生子女的父母为家庭成员的空巢家庭。如果以独生子女高中毕业并离开原生家庭为标志，这一阶段开始时，大多数父母都在45岁左右。

需要说明的是，由于学者们最初只把关注的目光放在老年空巢家庭身上，因此，更多的是将空巢家庭和养老问题相结合。而随着中年型空巢家庭的出现，此类家庭将显示不同于传统老年型空巢家庭的特征及问题，因此，这两类空巢家庭都需要引起社会的关注。

2. 我国空巢家庭的现状

近10多年来，我国空巢家庭一直呈上升之势。1993年，我国空巢家庭在有老人的家庭中所占的比例只有16.7%，而2004年上升到25.8%。在一些大城市，空巢家庭问题更为突出。2004年，北京市空巢家庭的比例为34%，上海市为34.8%，广州市为30%，天津市为36.5%。尤其值得注意的是，单身独居老人在老年人口中的比例，也由1999年的3.8%上升到2004年的11%。全国老龄办2007年12月17日发布的《中国城乡老年人口状况追踪调查》显示，城市地区的空巢家庭为49.7%，其中单身孤老户8.3%，夫妻户41.4%。老年型空巢家庭呈增长趋势。除此之外，中年型空巢家庭也有增加趋势。目前，我国标准核心家庭户主主要集中在30岁、35岁和40岁年龄组中，城市三口之家分别占83.2%、76.8%和73.7%；城镇为71.5%、55.0%和46.0%；乡村为46.6%、26.1%和26.3%。从我国计划生育政策的实施时间来看，现在标准核心家庭户主在30～40岁之间，已经出现了一大批空巢家庭。据专家预测，在未来10年中，随着中年型空巢家庭的父母步入老年空巢家庭及新出现的中年空巢家庭，我国的家庭将以空巢家庭为主要形式。

（1）老年型空巢家庭现状

空巢家庭的现状是学者们研究的重点之一。老年型空巢家庭的现状往往是和养老问题联系在一起的，它主要涉及经济状况、日常生活状况、精神状况等方面。

1）经济状况。在城市，空巢家庭的老人大多靠离退休金生活，基本生活能得到保障。经济上的自立可能也是“空巢家庭”老人愿意与子女分开居住的原因之一。此外，还有一部分经济上相对困难的空巢家庭老人，如低收入和无收入的老人等。当空巢家庭的老人经济上发生困难时，主要依靠子女和配偶的支持。中国二元保障体系的存在使得农村的情况和城市有很大不同，农村空巢家庭的支持以子女供养为主，当父母不能劳作时，只能依靠子女，生活来源单一，有积蓄的父母很少。中国农村经济的发展状况决定了农村部分空巢老人生活比较困难，大多数农村空巢老人医疗无保障。有学者研究得出结论，农村空巢老人家庭生活质量不仅低于农村人口的平均水平，也低于传统同子女一起生活的老人。

2）日常生活状况。随着空巢家庭父母年龄的增长，不论是需要住院照料还是日常照料的时间都会出现显著增加，并且从几个主要方面向全方位的照顾转变。60～69 岁的老人一般只需要他人帮助其洗澡、打扫卫生和出门看病，而吃饭穿衣、上厕所、买菜做饭、洗衣、管理财物、购物等方面大都能够自理，而 70 岁以上的老人在这些方面都时常需要别人的帮助。有研究表明，每 1 000 人中，高龄男性老人住院所需要照顾的时间是中年型男性老人的 1.5 倍，是年轻型男性老人的 2.5 倍；高龄型男性老人所需要的在家照料的时间是中年型男性老人的 9 倍，是年轻型男性老人的 11 倍。当空巢家庭的老人在日常生活上发生困难时，配偶为主要支持者，其次是子女，再次是保姆、钟点工等。农村的情形与城市依然不太一样。由于子女是农村老人日常生活主要的照顾者，因而子女的离巢使得农村空巢老人日常生活“照顾缺位”的现象日益增多，无钱看病和看病无人陪护成了农村空巢老人生活中最困难的事情。

3）精神状况。关于空巢家庭老人的精神状况，现在比较集中的认识是空巢老人或多或少都存在着孤独感。对于父母来说，孩子是维系家庭的重要因素，父母对子女情感依赖性强，一旦孩子长大成人后分离出去，许多老人便难以适应，易产生消极情感，还有的老人由此对生活兴味索然，对晚年生活没有信心和勇气，很容易引发“空巢综合征”。“空巢综合征”最显著的表现是父母因缺少子女的亲情和精神慰藉产生“空巢感”，即孤独感。除此之外，还会导致老年人的内分泌紊乱、免疫功能减退，抵御不住各种疾病的入侵，甚至会引发老年痴呆症。

相关链接

医学上对“空巢综合征”的解释是：“空巢”老人普遍都有一种“空巢”感。“空巢”感也就是孤独感，但这种孤独感里又增添了思念、自怜和无助等复杂的情感体验。

（2）中年型空巢家庭现状

1）经济状况。在经济关系上，空巢家庭与独生子女之间的经济联系密切，且更多情况下是父母给予独生子女经济支持。这些中年夫妻往往都上有老人需要照顾，下有子女需要继续抚养，家庭负担十分沉重，离家孩子的学习和生活费用是他们最重的生活负担。

2）日常生活状况。在生活上，中年空巢家庭父母与子女分开居住，但这一时期父母正处于壮年，子女正值青春年少，双方的身体都较好，都能打理自己的生活，不需要对方的帮助。因而在此阶段，双方都不存在着生活照料上的需要。

3）精神状况。国外研究表明，处于空巢初期的家庭，其婚姻幸福感有明显增加，而只要父母与离家子女之间有联系，则生活幸福感还会出现明显增加。但是这一研究结论在中国却并非如此。在独生子女离开原生家庭后，有相当一部分父母，特别是母亲易患上“空巢综合征”。大多数父母会感到子女的离开带给他们生活的巨大改变，这种改变给父母带来的并不是快乐和幸福，而是烦恼、焦虑和孤独。城市空巢家庭的父母因为有工作，并保持社会联系，承受的压力较小。农村中年型空巢家庭的父母大多接受教育程度不高，但他们却普遍对子女有较高期望。一方面，他们支持孩子离家外出求学、就业、结婚和迁移；另一方面他们由于承担着高强度的生产、家务劳动，往往难以亲自侍奉年迈的父母，承受着巨大的社会和心理压力。

此外，中年空巢家庭的夫妻由于缺少了孩子的缓冲，家庭矛盾也往往容易激化。生活中的一些意外事故，如亲人患病、丧偶、子女意外事故等，也会使原本处于紧张状态下的中年人承受更大的心理压力，这些都极大地损害着中年人的身心健康。

3. 空巢家庭的特征

（1）老年型空巢家庭的特征

1）人口特征。从整个老年人群年龄分布来看，随着年龄的增加，单身家庭老人数目呈逐渐增高的趋势。夫妇家庭老人在低龄阶段呈增加趋势，而高龄阶段又有所减少。这可能是由于配偶一方死亡后，一部分老人转入单身家庭，另一部分转而与子女同居的缘故。

2）经济特征。对于绝大多数城市空巢老人而言，他们有离退休金或工作收入，在经济上能够自立，有一定的经济基础。当子女的家庭生育孩子之后，他们不仅承担起帮助照顾孙辈的责任，而且在经济条件允许的情况下，财富仍会向独生子女家庭流入。一旦老人出现重大疾病，医药费用骤然上升，此时需要接受子女的经济帮助。

此外，还有一些空巢家庭，一是没有退休金只能由子女来供养的空巢老人，二是空巢家庭中存在一老养一老的情况，这些都直接影响了空巢家庭的生活质量。

3）空巢老人的心理特征。当子女外出求学和工作时，他们与原生家庭的联系仍然相当紧密，特别是在情感上，主要依赖于父母。而当他们结婚之后，与父母的关系在某种意义上将会被割断，他们会将更多的精力和情感投入自己的小家庭，与原生家庭之间的联系和情感上的投入会逐渐减少。与此同时，他们的父母开始逐渐离开工作岗位，业缘关系逐渐减少，精力和情感更多地投入到家庭上，对于家庭，特别是感情上的需要逐渐增强。此阶段的父母，特别是男性，由于他们之前的关注点一直在事业上，因而一旦退出工作岗位就会有强烈的孤独感和空虚感。而随着年龄的增长，经济需要帮助、生活无法自理的老人，对子女的情感依赖会进一步加强。尤其是老人在失去配偶后情感会完全依赖于子女。

4）休闲特征。老人的闲暇活动和人际交往反映了老人精神生活上的追求，单身家庭的老人参加活动的程度低于夫妇家庭的老人。单身老人相对来说比较孤单，喜欢比较静一些的活动，如看书、画画等，而夫妇家庭的老人则喜欢如爬山等一类与社会接触较多的活动。

综上所述，空巢家庭的父母无论是经济，还是生活照料、情感需求，都会不同程度地依赖于子女，尤其随着父母年龄的增长、生活自理能力的下降、父母一方的去世而加重。对于空巢家庭的父母来说，由于疾病治疗和生活照料加重了子女的负担，会产生内疚、负罪感，对疾病及日后的担心更增加了老年人的心理负担，由于不能及时地向子女倾诉自己的心理感受而使心理压力加大。对于多子女家庭而言，兄弟姐妹之间还可以分担，减轻老人的压力。而对独生子女来说，缺少兄弟姐妹的帮助，父母两人的养老重担都压在他们身上，给他们造成了相当大的压力，在小家庭和工作都很繁忙的状况下，抽出时间照顾和看望老人、给予老人情感上的关注，都必须由独生子女完成。

（2）中年型空巢家庭的特征

1）家庭结构、家庭规模和家庭关系发生骤变。在家庭生命周期中，“空巢”阶段是家庭的“收缩完成阶段”。对于以往的非独生子女家庭，子女陆续出生、长大成人，然后再陆续离开父母家庭。家庭的“成长”和“收缩”阶段都是一个渐进的过程。以两个孩子的家庭为例，当第一个孩子离家后，父母已经开始体验孩子离家带来的变化。同时，未离家的孩子还可以充实父母的生活。而对于独生子女的空巢家庭，父母们有较重的经济和精神负担，由于家庭结构向“四、二、一”方向发展，空巢家庭的父母需同时担负着赡养老人和继续抚养下一代的重任。他们往往需要赡养四位老人，而且子女虽然离家，可能并没有完全脱离和家庭的经济关系。例如，子女外出求学，人虽已离家但仍需要父母给予经济支持等。另外，由于我国实行计划生育政策，一个家庭从扩展期到收缩期都是在一瞬间完成的，而没有经历由第一个孩子到最后一个孩子离家的过渡阶段，猛然由核心家庭转变为空巢家庭，这无疑给空巢中的父母带来了巨大的心理冲击。

2）家庭成员的年龄、性别特征。与以往非独生子女空巢家庭相比，新空巢家庭的成员一般比较年轻。进入空巢家庭生活的父母的平均年龄在45～47岁之间。一般来说，独生子女的父母将在空巢家庭中生活15年左右才进入老年生活阶段。如果城市人口的平均预期寿命为70岁，这些独生子女的父母可能将在空巢家庭中生活25年左右。由于男女的生理、心理和社会特征的差异，中年空巢家庭对男性和女性具有不同的意义，也会引起不同的问题。对大多数女性来说，45～50岁是其生命周期中的重要阶段——更年期，这一时期，女性的生理和心理状况会发生不同程度的变化，一些妇女会产生失落、烦躁等情绪。家庭空巢期与更年期同时到来无疑会加重女性的心理负担。因此，中年空巢家庭的女性需要家庭和社会更多的关怀。对男性来说，中年时期也常常会由于体力变化和工作压力产生心理危机，也称为“中年危机”时期，“中年危机”与“空巢”危机不期而遇，也会加剧男性的心理压力。

3）空巢家庭成员的社会心理特征。

第一，最先进入新空巢家庭的是我国城镇第一批独生子女的父母，他们中的大多数人在中、小学阶段经历了“文化大革命”，受教育机会缺乏，所接受的教育内容和教育方式均不正规。其中许多人由于自身受教育机会的缺乏而对子女教育寄予莫大的希望，以一种补偿心理对子女教育投入资金、时间和精力，过度的投入使得他们很难有精力安排自己的生活。

第二，这批中年人职业发展道路坎坷，在职业发展的初期受“文化大革命”的影响，缺乏良好的职业技能培训和发展机会。改革开放后，有些人获得个人发展的机会，大部分人则遭遇职业发展困难，其中一部分人，特别是女性，由于种种原因被迫“下岗”“失业”或“提前退休”，造成社会角色缺失。自身职业发展的坎坷经历也促使大部分新空巢家庭的独生子女父母对孩子的发展前途寄予很大希望，对孩子发展的专注之情难以抑制，甚至已经形成心理依赖。

第三，对于一部分新空巢家庭来说，中年夫妻在“下岗”或“提前退休”丢失社会角色的同时，又因为孩子离家失去了往日繁忙的父母角色，社会角色和家庭角色的同时缺失必将加剧由空巢带来的孤独、寂寞心理。如果夫妇一方（通常是男方）仍未退休，甚至担当重要社会角色，需将大量时间用于社交、应酬，无暇顾及家庭，使得原本空巢的家庭愈加冷清，另一方（通常是女方）的空巢心理必然更加强烈。

第四，与老年空巢家庭不同，新空巢家庭中的中年夫妇常常是巢虽空，压力不减。孩子虽然离家生活，但孩子上大学、求职、结婚所需的经济支持常常使父母备感压力。同时，中年夫妇还正值赡养父母的关键时刻。因此，孩子离家不仅会增加他们生活中的失落感，还可能加大他们的经济和精神压力。经济压力和精神失落的双重影响，可能会加剧中年空巢人群的心理紧张程度。

4）“空巢期”婚姻关系特征。

第一，失落感加强。有些夫妻将毕生的心血都寄托在子女身上，为他们的学习生活而奔忙，子女的离去使他们忙碌的生活突然闲了下来，所以备感生活的空虚和寂寞。特别是对一些没有什么兴趣和爱好的夫妻，其心理的适应需要相当长的时间，有些父母甚至会发生隐匿性抑郁症。

第二，有些婚姻关系有恶化趋向。在现实生活中，一些夫妻是为了孩子才勉强维系着本无感情的婚姻，为了不影响孩子的身心发展，他们装着什么也没有发生，强颜欢笑，当孩子长大成人或独立后，此类婚姻关系就会终止。此外，有些夫妻的婚姻质量本来就比较差，婚姻矛盾比较多，但由于双方都将精力及注意力花在孩子身上，家庭表面上还比较平静、和谐。但当孩子脱离家庭以后，曾经将他们联系起来的“胶”和使他们不能分离的“缓冲剂”消失了，他们必须重新开始面对配偶的需要，这时原有的婚姻矛盾又会浮现，冲突会出现加剧的倾向。

第三，婚姻关系发展的黄金阶段。子女的独立，也可以使夫妻从养育和管教子女的烦琐事务中得到解脱。看到长大成人的孩子，夫妻都会有一种如释重负的感觉。孩子在家时，他们没有属于自己的时间、空间，为了尽到父母的义务，他们忽视了自己的婚姻交流和自己的需要；孩子的脱离，使他们有了空闲时间，他们可以尽情培养自己的兴趣和爱好，享受生活。对于这样的夫妻，“空巢期”是他们婚姻关系的黄金阶段，他们可以尽享成熟爱情带给他们的美酒。

二、空巢家庭问题及其原因

1. 空巢家庭经常遇到的问题

（1）精神空虚

40～50岁的中年人，还处于壮年的状态，对于他们来说，子女离家后的精神空虚是一个很大的问题。从结婚到小孩离家前20年左右的时间，孩子成了家庭的中心，一切都已习惯。当子女离开家庭进入大学，父母将不需要再过多为子女操心。对于突然地失去生活中的主要精神寄托，很多城市空巢家庭的父母不能很快适应。由于缺乏跟子女和亲友之间的交流，会在感情上和心理上失去支柱，容易产生焦虑不安、悲观失落、惆怅抑郁等负面情绪，这些负面情绪强烈或持久的反复体验即成为一种长期的精神刺激，对空巢家庭父母会产生不同程度的影响和伤害，严重的还有可能导致内分泌、中枢神经和免疫系统功能的紊乱，引发生理和心理疾病。

（2）夫妻关系失衡

中国家庭的生活重心往往在孩子身上，孩子是维系父母感情的纽带。子女长大离家后，空巢家庭中父母的生活重心失衡，夫妻 20 多年的生活方式和交流内容的改变，在他们单独朝夕相处时难免显露出一些不协调或格格不入的局面。如果缺乏有效的沟通手段和相关知识，再加上社会外因的影响，往往容易出现新空巢家庭问题，例如婚外恋等。

（3）疾病问题

疾病问题是空巢老人面临的最棘手也是最尴尬的问题。研究表明，空巢老人的慢性病发病率比较高，其中占前几位的分别是高血压、心脏病、糖尿病、关节炎、白内障等。空巢老人普遍缺乏有关慢性病的防治知识，得了病以后又无人照顾，从而导致病情加重。所以，空巢老人的健康需求远远大于非空巢老人，社区卫生服务中心应当主动采取措施满足他们的医护需求。

（4）生活照顾问题

由于子女不在身边或无子女，空巢老人的饮食起居完全靠自己照料。那些生活自理能力有缺陷的老人甚至连最基本的衣食住行都难以应对，更别说修理电器之类的事情。这就需要社区服务中心及时地给予帮助和支持，为空巢老人解决生活上的难题。

（5）经济供养问题

许多研究表明，经济因素是影响老年人生活质量的一个重要因素。很多空巢老人因为久病致贫或者没有任何收入，主要依靠其子女给予生活费用。如果子女不孝顺，不及时给予老人生活费或者根本不给，就会导致老人生活困难，难以承受昂贵的医疗费用，对其身心健康构成极大的威胁。

（6）人身安全问题

有些空巢老年人行动不方便，生活不能完全自理，容易跌倒或烫伤，这对无人照顾的空巢老人来说无疑是雪上加霜；近年来，盗窃、抢劫等犯罪行为在空巢老人家庭中也时有发生。空巢老人是社会中的弱势群体，需要社会各界共同来关爱和帮助。

（7）空巢家庭引发的社会问题

长期空巢还会引起一系列社会问题，最基本的是如上面提到的老年人的生命安全、经济供给、生活照顾、医疗保健、精神慰藉等方面的问题。孤身老人在家中暴病，无人救助，甚至因病死亡多时无人知晓的例子也曾有报道。空巢老人所缺的主要是生活上的照顾，尤其对生活不能自理的单身老人，除了生活需要帮助以外，其他如看病、购物、外出、聊天等，所需要的社会帮助是多方面的，而在工作压力增大和社会流动日益频繁的情况下，子女或亲属很难侍奉不离，往往只能够通过支付货币来换取社会服务，以保证老年人的需要。较深层次的社会问题包括社会养老制度的建立，国家对老人问题的经济承受能力，社会秩序的稳定，青年人对老龄化社会的责任感，和谐社会建立的基础等。

2. 空巢家庭问题发生的原因

（1）居住条件的改善

在过去相当长的一个时期里，由于住房条件的限制，一些家庭三代甚至四代同堂是迫于无奈。随着我国居住条件的进一步改善，大部分家庭子女有能力和条件离开父母的“庇护”单独居住，从而使得代际分离居住必然有所增加。此外，市场经济的发展，使得职业竞争愈演愈烈，子女经常随工作跨地域迁徙甚至是出国，这也是城市空巢家庭产生的主要原因。

（2）家庭结构的改变

多年计划生育政策的实施，逐渐形成了“四、二、一”式结构。社会的发展，促使很多独生子女到外地求学、打工或结婚，从而使空巢家庭增多。据新华网 2007 年 1 月 23 日的报道，我国领取独生子女证的户数已达到 9 000 万，即独生子女父母的人数将近 2 亿。这就造成了这样一种现实：对于那些由独生子女联姻所组成的家庭，很难同时满足双方父母与子女共同生活的要求，必须至少有一方父母主动或被动地独立生活，从而导致了一部分城市空巢家庭的产生。

（3）社会代际关系的变化

自古以来，晚辈靠长辈庇荫，老人靠儿女送终，这是农业社会以家庭为单位的小生产形成的双向依赖。随着社会的进步以及思想观念的日益开放，这种代际关系发生了根本性变化：大家庭解体，青年人离“巢”自主创业、就业，越来越多的老年人依靠社会化保障和服务度过余生。此外，现代商品经济打破了地域藩篱，异地求学、就业不仅是青年人的向往，也是长辈对晚辈的期盼。

（4）个人及家庭观念的变迁

首先，一部分经济上能够独立自主、精神生活较为丰富、身体状况较好的低龄老人（以城市老人为多）希望独立生活，在晚年拥有更多的自由和私人空间。其次，有些老年人虽然希望与晚辈住在一起，但由于双方价值观念、生活方式等存在差异，难免产生代际矛盾，为避免冲突，这些老年人宁愿选择独居。最后，一方面空巢家庭的子女由于学习或工作的原因不得不住在外地，而中老年人对久居的地区有了深厚的感情，不愿意离开熟悉的环境；另一方面，子女由于学习或工作的压力，无暇照顾父母，父母也不愿加重子女的负担而选择独居。这些个人及家庭因素也是城市空巢家庭形成的又一重要原因。

三、空巢家庭的生活调适

1. 空巢家庭夫妇重建亲密关系

空巢家庭夫妇要重新合理分配情感和时间，积极融入生活。空巢家庭的中年化和长期化特点决定了家庭必须寻找一个新的生活重心。夫妻俩在对家庭的多年辛苦经营之中，往往忽视了彼此间的亲密，空巢期来临时正好重拾婚姻生活，拉近一下两人的关系。空巢可以给中年人更多的时间和空间安排自己的学习、工作和生活，夫妻俩也可以充分享受情感的交流。为了强化空巢夫妇的亲密关系，可以尝试以下方法：

（1）重新喜爱和赞赏对方

重新喜爱和赞赏对方是维持亲密关系的两个很重要的因素。

（2）彼此关注

在过去的生活中，双方都为孩子付出了很多。现在通过在生活细节上尽量地关注彼此，可以使婚姻变得更加浪漫。

（3）培养共同的兴趣

为了使自己的婚姻变得更稳固，可以尝试扩大兴趣爱好，如养花、旅游，共同分享。

2. 子女的共同努力

在此阶段父母因缺少子女的亲情和慰藉而产生孤独感，空巢家庭的子女要注意保持与父母的亲情交流。从中国目前的普遍情况来看，许多祖父母与孙辈之间存在着很强的隔代养育关系。对独生子女来说，为了维持小家庭各方面的需要，希望得到父母的援助。而对原生家庭来说，父母因为只有一个子女，因而他们也更愿意给予子女大量的经济援助并承担起照顾孙辈的责任，以减轻子女的负担。在照顾孙辈的过程中他们可以享受到天伦之乐，以弥补自己在情感上的孤寂感。随着年龄的增长，子女对父母的照顾要逐渐增多。

这一阶段空巢家庭的父母需要对他们家庭身份的认知进行调节。他们对自己的家庭身份的认知和自身的调节、处理好与其子女及孙辈之间的关系至关重要。

3. 社会关系的重建

处于中年期的空巢夫妇一般都有工作，存在社会关系，更多地需要进行心理调节。而对退休老年人或农村的空巢老人而言，不仅需要主动适应，积极调适空巢心理，做力所能及的事情，同时也需要合理安排生活，发展业余爱好，协调人际关系，积极主动接触社会。如学习新的东西和社会规范，参与社会公益事业，从事适合社区老人作贡献的行动，多为别人提供支持和帮助，或者参加一些老年活动，重新建立自己的生活圈子。

空巢家庭调适咨询要点

从家庭生命周期的角度来看，空巢期处于生命周期的晚期。传统意义上的空巢家庭多为子女成立家庭，和原生家庭分离，父母离退休，农村的父母照顾孙辈，晚年独居或和子女共同居住。这类家庭多为老年型空巢家庭，涉及的问题多为养老、生活照顾、经济供给、和子女的情感交流等问题。心理上此时易产生孤独感。

除了老年型空巢家庭外，还有逐渐出现的新型空巢家庭——中年型空巢家庭。这类家庭的特点是，当其独生子女因求学或工作离开家庭时，家庭突然变为空巢。而这种转变会对父母产生很强的心理冲击，容易产生心理上的不适应。

因此，在咨询过程中，不仅要了解空巢家庭的类型，还要把握两类家庭的特点及容易产生的问题，根据求助者的问题提出调适意见或交由相关部门处理，必要时须进行转介。

【案例2—4】女儿在远方

✣ 案例描述

蔡先生46岁，在某地事业单位工作。妻子为当地某综合医院咨询师。平时工作、生活十分繁忙。夫妇二人有一独生女，半年前离家到国外读书。

女儿从小到大都和蔡先生非常亲，从未远离父母。自从女儿走后，蔡先生心里变得空空的。为了和女儿保持联系，蔡先生刚开始天天跟女儿通国际长途，第一个月家里的电话账单是2 000元。后因女儿学习繁忙和时差原因，开始通过网络和女儿交流。蔡先生怕女儿在那里人生地不熟，学会了用google地图，并且在google地图上标出女儿所在城市的街道和地标性建筑，以防女儿办事时迷路。为了能够和女儿多联系，蔡先生开始倒时差生活，身体健康越来越差。蔡先生的姐姐和妻子都曾劝过，要对孩子放手，但无济于事。因思念在外地求学的女儿，蔡先生心情焦虑前来咨询。

✣ 案例分析

从该案例可以看出，这是典型的中年型空巢家庭特征。在经历了近20年的稳定期后，由于孩子的出国，家庭突然转变为空巢家庭。这对父母产生强烈心理冲击，引起父亲焦虑、烦躁等负性情绪。根据对中年型空巢家庭的分析，中年夫妇一般都有自己的工作和一定的社会关系，在生活照料和经济供给方面暂时不需要太多关注，只是需要进行心理调整和适应。

✣ 咨询建议

针对本案例中的空巢期心理特点，提出以下思路供参考

第一步，对其家庭关系进行评估。通过会谈，从求助者及其他知情者（妻子）那里收集有关整个家庭关系的信息，包括夫妻关系和亲子关系。了解夫妻及亲子之间的亲密程度和沟通状况，以便从整体上进行把握。

第二步，根据案例的特点来看，分析产生心理不适的原因。本案例中，父亲的反应主要是由于女儿离家带来的不适，而没有其他神经症或生理疾病的发生。在咨询过程中，要注意对表现症状逐一澄清。例如，

考察蔡先生是否患抑郁症、焦虑症等，以免耽误治疗。

第三步，确定行为目标和转变途径。本案例中期望蔡先生能够与女儿保持适度的交流，从而将精力投入到自己与妻子的生活中去。多和妻子交流，强化亲密关系。

第四步，根据求助者的实践，评估咨询的实施效果，并及时进行调整。

✣ 注意事项

对中年型空巢家庭的调适，主要是根据中年空巢家庭容易产生的问题及特征进行把握。在咨询的过程中，还要注意对问题的评估。根据症状的轻重做出判断。此外，应重视夫妻关系的调适，强化亲密关系。

本单元思考题

1. 空巢家庭的类型有哪些？产生的问题及特点是什么？

2. 针对不同类型的空巢家庭该如何进行调适？

3. 请分析以下案例产生的原因，并运用相关技巧拟定初步的咨询计划。

张女士，42岁，夫妇二人只有一女，两年前女儿到国外读书后，张女士的失落感就越来越强烈。以前女儿在家时，因为要给女儿做饭，要辅导女儿做功课，所以每到下班前，张女士就总想找个理由提前回家，陪伴女儿。而现在，她最怕下班回家，丈夫在单位里是中层干部，晚上常常有应酬，只剩她一个人在家冷冷清清。以前，为了不影响女儿学习，家里从来不看电视，现在可以敞开看电视了，可是再好的节目也吸引不了她。以前，为了女儿的健康，家里的饭菜很讲究，注意营养搭配和花色品种，每顿饭都要烧好几个菜。现在，她再也提不起做饭的兴致了，而是把做家务当成了排遣寂寞的最好方法，一天到晚地拖地板、擦桌子，反反复复地洗被子、洗窗帘。

学习单元4　调适夫妻关系的团体辅导

理想的夫妻关系应当是相互平等、合作、互敬互爱的。但是再好的夫妻关系也有可能产生摩擦或者矛盾。这些矛盾可能是人际关系间的问题，可能是家庭功能实现上的问题，或是互动方面的问题，也可能是因为对夫妻角色认识不同造成的问题。团体辅导是婚姻家庭咨询师进行夫妻关系调适时运用的一种较为理想的方式。在团体中，通过组员间的相互影响、团体内部的恰当控制方式，达到帮助求助者理清思路、反思行为、解决矛盾的目的。

学习目标

- 掌握夫妻关系的相关知识
- 掌握夫妻关系可能发生的主要问题
- 能够运用社会性别知识分析夫妻关系
- 能够运用团体辅导的方法对求助者家庭成员进行关系调整

一、夫妻关系概述

所谓家庭关系是指构成家庭这种社会最小集团的各成员之间的关系，如夫妻关系、亲子关系、兄弟关系、婆媳关系、翁婿关系、妯娌关系、连襟关系等。家庭关系表现出家庭成员之间的联系方式和互动方式。在众多种类的家庭关系中，夫妻关系是基础，其他的家庭关系往往是在夫妻关系之上衍生出的。

婚姻是家庭的基础和起点，夫妻关系是家庭关系中最核心的关系。夫妻关系是指两性在家庭中的角色关系，家庭内部存在一系列普遍适用于丈夫和妻子性别角色分工的关系。

现代夫妻关系打破了过去“父母之命，媒妁之言”的包办婚姻，在爱情的基础上产生。夫妻之间集爱情、家庭义务和社会责任为一体，夫妻之间应当是平等的，有共同的兴趣、志向和目标的亲密伴侣式的婚姻关系。当然，近年来夫妻的冲突和离异也在增加。

夫妻关系方面可能产生的主要问题包括夫妻沟通不畅或缺乏沟通、性生活不和谐、双方父母赡养问题，以及子女的教育问题、家庭经济和财产问题、家庭地位不平等问题等。

二、社会性别与夫妻角色

婚姻家庭咨询师要彻底清除自己头脑中传统的社会性别观念，树立男女平等的社会性别观，才能为促进男女平等、家庭和谐、社会发展作贡献。

社会性别，泛指社会对男女两性及两性关系的期待、要求和评价。传统的社会性别观念形成了男外女内、男主女从的角色分工，男刚女柔、男才女貌的角色期待，男尊女卑、男优女劣的角色评价，男高女低、男强女弱的社会地位。这种社会性别观念对家庭以及家庭关系的直接影响，主要在于一些人将男女在家庭中的角色固定化，认为男人的家庭角色就是能挣钱“养家糊口”，女人则应当承担所有的家务劳动。在现实生活中，部分家庭中夫妻关系出现问题，与他们头脑中存在传统的社会性别观念分不开。

因此，婚姻家庭咨询师应当注意家庭中的男性（女性）成员平等、合作关系的状况，在帮助求助者的过程中，帮助夫妻（家庭）发现传统的性别角色对于现有夫妻（家庭）角色的影响和限制，协助并鼓励他们突破原有的观念、角色的束缚，形成新的有利于家庭发展的观念和行为。

三、团体辅导的特点及方法

所谓团体辅导是指在群体的情境中进行夫妻关系及家庭的辅导等。这个群体有既定的目标，有婚姻家庭咨询师的引导，团体中的成员相互影响，从而达到预期的目的。团体的基本特征表现在：团体至少有两个以上的求助者参与，组员间有共同的目标和利益，要求参与者对这个团体有认同感，组员之间相互依存、相互影响，团体内部存在社会控制的方式，并形成特定的团体文化和氛围。

一般而言，团体辅导是将有相似问题的求助者 6～8 个人组成一个小组进行集体辅导。此外，对家庭成员的集体咨询辅导，也可以看做是针对家庭这个特殊的团体进行的团体辅导。在这一团体中，通过解决问题进行相互的学习。团体中的每个成员都要参与活动，相互学习，在经验的分享中相互学习，达到改变。

团体辅导的特点在于：

第一，通过团体辅导影响组员实现个人转变，增进组员的人际交往和沟通能力。

第二，运用团体动力影响组员的个人价值、态度和行为，实现社会控制。

第三，通过经验的分享和选择，使组员间达到互相的影响，并形成群体的力量解决问题。

团体辅导对求助者认知行为的改变有独特的作用。婚姻家庭咨询师应熟练地掌握团体辅导的基本方法。

第四，帮助组员再社会化，形成持久的转变。

第五，提供支持预防成员问题的再发生。

第六，团体辅导可以节省时间和人力资源，更加经济适用。

团体辅导中，婚姻家庭咨询师是团体的领导者，要带领团体成员达到预期的目标，要引导团体进行积极的沟通，并正确对待和处理团体中的冲突，制订团体辅导的计划并进行方案设计，按照设计好的方案组织活动。活动结束后，对团体辅导过程进行评估，确定求助者是否得到帮助。一般情况下的咨询方法为：

1. 向夫妻了解对问题的认识

婚姻家庭咨询师可以针对求助家庭的问题，拟定一个访谈提纲，分别向夫妻双方进行访谈，看他们在观念、描述和对事件的认识上的不同看法，从而得出判断。必要时要接触家庭中的其他成员，看家庭成员对问题的看法，判断该成员是否处于问题中，起什么作用等。

2. 接待不同家庭成员

处理家庭夫妻关系问题，不但要面对不同的夫妻双方，还可能要面对影响夫妻关系的孩子、双方父母。婚姻中的问题尤其是夫妻之间关系的问题不是一方形成的，因此要了解事件的真相要与夫妻双方接触。对于两代人生活在一起的核心家庭、主干家庭，必要时要接触生活在家庭中的每个成员，通过接触不同家庭成员，全面了解矛盾的焦点是什么。婚姻家庭咨询师在接待不同家庭成员时要牢记“中立”的原则，不偏听某一家庭成员的意见，要平心静气地听取每一位成员的说法，不做评论。

3. 与求助夫妻对需要解决的问题达成共识

通过接触夫妻双方以及了解双方对问题的认识，婚姻家庭咨询师需要组织和带领前来求助的夫妇就需要解决的问题在认识上达成共识。

4. 帮助咨询家庭分析原因

在求助夫妻对于所需解决问题达成共识的基础上，婚姻家庭咨询师要带领夫妻分析造成问题的原因。在团体辅导中，婚姻家庭咨询师可以让参与团体辅导的家庭相互之间分析原因，并作记录，在讨论中找出造成问题的原因，并由当事家庭对这些原因进行回应。

5. 帮助求助家庭成员对各自家庭角色达成共识

夫妻双方对于夫妻角色的认同非常重要，只有对于夫妻（家庭）角色达成共识才能处理好夫妻在家庭中的关系。可以让参加团体辅导的来自不同家庭的人都发表意见，分享各自对角色的看法，婚姻家庭咨询师作总结，使求助者在争论中得到启发，最终产生对于角色认同的共识。

6. 帮助求助家庭成员制订改变关系的计划

在前几步的基础上，请求助家庭各自制订适合本家庭情况的改变计划，婚姻家庭咨询师作为辅助者和监督者，辅助计划的制订，并在每次活动前检查各个家庭改变计划的实施情况。

家庭练习可以较为有效地帮助求助者学习新的行为。婚姻家庭咨询师应重视使用。

7. 布置家庭练习

婚姻家庭咨询师根据活动内容的安排可以在每次活动之后布置不同的作业，并在下次活动开始前检查。家庭练习可以包括“夫妻角色互换”“有效沟通技巧练习”等。

8. 咨询总结

婚姻家庭咨询师要在咨询结束后，对求助者咨询过程进行总结。总结内容，一是活动内容的综述，目的是强化求助者的记忆；二是对求助者改变的总结，以鼓励求助者朝向新的家庭关系方向继续努力；三是总结咨询中存在的不足，提出努力的方向。总结的意义不仅在于对之前咨询过程的回顾，同样也是对咨询过程的评估。

夫妻关系团体辅导咨询要点

1. 团体辅导需夫妻（家庭成员）的共同参与

对于改善夫妻（家庭）关系的团体辅导，需要夫妻/家庭成员的共同参与，只有夫妻双方（必要时家庭中的每一位成员）都能积极地投入辅导，并从中反思辅导前的家庭关系，积极在团体中获得改变，才有助于夫妻（家庭）关系的改善。

2. 夫妻（家庭）关系的改变需夫妻双方（家庭成员）的共同努力

> 夫妻（家庭）关系的改变，并不是一个成员改变就可以改变的，因为夫妻（家庭）关系的矛盾不是因为某一个人带来的，而是在共同的生活中，两性之间或者每个家庭成员由于性格、处事方法和态度等不同而带来的，因此要改变夫妻（家庭）固有的关系需要夫妻（家庭成员）共同的努力，所谓一个巴掌拍不响正是这个道理。
>
> 3. 持续性辅导效果更佳
>
> 要达到夫妻（家庭）关系最佳的改善，一次活动是不够的，是不能解决问题的，持续的、系列的辅导活动是必要的。
>
> 4. 团体辅导在婚姻家庭咨询中具有一定普适性
>
> 团体辅导在婚姻家庭咨询中具有较强的普适性，除了可以运用于一个家庭，更可以运用于具有类似问题或需要的群体，如可以通过“亲子关系辅导小组”“家庭暴力辅导与治疗小组”“单亲家庭支持小组”以及“婚姻适应辅导小组”等，帮助人们更好地处理婚姻家庭问题。

【案例 2—5】一个家庭中的两个小家庭

✣ 案例描述

李先生和王女士是由父母介绍认识的，半年后两个人就结婚了。刚开始两人的关系还比较好，可是不到半年，夫妻关系开始变得不太好。王女士外向、活泼，感情丰富，喜欢刺激。刚开始，她觉得文雅、安静且稳定的李先生是个认真、负责而且可靠的人，可以托付终身。但是婚后，她又觉得婚姻生活呆板没有乐趣。因为李先生除了上班，下班后就是看看报纸，看看电视，然后睡觉，不太会和王女士聊天交流，也很少主动提议陪她去逛公园或者看电影等，非要王女士一再催促，才会偶尔陪王女士外出游乐。周末，李先生还经常带工作回家加班。因此，王女士感觉生活没有乐趣，但是也这样继续生活了一年。直到儿子出世后，她无形中把精神寄托到了孩子身上。儿子长大了，可以走路了，她就带儿子去逛街、看电影、去游乐园，和儿子一起玩。几年后，他们的女儿出生了，照顾女儿的责任落到了李先生身上。女儿大了，送女儿上托儿所也由李先生负责。

这样一年又一年，儿子、女儿都长到十几岁了。无形中这个家形成了两个小的家庭：平时夫妻之间很少交流，更不亲近。周末的时候，妈妈带着儿子出去玩，爸爸带着女儿出去玩。基本上是妈妈带儿子回姥姥家、而爸爸带女儿回爷爷奶奶家的时候多，偶尔一家人一起回爷爷奶奶家。

李先生的母亲看在眼里，急在心里，常常在邻居章大妈的面前念叨。在章大妈的介绍下，李先生的母亲强烈要求李先生去婚姻家庭咨询机构进行求助，希望婚姻家庭咨询师能够帮助这个家庭建立一种新的交流模式。这样，李先生一家出现在了婚姻家庭咨询师面前。

✣ 案例分析

婚姻家庭咨询师通过最初与李先生的沟通后，与李先生一起进行了问题分析。本案例中最开始出现的是夫妻关系的问题，由于李先生和王女士性格不同，产生兴趣、爱好上的差异，但是两个人又没有进行有效的沟通，而是采取了“互不干涉”的方式，夫妻关系仅仅是法律上的，而没有真正的情感交流。可见，该家庭属于典型的疏离式家庭。孩子出生后母亲带儿子、父亲带女儿，这样的方式不利于孩子正常心理的发展。孩子的成长不仅需要母亲的关怀，还需要父亲的辅导，两者缺一不可。要改变该家庭的家庭关系与沟通模式，就要从改善夫妻关系做起。

✣ 咨询建议

婚姻家庭咨询师为李先生一家制订了为期一个月共三次、每次一小时的家庭团体辅导的计划，帮助李先生一家改善了家庭现状。

1. 第一次团体辅导

在第一次团体辅导中，婚姻家庭咨询师主要做了几个方面的工作：

第一，与李先生一家建立关系

李先生在母亲的劝说下来进行咨询，婚姻家庭咨询师在与李先生沟通交流后认为，如果要改变夫妻及家庭关系现状，必须一家四口人同时参与团体辅导。于是，在李先生的动员下，王女士及其两个子女进入了咨询。但是，王女士的求助愿望较低。因此，婚姻家庭咨询师将较多的精力和时间用于建立咨访关系。婚姻家庭咨询师首先分别与王女士及两个子女进行单独交谈，了解情况，建立联结。而后，又与全家人一起进行团体谈话，与全体家庭成员建立了良好的关系。

第二，问题的初步界定和改变目标的确立

婚姻家庭咨询师在与家庭建立起较好关系的基础上，首先对李先生和王女士进行基本情况的了解，了解两人对现状的看法以及各自对问题的界定。在夫妻双方对问题的看法（夫妻沟通不畅，接着带来的子女教育的问题）、改变现状基本达成一致的情况下，婚姻家庭咨询师与一家四口人进行了集体交谈，使全家人对目前出现了什么问题、今后要进行改善达成了共识。

2. 第二次团体咨询

一周后，李先生、王女士一家人如约再次来到婚姻家庭咨询中心。这次，婚姻家庭咨询师将工作的重点放在“具体化”的主题上。

首先，确认经过一周思考后大家对家里出现问题的认定及改变的期望是否有变化。

其次，在得到一家人肯定的表示后，婚姻家庭咨询师首先与李先生、王女士一起进行了重点讨论，将改变的愿望具体化为改变夫妻、家庭沟通和调整夫妻权利关系两方面：

（1）改变夫妻、家庭的沟通

为了有效地改变夫妻、家庭沟通，需要从自身改变和学习有效沟通技巧入手。

1）自身改变。

第一，要有自我觉察能力。能认识到自己在家庭中的角色，认识自己的优点和缺点，并能体察他人的需要和状况，并作出反应。

第二，能够接纳他人。学会尊重家庭成员，接纳他人的意见、态度、感受和行为。

第三，要学会倾听。不要因为对方是自己的家人，是自己最亲近的人就忽视他，要学会倾听，要专心地进行交流。

第四，要能开放自己，不要封闭自己。要真诚地表达自己的意见，但不是固执己见，要学会分享自己的经验，并积极听取他人的意见。

第五，要学会理解和温暖他人。学习设身处地地替他人着想，多站在对方的角度思考问题，并及时地表达关怀、亲切、友善和热情，不能因为是家人而忽视这些。

2）学习有效沟通的技巧。

“具体化”在咨询过程中是极为重要的，它可以帮助求助者明确自己认知、行为改变的具体目标及方法，实现应有的改变。

第一，要有不批判、非控制的态度。对于自己的家庭成员也不可以随便批判，对于有分歧的问题要寻找积极的解决办法，而不是一味地批判对方，或者强制对方按照自己的意志进行。

第二，家庭成员之间的沟通应该是平等与协商的态度。

第三，改进自己说话时的姿态、语气、坐姿、眼神等动作，会对家庭沟通产生良好的影响。

(2) 调整夫妻权利关系

第一，观念上的改变。要求夫妻学习亲子关系的知识，认识正确的亲子关系，以及如何处理亲子关系问题。学习青少年心理发展的特点，了解孩子的心理，从而认识到目前他们在教育孩子中存在的问题，并产生改变的意识。学习社会性别观点，培养社会性别敏感度，真正认识到男女平等，家庭成员之间是互相合作，相互平等的。

第二，行动上的改变。通过辅导，使家庭内部重新按照全新的权利关系运行。

第三，将李先生、王女士的共识告诉两个孩子，与全家人一起进行再次讨论，并重点讨论两个子女在改变中要做的具体事项，以及奖惩措施。在达成共识的基础上，全家人共同制订了具体详细的改变计划。

3. 第三次团体咨询

两周后，李先生、王女士一家又如约来到婚姻家庭咨询中心。这次，婚姻家庭咨询师的工作重点主要在于：第一，评价两周前制订的改变计划的执行情况；第二，了解两周中家庭的改变及每一位家庭成员的改变；第三，确定目标是否达到，巩固已经取得的成效。

本单元思考题

1. 如何应用社会性别知识分析夫妻关系中存在的主要问题？
2. 如何在夫妻关系辅导中应用团体辅导的方法？

第 2 节　生 育 咨 询

学习单元 1　生育对夫妻关系的影响

生育是人生大事。孩子不仅带给父母天伦之乐，而且也是考验夫妻人品和相互关系的试金石。然而，由于怀孕会给女人带来长达 9 个月的身心过度负担，分娩所要忍受的剧烈阵痛和与此伴随的一定危险，加上抚养子女时不得不付出的更多的劳累，所以在女性的心目中，生育的意义格外不同。很多女性认为，孩子在她们婚姻中的分量远远超过一切。如果有个孩子，人生就有了目标。女人生育时特别需要丈夫无微不至的体贴和关爱，如果丈夫不在身边或不负责任或十分自私冷淡，甚至在怀孕、分娩后和哺乳期间仍然只顾自己的快乐而时时“纠缠”对方，女人会比平时更加感到感情的致命伤害，甚至会对婚姻关系造成不可挽回的损害。本单元将就生育对夫妻关系的影响及如何面对这些问题进行理论与技术层面的阐述。

虽然“不孝有三，无后为大”已经不再是人们推崇的理念，但生育观的巨大改变还是会给人们的生活、社会的和谐带来不大不小的影响，围绕生育问题的争辩也会越来越多，但主流必然是一定的，那就是科学的、合理的生育观。

学习目标

➢了解生育观变化，能为求助者提供有关生育的建议

➢能够帮助求助者化解在生育计划制定和生育意愿方面的分歧

➢熟悉子女出生带给夫妻关系的积极与消极影响，帮助求助者正确面对问题

➢掌握有关帮助夫妻实现父母角色转换的方法

➢指导丁克家庭正确处理所面临的各种社会心理影响

一、生育观的新变化

随着经济的发展，我国有上亿农民工进入城市打工并逐渐融入城市

生活。很多人不愿再回贫瘠农村继续过去那种面朝黄土背朝天的日子，他们开始懂得要想长期呆在城市像城里人那样生活，就必须抛弃传统的生育观念。多子女的生育观已经不适合他们新的经济生活状况，“少生快富”已经成为农村计划生育宣传的新口号。新一代农民工的兴起与壮大，大大减轻了人口增长的压力，也推动着农村计划生育水平的提高。很多人已不再注重生育男孩实现家族香火传递的价值观，而更多地注重对自我价值、自我情感的追求。

农民工全国范围的广泛流动也促成跨地区通婚概率的增加，从遗传学角度来看，这种人群优势的互补，势必提高下一代人口素质。

广大农民和农民工开始认同“少生优生，快速致富”这样令人欣喜的新生育观念，这是一种历史性的进步。

当然，目前也出现了少数富人、名人、有权人超生的现象，虽然为数不多，也不可忽视其对社会带来的不良影响。

广大城市青年自觉晚婚晚育，优生优育，结婚后三五年才要孩子或者索性不要孩子的人不在少数。他们图的是趁年轻先干一番事业。事业第一、生育第二已经成为年轻人的时尚。也有的人是为了先充分享受二人世界的浪漫与自由，不愿过早背负养儿育女的生活重担。同时，年轻人也会考虑如何为孩子准备一个较好的经济基础。这些都是合情合理的。

二、生育意愿的分歧与化解

有些女性害怕妊娠、生育、抚育会使自己的事业受影响，对生育充满顾虑，这是当前的一种社会现实。

夫妻双方的生育意愿会存在一定的差异。比如，有些女性害怕生育带来体型的变化、可能失去性吸引力等原因坚决不要孩子；丈夫却承受不了老人的压力，甚至说不生孩子就离婚，类似的情况屡见不鲜。现在的年轻人尤其是一些女性，她们经济独立，考虑更多的是事业、生活质量和个人享受，不再简单认为孩子是拴住丈夫的保险绳。化解办法只有通过双方进一步协商，取得一致意见。当然，更多的年轻人想法不同，《中国青年报》2006 年 10 月 23 日根据上海市人口和计划生育委员会一项调查结果，在“青年调查”版发表了题为《养老压力大，年轻人生育愿望普遍提高》的文章。文章说，“80 后”独生子女夫妇都希望自己能多生几个孩子，受访者表示想“生二胎”的占 50%以上。有的年轻人刚刚生了儿子，很快又计划着再添个女儿，实现“一儿一女”的家庭梦想。他们说“等我们年纪大了，不想让儿子独自承担赡养父母的重担，太辛苦了!”这也是人们生育观的一种新变化趋势。国家的计划生育政策对夫妻双方都是独生子女的，在规定上也有了松动。

三、子女出生对夫妻关系的积极与消极影响

有人说，孩子是上天赐予的最好礼物。从家庭和个人角度看，子女的出生激发了人性中最本能的母性、父性和对天伦之乐、儿女亲情的向往。说起初为人父母的感受时，人们的感触肯定是多种多样的：既骄傲、激动和欣喜，也会倍感疲劳辛苦和烦躁，但又不得不承受磨炼和责任。家庭新成员的到来大大增加了家务劳动的负担，加上对宝贝健康与安全的种种忧虑，无疑将给年轻父母带来不堪重负的巨大压力。如何妥善处理好孩子出生后前几个月的忙乱，乃至前几年的艰辛，将是对他们能否很快转变角色及感情是否牢固的考验。所以有人说年轻人只有当了父母才能和孩子一起真正长大。孩子的甜甜一笑往往能把所有的烦恼都吹得烟消云散，觉得自己的一切付出都“劳”有所值。年轻父母的性格也会逐渐变得平和，由过去办事毛躁逐渐变得非常细心和有耐心。

一方面，子女的出生能够增进年轻父母之间的感情，孩子成为增进夫妻感情和化解一些矛盾的动力。另一方面，女性在这个特殊时期的身体和精神心理都处在最脆弱的时刻，她和孩子迫切需要得到的是最强烈的体贴和关爱。如果丈夫在这个关键的时刻缺乏责任心和同情心的话，也有可能激化过去的矛盾并对婚姻前景产生不可挽回的消极影响。

人们预期孕妇及家人都会对胎儿有一种博大的爱，用宽大的胸怀迎接家庭新成员的到来。但是，当一个具有出生缺陷或残疾的新生儿降生之后，必然带给这个家庭极大的精神、经济和情感负担，令全家人痛苦不堪，饱受煎熬。我们经常听到残疾儿被无情父母抛弃的新闻，恰恰反映出一些人在面对这种情况时人性是如何经不起考验。

残疾儿的降生将考验其父母心理是否健康，道德和人品究竟如何。

四、夫妻要实现父母角色转换

在育儿的过程中，不仅父母亲会对孩子的成长产生影响，孩子的出生发育也会对父母亲的“成长”产生影响。“初为人父或人母”意味着自己的内心世界和外在行为的重新构造。研究表明，育儿体验不仅刺激着父母亲角色的加速确立，而且促进父母亲个性的健康完善。在亲子沟通中，父母亲的自我克制性、视野开阔性、生存感、自我能力感等也会显著变化。“影响”是互动的，效应是广泛的。随着孩子从婴幼儿、儿童发展为少年、青年，乃至成人，父母亲角色都将陪伴孩子。因此，父母亲

角色的获得，将是一个终身学习、毕生努力的过程。父母亲角色的学习，不仅指作为父母亲对家庭的责任承担，而且指父母亲自身一辈子都要学习“做人”——处世、立身的人格修养。

心理学认为结婚的首要条件是心理断乳，即必须摆脱对父母的依赖。有的丈夫（或妻子）已经结婚了，家里的事还是不分巨细，都向父母汇报，感情上过分依赖父母。有的甚至对配偶表示爱慕、关心时有罪恶感，就好像抛弃了父母。依赖父母是儿童的不成熟心理，真正的孝敬父母是以成人的成熟的心理安抚父母。强调心理断乳，同父母分离，这绝不是提倡对父母冷淡、忘恩负义，而是提倡心理上独立自主。对父母怀着敬爱之心的同时能独立自主，这是婚姻幸福的前提。妊娠和生育过程则帮助夫妻进一步心理断乳，并实现代际转换。

五、丁克家庭带来的社会心理影响

所谓“丁克家庭”就是不打算要孩子的婚姻家庭。用英文来说就是，“双份的收入，不要孩子”（double incomes，no kids），即丁克（首字母缩写“dink”）。人们无权对选择丁克还是想要孩子的情况作出是与非的评价，因为生育权掌握在他们手中。对是否生育的选择是他们的自由，这并不是大是大非的问题。都市人家庭文化观念的变化带来家庭结构的多样化，主要体现在婚、育、性观念的变化上：养儿防老观念淡化，不忍心让孩子面对残酷的社会竞争，社会对婚前婚外性行为包容度也在扩大。家庭结构的变迁是社会变迁的缩影，经济变革和社会发展促使中国家庭结构产生新的变化。丁克家庭是现代人自愿选择的一种家庭模式，不能认为这就是不道德的、自私的行为或缺乏社会责任感和家庭责任感。但是，生育孩子是为了延续家庭的存在和发展，也是自然界的规律，如果“丁克”家庭大量出现，“不育文化”无限扩展，对人类正常的繁殖生息是不利的。从社会学角度看，丁克家庭的增多有可能导致离婚率上升、人口负增长和老龄化、社会养老困难等一系列社会问题。因而，社会不会对丁克家庭持鼓励态度。当然，目前我国丁克家庭的存在，还远远没有达到严重的程度。

目前，中国大中城市已经出现60万个“丁克家庭”，今后有可能会越来越多。

相关链接

孕育对女性健康有利

根据过去报道的一些客观的科学数据，当女性独身且没有性生活，或像丁克家庭那样不生育，或是生育而不哺乳，那么，这三种情况都可以导致女性乳腺癌的发生率比有性生活、有生育且采取母乳喂养的妇女要高。也就是说，如果采取“三不”的生活方式，可能在一定程度上会影响健康。这的确值得女性朋友注意。一次完整孕育可以增加整整 10 年的主要是针对各种激素依赖性妇科肿瘤的免疫力，如子宫肌瘤、子宫内膜异位症乃至乳腺、子宫、卵巢的良性或恶性肿瘤。其发病率都是未生育女性高于生育过的女性。孕育过程使生殖内分泌激素得以重新调整，从而减少患病机会。

此外，分娩后女性月经恢复时，过去的痛经往往消失。因为前列腺素的功能之一就是令子宫收缩，而子宫收缩是导致痛经的原因之一。生育减少了子宫中的某些前列腺素受体，致痛点也就少了，疼痛几率随之大大降低。同时，怀孕能提升女性的嗅觉，甚至味觉能力。怀孕期间和分娩后释放的激素能够令女性大脑出现长久的改变，从而变得更加聪明起来，能改善记忆和提高学习能力。一旦成为母亲，女性就会变得坚强、勇敢，敢于面对任何危险。怀孕也“迫使”女性抛弃了很多不良生活方式。

对于“生育可能推迟女人更年期的到来、孕育促使女性生理更趋成熟”等说法，学术界仍有不同的看法。

生育问题咨询要点

详细了解求助者夫妻的一般情况、希望咨询和解决的有关生育方面的问题、明确咨询的目标，根据常见的咨询问题分类，了解求助者已经掌握的知识水平，介绍各种可能采取的方式方法，分析其各自的利弊。推荐或确定可行性方案。

【案例 2—6】产后抑郁，只因重男轻女

✣ 案例描述

一位产妇在女儿出生后饱受丈夫和婆婆的冷言冷语和白眼，再加上本来就容易出现的产后抑郁，身心都不堪重负的她，最终选择了跳楼自杀。她的母亲向婚姻家庭咨询师询问原因。

✣ 案例分析

对于胎儿性别问题，应采取的态度是顺其自然，随遇而安。一切生物都有自己生存繁衍的自然规律，人类也不例外。过分人为地干涉胎儿性别，必将受到大自然的惩罚。经营好自己的婚姻家庭，注重家庭心理健康，为孕妇创造良好的生活环境，迎接一个健康的家庭新成员的到来，是预防这类悲剧的重要有力措施。

产后抑郁治疗遵循的是药物治疗和心理治疗相结合的原则。但是，最重要的是做好预防，提高婚姻质量，提高心理健康水平。

在妊娠这样一个重要的生活事件过程中，有时容易激活孕妇的其他人格问题。例如，特殊的童年经历或在原生家庭没有得到充分的关注和爱，会产生对爱的缺失感和不安全感。在一定的时候，这种对爱的缺失感和不安全感，会变成一种病态的依赖心理，严重影响孕妇的情绪健康，甚至会导致孕妇自杀。本案中的丈夫和婆婆出于重男轻女的思想，加之缺乏产后妇女特殊心理的知识，没有很好地关心产妇，导致了不幸事件的发生，教训是惨痛的。

【案例 2—7】孕产期性保健

✣ 案例描述

有些男性把性当成一日三餐，是一次也不能少的事情。一位求助者自述：让我最难以忍受的是，自己明明挺着个大肚子，每天累得要死，但是丈夫却一点也不能体谅，还对我纠缠不休。怀孕前三个月的时候还好，妊娠三个月过后，两个人展开了一场轰轰烈烈的拉锯战，他两眼冒火地想要，我则绞尽脑汁地想逃。我丈夫知道这个时期流产的概率不大，就开始肆无忌惮起来，可是我不仅担心这种剧烈的运动会影响宝宝的健康，想到在做爱的时候，腹中的宝宝可能会感应到自己的父母在做那种事情，一种深切的羞耻感也会油然而生。可我丈夫却说："老婆你没有必要担心啊，我都调查清楚了，没有问题。"我说："生下孩子之前免谈！

我可不想让宝宝觉得他有一对急色的父母!”

宝宝出生出院后的第一个晚上，我丈夫就特别激动地开始发起了热情的攻势。我担心健康受损一把将丈夫从身上推了下来，爬起来套上衣服，冲了出去。他气得把枕头扔了过来。

✣ 分析与建议

这位丈夫是否有病，涉及如何正确看待性生活特别是妊娠和产后性保健的问题，母爱与性爱的冲突问题，婚姻性关系的调适问题等。

虽然丈夫的性欲总是那么强烈，但从上述介绍里也看不出他是一名性欲亢进的求助者。他的问题主要还是一个如何正确对待夫妻间性生活的问题。

妊娠期间的前三个月和后三个月都应该基本上避免性生活，否则对女性、特别是对胎儿是不利的。尤其是分娩之后八周左右的时间里仍是绝对禁忌性交的。平时的正常阴道具有相当的韧性和弹性，所以性交并不会带来任何损伤。然而在产褥期时阴道组织变软，脆性增加，弹性变差，阴道容易发生撕裂，这位妻子刚出院，丈夫马上就有性要求的确是太过分了。

妊娠期间的前三个月和后三个月都应该基本上避免性生活，否则对女性、特别是对胎儿不利。

丈夫显然认为男人应该是时刻有性欲的，妻子理所当然地应该满足他的需求。问题是人的性欲有强弱的波动，而妊娠和分娩对女性性欲存在必然影响。因为牵挂孩子，她的性欲自然减弱甚至毫无性欲。男人要想与女人拥有融洽的性关系，最重要的就是要了解她对性的反应及感受，并能从她的角度看待性问题。

女性在妊娠时和产后几乎把自己全部的时间与精力放到孩子身上，这是母性使然。但在产后两个月身体恢复之后，就要特别注意把时间和精力分一点给丈夫，否则，让孩子这个“第三者”影响了双方的性生活和感情，就得不偿失了。目前这对夫妻间恰恰存在这样的问题。

产后两个月身体恢复之后就可以适当恢复性生活，不要让孩子这个“第三者”影响了双方的性生活和感情。

建议求助者不必苦恼。当性交次数无法让性欲高者满足时，可以采取下面这些方法：性要求不一定通过性交来满足，即使你无法性唤起，仍可以通过手淫等方式满足伴侣；或者通过爱抚、接吻，轻松愉快地共度一段美好的时光。

本单元思考题

1. 子女出生会给夫妻关系带来哪些积极与消极影响？

2. 什么是“丁克家庭”，应该如何正确看待？

学习单元 2　提供不孕不育夫妻关系调适的建议

许多已婚夫妇双方都盼望能有一个健康的孩子，可是有些夫妇却未能如愿。要了解不怀孕的原因，男女双方应同时去医院检查。不要认为不怀孕就是女人的事，其实约 1/3 的不孕原因纯属于男方的问题。本单元将详细介绍有关男性不育和女性不育不孕的原因与相关的检查等信息。因男方检查手续简便些，可先进行。如果男方检查正常，则女方有必要作更为复杂的各项检查。

学习目标

➢ 了解有关不育不孕症的相关知识

➢ 熟悉不育不孕带来的心理压力和相关问题

➢ 掌握不孕不育夫妻心理冲突的调适方法，为求助者提出合理建议

一、不孕不育症的基本知识

1. 女方因素

不孕症是指女方因受精障碍而没有受孕能力；不育则是指女方能妊娠但实际上或临床上未能正常分娩一个活婴，生育下一代的能力受限。

妇女的生育能力随年龄的增长而下降，20 岁妇女 12 个月内怀孕率为 65%，30 岁妇女 12 个月内怀孕率为 54%，40 岁妇女 12 个月内怀孕率为 40%。生育能力与性交次数也有关。3 个月内每周性交次数越多，怀孕率越高。月经初潮年龄越大，其不孕率越高。

女性不孕的原因有：阴道因素，如闭锁；宫颈因素，如粘连；子宫因素，如后屈；输卵管因素，如堵塞；卵巢因素，如早衰或多囊卵巢；其他因素，如反复性早期流产、子宫内膜异位症、性传播疾病、原因不

明性不孕、免疫性不孕、遗传性疾病等。

世界卫生组织提出，妇女常集中于劳动密集型的工厂（如纺织、缝纫、电器等），这些地方条件差，常暴露于致癌化学物质下，或因过多的噪声、热、潮湿、生理上紧张、用眼过度及过敏等而影响健康。很多工业物质和农用化合物以及电离辐射，可导致不育、流产、先天性残疾和遗传性疾病等。吸烟及某些治疗药物也会影响女性生殖功能和生育能力。

2. 男方因素

根据世界卫生组织男性不育诊断程序表，男性不育病可分为16类：

(1) 性功能障碍

性功能障碍包括勃起功能障碍和射精功能障碍及性频率太少或性交时应用润滑剂等其他性问题造成不育。

(2) 性功能正常，根据精子和精浆检查异常来确定诊断者

1) 男性免疫性不育。

2) 不明原因不育。

3) 单纯精浆异常。

(3) 具有肯定病因而使精液质量异常的男性不育病因分类

1) 医源性因素。

2) 全身性原因。

3) 先天性异常。

4) 后天性睾丸损害。

5) 精索静脉曲张。

6) 男性附属性腺感染不育。

7) 内分泌原因。

(4) 其他。表现为精液质量异常，但没有肯定病因的男性不育。

1) 特发性少精子症。

2) 特发性弱精子症。

3) 特发性畸形精子症。

4) 梗阻性无精子症。

5) 特发性无精子症。

我国20世纪80年代之前的性教育严重缺乏，很多求助者根本不懂得最基本的性知识，不射精症在男性不育病因中所占比例曾经高达30%左右。

3. 不明因素

即使夫妇双方都经过了全面的不孕检查，也还有相当一部分不孕者

仍查不出明显的原因。不明因素即指医学界目前无法查明的那些可能导致不育不孕的原因。

二、有关不孕不育症的就诊指南

上述任何一点出现问题都会直接影响到受孕。即使是已查出的原因中，仍有无法治疗的问题。因此，要以平和的心态正确看待不孕症，积极争取治疗成功。

怀孕是在妇女体内进行的一种生理过程。因此，妇女的生殖功能是否正常，直接关系到受孕能否顺利完成。简单地讲，包括月经史、月经初潮时间、周期、持续时间、稀发月经或少经、不规则阴道出血、有无闭经、妊娠史、人工流产、中期终止妊娠、大出血反复刮宫、宫外孕，结核病及其他全身疾病，精神打击、生活方式改变，不育时间、性交频率、过去服用药物治疗或助孕措施等。这些都应该如实地告诉婚姻家庭咨询师，并且积极配合婚姻家庭咨询师到医院做检查，包括有无男性化表现、毛发分布、体重、身高、乳房发育、压挤后有无乳汁分泌。盆腔检查了解外阴发育、阴毛、子宫颈有无糜烂、阴道感染，子宫的大小及位置、盆腔内有无炎症、特别是两侧输卵管是否有炎症的征象以及下腹部内是否有肿物。一些先天性的畸形只有通过检查才能发现。曾有一对夫妇已过了3年夫妇生活，因不孕去检查，结果发现女方根本没有阴道，也没有子宫，当然也就从来没有月经。又如某些妇女阴道口紧，性生活时感到疼痛难忍，因而害怕过性生活。经检查，原来是处女膜太厚，只要稍加处理就能同房。了解上述基本情况后，进一步作一些特殊的检查，包括（1）基础体温：有排卵时基础体温呈双相，即排卵前体温低，排卵后体温升高。（2）子宫颈黏液变化：子宫颈黏液的量随月经周期的变化而改变，排卵前黏液量增多，排卵后黏液量减少，从而引起妇女有干湿分明的感觉。这两项女性自己都可以初步判断。

三、因生育问题引起夫妻冲突的调适方法

人们往往把不育症看做是一种器质性疾患，把治愈希望寄托于灵验的药物或精细的外科手术。然而，对于生育力低下或受到损害的夫妇来说，冗长的诊断和治疗过程及迫切的求治心理往往使他们处于极度的紧张状态。他们四处奔波乱投医，费用虚耗很大，效果却很不如意。不孕症引起夫妻情绪低落、冲突频起的心理反应可以分为三个阶段：

第一阶段，他们往往感到震惊，甚至坚决否认自己难于生育的事实。“不孝有三，无后为大”的传统观念使他们背负上沉重的精神负担，“不

知干了什么伤天害理的事，连孩子也不会生”的讥讽更令他们抬不起头来。不孕症问诊容易引起求助者的不安、尴尬、甚至强烈的心理反感，认为是侵犯了个人的隐私权。

第二阶段，心理影响始于治疗失败，不孕夫妇可能经历悲痛、内疚、孤独，甚至精神崩溃，有时还不得不为社会歧视和亲朋的不理解而难过。

第三阶段，心理影响始于夫妇被迫作出实行试管婴儿、领养或不要后代的选择之时。这些替代措施还面临着其他家庭成员的接受程度问题。

不孕症也会对性反应产生负面影响。“既然没有受孕的希望，那么性还有什么价值呢?”当他们互相指责谁应为不孕承担更多责任时，还会受到进一步伤害。因为受孕对他们来说是压倒一切的目标，在发起性活动方面女性往往变得更为主动，这又会使男方的自尊心受到影响，从而造成单方或双方的性不满足，甚至使男方在女方排卵期前后出现偶尔的勃起障碍和不射精。

由于不孕症求助者往往自认为在社交和性方面都是缺乏吸引力的、孤立无援的，所以他们的性欲会下降、性反应能力和性快感也会降低。

不孕不育夫妻关系调适咨询要点

详细了解求助者夫妻的一般情况、希望咨询和解决的有关不孕方面的问题、明确咨询的目标。根据常见的咨询问题分类，了解求助者已经掌握的知识水平。介绍各种可能采取的方式方法，分析其各自的利弊，推荐或确定可行性方案。

【案例 2—8】 不育症带来的焦虑

✣ 案例描述

李先生夫妇结婚 5 年了尚未生育，双方的长辈都很着急，他们也处于极度的紧张状态，四处奔波，乱投医、滥用药。街坊邻居的“关心”和闲话更降低了他们的自信心，生育问题已经成为他们自己无法解决的死结。焦虑不安的心情使他们之间矛盾不断，动不动就会爆发激烈的争吵。最近，还引起男方性功能和性行为的改变，包括明显回避性交或在排卵期出现境遇性勃起失败。为此，李先生夫妇找婚姻家庭咨询师咨询。

✣ 分析与建议

婚姻家庭咨询师应该帮助李先生夫妇客观面对生育能力的问题，减轻不孕症评价过程给他们造成的精神创伤，不要因此而影响他们的心身健康和性自我评价能力。当原因不明的不孕夫妇开始互相指责谁应为不孕更多地承担责任时，他们的性生理功能和性满意还会进一步受到伤害。十分普遍的一个现象是其中一方的性兴趣往往低于另一方。于是，一方要求过多、另一方往往拒绝的不和谐现象就会发生，他们往往试图以此来获得对对方的惩处和控制。

不孕夫妻常常对他们自己的性行为和性关系感到不满意。由于夫妻要在预先推断好的排卵期前后同房，如何化解这种按时间表性交的压力导致的男方勃起困难或不射精是一个很大的问题。比如在执行辅助生育技术即试管婴儿时，女方已经取卵，男方却不能勃起和取精。婚姻家庭咨询师要与不孕夫妇讨论不孕症可能伴随的心理、性和社会问题的实质，鼓励他们讨论有关的期望、感受和动机，帮助他们把性与育分开，在开始咨询之前就应使他们感到心情舒畅、充满信心；要求他们不要因不孕问题而指责任何人，避免对性交时间和技术作过分的特别的安排；因为并非所有的性活动中都必须包括性交，建议夫妻在安排性活动时，不要仅仅考虑到受孕问题，尽量少记录基础体温；并以客观的非责难的方式介绍检查中的异常发现，鼓励夫妇掌握更全面的性和性行为的知识，把不孕症出现之前就已存在的性问题和不孕之后才出现的性问题区别开来并分别对待，尽可能不干扰性交往的自然本性。适时向他们展示一份曾与他们共同讨论过的调适计划。

习惯性流产的病因是多方面的，十分复杂，原因不明者占 40%～70%。应进行全面检查，明确诊断，对症治疗，才有可能拥有健康、聪明的宝宝。

如果真的出现性困难时，情况就更加复杂，要帮助他们做出合理的调节和彼此的让步，并建议其到医院进行必要的检查和治疗。

本单元思考题

1. 改革开放带来哪些生育观的变化？
2. 如何帮助求助者正确面对不育带给夫妻关系的消极影响？

第 3 节　婚姻变故咨询

学习单元 1　婚姻变故成因的分析

在生活中，引起婚姻变故的原因是比较复杂的。它既受自然因素的制约，又受社会因素的影响。随着历史和社会的发展，在不同社会形态、不同历史发展时期、不同国家中，人们婚姻变故的原因一直是多种多样。本单元阐述的内容，主要是了解婚姻变故的主要成因，并掌握对婚姻变故成因的分析方法。

学习目标

➢ 熟悉婚姻变故的主要成因

➢ 掌握分析婚姻变故具体成因的方法

一、婚姻变故概述

1. 婚姻变故的定义

变故是指人们遇到的意外发生的事情、灾难。婚姻变故一般是指排除因婚姻关系的主体之一的死亡而引起夫妻关系终结的情况之外，其他各种原因造成的婚姻关系的终结。

2. 婚姻变故的主要形式

（1）分居

已婚夫妻可能会正式或非正式地分居。分居并不是正式的终结婚姻，但却往往是这个过程中的一个重要步骤。根据法律规定，“因感情不和分居满两年的”应视为夫妻感情确已破裂，可依法判决准予离婚。

（2）遗弃

这是从单方面的分居要求演绎出来的一种婚姻终结方式。现实中夫妻双方都可能遗弃对方，但较常出现的是丈夫遗弃妻子的情况。遗弃的行为对妻子的伤害非常大。她们不仅要承受情感上的打击及经济生活上的压力，而且在相当长的时间内都无法再婚。

（3）离婚

从法律上说，离婚是解除男女双方由婚姻而产生的权利与义务关系，是按照法定程序将已存在的婚姻关系加以解除的法律行为。它是最常见的婚姻终结的方式。婚姻变故主要就是指离婚这种形式。

二、造成婚姻变故的主要原因

1. 婚姻理论的研究派别

婚姻问题是一个全球性的社会问题。长期以来，它吸引着大量的中外学者从不同学科角度对其进行探索。目前，在国内外比较流行的有关当代婚姻问题的理论研究流派主要有以下5种：

（1）人口学学派

持人口学观点的学者认为，人口期望寿命的不断延长不可避免地导致更多的婚姻问题。这是因为随着寿命的延长，人们在婚姻里的停留时间也相应拉长了。这就使婚姻发生变动的概率也随之而增大。这个学派还认为，人口性别比影响适婚人口的男女数量对应关系，进而决定人口的结婚、离婚率。

（2）社会学学派

社会学学者是婚姻问题研究的主力军。他们的理论观点主要有：从文化角度说，婚姻变动来自价值观念的创新。如，我国离婚率的上升主要归因于改革开放后择偶观、家庭观、性观念和离婚观的重大转变。从政策角度说，我国婚姻发展带有明显的时代特征和政策烙印，如，我国离婚率的变动是跟各个历史时期的政策导向紧密相关的；社会结构性变化说，现代婚姻所面临的挑战主要来自社会的结构调整，如妇女就业比重、文化教育程度的提高带来了婚姻关系上的变化。

（3）心理学学派

这个学派侧重于研究婚姻当事人心理因素的作用。认为婚前对婚姻的过高期望、婚后配偶双方相互吸引的资源枯竭和婚外生活的心理诱惑等，都可能影响婚姻生活的质量和稳定性。

（4）生理学学派

该理论强调，人的初次性行为年龄的前移与人的性成熟提早有关。在我国，女孩的月经初潮年龄比母亲一代有了明显的提前，20 世纪 80 年代初，据北京、广州的调查数据，初潮年龄分别提前了 10 个月和 20 个月。

（5）经济学学派

最有影响的经济学介入婚姻的研究是美国芝加哥大学经济学和社会学教授贝克尔的婚姻收益递减论和美国著名人口经济学家理查德 · A. 伊斯德林的收入决定论。前者认为，结婚时间早晚取决于结婚的预期收益。当人们预计到结婚将会比独身为自己带来更多的个人福利时，他们就会倾向于早结婚。由于现代婚姻关系远不如传统的婚姻模式能够为婚配的双方提供较多的个人福利，随着结婚的个人所得日趋减少，人们对结婚的愿望也就逐渐减弱了。后者则指出，现代婚姻并没失去对年轻人的吸引力。初婚年龄的大小更多地取决于个人收入的相对水平。当年轻人收入水平提高时，没有经济压力，就会倾向早婚；相反，当经济收入比较有限时，他们就会因为手头拮据不得不推迟结婚。

这些学派都从某一角度出发对婚姻及其变故进行了分析，并为我们理解婚姻及其变故提供了某种思路。结合国内外学者对婚姻状况的研究，可以从社会、家庭和个人三个因素着手来分析它们对婚姻变故产生的影响。

2. 造成婚姻变故的因素

（1）社会因素

1）家庭功能的改变。在传统社会中，家庭是一个自给自足的封闭组织，它提供了社会教育、宗教、娱乐、经济、性节制等功能。因此，人们对家庭的依赖程度很高。但是，在社会物质生产力水平显著提高、家庭生活大大改善的情况下，家庭成员之间过去那种为共同的生存保障而相依为命、风雨同舟的作用淡化了。消费水平的提高，闲暇时间的增多，人际交往的广泛，使夫妻的生活圈子发生了变化。各自在家庭之内和家庭之外的时间、精力、经济投资比重也悄然改变了。子女的减少和家务劳动社会化程度的提高等等，使夫妻之间必须合作、奋斗和互相依存的那些物质条件发生了改变。总之，夫妻生活从昔日两个重合的圆圈，变为两个不重合的圆圈。彼此的关系较为宽松，独立自主性增加，分开不再像以前那样显得困难。

2）道德制约力的减低。在以往保守的社会中，道德和宗教皆反对离婚。因此，社会的舆论对夫妻离婚有着极高的约束力。在今日的社会中，随着观念的日益开放，社会制度与宗教已不再像从前一样影响人们。因而，夫妻双方都能比较正视离婚，把它作为解决问题的方式之一。

3）法律约束的放宽。新的《中华人民共和国婚姻法》对离婚的法律条款规定得十分明确。这一方面使执法者有了更为可靠的判定离婚的依据，另一方面也使当事人有了更充分的把握为自己的离婚申请做辩护。同时，办理离婚手续不再需要单位开具证明。符合条件的，当天即可办理。这样简化的离婚法律程序，加快的结案速度，使过去那些拖延不决的案件也较快得以了结。婚姻法知识的宣传普及带来的心理效果是难以估量。一方面，众多的普通男女越来越懂得用法律手段去争取和维护自身的权益，对离婚的心理准备加强了；另一方面，执法者对离婚的观念和态度较前也有了变化。整个社会对离婚的接受和宽容程度都在提高。所有这一切，都是使离婚率上升的社会因素。

4）女性地位的提高。在传统社会里，男主外、女主内，家庭夫妻角色定位分明，权利义务清晰。而在今天多元化的社会中，男女角色定位更富弹性。因此，夫妻对角色的定位产生了争执与冲突，无形中增加了离婚的可能性。而其中最明显的角色变化就是越来越多的女性加入到职场中。女性经济的独立、社会地位的提高，使她们不再像过去那样依赖男人。妻子的职业地位和收入一方面提高了她在家里的地位和权力；另一方面，也保证了离婚后的经济能力和生存能力。拥有自己的工作，使妇女的平等与自主意识进一步增强。过去为生存和孩子的养育而不得不忍受某些屈辱的妇女，如今不再愿意、也没耐心再去忍受，她们有了勇气和资本抛弃缺乏爱情或不平等的婚姻。实际上，在城市离婚案件中，女方提出离婚的已占 60%以上。

5）个人主义思想的影响。在多元化的时代，社会在鼓励个人竞争、自我实现的同时，也加速了对个人利益、需求、权利的保护。与此同时，个人主义价值观也滋长蔓延，这对需要群体精神的婚姻与家庭来说这确实是一种威胁。家庭能否满足成员的自我成就目标，将成为决定其是否有必要存在的重要因素。如今，城市的青年男女以自我发展为目标的不断增多。他们认为，靠双方相互妥协和迁就而达到白头偕老的婚姻观念已经过时。因而，没有决心去调适夫妻关系，一旦遇到矛盾冲突便很容易决定分手，去寻找个人的新天地。在商品经济潮流中，“旧的不去，新的不来”的消费意识也被一部分人运用到两性关系方面，使更换配偶成了消费心理与消费行为的衍生物。

6）媒体等的负面影响。媒体对婚外恋及婚外性关系的渲染、社会上色情场所的存在、大众娱乐场所中不正常的消费项目，以及互联网为“感情走私”提供的便利条件等等，都对夫妻关系构成严峻的挑战。

（2）造成婚姻变故的家庭因素

1）经济收入与财务管理。家庭的经济收入问题，常常影响夫妻之间的感情，成为夫妻冲突的导火索。家庭经济状况要做到量入为出，合理使用，实际上不是一个钱多钱少的问题，更主要的是对钱的态度以及如何进行管理的问题。有的人认为钱够用就好，有的人花钱大手大脚；有些夫妻因投资理财上观念不同，对家庭收入如何分配方式的认识不同，对于孩子抚养教育费的投入以及赡养双方父母费用等问题有分歧而产生矛盾。夫妻双方一旦在钱的问题上纠缠不清，势必影响夫妻感情。

2）受婆媳与姻亲关系困扰。在现实生活中，因为婆媳关系没处理好，或者是因为姑嫂之间不和睦，最后促使夫妻两人离婚的现象也时有发生。自古以来，婆媳之间、姑嫂之间就容易发生矛盾。虽然如今三口之家的小家庭比较多，但是，此类矛盾仍然经常出现。两个原生家庭之间，必然存在不同的“家庭文化”，新加入的媳妇或女婿往往不适应，会导致大家庭之间的矛盾，进而影响小家庭的稳定。亲戚关系处理不当，也会导致双方感情的破裂。

夫妻双方应当彼此尊重，相互理解，才会使双方的关系更加融洽。

3）家务事的处理。家务劳动无休无止，并且琐碎磨人。现在，大多数都市女性和男性一样拥有自己的社会工作，如果仍像以前的家庭那样由女性承担全部的家务劳动，必然会引发矛盾与冲突。夫妻双方应当相互体谅，共同分担家务劳动。如果让女性过多地被家务劳动拖累，就会令其对婚姻产生厌倦。

4）夫妻之间缺乏沟通。边际效用递减是经济学的一条基本原理，说的是人们在消费同一种商品时，其效用随着单位数量的增加而递减。比如一个饥饿的人吃包子，第一个很好吃，效用最高，感觉最好；如果继续吃下去，就会恶心呕吐，产生负效用。如果我们把这条规律套用到爱情上，也会得到相同的结论，爱情的满意度随着时间的推移而降低，年久月深，慢慢成了习惯，没了感觉，就像“左手摸右手”。如果夫妻双方没有发掘资源和更新的意识，离婚就可能成为事实。除此之外，随着年龄的逐渐增长，工作、生活的压力也越来越大，两个人平日都忙于工作，彼此缺乏交流，感情逐渐疏远，最终相互感到陌生，当然会对婚姻产生影响。

5）生育观上的差异。过去，生儿育女是每个家庭都将经历的大事，如果夫妻某一方无能力生育，将成为引起婚姻变故的重要原因。而重男轻女的旧观念，也使得一部分生女孩的妇女，受到来自配偶及其家人的歧视与不公平对待。而如今，越来越多的年轻人选择不要孩子。如果在婚前夫妻双方没有就此达成一致想法，或是夫妻俩与长辈之间想法不一致，那么，婚后必然会为此产生纠葛。已有孩子的家庭，则容易在孩子的教育培养问题上产生分歧。现在一个家庭通常只有一个孩子，背负着全家两代人希望的孩子成为关注的焦点。在如何教育培养孩子的问题上也时常产生家庭矛盾。

6）长期两地分居。随着工作与人才流动的加剧，大量夫妻分居两地，难以保持稳定的生活。彼此的沟通、共同抚养子女、休闲娱乐、正常的性生活等等都受到影响。由于生活圈子的不同造成彼此间的共同话题与内容减少，如果两人又因忙于各自的工作与学习而疏于沟通与联系，那么，夫妻间就不可避免地会产生冷漠、疏离、不满、猜疑，并进而引发婚姻的变故。

（3）造成婚姻变故的个人因素

夫妻生活在一起，仍需保持各自的独特个性。一个人缺乏个性，则会使与他同处的人感到单调和乏味。一个缺乏个性的丈夫不会得到妻子的欢心，一个缺乏个性的妻子则会使丈夫觉得味同嚼蜡。当然，保持自己的个性并不是坚持自己不良的个性脾气。不良的脾气是造成夫妻冲突的重要诱因。

1）对婚姻生活期望过高。现代人对婚姻质量的期望远远高于上一辈。一旦婚后的生活现实与婚前理想的期望产生不易调和的矛盾时，离婚是必然的选择。许多人在婚前对婚姻生活质量过度理想化，希望自己的另一半是个十全十美的人，期盼结婚能增进双方感情，生活能更加浪漫。但结婚本身是一种社会责任的开始，必然要面对很多与浪漫相违背的事实。比如，柴米油盐、培养孩子、工作压力等。婚后的平淡生活与婚前想象的浪漫常常会产生难以调和的矛盾，如果夫妻经常为这些生活琐事发生口角，久而久之，就会使得感情不断流失，最终走向离婚。这种情况集中发生在年轻人身上。

2）性格不合。夫妻双方来自两个完全不同的家庭，彼此之间所处的家庭背景、成长经历、地理位置各不相同，使得彼此的性格和观念有很大的差异。例如，双方为人处世的方式如何，急性子还是慢性子，是否通情达理等。在家庭生活中，夫妻之间的性格冲突是不可避免的。如果双方不断调适，相互忍让，是可以逐步化解的。但如果双方沟通调整不好，则有可能使得性格冲突愈演愈烈，最终，致使夫妻感情破裂。

3）家庭暴力。家庭暴力是家庭生活中最危险的“杀手”。有人认为夫妻间打骂是家庭内部事务，别人管不着，也有人认为丈夫打妻子不会触犯法律。许多家庭暴力的受害者认为家丑不可外扬，不告不诉。这些思想都助长了家庭暴力的发生。冷暴力是家庭暴力中的另一种形式，是指夫妻双方在产生矛盾时，虽然不是通过殴打的暴力方式处理，但是却对对方采取冷淡、轻视、放任、疏远、侮辱等方式，从精神上伤害、虐待对方。

家庭暴力会对受害者的身体及心理造成直接的伤害。长期遭受家庭暴力侵害的家庭成员，除了肉体上的伤害之外，还往往出现心理上的扭曲甚至人格变态，表现出焦虑、抑郁、过分恐惧等，自尊心也会受到极大伤害，有的甚至会产生自杀倾向或者攻击性行为。而长期的家庭暴力无疑会伤害夫妻的感情，最终导致夫妻感情破裂而离婚。

4）未婚先孕导致的草率结婚。一些年轻人一时冲动而怀孕，迫于外界与双方父母的压力仓促结婚。这种草率结婚很可能使婚姻变得很牵强。这些未婚妈妈与爸爸都很年轻，收入也不稳定，心态也不够成熟。这些因素都为婚后的矛盾埋下了种子。而且未婚先孕往往表现为超速度结婚，即双方从认识到结婚很可能不超过半年。这样草率的结合为日后的矛盾埋下了隐患。

5）婚前同居。许多人婚前同居是想避免不合适的婚姻，但结果常常是得到反效果。婚前同居往往导致更高的离婚率，这与同居的本质与时间长短有关。随着时间的流逝往往腐蚀男女之间相互托付终身的承诺以及对婚姻制度的信心。婚前同居时间越长的夫妇，就越容易想到离婚，他们的性关系也同样十分脆弱。同居时间越长，双方将更追求独立自主，更不情愿受婚姻的约束，因此，不结婚的可能性越大，同居关系的破裂率也比婚姻关系的破裂率更高。

6）不良嗜好。夫妻一方存在嗜酒、沉溺网络、胡乱交友、赌博等不良嗜好是导致离婚的一个重要原因。这些不良嗜好在金钱、时间及身心方面都投入了成本，影响家庭生活和夫妻感情。在屡戒未果的情况下，很可能以离婚收场。

7）性问题。家庭社会学认为，一个家庭的成立，往往包括两个要素，即持续的性关系和共同生活。某些人因为有生理或者心理障碍，无法进行正常的性生活，这必然影响夫妻关系。现代社会中，人们更加关注夫妻之间的情感交流，注重夫妻之间的性生活质量。如果一方或双方在长期的性生活中从来没有得到过满足，肯定会影响夫妻感情。实际上，和谐的性生活在维系夫妻关系中占有十分重要的地位。

婚外恋、婚外性行为会造成对夫妻间另一方的情感伤害，导致精神痛苦，成为夫妻感情的最大杀手。绝大部分婚外情直接导致了离婚的结果。一般人之所以对婚外恋难以容忍，主要原因在于婚外恋影响到婚姻的专一性和排他性这一基本的婚姻要求。

8）婚外恋。婚外恋是指有夫之妇、有妇之夫与配偶以外的第三者发生恋情或自愿性的性关系的行为。绝大多数情况下，婚外恋者是在感情和性两方面发生越轨。喜新厌旧同终生与一个配偶厮守的一夫一妻制要求相矛盾。现代人的寿命大大延长，一辈子忠于一个配偶是作为人才有的道德要求，这就要求一个人具有成熟而高尚的人格和足够的自制力。现代社会的开放及流动的频繁，使人们在婚姻之外接触异性的机会甚多，外遇时有发生。第三者的出现已经成为婚姻破裂的常见原因。

三、婚姻变故产生的影响

人们常常简单地把离婚看成是旧生活的彻底结束，把离婚作为解脱心灵痛苦的唯一有效途径。但事实并非如此。一些离婚者的现实生活表明，离婚也可能会使人陷入感情和心理的新危机。

1. 对社会的影响

离婚本身是个体行为，之所以会对社会有影响，是因为离婚行为在量上的变化最终会导致对质的影响。离婚率的上升，使得许多社会问题日益浮出水面。离婚是一把双刃剑，对社会既有正面影响，也有负面影响。

（1）离婚对社会的正面的影响。

1）离婚反映了现代人自由观念和自我意识的加强。

2）离婚反映了现代人法制观念的加强。

3）离婚反映了现代人更加注重婚姻的质量，更加注重满足自己对于爱情的需要，而不会像从前那样为了孩子、面子、父母、政治需要或经济上的利益而维持无爱的婚姻。

（2）离婚对社会的负面影响

1）离婚率的增高反映出一些人违背了传统家庭观念中优良的一面，导致了家庭的不稳定，造成了不良的社会风气。

2）离婚妇女的经济困难和再婚困难对于建设和谐社会是不利的。由于对离婚者的偏见，使许多妇女离婚后很难开始自己的新生活，从而造成妇女问题的增多。

3）离婚率的提高对下一代的成长不利。许多不良少年的产生与父母的离异有关，离婚率的提高也与青少年犯罪率的提高相关。

2. 对婚姻双方当事人的影响

离婚会对当事人造成持续性的伤害，留下永久性的后果。一般来说，夫妻在结束了一种无法忍受的关系时，往往又会陷入另一种难以忍受的境地：心理上的失落感，社会位置的移动和角色功能的改变，经济环境和住房条件的变化，昔日亲属网络的断裂和朋友关系的重构，等等。大部分人离婚后都会经历一段较艰难的适应期，离婚对双方是两败俱伤，只是轻重不同。

离婚带来的后遗症会影响人的一生。离婚后的常见心态因性别、性格、年龄、家庭环境和背景不同而各有差别。归纳起来，主要表现在以下几个方面：

（1）自卑心理

离婚者的自卑心理主要来源于对婚姻失败的沮丧，这使他们很难做到有自信地做人。

（2）孤僻心理

离婚后有一种孤独无援的感觉，尤其是对于依赖性强、以家庭为生活全部的女性来说，特别容易感到失落、孤独。离婚者常常有意或无意地把心灵的痛苦埋藏得很深，这会危害身心健康。

（3）仇恨心理

感情受到伤害与欺骗的女性，对其他异性也会产生排斥、怀疑的心理。她们很难摆脱以前感情的折磨，总是生活在悔恨交加之中。

（4）再婚的随意心理和畏惧心理

离婚使离婚者失去了一些结婚的优越条件。不少离婚者再婚时，感情因素已成了次要条件，对婚姻的期待很现实、理性，主要是为了生活，甚至是为了生存而结婚。而另一些离婚者，则希望在新的家庭里得到补偿。可是，再婚的理想和现实的差距很大，再婚后家庭关系与经济关系的复杂性，使有过不幸婚姻而企图再婚的人不得不慎重考虑。

（5）悔悟心理

一部分男女在离婚后开始反思自己的婚姻，产生后悔和醒悟的感受。

3. 对子女的影响

在父母离婚过程中，子女作为被动接受方，必然会受到影响。离婚对子女所造成的困扰，有时甚至比对离婚当事人本身更严重。他们不仅受到父母离婚前种种纷争的困扰，也必须适应因离婚而改变的生活形态。

研究发现，离婚对许多儿童的伤害不只是几年的影响，而是会持续几十年。经历父母离婚的孩子很容易产生一些不良心理：

(1) 不安全心理

父母准备离婚时的争吵和不睦，会使孩子怀疑自己是否有价值，从而产生不安全心理。

(2) 自卑心理

父母离婚后，多数孩子会认为失去了亲人，感觉在小伙伴面前抬不起头来，失去了学习的信心和动力。

(3) 对立心理

由于父母的离异，孩子得不到积极的关注，为了赢得更多的关注，就总想在别的孩子面前表现出自己的权威，与父母甚至周围的人产生对立情绪。

(4) 角色行为的误导

家庭的离异，造成孩子被迫与父母中的一人生活。而无论与哪一方生活，或多或少都会使孩子的性格偏向于某一方，这对其成年以后的行为及社会适应能力会产生重要的影响。

婚姻变故咨询要点

在咨询中，单纯由于某一原因而决定离婚的并不多见。夫妻冲突达到离婚的地步，往往是多种矛盾日积月累的结果。在了解求助者为何离异时，听求助者陈述的往往是婚后生活中的问题。然而，仔细分析某些求助者的情况，尤其是那些结婚不久而发生离异的夫妻的情况，则不难发现某些“远因”的存在。在这些原因中，有些是夫妻双方的个性问题，有些是受原生家庭的影响，而有些则是社会大环境下形成的不恰当的婚姻价值观。其中必然有一两点是导致婚姻变故最主要的原因。婚姻家庭咨询师要完成的，就是分析求助者婚姻即将变故的社会、家庭和个人原因，找出最主要的原因，为求助者今后的婚姻改善提出建议。

【案例 2—9】彩票中奖导致夫妻离婚

✣ 案例描述

郭先生与林女士花 30 元钱购买彩票，有幸中了 500 万元。上缴税金后，共拿到 400 万元。其中 250 万元借给了一个亲戚急用，剩余的 150 万，他和妻子林女士花 30 多万在村子里修了一栋大房子，还在城区购置了一套三室一厅。买房时，林女士坚持只写自己的名字。当时，郭先生对此并未在意。两年后亲戚将钱归还，家庭矛盾开始爆发。郭先生说林女士把钱全拿走了，不肯还给他；林女士则称郭先生把钱都给了他的父母家。为此，夫妻间的吵架愈演愈烈，甚至大打出手。2003 年年底，林女士带着 23 岁的儿子住进了城区的房子，再也没有回来。郭先生怎么也弄不明白，喜从天降的好事怎么演变成了今天这样。郭先生常想："中奖前我们家里没钱，两个人肯吃苦，还要负担儿子念书。那时候虽然收入只有几百元，一家三人却挺开心的。现在有钱了，可这日子怎么就没法过了？"2008 年，林女士一纸诉状将郭先生告进法院，要求离婚并分割财产。在法庭上林女士称，双方婚后初期夫妻关系尚可，后由于郭先生无端怀疑她有第三者，经常打骂她。从 2003 年年底，两人开始分居生活，现夫妻感情破裂，要求法院判决婚姻终止。法院判决前，郭先生找婚姻家庭咨询师咨询。

✣ 案例分析

这是一起由彩票中奖引发财务经济纠纷并最终导致夫妻双方发生婚姻冲突的案例。从表面上看，是由于彩票中奖后夫妻双方在奖金的处理上存在不同意见与想法引起的，是否还有其他原因引起两人的婚姻冲突，则要对郭先生与林女士的婚姻经历进行更详细的了解后才能作出定论。

从社会因素方面来看。郭先生和林女士都是 50 岁左右的中年人，原本思想上接受更多的是"从一而终"的婚姻观念。但随着社会的开放与进步、文化价值观念的转变，人们的思想不再固执地坚持从前的理念。

因此，社会、法律及道德束缚的减少是林女士提出离婚的社会因素。

从家庭因素来看。经济问题毫无疑问是其中的重要因素之一。从天而降的巨款打乱了郭先生与林女士平静的生活。在原本的家庭生活里夫妻俩收入有限，只能做到保障全家人的基本生活。因此，当突然拥有这么一大笔钱时，他们不知道该如何分配使用。这个问题在他们过去的生活中不曾面对过，潜藏在从前生活中的问题随之浮出水面，由此引发家庭冲突也就不足为奇了。此外，郭先生夫妇结婚已经 30 年，生活的压力与重担、孩子的出生与照看很容易消磨掉两人之间的爱情。在这么长的时间里，如果夫妻不有意识地去发掘两人之间潜在的资源，不断地更新维护两人的亲密关系，随着时间的流逝，两人在一起便只是习惯，坦诚的沟通与交流都会很少出现。因此，两人长期相处造成的爱与激情的消退是引起婚姻变故的家庭因素之一。

从个人因素来看。首先，郭先生的家庭里存在一定的家庭暴力。从林女士的描述里可以看到从两人结婚早期开始，郭先生对其就有打骂行为，而当出现彩票奖金支配不一致后，双方的暴力打斗与辱骂行为更加升级。当家庭中出现打骂行为时，不管是谁的过错，都是对对方人格的极其不尊重，都会严重伤害夫妻间的感情。其次，林女士在婚前与另一位先生有过一段恋情，因一些客观原因两人未能走到一起。婚后不久郭先生知道了此事，对林女士产生猜疑，认为林女士与初恋情人旧情未断。而林女士则因心中对旧情人未完全忘怀，与其偶有来往。直到孩子出生后，双方才将注意力收回到家里。事情虽过去很久，但这段经历对两人感情基础的伤害与破坏是不能忽视的。最后，两人在长期的夫妻生活中未建立协调的关系，缺乏相处的技巧与方法，缺乏良好的沟通方式与意愿。当林女士带着儿子住到城里的房子后，不停地更换自己的电话号码，使郭先生很难与她取得联系，无法进行有效沟通，这种回避的方法更不可能使问题获得圆满解决。

可以看到，郭先生与林女士的婚姻冲突由经济纠纷引起，但冰冻三尺，非一日之寒。实际上，潜伏在两人婚姻表象下的还有许多社会、家庭和个人因素，这些因素聚成合力，在这次彩票中奖的诱发下终于爆发。

✣ 咨询建议

通过对造成郭先生夫妇出现婚姻冲突的各方面因素的分析，可以看到，主导的原因还是由此次彩票奖金的支配权产生的分歧。虽然双方为此闹得很厉害，甚至到了动手的地步，但总体看来两人之间并没有不可调和的矛盾。因此婚姻家庭咨询师认为双方不应轻易选择离婚。

1. 首先解决作为矛盾焦点的奖金支配权问题

郭先生与林女士应当认识到，彩票是在两人的婚姻存续期间用共同财产购买，中奖后的奖金也为两人的共同财产。对共同财产的支配夫妻双方应相互协商，取得一致意见后方可使用。尤其是奖金数额巨大，在如何使用分配上更应双方认同。双方应就奖金的使用，如孩子的结婚费用、建房费、养老保险费、银行储蓄，给双方各自原生家庭的资助费等列出计划。将用途细分后，一方面，巨额奖金被分成很多小块，每一部分的金额不再巨大到让人感觉使用不尽，且每一部分都用之有道；另一方面，夫妻双方有了共同的生活目标与打算，奖金本身产生的诱惑和炫耀感也将下降，夫妻双方能更快回归到正常的现实生活中来。至于给各自原生家庭的费用孰高孰低，用于双方或孩子身上的金额谁多谁少，则应从实际需求出发，家庭成员不应斤斤计较。在一个家庭中，夫妻双方或孩子的花费不可能做到绝对公平，家庭成员应当宽容大度，相互体谅。

2. 纠正郭先生对家庭暴力的错误认识

郭先生在婚姻中时常出现辱骂与动手打人的现象，郭先生并不认为自己动手打人有什么问题，觉得自己村里的许多男人都“打老婆”，大家都习以为常。可以看到郭先生对家庭暴力存在错误认识。夫妻俩在一个屋檐下生活没有一点磕磕碰碰是不可能的。在某种程度上，家庭冲突也是家庭成员关系调适的一种方式。适度的家庭冲突可以使双方了解各自的想法和需要，从而建立一种亲密和谅解的关系。但这并不等于说家庭暴力就是合理的。郭先生首先应当认识到家庭暴力是违法行为，了解家庭暴力带来的危害，向林女士承诺不再使用暴力。然后，和林女士一起分析当双方发生争执，冲突升级和接近失去理智时的特征。这样，在今后的冲突中当这些特征出现时，能够提醒自己冷静下来，恢复理智和自制力。

3. 建立全新有效的沟通方式是双方迫切需要解决的问题

从结婚初期开始，两人就不知道如何来表达自己的想法和看法。出现问题时或采取回避的方式，或以激烈的争吵来发泄，这使双方变得越来越没有共同语言，更不奢望对方能了解自己。因此，郭先生夫妇之间首先应做到定期谈心，一方要主动说出自己的感受和需求，来求得对方的理解，倾听的一方不论对对方的想法赞同与否，都应当真诚耐心地听完，设身处地地为对方着想，做到最起码的尊重。孩子是夫妻间有效的沟通桥梁，郭先生的儿子已经长大成人，他可以在父母间穿针引线，帮助父母化解一些矛盾与心结。

通过婚姻家庭咨询师的帮助，双方初步打消了离婚的念头。

【案例 2—10】婚外情导致美满夫妻成冤家

✣ 案例描述

许女士自办了一家服装厂，她负责公司的管理与经营决策。她的丈夫赵先生在人际交往上能力不错，因此，主要帮她办理联系业务的具体事情，两人相辅相成，周围的朋友亲戚都非常羡慕。随着公司的发展，许女士需要一位业务顾问和高级策划专家。在朋友的介绍下，她认识了某大学的经济系教授罗先生。两人相见恨晚，彼此欣赏。在罗先生的精心策划和鼎力相助下，许女士的企业蒸蒸日上，使同行刮目相看，而许女士也觉得自己的事业离不开罗先生了。随着两人合作的默契，情感上也突破了最后的防线。处在同一公司的丈夫渐渐发觉了他俩的亲密关系，觉得颜面扫地，痛苦不堪的他想与妻子离婚，找到婚姻家庭咨询师咨询。

✣ 案例分析

首先分析两人间出现婚姻冲突可能存在的社会、家庭和个人因素。

社会因素。女性地位的提高是本案例中最突出的社会因素。随着市场经济的发展，女性地位不断提高，许多女性身兼职业妇女和家庭主妇的双重角色。在获得社会认可的同时，她们不再一心依赖婚姻，更有勇气和资本抛弃缺乏爱情或不平等的婚姻，去追逐心底想要的东西。本案中的许女士在事业上获得成功，经济和生活压力已不再成为需要她面对的问题。这时，身边一位有才华男性的出现，毫无疑问对她有着强烈的吸引力。此外，家庭功能的改变在其中也扮演着重要角色。许女士每天忙于公司的经营，大部分时间在公司度过，与各种不同的商业合作伙伴接触，她眼界开阔，独立自主，不再像从前的妇女那样所有的心思都在自己的小家庭里，更不会把丈夫和婚姻看得无比重要了。

家庭因素。许女士与丈夫因忙于事业而使两人在一起相处时间减少，对双方感情与精神上需求的关注度不够，是引发婚姻变故的家庭因素。

个人因素。在本案中最主要的个人因素就是婚外恋的产生。许女士与公司聘用的顾问专家因为事业合作产生感情，并越界发展，由此对许女士丈夫造成情感伤害，从而即将引发婚姻变故。

通过分析可以看到，虽有一系列的社会和家庭因素在其中起作用，但在本案中婚外恋是引起婚姻变故最主要的原因。

✣ 咨询建议

1. 要具体分析对方出轨的原因后再作是否离婚的决定

如果双方能坦诚相见，针对婚姻中存在的问题进行分析，并愿意解决问题，修复婚姻，一方愿意与第三者断绝来往，那么，另一方还是应该原谅对方的，不必轻易提出离婚。有些人为了追求新的婚姻、新的感觉而放弃现有的东西，但这个过程因背负了太多的压力、愧疚、欺骗及盲动，等真正到手的时候会发现最初的感觉都变了，得到的并不一定是真正想要的。许女士对罗先生的感情更多的是对其才华的仰慕与事业发展上的需要，对对方并没有深刻的了解，更谈不上心灵契合。如果双方真的结合在一起共同生活，可能会出现许多矛盾与困难，到那时许女士又会面临新的痛苦。

2. 夫妻之爱对中年夫妻非常重要

因为忙于事业，很多人忽略了对方的情感与需求，每天面对着来自各方面的压力与考验，家庭与事业的矛盾使感情“荒漠”不断延伸扩大。丈夫不再关心呵护，妻子不再温柔体贴。夫妻双方应当定期放下手中的工作，留出时间来两人独处。不谈工作不谈家庭琐事，只是谈心聊天，做些年轻热恋时会做的“浪漫之事”。平时妻子留心观察丈夫身上的优点，表达出欣赏与尊重；丈夫要了解女人喜欢被男人倾心与赞美的心理，不时给予赞美与表扬。夫妻之间的关系正是通过这些良性的互动才得以保持新鲜与活力。许女士与赵先生在这一点上都需要加强。

✣ 注意事项

1. 婚姻有其生命周期，不同阶段出现的问题及表现形式都会不同，每个阶段也都有其典型“疾病”，因此要具体问题具体分析。

2. 影响婚姻变故的原因纷繁复杂，有时某些次要原因表现得非常突出，这时要仔细分析，找出最关键的因素，从而做到有的放矢。

3. 了解婚姻发生变故的原因时，应从夫妻双方甚至其他家庭成员与邻居处了解尽可能多的信息，不能偏听偏信，盲目做出判断。

4. 婚姻发生变故，不是夫妻某一方的问题，处在婚姻中的双方都负有责任。因此，在挽救一段婚姻时也要从双方的共同努力和改变入手，只有一方做出改变不可能真正使婚姻获得新生。

本单元思考题

1. 针对影响婚姻变故的各种因素，在结婚前可以采取哪些预防措施？

2. 如何看待离婚自由，离婚能使人幸福吗？

3. 试分析下面案例中引起夫妻婚姻冲突的各种影响因素及其解决办法。

张先生与孙女士结婚 8 年了，一直没有生孩子。张先生的母亲觉得儿子、媳妇的工作稳定，经济条件不错，媳妇已 32 岁，年纪也不小了，因此一直催促张先生夫妇尽快要孩子。孙女士很爱美，一直很注意保持身材，每当张先生为此征求她的意见时，她都以还没有自己的房子和事业、经济状况没有保障为由不愿意生孩子。张先生的母亲认为媳妇是不爱自己的儿子，所以不愿意为他生孩子。因此，游说儿子如果儿媳再不愿意生孩子的话就和她离婚，张先生夹在其中，感到很痛苦。

学习单元 2　挽救婚姻关系的技巧

拥有一个幸福的家庭几乎是人们所共求的。但在现实生活中，却因为性格不合、沟通不畅、互相指责等破坏了美好的婚姻，出现了婚姻危机。出现问题是痛苦的，却又是必须面对的。通过本单元，可以了解导致婚姻危机的因素，婚姻危机产生的影响以及挽救危机的技巧。

学习目标

- 了解影响婚姻关系重要的因素
- 熟悉挽救婚姻关系的技巧

➢掌握解决具体问题的技巧

一、不良婚姻关系的主要类型

从传统家庭向现代家庭转变的一个突出特点，就是家庭的"轴心"发生了历史性转移，即从过去的亲子关系转向夫妻关系，换句话说，夫妻关系在家庭存亡中起着决定性的作用。不良的夫妻关系大致可以分为以下几类：

1. 障碍型

即夫妻面临着某种困难的生活局面。如住房拥挤、经济拮据，夫妻中一方患有重病或慢性病，一方因出国或调往外地原因而不得不长期分居等。在这种情况下，夫妻之间不能正常沟通，无法获得感情和性生活上的满足。这些障碍，可能动摇他们共同生活下去的信心。

2. 冲突型

即夫妻之间在价值观标准、利益、需求、生活计划和角色期待上经常发生矛盾分歧。这使双方感情上处于特别明显的、持续的不良状态，只因彼此还能保持克制和忍让，或由于种种客观因素，使他们还在勉强维持着婚姻。

3. 危机型

即夫妻各自的需求、利益都处于特别尖锐的对立状态。这种对立已影响到婚姻关系及家庭生活的各个方面。夫妻双方持有互不容忍和敌对的态度，已无法作出任何让步与妥协。充满暴力和即将解体的婚姻均可归入此类。

在上述三种调适不良的夫妻关系中，冷淡、失望、争吵、分居、暴力都是常见的现象。无论何种鸡毛蒜皮的小事，都可成为夫妻冲突的导火线。危机型的夫妻冲突反映出婚姻生活的某些重要方面失去了和谐。

二、婚姻危机产生的原因

引发婚姻矛盾甚至导致婚姻危机的因素很多，如价值观、兴趣、爱情观、道德观、性格等的不同，家务、孩子、金钱、社交、生活习惯、性生活不和谐、外遇等。概括起来，可以分为以下几类：

1. 生活问题

主要指夫妻日常生活中的问题。归纳起来，大致可以分为核心家庭问题和核心家庭之外的问题。核心家庭之内的问题，如对孩子的培养教育，夫妻性生活不和谐，有关家庭开支、有关决策和家务负担的分歧，重男轻女的家庭因生女孩而引起争吵，一方对另一方管束太严等，都可能产生婚姻危机。

核心家庭以外的因素都称为来自家庭外部的因素。例如，因夫妻中一方父母弟兄或其他亲属对他们的经济接济、喜庆宴请，夫妻一方有婚前恋爱史，对职业或朋友的不满引起的婚姻矛盾，对升级、升职、升学、出国、进修等学习、工作观点不一致而引起的婚姻危机等。

2. 婚外恋

婚外恋是婚姻关系中最经常出现的危机之一。一般来说，最容易发生婚外恋的组合是已婚男子和单身女子，而且以中年男子和年轻女子居多，女性介入者一般较已婚者的配偶年轻。已婚男性最容易发生婚外恋的年龄是35～50岁之间，职业以商人和担任高级主管者居多。发生婚外恋的危险期是婚后3～8年和11～19年这两个不同的阶段。

3. 个人需求无法满足

主要是指夫妻双方的需求无法得到满足而出现的婚姻危机。具体表现如下：

一是因自我价值的重要性得不到承认，自尊心受到损害，由于常受对方指责或羞辱而感到委屈和不满。

二是一方的性要求得不到满足，感到心情不舒畅、压抑，常无名火起。造成夫妻性生活不和谐的原因又是各种各样的。例如，夫妻中一方的性欲降低或彼此性要求的频度不一致，夫妻缺乏性生活的心理卫生知识，丈夫阳痿或妻子性冷淡，夫妻一方患有某种慢性病，因职业及家务负担重而在身体上和精神上处于持续的疲劳状态等。夫妻之间缺乏温存、体贴、关怀、尊重、谅解等而导致感情疏远，关系紧张，发生争吵，也会影响性生活的兴趣。

三是夫妻一方酗酒、赌博，或一方在吃喝穿戴方面过于奢求，或一方原生家庭的经济负担过重等影响夫妻共同的经济利益。

除了以上方面外，还可以列举出夫妻在需求和利益方面不一致的其他表现。总之夫妻需求得不到满足是婚姻不稳定的一个重要原因。当一方成为另一方满足心理需求的障碍和累赘时，彼此之间的关系就会出现紧张、疏远、冷淡和敌对。这种状况长期持续下去，就会给一方或双方带来心理创伤。心理创伤过于沉重，最终会瓦解夫妻关系。

从社会各个阶层来看，引发婚姻危机的导火线有所不同。对于低收入家庭来说，经济因素常常是婚姻危机的导火线，而知识分子或公务人员常常为了家务事争吵；对孩子期望值过高的家庭，常常因孩子的教育问题产生分歧和矛盾；年轻夫妇婚姻危机的导火线常常是怀疑对方对自己的爱；夫妻一方善社交的家庭，婚姻危机的导火线则常常是待人接物、款待亲朋的分歧；由于性生活不和谐以及婚外恋问题导致的婚姻危机，则是各个阶层的通病。

从社会学的角度来说，婚姻危机是社会动荡在婚姻领域中的反映。社会的动荡引起人们心理情绪的不稳定。而这种心理情绪的不稳定又最容易在婚姻领域中表现出来。

三、婚姻冲突对孩子的影响

在婚姻中，父母因意见不合而发生争执甚至冲突都是正常的。但未必一定都会对孩子造成伤害。如果冲突是具有建设性的，孩子可以从冲突的过程中学习到如何表达负向情绪与想法、化解人际纷争的技巧。但如果冲突具有破坏性，就会对孩子产生不利影响。

1. 冲突的频率与强度

孩子暴露在父母冲突中的频率越高，越容易出现问题行为。但如果父母间的冲突是开玩笑，或是他们惯用的沟通方式，则未必对儿童造成不利影响。

2. 冲突的形式

肢体暴力和虐待被认为和儿童的行为及情绪问题有密切关系。在暴力虐待下成长的儿童出现心理病态的比例，是非暴力家庭下成长儿童的 4 倍。一般来说，肢体暴力比言语攻击或其他形式的愤怒表达更易引发孩子的焦虑不安。有些父母以为避免直接强烈的言语或暴力冲突能减少对孩子的伤害，但研究发现，孩子对于非语言的愤怒情绪（如冷战）与言语的愤怒表达具有相同的敏感性，两者对孩子所造成的压力是相同的。非言语的愤怒情绪对孩子未必产生当即的影响，但如果经历长期且频繁的非语言愤怒情绪，仍会对孩子产生深远的负面影响。

3. 冲突的内容

如果父母的冲突内容是与孩子有关的，孩子较易产生自责、害怕、罪恶感。并且，如果父母的冲突与子女教养问题有关，会比其他冲突更能预测孩子的问题行为。此外，若孩子亲眼目睹了父母之间的冲突，他们将感受到更大的压力。

4. 能否解决

冲突是否能够解决是一个很重要的影响因素。美国心理学教授加里·S. 贝克尔等人（1991）将父母冲突的解决形态分成三组：完全解决（如道歉、协商或友善互动）、部分解决（如转移话题或表面顺从）及未解决（继续冲突或冷战）。孩子对于父母问题解决与否的细微变化相当敏感，未解决的冲突会引发孩子最强烈的情绪反应，其次为部分解决的冲突，完全解决的冲突所引发的孩子的情绪反应最小。

5. 事后的解释

父母冲突之后对孩子解释冲突并非孩子造成，也不是孩子的错，孩子无须为此负责，一般能减低孩子的自责与罪恶感。但是，解释并非一定都是有益的，如果父母对孩子的解释是不断地怪罪批评对方，反而会更加深孩子的压力与焦虑。因此，适当的解释方式是让孩子感受到，即使父母无法继续生活在一起甚至离婚，父母仍是深爱孩子的，父母对孩子的爱并不会因为父母关系的改变而减少。

6. 家庭气氛

夫妻冲突对孩子的影响会受到其他家庭背景因素的作用。例如良好的亲子关系，父母对子女温暖关怀，不批评贬低对方，仍能有效地监督孩子的行为等，是保护孩子免于受到婚姻冲突伤害的有利因素。同时对青少年来说，如果能找到家庭之外的良好朋友关系，也可以使孩子免受父母婚姻冲突的影响。

四、挽救婚姻关系的技巧

婚姻中的危机问题常常是通过夫妻之间的冲突的形式表现出来的，因此，避免扩大冲突的方法也就是处理婚姻危机问题的方法。

1. 冲突前的态度

发现对方有挑起冲突的征兆时，要表现得比平时更为体贴、温柔，尽可能发现对方的真正不满或要求。

2. 要学会自我控制

在冲突处于低级阶段时，要自我控制，努力消除误解，不要有抵触情绪，更不要轻易发火，导致冲突升级。

发怒，尤其是不加克制的愤怒，往往会加速夫妻感情的恶化，特别是当心中经常有无名火时，更应注意避免生气。医学发现，经常生气而又不能正确排解，是产生各种慢性病的原因之一。在婚姻生活中爱发火的人，神经经常处于紧张状态，这会使体内各种调节机制紊乱，从而引发疾病。为避免这种危险，当一方为某事而生气时，应首先让对方知道自己为何动怒，求得对方的谅解。对方则可以同意他在 5 分钟内任意发火。这样，一方的怒气自然会消失大半。甚至会放弃这 5 分钟的生气“权利”。双方可以另外选择时间再重新讨论，分析原因，防止类似的事日后重演。

3. 保持有限冲突格局

当婚姻冲突已经不可避免时，双方应该就事论事，集中讨论引起分歧的问题，而不要牵扯其他问题，以免使婚姻冲突复杂化。只有把冲突局限在一定范围，双方才容易心平气和地各抒己见，有利于尽早结束冲突。双方在沟通时，提出的问题要明确，要有实施根据而不是凭空臆想；提出的要求要积极，要有利于婚姻的巩固，而不是对婚姻关系产生消极的影响；在对方诉说时要耐心倾听，不要插嘴或立即反驳，自己讲话时要注意对方的反应；如果争吵不可避免，那就应随时注意自己说话的语气，声音尽量柔和，不要高声喊叫。

4. 禁止采取暴力行为伤害对方

一旦爆发了家庭暴力，会给婚姻关系造成难以弥补的创伤，使裂痕迅速扩大。

5. 不要侮辱对方的人格

即使在争吵激烈的时候也不能侮辱对方的人格，不要使对方的自尊心受到损伤，否则，冲突就可能向“持久战”方向发展。不少夫妻经常会为同一件事反复争吵，而且一旦出现争吵，马上就引导到彼此最敏感的问题上，结果使双方的精神都备受压抑。在这种情况下，双方在争吵时最好开诚布公地向对方说明自己最容易被伤害的方面，提请对方注意不要任意伤害。同时也要尊重对方的感情，避免触及对方的感情敏感区。

6. 不要使用尖刻的语言

即使已经“动口”，也不要使用尖刻的言语刺伤对方的心，因为有时言语的杀伤力是无法想象的。对对方提出的问题不要一再否认，可以说

“让我好好想一想”，以表示对对方的尊重。

7. 当对方伤心透顶时必须马上停止冲突

一方即使有理也应停止进攻，而不应“乘胜追击”。若使对方走投无路，就潜伏着发生恶性案件的危险。

8. 要随时准备讲和

不要羞于让步，要善于抓住机会向对方道歉，承认自己态度不好，伤了对方的心，并诚恳地请求对方原谅。

9. 不要产生定向联想

在夫妻恩爱时总联想到对方的长处，吵架后联想到的则大都是对方的短处。这种定向式联想的“量”的积累，必然会使对方的形象在偏激的阴影中遭到不应有的破坏，失去心理平衡。

10. 要善于表扬

如果能经常受到对方的表扬，那么，任何一个丈夫或妻子都会感到愉快。即使再累再苦，心里也会觉得甘甜。关系不和睦的夫妻往往只看到对方的缺点和不足。在现实生活中，人都难免有出错的时候。如果需要向对方指出的话，要先对对方有所肯定，在肯定之后，再诚恳地向对方指出错误及问题所在，对方才能欣然接受，并在以后自觉改正。夫妻双方在心理和生活上要平等相待，互相尊重，彼此信任，用诚挚的态度关心对方，而不是责备、奚落、羞辱对方。

11. 学会宽恕

即使对方犯了很大的错误，也要学会宽恕。不及时原谅对方的错误，内心就会培植起对对方的憎恨，这是一种自然的心理反应。夫妻间有了怨恨而埋在心底，必然会对夫妻关系产生极大的影响，它会延伸到夫妻生活的各个方面，使夫妻关系更加紧张。

12. 重视使用委婉语言

在婚姻生活中，许多事情是要通过言语表达进行的。婚姻实践证明，夫妻间注意说话艺术，不但效果比较好，而且能增进夫妻感情。夫妻间常常会要求对方做某件事或不做某件事，若直言相告，有时会引起对方不快，若委婉请求，则会使对方欣然答应。

13. 学会妥协与道歉

对于个性较强的夫妻来说，学会妥协与道歉，也许是最重要的婚姻艺术。人的感情具有互导性，即能够相互感染、影响。一方固执己见，另一方也可能意气用事；一方主动让步，另一方就不大会得寸进尺。婚姻中的道歉是必要的润滑剂，运用时要注意以下几点：

（1）如果觉得道歉的话说不出口，可以用别的方式来代替。

（2）切记道歉并非耻辱，而是真挚和诚恳的表示。

（3）应该道歉的时候，马上道歉。

（4）用微笑来表示歉意。

（5）给对方以性抚慰，这是夫妻间最有特色的道歉方式。

（6）你如果没错，就不要为了息事宁人而采取此种做法。

同时，要分清深感遗憾和必须道歉的区别，有些事可以表示遗憾，但不必道歉。

14. 共同活动要多些

（1）善于利用共同时间。

（2）夫妻最好同时就寝。

（3）安排统一的家务活动时间。

（4）有意识地安排一些共同活动。

挽救婚姻关系技巧咨询要点

1. 在有关此类案例的咨询中，首先需要澄清引起关系不和的问题及其原因。在辅导过程中，有两大类问题的处理是不同的。一类是日常生活问题，如家务、养育子女、财务分配与管理等。在日常生活问题方面，大多存在沟通不畅的问题。此时关注的重点即是让求助者了解有效的沟通方式，并学会一些上文提到的技巧。

2. 关于婚外恋问题，从系统论的观点来看，婚外恋事件是一个由外遇者、第三者、原配组成的三角关系，而所涉及的人除了上面三个核心人物外，还可能涉及子女、其他家人和非婚生子女等人。所以，对于婚外恋事件的咨询可以围绕以上方面进行，核心是有外遇者及其配偶。对于婚外恋，当事人往往容易情绪大于理性，在认识和态度上受到情绪作用的控制，以至于不能理性地认清问题，更不能以理性的方式来处理问题。因此，在咨询中，一方面需要帮助当事人恢复理性，另一方面需要疏导情绪，给当事人以支持，同时针对夫妻感情问题进行家庭咨询或夫妻咨询。对于还有感情基础，并希望维持目前婚姻的，以帮助求助者改善夫妻关系为主要目标；而对于离婚是最好解决方式的，重点是进行离婚咨询，帮助他们妥善处理离婚问题，顺利度过离婚这一关。对外遇者，最常见的问题主要是婚外恋所带来的心理压力和怎样处理婚外恋的后果问题。对于有外遇者的配偶，首先要疏导其情绪，然后再针对问题原因寻找解决办法。但需要注意的是，在咨询过程中，咨询人员需保持中立态度，不从道德判断角度进行批评，对是否离婚也由求助者自己做出判断。

【案例 2—11】该不该原谅他的婚外情

✣ 案例描述

张女士，38 岁，家庭主妇，现有一儿一女。丈夫为某综合医院的外科大夫，收入颇丰，家境殷实。6 年前，将在家务农的妻子和孩子接来和自己同住。刚开始由于夫妻终于团聚，生活还算幸福。两年前，夫妻争吵开始增多。丈夫总是挑剔，后来渐渐不在家吃饭，或晚上回来很晚。经过几次大吵后，夫妻感情急剧恶化。此后，丈夫好像收敛了一些。但是张女士发现丈夫比以前爱打扮了。每次出门之前总要多照几下镜子，衣服上总有一种香味。于是张女士开始跟踪丈夫，发现丈夫在外有人。事情揭穿后，丈夫提出离婚，并给予妻子安家费和孩子的学费。张女士为家中的老大，父母均为农民，丈夫家和自己家同村。丈夫在大学毕业后回乡，经人介绍认识结婚。婚后夫妻感情甚好。两年后因丈夫工作调动到外地的城市，两人开始长达 4 年的异地分居生活。这期间，丈夫每个月回家探望一次。在大女儿读小学时，才将妻子和孩子一起接到工作所在地生活。现在，张女士很痛苦，既想挽救婚姻，给孩子一个完整的家，内心又无法真正原谅丈夫，于是找到婚姻家庭咨询师咨询。

✣ 案例分析

婚外恋，不论给当事人还是当事人的配偶都会带来伤害，尤其是对孩子。在本案例中，是丈夫出现外遇。根据分析，可以推测出造成丈夫外遇的原因可能是：第一，夫妻长期分居，丈夫独自承受工作的压力，对二人的感情产生影响；第二，妻子没有正式工作，和外界的联系减少，渐渐和丈夫产生差距。在感觉丈夫的某些异样行为后，妻子采取了跟踪、吵闹这一不理智的方式，进一步破坏了婚姻。因此，在咨询过程中，首先需要帮助求助者疏导情绪，待求助者的情绪稳定后，再帮助其分析原因，找到解决办法。

✣ 咨询建议

第一步，了解求助者婚姻的实际状况，对求助者的婚姻状况进行评估，分析判断其婚姻是否有挽救余地。其中包括两人相识、相恋、结婚、第一个孩子出生、家务的分配、财产的安排，遇到事情后两人的沟通方式，双方与各自原生家庭的交往情况，夫妻俩的感情等。对这些情况的掌握，有助于确定咨询目标。

第二步，了解求助者出现婚姻的原因。包括两人的性格特征、价值观、兴趣、对家庭的期待、角色期望、处理冲突的方式等。进而找到导致问题的深层次原因，并能判断婚姻是否有挽救余地。

第三步，根据情况，确定咨询目标。本案例的咨询目标为帮助求助者走出痛苦，能够自己重新确立自己想要的生活。

引导求助者认清自己认知中的非理性之处，从自怨自艾、失败沮丧以及伤害自己和对方的想法中走出来。

婚姻家庭咨询师可以从以下方面帮助求助者思考，发生婚外恋的原因很多，究竟是什么原因使丈夫发生此种情况，是否还能补救；慎重考虑自己忍耐的界限，对婚姻的期望；离婚（或和好）是否是最好的选择，子女、财产怎么办；如果自己努力，夫妻关系可以有哪些改善等等。

婚外恋通常会给当事人及配偶带来伤害，只是其配偶所受的伤害更大。配偶由于被动地接受了此事的发生，心理上承受巨大创伤，难免会有不理智的做法或行为。因此，在咨询中，最重要的是疏导求助者的情绪。等其平静下来之后，再分析产生问题的原因。从婚外恋形成的原因来看，原配偶的吸引力较小，推力过大，而第三者的吸引力较大，推力较小，在吸引力和推力的双重作用下，婚外恋者的感情向着第三者一边倾斜；不知体贴、生活忙碌无暇顾及配偶的感受，对配偶要求过高，两人差距过大等因素都会把丈夫往第三者一边推。因此，对于尚可挽救的婚姻，注重妻子一方的调整、夫妻俩共同学习沟通技巧是很重要的。

✣ 注意事项

在此类个案的咨询中，需要注意：

第一，疏导求助者的情绪，并对求助者的婚姻状况进行详细评估，以判断求助者的婚姻是否还可以挽救。

第二，婚外恋在我国还是一个比较敏感的话题，尤其是对于中年人。因此，在咨询的过程中，婚姻家庭咨询师一定要保持中立的态度，不要对求助者进行道德评判。

相关链接

婚外恋产生的原因

一般来说，导致婚外恋的可能原因包括：(1) 一方或双方缺乏对婚姻和家庭的责任感，喜欢“拈花惹草”；(2) 夫妻聚少离多，一方或双方备感寂寞无助；(3) 社交圈中外遇比率高，长期耳濡目染，容易模仿；(4) 对婚姻长期有不满足感，内心的需求无法得到满足；(5) 和过去的恋人存在特殊友谊，旧情复燃；(6) 婚姻生活沉闷或无话可说，想寻求浪漫；(7) 在家庭中长期得不到温暖和重视，不能满足其征服欲和成就感（主要是男性）；(8) 一方压力太大，正值人生的过渡期或危机期；(9) 为了报复配偶对自己的背叛或其他伤害；(10) 遇到志同道合、相见恨晚的理想对象；(11) 男性为了逃避妻子的唠叨、约束过严或要求过高而有意放纵自己；(12) 女性较强势，主导家里的一切；(13) 夫妻关系中的矛盾冲突等。总之，导致婚外恋的原因很多，夫妻关系存在问题是主要诱因。婚姻基础不牢、夫妻之间爱的减少、承诺较轻、不注意日常沟通和感情培养、个人需求长期得不到满足等因素给婚外恋提供了可乘之机，在外界因素的诱惑下，婚姻很容易出问题。

一般来讲，婚外恋不是突然产生的，有一个发展过程。大致经过了吸引期、甜蜜期、转型期、维持期和结束期几个阶段：(1) 吸引期。开始，在共同的工作或活动中，婚外恋者发现某人特别吸引自己，两人开始频繁交往，彼此有了恋爱的感觉；接下来，双方增强自己婚姻不幸的感觉，并寻找理由说服自己和对方在一起。在初期，婚外恋的双方涉入还不深，如果处理得当，可以避免。此外，如果婚外恋的配偶留心，可以发现对方婚外恋苗头。婚外恋常见的一些预兆有：一方突然对性生活冷淡，突然对自己的外表形象和体重特别在意，不想回家或者常常不明原因地晚回家，讨厌听到配偶讲话或逃避与配偶的交流，对配偶的不满和挑剔突然增加，不寻常的异性电话突然增多等，如果有这些迹象，就说明夫妻关系出现了危险的信号。此时，没有婚外恋的一方应保持冷静，积极采取补救措施预防配偶婚外恋情的发展。(2) 甜蜜期。双方逐渐放松道德感、责任感等自我约束，发生婚外性行为。这时，双方只要能在一起就感到十分满足，一般避免有长相厮守的期望和承诺。(3) 转型期。婚外恋的一方或双方希望能增强承诺，一方产生专有对方、甚至取代对方配偶的心理要求，双方开始感受到社会、家庭和彼此施予的巨大压力。(4) 维持期。双方接触频繁，同时各种难题接踵而至，例如不得不面对怀孕，合法地位、钱财和时间的分配、是否与原配偶离婚等。(5) 结束期。最终除了极少数能够结婚外，大部分会走向结束。结束的理由通常有：无法与原配偶离婚，婚外情被家人特别是配偶发现和谴责；失去兴趣；个人产生摆脱不了的心理问题，如心神不宁、罪恶感、心理障碍；感觉自己身陷两难处境，想要挣脱，发生别的恋情等。

本单元思考题

1. 不良夫妻关系有哪些表现？造成婚姻危机的原因是什么？

2. 婚姻危机对孩子会产生怎样的影响？

3. 请分析以下案例产生的原因，并运用相关技巧拟定初步的咨询计划。

王先生，男，32 岁，有一女 3 岁。现在岳父母与其同住。王先生是一家医院的咨询师，妻子张女士为某机关干部。两人结婚8年，但前5年由于工作原因没在一起，异地分居。3年前，妻子怀孕时，岳父母为了照顾女儿，搬来同住。刚开始彼此之间还比较客气，但随着时间的推移，岳父母越来越插手家里的事务，很多事都需要按照岳父母的意见处理。双方生活方式很不一样。当与妻子发生争吵时，岳父母总是帮着妻子一起数落自己的不是，而没有机会与妻子好好沟通。而妻子在其父母来后，似乎像变了一个人，总是对王先生呼来喝去，不再像以前那样温柔体贴。现在王先生非常愤怒，也非常痛苦，不知该如何和岳父母沟通，不知这个家是否还值得留恋。

学习单元3　婚姻变故的心理调适

婚姻关系是家庭关系的基础与核心，是成年人最重要的社会支持系统、心理缓冲体系以及爱与安全的基地，但婚姻关系并不是永恒不变的。婚姻变故常见的形式有分居、离婚和丧偶等，属于重大生活事件，它会给当事人的心身造成显著的影响，同时也会给子女及整个家庭带来深远影响，往往会造成当事人情绪、行为、认知上的重大转变，常见的反应有悲伤、抑郁、焦虑、愤怒、哀伤等情绪体验，以及行为退缩、认识失调等。婚姻变故家庭中的子女，也会产生心身的种种不良反应及长远的消极影响。为此，婚姻家庭咨询师必须掌握有关常见婚姻变故及其造成的心理影响的知识，运用各种系统心理调适技术为求助者服务。

学习目标：

1. 熟悉常见的婚姻变故类型及其心理影响
2. 掌握对婚姻变故求助者的心理调适方法

一、常见婚姻家庭变故类型及心理影响

婚姻变故常见的类型有分居、离婚和丧偶等，属于重大生活事件，对于当事人、当事人子女及家人具有重大影响。

1. 分居

(1) 分居的定义

分居是指夫妻双方在未解除婚姻关系之前就已经分开居住、单独生活。因夫妻双方主观原因造成的分居，属于婚姻变故，而由于客观现实因素不得不两地分居的夫妻，主观上没有分居的意愿，不属于婚姻变故的范畴。

夫妻之间长期冷战，婚姻冲突到了无法调和的地步，在双方决定离婚之前，有些夫妻往往会选择分居，以保持心理与空间上的距离。分居最终的结果，会进一步过渡为离婚。它是一种消极对待矛盾的方式，它跟人们常提到的“试离婚”并不是同一回事儿。试离婚是指夫妻双方在已经准备离婚的前提下，在生活上“先离”一段时间。也就是两个人在生活上彻底分开，并互不干涉对方生活，但不急于从法律上履行离婚手续。它相当于给婚姻一个缓冲期，以便经过冷静思考以后，再做出理智的选择。试离婚也有可能带来婚姻关系的转机，成为一种濒临离婚边缘夫妻的最后一棵“救命稻草”。

(2) 对分居双方的心理影响

分居对当事人及其子女的影响往往被忽视。婚姻家庭咨询师应提醒求助者重视这种影响。

任何一对夫妻从感情破裂到最后的离婚，都会经历大致相似的过程。最初是关系纠纷期，冲突矛盾不断出现，开始产生隔阂，相互间在心理上越来越冷漠、疏远，出现冲突，冲突得不到解决，有的可能会升级为家庭暴力。此时，夫妻双方一旦决定分居，势必会加重婚姻的裂痕，使双方对亲密关系失去信心、对婚姻不再抱太大希望，直至走向离婚。

此外，有研究发现，夫妻分居家庭子女的心理异常较为明显。在分居家庭里，与母亲生活的子女的心理异常程度比与父亲生活的子女的异常程度要高；女孩的心理异常比男孩要突出。这些孩子心理异常的表现多是爱哭闹，胆子小，不合群，紧张恐怖，表现出分离焦虑（指由于惧怕与父母分离而产生的一种明显的焦虑情绪）等。即使是父母暂时的分居，对子女也会产生明显的心理影响。

2. 离婚

(1) 离婚对双方心理的影响

离异者内心的痛苦仅次于丧偶，是人生的第二大不幸。有关离婚的研究报告指出，离婚若是单方面的决定，那么，被离弃的一方对主动离去的一方感情越深，事出越突然，或是因为出现了第三者插足，离婚对其伤害就越大。大部分被离弃者都会经历以下几种主要的心理过程：

1）震惊与否认。离婚初期，被离弃的一方往往会呈现出震惊、否认的心理。这是自我防御机制在保护自己不受到痛苦现实的冲击。同时，可能存在期盼一切能恢复原状的心理。

2）迷惘与困惑。离婚后，整个世界似乎都在被离弃者眼前解体。他会突然觉得生命失去控制，以往习惯扮演的角色，以及引以为荣的认同，一下子被剥夺了。许多角色和行为规范因为离婚变得模糊不清。被离弃者不知如何与以往的姻亲或配偶的朋友相处，甚至不知道该与没有监护权的亲生子女维持何种关系。生活失序、角色错乱的现状往往让被离弃者陷入迷惘、困惑。

3）孤寂与凄凉。很多人从过去亲密关系分离出来后，一下子变成单身、开始独居，心理上往往很难适应。即使最坚强的人，离婚之后，有时也会被孤寂淹没，备感人生的凄凉。

4）抑郁与哀伤。离婚剧痛期，是被离弃者情绪最低潮的时候，抑郁、哀伤是无法避免的。被离婚者在情感上遭受打击，会觉得自己不被人爱，自己没有价值，感到无助、失望、心灰意懒。失去一个本来与自己最亲近的人、失去完整的家庭以及丈夫或妻子的角色，会有极大的失落感，也会加重抑郁与哀伤的情绪体验。

5）愤怒与怨恨。离婚后，被离弃者遭受无情打击，自尊心被摧残，很自然的会产生愤恨的情绪。这种情绪可能会发泄到别人身上，也可能表现为伤害自己，也有些人还可能会努力压抑不满与愤怒的情绪，导致郁郁寡欢。

上述的心理状态如果得不到及时的调整和缓解，会带来长期的心身不良反应。

（2）离婚对子女的影响

夫妻之间的敌意和对抗会把家庭退化为令人反感的地方，会使孩子经历紧张、痛苦和产生不安全感。冲突还使夫妻身心疲惫并降低处理孩子事务的效率。不论是分道扬镳还是继续凑合下去，夫妻之间持续不断的严重敌对和抗争，对孩子都是一场伤害深重的灾难。有研究指出，离异家庭的孩子相比其他健全家庭的孩子，往往会有以下心理特点：

1）情绪与情感方面的特点。离异家庭的子女由于经历了家庭破损的全过程，父母的行为使他们对社会的认识产生了偏差，变得敏感甚至压抑、焦虑，产生了对周围事物的怀疑。心理危机是离异家庭子女教育的最大难点。

离婚家庭子女情绪情感的变化有相似的趋势，如情绪低落、受压抑、烦躁冷漠、好孤独等。他们在受到父母离婚的打击后，恢复的过程大概要经历六个阶段：

第一阶段：悲愤期。父母离婚初期，子女感到极为失望，心灵上受到极大伤害。他们产生恐惧、愤怒、羞愧、焦虑、攻击性、哭喊、做噩梦等情绪与行为。这段时期一般为 3～6 个月，有的可能达一两年之久。

第二阶段：盲目乐观期。约有 40%的离婚家庭子女在悲愤期前、而大多数的离婚家庭子女则在悲愤期后进入了盲目乐观期。表现为对什么都无所谓，嘻嘻哈哈，近似反常。这段时期一般不超过 2～3 个月。这是一种精神亢进状态。

第三阶段：流动、出走期。他们喜欢置身于嘈杂动乱的环境中。约有 70%～75%的离婚家庭的小学生和初中生感到一人在家恐慌，需要外出。从第三阶段起，经历时间因人而异。

第四阶段：终日忙碌期。对很多孩子来说，这个阶段在行为上是忙碌的（比如，有的勤奋用功，有的要与命运抗争等），但在内心感到的压力又是沉重的。所以他们往往表现出紧张、孤独、感到生活的残酷，不愿意提起父母的事。

第五阶段：渴望、思索期。此时，他们要设法摆脱僵局，使情感和周围环境获得平衡，并思考什么是家庭，父母为什么要离婚等问题，他们在父母离婚后变得成熟了。

第六阶段：获得新生期。即在情绪情感上初步恢复正常，表示能理解、容忍痛苦和不幸。

> 离婚会对当事人、子女及其他人员带来极其严重的影响。婚姻家庭咨询中要警觉这种影响与求助者问题之间的关系，及时、正确地给予辅导。

2）社会性方面的特点。接受长期追踪研究的离婚子女，呈现出一些一致性的特点，比如：对亲密关系既期待又害怕受到伤害，比常人更加敏感，特别害怕被人排斥、背叛或者抛弃；比较缺乏承受失落的能力，在事业或者人际上受挫或失败时，特别容易受伤。在人际关系方面的表现有：

在同伴关系上：有研究表明，离异家庭儿童与完整家庭儿童相比被同学接纳程度较低，前者往往不愿参加集体活动，喜欢独处，不爱与人交往。

在亲子关系上：通过亲子关系问卷研究可知，离异家庭子女对家庭、父母的满意度明显不如完整家庭的子女。离异家庭子女痛恨、惧怕父母的现象也常出现。

3）学习与行为方面的特点。“父母残缺论”认为，家庭是为孩子提供养育和社会化服务的关键的社会形态，父母是保证孩子良好成长的重要资源，传统的父母双全家庭一般更有利于孩子的成长。离婚造成孩子与未获得监护权的父（母）之间的交往数量和质量的下降。由于相当多数拥有监护权的父（母）都在外工作，无法对孩子投入更多的时间和精力，所以，父母离婚的孩子往往缺少必要的来自父母情感上的关爱、实际生活的扶助和辅导。而父母支持的不足又增加了孩子学习成绩下降、行为不端和缺少自尊的概率。家中缺少父母的角色示范还会减少孩子学习社会交往技巧的机会，使孩子缺乏必要的在家庭外部获取成功的社会能力。同时，由于90%的监护人为女性，而具有较高社会与职业地位的父母一方（多为父亲）因婚变离开家庭，对孩子学习的有效帮助往往也会减少。这种源于离婚的社会地位的向下移动也是导致孩子学习成绩下滑或失败的重要原因之一。

3. 丧偶

（1）丧偶方的心理

美国的一项研究将丧偶列为最严重的应激事件。我国学者的研究把47项紧张性生活事件对人打击的强度进行量化评定，强度最高的也是丧偶，其次是其他亲人的死亡。丧偶容易使人出现强烈的悲伤反应，在丧偶事件发生的一个月内出现的症状，被称为急性应激障碍。丧偶者容易出现变化多端、形式多样的症状，包括对周围环境的茫然、激越、愤怒、恐惧性焦虑、抑郁、绝望以及自主神经系统亢奋症状，如心动过速、震颤、出汗、面色潮红等。同时，丧偶者还不能回忆丧偶这一事实。

有人研究了引发丧偶者患病率和死亡率的因素，发现个人的感受和心理适应能力是重要因素。在年龄和性别方面，以中年男性丧偶者的适应性最差。强有力的社会支持可减轻失落感，对健康的恢复起积极作用。就个人感受和心理适应能力而言，悲伤反应越严重，机体的适应能力越差，发生各种疾病的机会也越高。

（2）子女的心理

离异和缺损家庭的子女在学习和品行上呈现一种两极倾向——要么

相当优秀，要么相当恶劣。这种倾向在丧偶式单亲家庭子女中有同样的表现。但不能否认的是，丧偶式单亲家庭子女比离婚家庭甚至再婚家庭的子女出现的问题都少。

一般来说，丧偶单亲家庭的子女会存在以下心理特征：

1）敏感、孤独。对孩子而言，父母是孩子的依靠和保护神。丧偶式单亲家庭的孩子由于失去了一位家庭中最重要和亲密的、可以依靠和保护自己的成员，自我保护心理比一般孩子要强。加之成人的提醒、告诫，造成他们对外界的反应比较敏感。失去家庭最重要的成员之一后，他们会陷入深深的痛苦中不能自拔，变得抑郁、孤独。遇到问题和困难时，往往自我封闭，不愿向他人倾诉，常把自己限制在一个比较封闭的、狭窄的圈子里，害怕自己的处境被别人知道。

2）自卑、冷漠。由于失去了父亲（或母亲），缺少了来自父母一方的关心和保护，他们在生活中遇到问题和困难时能够得到的帮助明显减少，时有孤立之感；加之经济条件的变化，对孩子无形中有了种种的局限，部分孩子看不到自身的价值。因此，有时丧偶式单亲家庭的子女会产生自己不如其他孩子的想法，心理上会有一种自卑感，这会直接影响孩子自信心的建立。他们对人、对事都较冷漠，缺少热情，在人际交往方面会有所欠缺。

3）焦虑、暴躁。家庭中角色的缺失导致了家庭关系的单一，即缺少了缓冲环节。家庭成员之间一旦出现矛盾，由于缺少了沟通中很重要的调节环节，矛盾双方容易出现僵持局面，双方会陷入焦虑之中，脾气变得暴躁。

二、婚姻变故求助者的心理调适方法

1. 对分居、离婚及丧偶求助者的心理调适

分居、离婚或者丧偶，是亲密关系的中断或丧失，并由此导致哀伤、悲恸情绪以及其他心理症状。面对抑郁和哀伤，婚姻家庭咨询师需要注意从以下几个方面安慰、引导求助者：

婚姻家庭咨询师应当掌握针对不同婚姻变故求助者的心理调适方法，以便在咨询中“对症下药”。

（1）要与人保持接触

分居、离异、丧偶者千万不可因为痛苦，就把自我封闭起来。就个人感受和心理适应能力而言，这仿佛是一个怪圈：悲伤反应越严重，机体的适应能力越差，发生各种疾病的机会也就越多，也就会越缺少人际

交往的机会，越缺乏社会性支持，这就会使得他们陷入孤独、潦倒和无助的境地。这些人如果能较快地摆脱悲伤，回到社交活动中去，甚至扩大社交活动的圈子，依赖自己的社会支持系统，如朋友、家人、专业的婚姻家庭咨询师等，就可能在他们的关心帮助下，很快地抚平精神创伤，恢复原有的社会功能，发生各种躯体疾病的几率也就会比较小。

（2）要合理宣泄情绪

分居、离婚、丧偶初期，如果发现自己麻木、毫无情绪或出奇理智的时候，很可能是由于太过悲伤，而采用了否认的防御机制将自己的情绪进行了压抑。这时只有适度地去表达内心的真实感受，才可能加速心理创伤的愈合。如果勉强压抑，表面上装作不在乎，有可能形成新的心理问题。所以想到伤心处情不自禁时，要容许自己尽情地哭出来。伤心流泪不是弱者的表现，尽情大哭也不会让人感到丢脸。能够在情绪宣泄过后站起来继续奋斗的人，才是勇敢者。

表达情绪很有必要，但应该注意适度。如果整日沉溺于哀伤、痛苦，终日反复哭诉，这种过度宣泄一方面可能会让关心自己的人疏远，另外也会导致自己情绪麻木。

在剧痛期，情绪不能围堵，只能疏导。婚姻家庭咨询师可以采用定时哀伤策略来帮助求助者有效地处理自己的哀伤情绪。也就是建议求助者每天选择一段（或数小段）时间，自行从事哀恸治疗。在这段时间里，可以让自己尽情地哭、痛快地写（表达），专想痛苦的往事，甚至故意夸大事实，使自己伤心。而在这段时间之外，求助者则需要努力专注于建设性的工作。这种策略的好处，一是可以把处理哀伤当做一件重要的事，抽出特定时间专心地应对，处理的效率要高很多。二是求助者切实运用此法之后，常会发现自己能够收放自如地掌握情绪、控制哀伤，并为自己能够成功地计划生活、有毅力地做该做的事而自慰。

（3）要保持规律的生活

面对婚姻的剧变，求助者如果能努力保持生活规律，建立生活秩序，可以有效地减轻自己的痛苦。最好能够继续原来的工作，因为工作可以减轻个人的经济压力，稳定个人的自尊心，增加价值感，提供生活的规律与秩序。此外要引导他们每天保持个人卫生与清洁，注意衣着和仪容；通过有计划的运动来疏泄情绪，缓解压力；饮食起居也要有规律等。

（4）认知矫正

检验自己的思考方式，矫正潜在的、非理性的想法。例如："我婚姻的失败证明我是一个没资格去爱的人"，"离了婚，生命中就有了污点，我这辈子算是毁了"等。这些认知上的扭曲，都是一些非理性的想法，如果得不到矫正，会影响求助者今后的正常生活和心理状态。所以，婚姻家庭咨询师在面对这样的求助者时，需要注意是否存在类似的以偏概全、自我贬抑、非黑即白等非理性的想法。为了制止这些想法，可以要求求助者提出充分证据来证明其想法的正确性。如果无法举出，婚姻家庭咨询师可请求助者静下心来，仔细思考反面的根据，然后推翻或修改原来的想法。

对于丧偶者而言，婚姻家庭咨询师还需要特别处理生者与死者之间的悲伤告别的心理辅导，主要包括：第一，增加丧失的现实感；第二，协助丧偶者处理痛苦情感；第三，协助丧偶者克服丧偶后再适应过程中的障碍；第四，鼓励丧偶者向逝者告别，重新定位与死者的关系，将情感投入到新的关系里，继续健康地生活。

2. 对再婚夫妻求助者的心理调适

再婚夫妻至少是一方经历了婚姻破裂或者丧偶之后的悲伤体验才再次走进婚姻的。因此，他们的心理状况同初婚夫妻有所不同。再婚夫妻如何做好重新营建美好幸福婚姻心理准备，是再婚者必须面对的一个重要话题。婚姻家庭咨询师应从以下方面帮助再婚求助者：

（1）正确处理对先前伴侣的感情问题

一般来说，求助者若是因为离婚而造成家庭破损的，那么原来夫妻间的感情已经破裂，也就不存在对前伴侣的思念。但是，若是丧偶而造成家庭破损的，而原来夫妻间的感情又比较深厚，那么丧偶后感情波动就会延续一段时间。对再婚者而言，这种感情虽然随着家庭的重建能够减弱，但要完全排除却既不现实，又不合情理。对待以前的感情不应截然排斥和听任流露，正确的做法应该是再婚夫妇互相体谅与照顾。爱情应该是专一的，但专一的爱情并不排斥已经逝去的爱情在心理上可能留下的余波，更不应要求已经逝去的爱情丧失其原来的价值。有些再婚丈夫或妻子看到伴侣有触景生情思念前人的情况，就认为在伴侣的心目中，自己的地位还不及他（她）的先夫或先妻，由此对伴侣心存不悦。这种做法并不妥当，结果往往适得其反。当然，对另一方来说，对原先伴侣的感情流露也要讲究方式方法。因为毕竟你们已组成了新的家庭，要避免引起对方不必要的误解。

（2）正确处理今昔伴侣比较的问题

再婚夫妻由于双方或其中一方已经建立过家庭，在进行外部比较的同时，还可能进行内部比较。现实常常是，当你满意如今的伴侣时，他（她）的优点常在你的头脑中膨胀；当你同他（她）闹矛盾时，又会自觉地把他（她）的缺点同原先伴侣的优点相比较。这种比较除了加深矛盾以外，不会有别的积极效果。所以，有矛盾时最好就事论事，不要进行有损感情的比较，更不要说伤害对方的话。

（3）再婚夫妇要相互信任

有人会对离过婚的人心存偏见，认为他们都有人格问题。这种说法明显缺乏分析，也不符合实际。生活中离婚的原因千差万别，常见的原因主要是夫妻双方难以契合彼此的个性以致感情破裂，而并非道德或人格问题。所以，再婚后的双方，都应该消除对离婚者的偏见，避免猜疑和戒备心理的存在。婚姻要以彼此的信任和情感为基础，缺乏基本的信任，再婚之路就走得不会太长久。

（4）正确对待继子女问题

子女问题是再婚家庭生活中的一个敏感问题。这个问题处理得如何，直接关系到家庭的稳定和夫妻感情的深化。无论是从法律规定的义务、权利出发，还是从道德上、感情上、心理上考虑都应把继子女视为亲生，像对待亲生子女一样对待他们，这是继父母对继子女唯一正确的态度。当然，在再婚后的实际生活中，做到这一点是很不容易的。不仅需要付出感情，而且在物质生活上要给予更多的照顾，尽快缩小与继子女的心理和情感上的距离，用自己的行为与情感改变子女对自己的防备、警惕，用父爱或母爱去温暖他们受过创伤的心灵。只有这样做，才有利于子女的成长，也有利于增进继父母与继子女之间的感情。

3. 对婚姻破裂家庭子女的心理调适

对于生活在这种家庭环境中的孩子，如何运用正确的教育和亲切的关怀来弥补孩子心灵的创伤，是孩子能否健康成长极为重要的环节。

（1）告诉子女父母离婚与他们的行为无关

用简明、肯定的言语向子女解释父母所面临的婚姻现状，最终的关系破裂是因为父母彼此无法相处，与孩子的行为无关。以此来消除子女的自我归罪心理，减轻其心理负担。

(2) 让孩子明白父母依然爱他们

对子女的伤心、失望和恐惧情绪给予充分的共情，并给孩子充分的爱抚，在言语与行动上给予子女一些爱的保证，让他们清楚明白，无论父母间发生了什么，仍会像过去一样爱他们，绝对不会对他们弃之不顾。

(3) 不要让孩子成为父母争斗的牺牲品

有些父母离婚后都想要孩子，于是，双方争着满足孩子的种种要求，以讨孩子的欢心；有的父母则相反，双方都认为孩子是负担，竭力把孩子推向对方。无论是哪种，都不利于孩子的成长。有的孩子会控制父母，利用父亲去控制母亲，或利用母亲去控制父亲。因而，他们变得自私、虚伪、爱说谎。父母在离婚后，仍应注意对孩子教育的一致性、一贯性，用挚诚的爱心赢得孩子的尊敬与回报，而不应让孩子成为彼此争斗的牺牲品。

(4) 抚养子女方要尊重另一方的探望权

婚姻变故当事人双方均应将子女的利益放在重要的位置，保护儿童。

有些家庭解体后，抚养孩子的一方拒绝另一方来看望孩子。有些父母还告诉孩子，“是你爸爸不要你了，他走了”或“是你妈妈不要你了，她不要我们了”。这些做法不但剥夺了另一方对孩子的探视权以至爱的权利，而且还会在孩子心中留下了不可磨灭的创伤，埋下了仇恨的种子。

有位母亲离婚后把自己的仇恨转嫁给孩子，从小教育女儿，男人不是好东西，离他们远点。结果，这个女孩从小到大不敢和男性接触，恨男人，厌恶男人，最后导致性变态。母亲自私的感情，毁掉了孩子一生的幸福。

(5) 给予子女理性的爱和教育

溺爱子女是离婚父母最容易犯的错误。缺乏严格管教，并且在物质和精神上对子女过度补偿，不但会增加子女自怜的心理，养成他们任性的习惯，更容易造成子女长大后缺乏自制力和安全感的问题。所以，父母应该把外在的道德、秩序和行为的规范，与关爱一起内化到子女的心中。让子女从小学会自制。

(6) 鼓励孩子积极建立同伴友谊

婚变家庭的孩子往往会出现社交上的困难。这时，要特别注意鼓励孩子多参加集体活动，充分发展兴趣、特长，充实孩子的精神生活，鼓励他们与同伴、朋友交流，建立自己除家庭之外的以友谊为主的社会支持系统。要帮助他们打开心扉，尽快从家庭变故的阴影中走出来。

婚姻变故心理调适咨询要点

婚姻家庭咨询师应该遵循：第一，对求助者信息严格保密，这是职业道德的要求；第二，充分尊重、了解和接纳求助者；第三，求助者受到巨大情感伤害，无法与别人建立关系时，婚姻家庭咨询师可以成为替代性的桥梁。以爱心、耐心和人格，建立咨访间的信任，帮助求助者建立婚姻关系丧失或破裂后的第一个健全的新人际关系，增强求助者信心，进而帮助他们建立与外界沟通的新的支持网络。

婚姻家庭咨询师要能熟练运用各种系统心理调适技术为求助者服务，帮助求助者认识清楚失败婚姻中的不良心理行为模式，帮助其重建效能良好的新的亲密关系。

【案例2—12】面对突如其来的死亡

✣ 案例描述

丈夫徐先生，50岁，妻子胡女士，45岁。夫妻感情和睦，有一女儿20岁，在外地上大学。徐先生经商，胡女士是家庭主妇。2006年1月25日下午5点，徐先生在家门口打羽毛球之后出现面色苍白、大汗淋漓，口唇紫绀的现象，急诊入院后被诊断为心肌梗塞，抢救无效于当晚死亡。徐先生先前身体健康，多次体检并未发现心脏异常现象。丈夫突然去世后，妻子胡女士悲痛欲绝，无法接受事实。家人、朋友帮忙办好了丈夫的丧事，整个过程中胡女士一直处于恍惚之中。葬礼之后胡女士依然沉浸在悲痛里，不思饮食、常常自责、沉默寡言，对周围事物都失去了兴趣，一个月内体重下降了5公斤。为此，家人十分担心，带胡女士找婚姻家庭咨询师进行咨询。

✣ 分析与建议

婚姻家庭咨询师为胡女士进行了下述咨询工作：

1. 评估悲伤反映

通过对胡女士进行悲伤反映评估，胡女士的情绪表现为悲伤抑郁，自责、内疚，无助、孤独、麻木；认知情况为不相信、不接受丈夫已经去世的现实，沉迷于对逝者的思念；行为表现为哭泣、不知所措、心不在焉、食欲下降、兴趣缺乏、不愿与人交往，整个心理状态较差。据此，可以初步判定胡女士的情况为丧偶后的急性心理应激障碍。

2. 确立干预目标

在评估基础上，婚姻家庭咨询师为胡女士确定心理干预目标主要有以下几方面：第一、要让胡女士宣泄悲伤情绪，鼓励她跳出目前的心理感受，接受丈夫去世的现实；第二、要使胡女士及其女儿和亲友认识到谈论逝者是战胜悲伤的必经过程；第三、要帮助胡女士把对已故丈夫的情感投入到发展新的社会关系中，进而达到发掘胡女士自己面对生活的勇气及潜力、使之更好地面对未来生活的目的。

3. 制定并实施干预方案

依据婚姻家庭咨询师和胡女士及其家人共同确立的干预目标，咨询师为胡女士制定了具体的干预方案，并鼓励胡女士一起加以实施。第一、用 2～4 次面谈时间，与胡女士建立良好的信任关系，鼓励她倾诉，宣泄不良情绪；第二、一段时期之后，在认真倾听基础上陪伴胡女士设想、探讨今后生活的各种可能性以及可能遇到的困难和应对方法，使之逐渐接受现实，恢复社会功能和人际沟通，保持健康的心理状态。

✣ 注意事项

1. 在剧痛期时，求助者可能会运用否认等防御机制将情绪压抑下去，这是他们自我保护的一种形式。婚姻家庭咨询师这时不要轻易拿掉求助者的这棵“救命的稻草”。

2. 在咨询中，经常会遇到求助者问“我该怎么办”，让婚姻家庭咨询师帮忙做决定或者出主意。婚姻家庭咨询师应该知道此时如何保持“中立”，如何让对方自己找到答案。否则，婚姻家庭咨询师会因为替求助者承担责任，被对方“牵着鼻子走”而造成被动的局面。

本单元思考题

1. 离婚对家庭造成的心理影响有哪些？

2. 丧偶作为一种心理应激，可能对丧偶者造成哪些心理影响，应该如何进行心理调适？

3. 婚姻变故家庭中长大的子女，与健全家庭中长大的子女在身心健康方面可能会有哪些差异？

4. 婚姻家庭咨询师在处理婚姻变故案例时，须特别注意什么？

学习单元 4　提供处理离婚问题的法律建议

本单元的内容是如何处理离婚问题。离婚作为死亡婚姻的葬礼，是婚姻关系破裂的结果。虽然离婚自由在法律中被确认为是历史的进步，但这并不表明在任何情况下的离婚都是好的，更不意味着婚姻当事人可以随心所欲地对待婚姻。由于离婚是一种重要的法律行为，因此婚姻当事人必须以严肃的态度认真对待，正确行使法律赋予的离婚自由权。

学习目标

- 熟悉离婚的概念和种类
- 了解离婚的程序
- 掌握判决离婚的法定标准

一、离婚的概念和种类

1. 离婚的概念

离婚是夫妻双方生存期间依照法定的条件和程序解除婚姻关系的法律行为。

离婚具有如下基本特点：从主体看，只有具有合法夫妻身份的男女双方才能成为离婚的主体。从条件看，离婚是对合法有效婚姻关系的解除，必须以合法婚姻关系的存在为前提。从时间看，只有在夫妻双方生存期间才能办理离婚。从程序看，离婚应具备一定的法律条件，履行一定的法律程序，方能得到法律的认可，产生法律效力。

2. 离婚的种类

离婚可以从不同角度作如下分类：从当事人对离婚的态度来分，可分为双方自愿的离婚和一方要求的离婚。从离婚的程序来分，可分为行政程序的离婚和诉讼程序的离婚。从解除婚姻关系的方式来分，可分为协议离婚和判决离婚。

二、行政程序的离婚

1. 行政程序离婚的概念

行政程序离婚是指夫妻双方自愿离异，并就离婚的法律后果达成协议，经有关部门依行政程序办理登记的离婚。因该离婚方式须双方当事人达成合意并到婚姻登记机关办理离婚登记，又称做协议离婚或登记离婚。行政程序的离婚，程序简便易行，夫妻好离好散，体现出对当事人离婚意愿的充分尊重，容易为双方接受。为保证双方当事人协议离婚合法有效，由婚姻登记机关代表国家对双方离婚申请进行审查、监督，对符合离婚条件的给予登记发给离婚证，当事人取得离婚证后，婚姻关系即告结束。

2. 行政程序离婚的条件

《中华人民共和国婚姻法》第 31 条规定："男女双方自愿离婚的，准予离婚。双方必须到婚姻登记机关申请离婚。婚姻登记机关查明双方确实是自愿并对子女和财产问题已有适当处理时，发给离婚证。"对此，《中华人民共和国婚姻登记条例》作了更明确、更具体的规范。根据《中华人民共和国婚姻登记条例》第 11 条第 3 款的规定，登记离婚的，应当出具双方当事人共同签署的离婚协议书，"离婚协议书应当载明双方当事人自愿离婚的意思表示以及对子女抚养、财产及债务处理等事项协商一致的意见"。第 12 条规定："办理离婚登记的当事人有下列情形之一的，婚姻登记机关不予受理：（一）未达成离婚协议的；（二）属于无民事行为能力人或者限制民事行为能力人的；（三）其结婚登记不是在中国内地办理的。"根据上述规定，行政程序离婚的条件如下：

（1）离婚的男女双方须有合法的夫妻身份

离婚行为具有强烈的人身性，只能由具有夫妻身份的当事人本人提出。

（2）双方当事人完全自愿

由于离婚是民事法律行为，因此，双方自愿离婚必须符合《中华人民共和国民法通则》第 55 条关于民事法律行为的构成要件：一是双方当事人必须具有完全民事行为能力，无民事行为能力或限制民事行为能力的精神病患者不适用协议离婚，只适用诉讼离婚。二是当事人双方须有离婚的合意，双方当事人对离婚的意思表示应当是真实的和一致的，不能有一方欺骗或胁迫另一方的行为，也不得有任何弄虚作假的行为。三是不得违反法律的有关规定。

（3）双方对子女和财产问题已有适当处理

夫妻离婚时，往往还涉及子女抚养、生活费和教育费的负担，夫妻财产的分割、债务的清偿、一方对另一方生活困难所给予的经济帮助等问题，处理好这些问题，对保护当事人的合法权益，防止矛盾激化具有重要意义。因此，双方当事人应对这些问题做出适当处理，并达成一致的协议。

3. 行政程序离婚的程序

根据《中华人民共和国婚姻登记条例》的规定，男女双方通过行政程序离婚登记在程序上必须经过申请、审查、登记三个步骤。

（1）申请

《中华人民共和国婚姻登记条例》第10条规定，内地居民自愿离婚的，男女双方应当共同到一方当事人常住户口所在地的婚姻登记机关办理离婚登记。

《中华人民共和国婚姻登记条例》第11条规定，申请时，应当出具下列证件和证明材料："（一）本人的户口簿、身份证；（二）本人的结婚证；（三）双方当事人共同签署的离婚协议书。"

（2）审查

对当事人的离婚申请，婚姻登记管理机关应根据《中华人民共和国婚姻法》及《中华人民共和国婚姻登记条例》的有关规定进行严格审查。

（3）登记

婚姻登记管理机关经过审查后，对符合《中华人民共和国婚姻法》和《中华人民共和国婚姻登记条例》的离婚申请准予离婚。《中华人民共和国婚姻登记条例》第13条规定："婚姻登记机关应当对离婚登记当事人出具的证件、证明材料进行审查并询问相关情况。对当事人确属自愿离婚，并已对子女抚养、财产、债务等问题达成一致处理意见的，应当当场予以登记，发给离婚证。"

2003年10月1日施行的《中华人民共和国婚姻登记条例》对申请离婚应当提供的证件和证明材料进行了简化，去掉了1994《中华人民共和国婚姻登记管理条例》中应当提交"所在单位、村民委员会或者居民委员会出具的介绍信"的规定。

三、诉讼程序的离婚

1. 诉讼程序离婚的概念

诉讼程序离婚是指夫妻双方对离婚或离婚后子女抚养、财产分割等问题不能达成协议，由一方向人民法院提起诉讼，经人民法院审理的离婚纠纷，也称判决离婚或裁判离婚。

《中华人民共和国婚姻法》第 32 条第 1 款对诉讼离婚作了规定：“男女一方要求离婚的，可由有关部门进行调解或直接向人民法院提出离婚诉讼。人民法院应当进行调解；如感情确已破裂，调解无效，应准予离婚”。理解该规定时，应注意以下几点：

（1）夫妻一方要求离婚，另一方不同意的，可以直接向人民法院提出离婚诉讼；而双方虽同意离婚但在子女抚养和财产分割问题上不能达成协议的，同样适用诉讼离婚程序。

（2）规定中提到的“有关部门进行调解”，是指诉讼外的调解。有关部门的范围，法律未作明文规定，实践中通常指当事人所在单位、群众团体、基层调解组织等。这种诉讼外的调解方式，不是处理离婚的必经程序，调解结果也不具有法律效力。当事人可以寻求有关部门进行调解，也可以直接向人民法院提起诉讼，即使接受了调解仍可以向人民法院起诉。

2. 诉讼离婚的一般程序

一方要求离婚的或夫妻双方不能就财产、债务、子女抚养等问题达成一致协议的，可以直接向人民法院提起离婚诉讼，人民法院对离婚请求进行审理的法定诉讼程序包括调解和判决两个阶段。

诉讼中的调解是指在人民法院审判人员的主持下，由离婚双方当事人通过自愿协商达成协议，解决双方离婚纠纷的一种具有法律效力的程序。诉讼中的调解是法院审理离婚案件的必经程序。根据《中华人民共和国婚姻法》第 32 条第 2 款的规定，人民法院审理离婚案件，应当进行调解。人民法院在调解时必须坚持自愿合法的原则，在查清事实的基础上进行调解，必要时可与有关单位共同进行说服教育工作，以促成和好或达成离婚协议。

诉讼中的调解与诉讼外的调解地位、效力等有所不同，培训中应注意区分。

离婚诉讼中的调解有三种结果：一是双方达成和好的协议，由原告撤诉，将调解协议记录在卷。二是双方达成离婚协议，审判人员按调解协议的内容制作成离婚调解书，调解书与判决书的法律效力相同，双方签收领取了离婚调解书，夫妻关系即告解除。三是协议不成，调解无效，人民法院则要对有争议的离婚案件作出判决。人民法院对于离婚案件的判决书，包括准予离婚的判决与不准离婚的判决两种情况，判决的依据就是看是否符合判决离婚的法定标准（见判决离婚的法定标准）。

3. 诉讼离婚的特别程序

（1）离婚问题上对现役军人的特殊保护

《中华人民共和国婚姻法》第 33 条规定："现役军人的配偶要求离婚，须征得军人同意，但军人一方有重大过错的除外。"这里，现役军人的范围是指参加中国人民解放军具有军籍的干部和战士、人民武装警察部队的干部和战士（包括军队中的文职人员）。但退伍、复员、转业的军人以及军事单位中不具有军籍的职工不属于现役军人的范围。现役军人的配偶是指非军人一方。现役军人配偶要求离婚是指非军人一方向现役军人一方提出的离婚。双方都是现役军人或现役军人一方向非军人一方提出离婚，不适用本条的特殊规定，应按婚姻法中的一般规定处理。

这一条规定体现了在离婚问题上对现役军人的特殊保护。保护现役军人的婚姻是由军人的特殊地位，即军人担负着保卫祖国、保卫社会主义建设的神圣职责所决定的。

处理非军人一方向现役军人一方提出的离婚问题，凡婚姻基础、婚后感情都比较好，非军人一方又没有什么重要原因而提出离婚的，人民法院应配合当事人所在单位对其进行说服教育，劝其珍惜与军人的婚姻关系，服从国家整体利益，正确对待自己的婚姻问题，尽量调解和好或者判决不准离婚。但如果过错一方是军人，或者过错主要在军人一方，夫妻感情确已破裂，经做调解工作无效，确实不能维持夫妻关系而应该离婚的，人民法院应通知军人所在部队团以上政治机关，做好军人的思想工作，准予离婚。处理这类案件时，应在贯彻对现役军人特殊保护原则的同时，根据案件的实际情况，注意保护非军人一方的合法权益。只有这样才能做到既对军人婚姻实行特殊保护，又不违背婚姻自由的原则。

应当注意的是，如果现役军人一方提出离婚或双方都是现役军人的离婚，一般应先经当事人所在部队团以上政治机关审查、调解；调解无效时，由部队政治机关出具证明，方可到有管辖权的人民法院提出离婚诉讼。

（2）在离婚问题上对女方的特殊保护

《中华人民共和国婚姻法》第 34 条规定："女方在怀孕期间、分娩后一年内或中止妊娠后六个月内，男方不得提出离婚。女方提出离婚的，或人民法院认为确有必要受理男方离婚请求的，不在此限。"这一规定主要是为了保护妇女和子女的合法权益，在一定条件下对男方离婚请求权的一种限制，并不是禁止男方提出离婚要求，而是在时间上予以限制。

女方在怀孕期间、分娩后一年内以及中止妊娠后六个月内，身体上、精神上有一定负担。而且女方在怀孕期间、分娩后一年内的身体、精神状况直接影响到体内胎儿和出生后婴儿的身体健康，因此，禁止男方在此期间提出离婚是完全必要的。但这种限制不是对男方离婚请求权的否定和剥夺，只是推迟了男方提出离婚的时间，并不涉及到准离与不准离的实体性问题。至于女方在此期间提出离婚，则不受此限制。人民法院认为确有必要时也可以根据具体情况受理男方的离婚请求。

根据《中华人民共和国婚姻法》的规定，女方在怀孕期间、分娩后一年内或中止妊娠后六个月内，男方不得提出离婚。但在此期间如果男女双方自愿登记离婚，女方完全出于自愿，不是被男方欺诈、胁迫，法律不予禁止。

四、判定离婚的法定标准

1. 判决离婚的法定标准

判决离婚的重心在于通过对案件的审理决定是否准予当事人双方解除婚姻关系，而能否解除婚姻关系的关键在于是否符合判决离婚的法定标准。

《中华人民共和国婚姻法》第 32 条第 2 款规定："男女一方要求离婚的，可由有关部门进行调解或直接向人民法院提出离婚诉讼。人民法院审理离婚案件，应当进行调解；如感情确已破裂，调解无效，应准予离婚。"该规定明确了我国判决离婚的法定标准，其基本构成包括两个方面：一是夫妻感情确已破裂，二是调解无效。两者不可分割、有机统一。其中，感情确已破裂是实体性理由，是判决准予或不准予离婚的实质性法定条件；调解无效是程序性理由。感情确已破裂在离婚理由中居于主导的决定地位，调解无效则处于从属辅助性地位。无论调解离婚，还是判决离婚，关键在于把握夫妻感情是否确已破裂。因此，从严格意义上讲，应将"感情确已破裂"定位为判决离婚的法定标准。

2. 感情确已破裂的内涵

感情确已破裂是指夫妻感情不复存在，已不能期待夫妻双方有和好的可能。其包含三层意思：一是夫妻感情已经破裂，不是将要破裂；二是夫妻感情完全破裂，不是刚刚产生裂痕；三是夫妻感情真正破裂，不是他人的猜测臆断。

《中华人民共和国婚姻法》将“夫妻感情确已破裂”作为判决离婚的法定标准，采取的是概括主义的表述方法，用这种高度概括的语言将夫妻感情破裂无法挽回、婚姻无法继续维持作为唯一的离婚理由，最大限度涵盖了现实生活中纷繁复杂的离婚原因，有效地克服了具体列举性规定的弊端。当然，概括性表述方式也存在着一定弊端，如过于抽象、笼统、模糊、操作性差等。因此，为了弥补“感情确已破裂”这一概括离婚标准的缺陷，修改后的《中华人民共和国婚姻法》第 32 条第 2 款在充分肯定 1980 年《中华人民共和国婚姻法》第 25 条关于法定离婚标准的基础上，又通过第 3 款明确列举了四类具有常见性、多发性的离婚原因，具体包括：（1）重婚或有配偶者与他人同居的；（2）实施家庭暴力或虐待、遗弃家庭成员的；（3）有赌博、吸毒等恶习屡教不改的；（4）因感情不和分居满两年的。以这些具体离婚原因作为认定夫妻感情确已破裂、判决准予离婚的情形，使法定离婚理由的概括性规定与列举性规定兼收并蓄。并在第 4 款单列“一方被宣告失踪，另一方提出离婚诉讼的，应准予离婚”，作为感情确已破裂标准的例外。

3. 感情确已破裂的认定

判断夫妻感情是否确已破裂是一个很复杂的问题。对此，1989 年 11 月 21 日最高人民法院《关于人民法院审理离婚案件如何认定夫妻感情确已破裂的若干具体意见》结合各级人民法院审理离婚案件积累的工作经验，将感情确已破裂的认定主要归纳为看婚姻基础、看婚后感情、看离婚原因、看有无和好可能四个方面：

（1）看婚姻基础

婚姻基础是指男女双方建立婚姻关系时的感情状况。看婚姻基础就是要调查了解双方结识的方式、结婚的动机、结婚是自主自愿还是被包办强迫、是以爱情为基础还是以贪图金钱和地位为目的等。这些因素对婚后感情都会有直接或间接的影响，对婚姻关系的维持起着重要的作用。一般来说，婚姻基础好婚后感情也较好，一旦发生夫妻纠纷，调解和好的可能性就大。相反，如果婚姻基础较差，婚后又未建立起真正的夫妻感情，调解和好的可能性就小。当然，看婚姻基础只是判断分析夫妻感情的条件之一，并不是绝对的，还要结合其他条件，全面分析判断。

（2）看婚后感情

看婚后感情就是看夫妻共同生活期间感情状况。一是看夫妻双方婚后共同生活的感情状况；二是看夫妻感情的发展变化，是由好变坏，还是由坏变好，或是时好时坏；三是看产生纠纷的具体情况。看婚后感情，要注意看主流、看真相、看本质。

（3）看离婚原因

离婚原因是指引起离婚的最根本的因素，即引起夫妻纠纷的主要矛盾或夫妻双方争执的焦点与核心问题。看离婚原因时，应注意去伪存真，查清引起离婚的真实原因，只有掌握了离婚的真实原因，才能分清是非，正确判断夫妻感情的真实情况，使离婚纠纷得到正确解决。

（4）看有无和好的可能

看有无和好的可能是指把握有无争取夫妻和好的条件，即在上述三看的基础上进一步把握夫妻关系的现状和各种有助于和好的因素，对婚姻的发展前途进行估计和预测。夫妻感情不会是一成不变的，它会受到外力的作用和影响。即使夫妻关系濒于破裂也可以通过各种因素促使其转化，因而要调动一切积极因素做好工作。

人民法院审理离婚案件，符合《中华人民共和国婚姻法》第32条第2款规定“应准予离婚”情形的，不应当因当事人有过错而判决不准离婚。

以上四个方面相互联系、相互影响。可以从这四个方面全面分析研究，判断夫妻感情是否确已破裂、有无和好的可能。

离婚问题法律咨询要点

在这一过程中，要正确地分析、判断求助者的婚姻关系是否破裂并提出是否离婚的建议是最重要的。明确告知求助者离婚在夫妻间产生的法律后果、离婚后在父母子女间产生的法律后果、离婚对亲属关系的影响，为求助者离婚时处理财产、子女等问题提供符合法律规定的建议。

【案例2—13】张先生与夏女士是否可以离婚

案例描述

张先生与夏女士于1997年在北京登记结婚，婚后关系比较融洽。2002年，张先生因工作需要被派到香港工作两年。张先生走后一年多，被工作单位临时派回北京出差。他回家后发现妻子有怀孕症状，遂质问妻子。妻子不得不承认与他人发生了两性关系。张先生受到极大伤害，向婚姻家庭咨询师咨询是否可以离婚。

✣ 分析与建议

离婚涉及法律问题。经了解，夏女士承认怀孕是与他人发生两性行为所致，但认为自己在怀孕期间，男方不应诉讼离婚。婚姻家庭咨询师要介绍如下法律知识：虽然张先生起诉时女方正在怀孕期间，但由于女方怀孕是婚后与他人发生婚外两性行为所致，且为女方不争事实。因此，女方的认识是有误的。《中华人民共和国婚姻法》第 34 条规定，“女方在怀孕期间、分娩后一年内或中止妊娠后六个月内，男方不得提出离婚。女方提出离婚的，或人民法院认为确有必要受理男方离婚请求的，不在此限。”上述规定只是限制男方离婚请求权的程序性规定，推迟了男方提出离婚的时间，并不是对男方诉权的剥夺，也不涉及准予或不准予离婚的实质性问题。上述期间届满后，男方仍可依法行使其离婚请求权。之所以对男方诉权作出限制，主要是为了保护妇女和儿童的身心健康。女方在上述期间提出离婚的，不受该条规定的限制。这是因为设置本条的目的是为了保护妇女、儿童的利益，女方在此期间提出离婚大多出于不堪忍受精神或肉体上的折磨等急迫的事由，而且本人对离婚也有了一定的思想准备。如果不及时受理，反而违反了设置该条的本意，不利于对孕、产妇和胎儿、婴儿利益的保护。人民法院认为确有必要受理男方离婚请求的，不受上述期间的限制。这里的“确有必要”，根据审判实践的经验和司法解释，主要是指两种情况：一是在此期间，双方确实存在不能继续共同生活的重大而急迫的事由，如一方对他方或婴儿有危及生命、人身安全的可能等；二是女方与他人通奸而致怀孕或生育子女，该事实为女方所不争或已经人民法院查明属实，夫妻感情确已破裂的。为防止矛盾激化，人民法院应根据实际情况受理男方的离婚请求。总之，处理这类案件要具体问题具体分析，决不可“一刀切”。是否受理男方的离婚请求，由人民法院酌情而定。

本案中，女方在男方外出工作期间，与婚外异性发生两性行为致怀孕，男方在女方怀孕期间起诉离婚，属于“确有必要受理男方离婚请求”的情况，此时继续限制男方的离婚起诉权，对男方显然不公平。因此，男方应该可以提出离婚诉讼。至于是否准予离婚，取决于两人夫妻感情是否确已破裂，如夫妻感情确已破裂，经调解无效，应当准予离婚。婚姻家庭咨询师应建议求助者依法到法院起诉离婚。

【案例2—14】邱女士与刘先生离婚案

案例描述

邱女士与刘先生于1996年在北京登记结婚。2000年，邱女士赴美留学，2005年，邱女士加入美国国籍。期间，刘先生曾于2002年年底赴美探亲，双方于2003年年底育有一子。孩子因出生在美国，取得美国国籍，一直随邱女士在美国生活。2005年，刘先生回国发展。2007年，刘先生想以双方因感情不和，分居已满两年为由离婚。他就此事向婚姻家庭咨询师咨询。

分析与建议

经了解，刘先生称自己与妻子1996年登记结婚，婚后感情一直不错。2000年，妻子赴美留学，他曾到美国与女方共同生活3年时间，2005年回国。之后，双方分居两年。刘先生自2005年回国后，再也没有赴美，妻子也没有回国看望过自己。且妻子一直在美国发展、生活，并已加入美国国籍。而刘先生的事业则在中国，双方分居已满两年，感情日渐冷淡，故向妻子提出解除双方的婚姻关系，且同意儿子随母亲生活。

妻子邱女士因此回国，也找到了婚姻家庭咨询师。她称自己与刘先生自由恋爱，自愿结合，生活中、工作上也志同道合。婚后感情一直很好，刘先生为支持邱女士到美国念书，付出很多努力，给予很大支持。正是在刘先生的理解和支持下，自己才取得了美国某著名大学的入学资格，后留在美国工作并加入美国国籍。刘先生也曾到美国生活过一段时间，原本也想在美国发展。但经过尝试后，觉得更适合回国内发展，故于2005年回国。邱女士认为，双方分居不是因感情不和导致的，而是因为求学、工作的需要才在客观上造成了这样的状况。现在，双方虽然有两年未相见，但经常通过电话、电子邮件往来交流感情，并非没有沟通。何况自己没有回国探亲，实在是因为自己在美国既带年幼的孩子又忙于工作，没有时间和精力。因此，邱女士认为夫妻感情没有破裂。夫妻感情冷淡主要是两人不在一起生活交流减少所致，邱女士愿意日后增多交流，甚至可以放弃在美国的发展，回国与刘先生团聚。

经分析，婚姻家庭咨询师认为，双方自由恋爱，自主结婚，现在的主要矛盾是由于工作原因长期两地生活、沟通交流减少而致，并非由于感情不和而分居。夫妻之间应互谅互爱、相互理解、加强交流，只要双方加强思想交流与沟通，化解矛盾，夫妻关系是可以改善的。故建议双方不走离婚这条路。

本案例中，刘先生起诉离婚的理由是夫妻因感情不和分居已满两年，根据《中华人民共和国婚姻法》第32条规定，人民法院审理离婚案件，应当进行调解；如感情确已破裂，调解无效，应准予离婚。出现因感情不和分居满两年、实施家庭暴力等情形之一的，调解无效，应准予离婚。

理解上述条文时，应注意因感情不和分居是有特定含义的，感情不和是指夫妻之间的感情已经不复存在，分居是指夫妻一方或双方在不解除婚姻关系的前提下停止共同生活，没有共同生活的意愿和事实。因感情不和分居由两个要素构成，一是在客观上夫妻共同生活完全分开，二是夫妻一方或双方在主观上有分居生活的意愿。认定夫妻因感情不和分居满两年的，应满足以下要件：第一，夫妻双方客观上处于分居状态，即双方存在不共同生活在一起的事实状态；第二，夫妻一方或双方主观上有分居的愿望，这种愿望可以是双方的，也可以是单方面的；第三，分居时间须满两年，即从夫妻最后一次分居之日起，已经持续分居两年以上。

根据《中华人民共和国婚姻法》第32条的规定，人民法院审理离婚案件，如果夫妻因感情不和分居满两年的，调解无效，应准予离婚。但需要特别注意的是，不是只有因感情不和分居满两年才能离婚，夫妻即使不分居，如感情确已破裂，法院调解无效，同样可以准予离婚。

至于夫妻分居的认定，如果一方提出，另一方自认，双方对分居的事实没有争议，可以认定。如果双方对同居的说法出现矛盾，根据诉讼中“谁主张谁举证”的原则，主张夫妻分居的一方承担相应的举证责任。至于分居期间的财产处理，与正常生活期间的财产处理原则基本一致。对分居期间财产的认定，最高人民法院1993年《关于人民法院审理离婚案件处理财产分割问题的若干具体意见》第4条规定：夫妻分居两地分别管理、使用的婚后所得财产，应认定为夫妻共同财产。在分割时，各自分别管理、使用的财产归各自所有。但双方所分财产相差悬殊的，差额部分，由多得财产的一方以差额相当的财产抵偿给另一方。

✣ 注意事项

1. 离婚自由是婚姻自由的重要内容，法律保障公民的离婚自由，是为了使那些感情破裂的夫妻可以依法解除死亡了的婚姻，并使他们有可能再行建立新的幸福美满的家庭。由于离婚自由同结婚自由一样，其本身并不是目的，而是建立以爱情为基础的婚姻关系的一种手段，因此离婚自由权的行使就必须服从建立以爱情为基础的婚姻关系的需要。

2. 在我国，法律一方面确认了公民享有离婚自由权，使之有权利解除已死亡的婚姻，另一方面又明确反对轻率离婚。之所以如此，主要是因为婚姻关系虽发生在夫妻之间，但它是一种社会关系，这种关系的变化势必会在一定的社会范围内产生这样或那样的影响，如果在婚姻关系尚可维持、夫妻还有和好可能的情况下，轻易、草率地解除婚姻关系，则无疑会损害当事人的根本利益和社会利益。

本单元思考题

1. 通过行政程序离婚应符合哪些条件？
2. 如何理解诉讼离婚的法定标准？
3. 诉讼离婚时对现役军人和女方是如何保护的？

第 4 节　婚姻效力咨询

学习单元 1　提供处理无效婚姻的法律建议

本单元的内容是关于无效婚姻处理的相关法律知识。无效婚姻，即不具有法律效力的婚姻，是指男女双方的结合因违反了法律规定的结婚要件而不具有法律效力的违法结合。根据《中华人民共和国婚姻法》的规定，宣告婚姻无效的事由有：重婚；有禁止结婚的亲属关系；婚前患有医学上认为不应当结婚的疾病，婚后尚未治愈；未到法定婚龄。无效婚姻自始无效，当事人不具有夫妻的权利和义务。同居期间所得的财产，由当事人协议处理；协议不成时，由人民法院根据照顾无过错方的原则判决。对重婚导致的婚姻无效的财产处理，不得侵害合法婚姻当事人的财产权益。当事人所生的子女，适用《中华人民共和国婚姻法》有关父母子女的规定。

学习目标

- 熟悉无效婚姻的概念
- 掌握发生无效婚姻的原因及其法律后果

一、形成无效婚姻的原因

无效婚姻，即不具有法律效力的婚姻，是指男女双方的结合因违反了法律规定的结婚要件而不具有法律效力的违法结合。男女双方只有符合法定的结婚条件，才能缔结合法有效的婚姻关系。如果其结合违反了法定的结婚条件，则不能发生婚姻的效力，为无效婚姻。为有效治理实践中大量存在的各种违法婚姻，实现结婚制度的完整性和系统性，2001年《中华人民共和国婚姻法》增设了无效婚姻制度。依该法第10条之规定，造成无效婚姻的原因有四种。

1. 重婚

重婚是指有配偶者又与他人结婚的行为，既包括有配偶者又与他人登记结婚的行为，也包括有配偶者虽未与他人登记结婚，但以夫妻名义同居生活的行为。重婚行为严重违反了一夫一妻制，因此属于婚姻无效的原因。

2. 有禁止结婚的亲属关系

依法禁止一定范围的亲属结婚，既反映了自然选择规律的要求，具有优生学上的科学根据，又是人类在长期生活实践中形成的伦理观念的要求。《中华人民共和国婚姻法》第7条规定，“直系血亲和三代以内的旁系血亲”禁止结婚。因此，凡直系血亲和三代以内的旁系血亲结婚的，都是无效婚姻。

3. 患有医学上认为不应当结婚的疾病

法律禁止患有特定疾病的人结婚，既是保护双方当事人利益、维护家庭和睦的需要，又是确保优生优育、提高人口质量的需要。患有医学上认为不应当结婚的疾病的人，其结婚行为对配偶、对家庭、对社会都十分有害，属于无效婚姻。

4. 未到法定婚龄

当事人达到法定婚龄，才具有结婚的行为能力，才有资格缔结合法有效的婚姻关系。依《中华人民共和国婚姻法》第 6 条规定，我国现行的法定婚龄一般是男 22 周岁，女 20 周岁，一些少数民族自治地方则以男 20 周岁，女 18 周岁作为本地区的法定婚龄。如果当事人一方或双方未到法定婚龄就结婚的，法律对其婚姻关系不予承认，系无效婚姻。

值得注意的是，婚姻无效应以无效原因的继续存在为前提。如果在有关婚姻效力的争议产生时，原来存在的婚姻无效原因已经消失，例如男女双方结合时具有禁止结婚的拟制血亲关系，后来拟制关系依法解除；又如双方结合时一方或双方患有医学上认为不应当结婚的疾病，后来已经治愈；还如双方结合时，一方或双方当事人未达到法定婚龄，但随着时间的推移双方均已达到法定婚龄等，则应承认其婚姻效力。这是因为婚姻是身份关系的结合，具有事实在先的特点，如果不考虑男女双方已经同居生活甚至生有子女的事实，在婚姻无效原因已经治愈的情况下仍宣告其婚姻无效，将不利于稳定婚姻关系和保护当事人的婚姻权益，完全是多此一举。

婚姻无效的原因是本单元的重点知识。

二、婚姻无效的宣告

无效婚姻在本质上是不为法律所承认的婚姻关系，但如果当事人之间、其他人或有关组织与当事人之间对婚姻效力问题发生争议，就必须通过一定的法律程序予以处理。从世界各国的法律规定来看，婚姻无效从程序上可分为当然无效和宣告无效两种。当然无效是指结婚当事人只要具有法定的婚姻无效原因，无须经婚姻登记机关或法院宣告，其婚姻即归于无效；宣告无效则是指即使结婚当事人具有婚姻无效的法定原因，其婚姻也不自然归于无效，必须经婚姻登记机关或法院宣告后，该婚姻才为无效。《中华人民共和国婚姻法》对婚姻无效的法律程序未明确规定，但根据有关司法解释的规定，我国采用的是宣告无效制，由人民法院通过诉讼程序对无效婚姻进行宣告。

1. 宣告婚姻无效的请求权

依最高人民法院《关于适用〈中华人民共和国婚姻法〉若干问题的

解释（一）》："有权根据《中华人民共和国婚姻法》第 10 条规定向人民法院就已办理结婚登记的婚姻申请宣告婚姻无效的主体，包括婚姻当事人及利害关系人。"婚姻当事人双方均有权申请宣告婚姻无效，无论其有无过错。而以利害关系人为请求权主体，范围应当适度，失之过窄不利于防治违法婚姻，失之过宽又不利于稳定婚姻关系。该司法解释根据不同的婚姻无效原因，对利害关系人的范围作出了具体规定：

（1）以重婚为由申请宣告婚姻无效的，为当事人的近亲属及基层组织。

（2）以未到法定婚龄为由申请宣告婚姻无效的，为未达法定婚龄者的近亲属。

（3）以有禁止结婚的亲属关系为由申请宣告婚姻无效的，为当事人的近亲属。

（4）以婚前患有医学上认为不应当结婚的疾病，婚后尚未治愈为由申请宣告婚姻无效的，为与患病者共同生活的近亲属。

宣告婚姻无效的请求权应在无效原因消失前行使。最高人民法院在《关于适用〈中华人民共和国婚姻法〉若干问题的解释（二）》中又指出："夫妻一方或者双方死亡后一年内，生存一方或者利害关系人依据婚姻法第 10 条的规定申请宣告婚姻无效的，人民法院应当受理。"这是因为婚姻效力对当事人的财产分割、遗产继承等问题将产生实质影响，所以在一方或双方当事人死亡的情况下，仍有确定婚姻效力的必要。

2. 宣告婚姻无效的程序

婚姻当事人及利害关系人依据《中华人民共和国婚姻法》第 10 条申请宣告婚姻无效，应向人民法院提起诉讼。人民法院受理案件后，经审查不具备法定的无效婚姻原因或无效原因已消失的，不予支持；反之，经审查确属无效婚姻的，则应依法作出宣告婚姻无效的判决，收缴双方的结婚证书并将生效的判决书寄送当地婚姻登记管理机关，以供其变更当事人的婚姻登记档案。在程序上，应当注意以下几个问题。

（1）有关婚姻效力的争议应以判决方式，而不以调解方式结案

法律有关婚姻无效的规定是强行性规范，而非任意性规范。当事人之间的结合是否具有婚姻的效力只能根据客观事实依法认定，而不取决于双方当事人的意愿。承认或否认婚姻的效力也并不是当事人可以自由

处分的权利。因此最高人民法院《关于适用〈中华人民共和国婚姻法〉若干问题的解释（一）》规定："人民法院审理宣告婚姻无效案件，对婚姻效力的审理不适用调解，应当依法作出判决；有关婚姻效力的判决一经作出，即发生法律效力。"

（2）在处理有关婚姻效力的纠纷时，不能因双方当事人对婚姻效力无争议而不予追究

人民法院受理申请宣告婚姻无效案件后，原告申请撤诉的，不予准许。且在利害关系人提起宣告婚姻无效之诉时，当事人双方均处于被申请人的诉讼地位。

（3）宣告婚姻无效时，应同时对子女和财产等问题一并处理，但应分别制作裁判文书

与婚姻效力的问题不同，对子女和财产等问题的处理既可以采用判决的方式，也可以采用调解的方式。对财产分割和子女抚养问题的判决不服的，当事人可以上诉。

（4）人民法院在审理有关案件时发现无效婚姻的，可依职权主动宣告

无效婚姻的宣告程序是培训中难以掌握的内容，要认真学习理解。

在审判实践中，有关离婚、扶养、继承等案件常常会涉及婚姻效力的问题。离婚以婚姻关系的存在为前提，当事人能否以配偶身份行使扶养、继承等权利也以婚姻效力为依据。如果人民法院在审理这些案件时发现婚姻无效情形，即使并无请求权人提起确认婚姻无效之诉，也可根据客观事实主动否认违法婚姻的效力，作出宣告婚姻无效的判决。

三、无效婚姻的法律后果

依《中华人民共和国婚姻法》第12条规定，无效婚姻自始无效，即从当事人最初结合时起，而非从人民法院作出宣告婚姻无效的判决时起就不具有婚姻的法律效力，当事人不具有夫妻的权利和义务，不适用《中华人民共和国婚姻法》关于夫妻人身关系和财产关系的各项规定。尽管如此，但由于双方当事人在一定期间内曾同居生活，有的还生有子女，因此在宣告婚姻无效、解除同居关系后有必要对财产分割、子女抚养等问题进行妥善处理。

1. 财产分割

婚姻被宣告无效后，当事人同居期间所得财产不适用离婚时分割共

同财产的规定，而应由当事人协议处理；协议不成时，由人民法院依法判决。当事人同居期间所得的财产，按共同共有处理，但有证据证明为当事人一方所有的除外；同居期间为共同生产、生活而形成的债权、债务，可按共同债权、债务处理。人民法院在处理此类问题时，应注意照顾无过错方，即对无效婚姻的形成无过错的当事人。一方在共同生活期间患有严重疾病未治愈的，分割财产时，也应对其予以适当照顾，或由另一方给予一次性的经济帮助。同居生活期间一方死亡时，另一方虽不能基于配偶身份成为第一顺序的法定继承人，但可作为继承人以外的对被继承人扶养较多的人，或继承人以外的依靠被继承人扶养的缺乏劳动能力又没有生活来源的人，依据《中华人民共和国继承法》第 14 条的规定分得适当遗产。

此外，对重婚导致的婚姻无效的财产处理，不得侵害合法婚姻当事人的财产权益。人民法院在审理这类案件时，应当准许合法婚姻当事人作为有独立请求权的第三人参加诉讼，从程序上为其财产权益提供有效保障。

2. 子女抚养

无效婚姻的法律后果是培训中应深入理解、反复练习的知识。

无效婚姻是自始无效的，故在无效婚姻中受胎和出生的子女为非婚生子女。依《中华人民共和国婚姻法》的有关规定，非婚生子女享有与婚生子女同等的权利，任何人不得加以危害和歧视。无效婚姻当事人所生的子女，适用《中华人民共和国婚姻法》有关父母子女的规定。父母对子女有抚养教育、管教保护的权利和义务，子女成年后对父母有赡养扶助的义务，父母和子女有相互继承遗产的权利。宣告婚姻无效、解除同居关系时，有关子女的抚养归属应由双方协商确定，协商不成时，应由人民法院基于子女最大利益原则，根据双方的具体情况判决。哺乳期内的子女，原则上应由母方抚养，如父方条件好且母方同意，也可以由父方抚养。子女为限制民事行为能力人的，还应征求子女本人的意见。不直接抚养非婚生子女的生父或生母，应负担子女的生活费和教育费，直至子女能独立生活为止。一方将未成年的子女送他人收养，须征得另一方的同意。

无效婚姻法律咨询要点

1. 婚姻家庭咨询师应针对求助者提供的事实，准确分析其婚姻是否有效，对构成无效婚姻的，还应对婚姻无效在当事人的人身、财产关系以及子女抚养等方面可能产生的后果提供法律意见。

2. 对于无效婚姻的当事人，婚姻家庭咨询师应注意引导其从维护法律的严肃性和权威性，促进社会稳定和谐的高度去认识无效婚姻的违法性，使其理解利害关系人也可申请宣告婚姻无效的原因。

【案例2—15】表兄妹的离婚纠纷

✣ 案例描述

1996年1月，顾女士与表哥倪先生（顾女士母亲系倪先生父亲的胞妹）在长辈们的介绍、撮合下开始交往，同年10月，两人隐瞒表兄妹关系向婚姻登记机关办理了结婚登记，之后开始共同生活。翌年11月，顾女士生下儿子。2000年，倪先生辞职后与朋友一起去南方某城市经商。由于倪先生聪明肯干，事业发展得非常顺利，几年后已经颇具成就，挣了不少钱。由于长期与顾女士分居两地，加之原来的感情基础也不深厚，倪先生感到与顾女士越来越疏远。由于倪先生成熟稳重，风度翩翩，事业成功，身边追求者众多。2007年12月，倪先生向顾女士提出离婚，并表示愿意将所有财产的60%分给顾女士，以弥补其多年来对家庭的付出，保证顾女士以后生活无忧。尽管顾女士十分不情愿，但考虑到双方已经没有感情，也只好同意，但随后两人在儿子的抚养权问题上产生了争议。顾女士认为，儿子多年来一直随自己生活，而且以后儿子是自己唯一的精神支柱，坚持要抚养儿子。倪先生则认为，自己具有更强的经济实力，能为儿子提供更好的学习、生活环境，应由自己抚养儿子。由于无法达成协议，倪先生只好向法院提起离婚诉讼。法院在审理过程中，发现顾女士与倪先生系表兄妹关系，拟判决双方婚姻关系无效。顾女士和倪先生都表示反对，顾女士为此向婚姻家庭咨询师进行咨询。

✣ 分析与建议

合法性是婚姻的本质特征，只有符合婚姻成立要件的结合，才能被法律赋予婚姻的效力，否则，法律对其效力予以否定评价，使其不发生夫妻间的权利和义务。本案中，顾女士与倪先生为表兄妹关系，属于《中华人民共和国婚姻法》禁止结婚的“三代以内的旁系血亲”范畴，其婚姻关系因不完全具备结婚的实质要件而无效。两人之间基于血缘而自然形成的表兄弟姐妹关系一直存在，不会因时间的经过而消除，所以其婚姻无效的事由始终无法改变，其婚姻关系应当被宣告无效。

宣告婚姻无效是确保结婚条件得以充分贯彻、维护法律权威的必然要求，不以婚姻当事人的申请为必要。最高人民法院《关于适用〈中华人民共和国婚姻法〉若干问题的解释（二）》规定：“人民法院受理离婚案件后，经审查确属无效婚姻的，应当将婚姻无效的情形告知当事人，并依法作出宣告婚姻无效的判决。”可见，人民法院可依职权主动对无效婚姻进行宣告，即使当事人并未就婚姻效力发生争议或提出诉讼请求亦然。本案中，虽然顾女士和倪先生都反对宣告其婚姻无效，但并不影响人民法院依法作出宣告。

婚姻一旦被宣告无效，则在双方当事人之间自始不发生婚姻的效力，不具有夫妻权利义务关系，其结合应被视为同居关系进行处理。同居期间所得财产不适用离婚时分割共同财产的规定，应由当事人协议处理；同居期间出生的子女，虽为非婚生子女，但与父母的关系不受影响。本案中，倪先生与顾女士关于财产分割的协议，只要是双方的真实意思表示即为有效，可在婚姻被宣告无效后适用。对于儿子的抚养权，因双方无法达成协议，则由法院根据双方的抚养能力、生活环境、与子女的感情联系等具体情况进行判决。由于儿子已经年满十周岁，对事物有了一定的辨别能力，因此应听取、考虑其对于随父或随母生活的意见。

法院可依职权主动宣告婚姻无效，这是学习中应深入理解的知识。

总之，婚姻家庭咨询师应向顾女士说明，因其与倪先生属于《中华人民共和国婚姻法》禁止结婚的亲属关系，所以两人的婚姻关系自始无效。法院有权主动宣告其婚姻无效。对于同居生活期间财产的分割，应由双方协商决定，协商不成的，由法院依法进行判决；对儿子的抚养问题，在协商不成的情况下，也由法院结合双方的具体情况，并考虑儿子的意见作出判决。

【案例 2—16】两个“妻子”的继承纠纷

✣ 案例描述

徐先生与董女士于 2003 年 6 月 16 日登记结婚。同年 9 月，董女士赴法国自费留学，但出国后不久便音信全无。2004 年 1 月，徐先生被诊断出患有尿毒症，随时可能有生命危险。徐先生的初恋情人廖女士得知此事后，主动前来照顾。在廖女士的悉心照料下，徐先生的病情有了很大好转。徐先生被廖女士的所作所为深深感动，决定与其结婚。

2005 年 8 月，徐先生向法院提起诉讼，要求与董女士离婚。法院受理案件后通过在《人民日报》上进行公告的方式，向董女士送达起诉状副本及开庭传票。由于董女士在规定的期限内未到庭应诉，法院依法进行了缺席审理，并于 2006 年 3 月 20 日作出了离婚判决。3 月 30 日，法院将该判决在《人民法院报》上进行了公告。

2006 年 5 月 1 日，徐先生与廖女士办理了结婚登记手续。同年 7 月，徐先生病情恶化，入院后经医治无效，于 8 月 1 日去世。几天后，董女士突然从法国回来，并出现在徐先生的葬礼上。董女士向廖女士提出，徐先生与自己的婚姻关系并未解除，其与廖女士结婚属于重婚，并要求继承徐先生留下的房屋、存款等全部财产。廖女士则认为，自己是在法院判决徐先生与董女士离婚后才与徐先生结婚的，并不构成重婚。且在徐先生生病的这几年，一直是自己在照顾徐先生，董女士没有尽过妻子的义务，根本没有资格继承徐先生的遗产。针对以上问题，廖女士向婚姻家庭咨询师进行咨询。

✣ 分析与建议

本案中，要解决徐先生两任妻子董女士和廖女士的遗产继承纠纷，即谁有权继承徐先生遗产的问题，主要是判断在徐先生死亡时，其与二者的婚姻关系是否合法有效，即徐先生与董女士的婚姻关系是否有效解除，徐先生与廖女士是否构成重婚。

徐先生与董女士的婚姻关系，经徐先生向法院提起离婚之诉，法院依法公告送达诉状和缺席审理后做出了离婚判决，似乎已经解除。但由于董女士居住在法国且下落不明，依照《中华人民共和国民事诉讼法》及其司法解释的有关规定，本案应适用涉外民事诉讼关于送达期间的特殊规定，即以公告方式向董女士送达判决书，自公告之日起满六个月视为送达，上诉期间为判决书公告送达期满的次日起30天。也就是说，只有等到2006年10月31日上述期间届满，董女士仍未提出上诉时，法院准予离婚的一审判决才能生效，徐先生与董女士的婚姻关系才能真正解除。但事实上，徐先生在同年5月1日，其前一个婚姻关系仍然有效存在的情况下就与廖女士办理了结婚登记手续，因此后一个婚姻关系属于重婚。董女士可以利害关系人身份，在徐先生死亡后一年内，向法院提起诉讼，以重婚为由申请宣告徐先生与廖女士的婚姻无效。而一经法院宣告，徐先生与廖女士的婚姻将自始无效。

当事人一方或双方死亡，不影响宣告其婚姻无效，这是学习中应注意理解和掌握的知识。

基于以上理由，婚姻家庭咨询师可以向廖女士说明：因其与徐先生登记结婚时，徐先生与董女士的婚姻关系尚未解除，故两人的结合属无效婚姻。董女士可以配偶身份，作为第一顺序的法定继承人继承徐先生的遗产；而廖女士则不是徐先生的法定继承人，无权继承其遗产。尽管如此，婚姻家庭咨询师也应为廖女士提供建议：廖女士几年来一直照顾生病的徐先生，属于《中华人民共和国继承法》第14条规定的“继承人以外的对被继承人扶养较多的人”，因此可以主张分得徐先生的适当遗产。至于董女士，虽然与徐先生具有合法婚姻关系，是徐先生的法定继承人，但因其几年来身在国外，音讯全无，对徐先生未尽扶养义务，也可根据《中华人民共和国继承法》第13条，主张在分配遗产时，对其不分或者少分。

【案例2—17】父母申请宣告女儿婚姻无效纠纷

✣ 案例描述

张女士为某技校学生，毕业前在某工厂实习期间认识了车间主任邓先生。邓先生对漂亮时尚的张女士一见倾心，展开了猛烈的追求攻势，还为张女士工作一事四处奔波。张女士因此对邓先生也很有好感，两人不久便确立了恋爱关系。人到中年的邓先生非常希望能尽快建立家庭，但因张女士只有19岁，无法办理结婚登记手续，便设法托人将张女士户籍登记和身份证上的年龄改为20岁，并顺利登记结婚。两年后，一直被蒙在鼓里的张女士父母得知此事，认为女儿年幼无知，是因为受到邓先生的欺骗才与之结婚的，遂以张女士尚未达到法定婚龄为由向法院起诉，要求宣告张女士与邓先生的婚姻无效。张女士则认为，自己与邓先生结婚是心甘情愿的，而且自己已经成年，有能力对自己的婚姻大事做出决定。婚姻是两个人的私事，任何第三人都无权干涉，即使是父母也无权宣告其婚姻无效。张女士遂找到婚姻家庭咨询师，希望寻求应对之策。

✣ 案例分析

本案中，张女士对父母申请宣告自己与邓先生的婚姻关系无效存在争议，所以应解决的问题主要是张女士与邓先生的婚姻是否具备无效事由，以及张女士父母是否有权申请宣告二人的婚姻无效。

张女士结婚时仅19岁，尚未达到女20周岁的法定婚龄，不完全具备结婚的实质要件，故其与邓先生的结合属无效婚姻。宣告婚姻无效是确保结婚条件得以充分贯彻、维护法律权威的必然要求，不以婚姻当事人的申请为必要，有关利害关系人也可以申请宣告婚姻无效。依最高人民法院《关于适用〈中华人民共和国婚姻法〉若干问题的解释(一)》，以未到法定婚龄为由申请宣告婚姻无效的，利害关系人为未达法定婚龄者的近亲属。张女士的父母有权向法院提起宣告女儿婚姻无效之诉。

但是，对无效婚姻的认定应以无效原因的现实存在为前提。当事人在结婚时虽不完全符合结婚条件，但若随着时间的推移，婚姻无效的原因已经消失，则不宜再宣告其婚姻关系无效。否则，无视男女双方已经同居生活甚至生有子女的事实，不仅不能起到保护当事人婚姻权益的目的，反而不利于婚姻家庭关系的稳定。本案中，尽管张女士在结婚时仅19岁，但当其父母在两年后申请宣告其婚姻无效时，张女士已经21岁，达到法定婚龄，因此对于张女士父母提出的申请，人民法院将不予支持。

✣ 咨询建议

婚姻家庭咨询师应向张女士说明：张女士与邓先生结婚时尚未达到法定婚龄，两人具有婚姻无效情形。张女士父母是张女士的近亲属，有权以利害关系人身份申请宣告其婚姻关系无效。但因张女士目前已经达到法定婚龄，婚姻无效的事由已经治愈，故法院不会支持张女士父母的请求。婚姻家庭咨询师还须对张女士进行必要的宣传教育，使其明白法定婚龄是男女双方结婚必须达到的年龄下限，这与是否成年、是否具备完全民事行为能力是不同的问题。如果结婚时不具备法定的结婚条件，

法院对无效情形已治愈的婚姻不再宣告其无效，这是培训应注意掌握的知识。

则婚姻效力无法得到法律的承认，当事人的合法权益也无法得到很好的保护，应引以为戒。

✣ 注意事项

1. 无效婚姻的宣告不以婚姻当事人申请为必要，利害关系人可申请宣告，人民法院也可依职权主动宣告婚姻无效。

2. 无效婚姻的宣告以无效原因的客观存在为前提，如果婚姻无效的原因已经治愈，则不再宣告其婚姻无效。

3. 无效婚姻自始无效，当事人之间按照同居关系确定其权利、义务。

本单元思考题

1. 无效婚姻因违反法定的结婚条件而自始无效，当事人不具有夫妻的权利和义务。实践中，不少无效婚姻当事人共同生活的时间较长，有的还生有子女，作为同居关系处理其人身、财产问题有时不利于保护弱势一方和子女的合法权益。你认为，在突出无效婚姻的违法性、无效性的同时，应如何对无效婚姻中的无过错方、弱势方予以充分的保护和救济？

2. 婚姻是双方当事人以永久共同生活为目的的结合，应充分尊重当事人的意思，但当存在婚姻无效情形时，为何可不依婚姻当事人的意思，由利害关系人申请宣告其婚姻无效，或由人民法院主动宣告其婚姻无效？说明无效婚姻的立法价值是什么？

3. 结婚应当具备法律规定的结婚条件和结婚程序。违反法定结婚条件的婚姻构成无效婚姻，那么欠缺法定结婚程序的婚姻是否也属于无效婚姻呢？

学习单元 2　提供处理可撤销婚姻的法律建议

本单元学习的主要内容涉及可撤销婚姻的相关法律规定。可撤销婚姻，是指已成立的婚姻关系，因欠缺婚姻合意，受胁迫的一方当事人可向婚姻登记机关或人民法院申请撤销的违法结合。因胁迫结婚的，受胁迫的一方可以向婚姻登记机关或人民法院请求撤销该婚姻。受胁迫的一方撤销婚姻的请求，应当自结婚登记之日起一年内提出。被非法限制人身自由的当事人请求撤销婚姻的，应当自恢复人身自由之日起一年内提出。婚姻被撤销后，同居期间所得的财产，由当事人协议处理；协议不成时，由人民法院根据照顾无过错方的原则判决。当事人所生的子女，适用《中华人民共和国婚姻法》有关父母子女的规定。

学习目标

➢ 熟悉可撤销婚姻的概念

➢ 掌握发生可撤销婚姻的原因及其法律后果

一、可撤销婚姻的概念及产生原因

可撤销婚姻，是指已成立的婚姻关系，因欠缺婚姻合意，受胁迫的一方当事人可向婚姻登记机关或人民法院申请撤销的违法结合。《中华人民共和国婚姻法》第 11 条规定，因胁迫结婚的，受胁迫的一方可以向婚姻登记机关或人民法院请求撤销该婚姻。可见，可撤销婚姻是因一方或双方当事人受胁迫，从而在双方当事人之间缺乏有效的结婚合意，违反了男女双方完全自愿的结婚条件所致。根据最高人民法院《关于适用〈中华人民共和国婚姻法〉若干问题的解释（一）》，"胁迫"是指行为人以给另一方当事人或者其近亲属的生命、身体健康、名誉、财产等方面造成损害为要挟，迫使另一方当事人违背真实意愿结婚的情况。胁迫不限于一方当事人对另一方所为，也包括一方或双方当事人受到第三人胁迫的情形。例如某些包办婚姻的双方当事人，各自都是受第三人胁迫而结婚的，此时双方当事人均可依法请求撤销该婚姻。

可撤销婚姻的原因是本单元须加深认识、深入理解的知识。

值得一提的是，依民法的一般理论，胁迫与欺诈、重大误解、显失公平均为意思表示瑕疵的原因，其行为从效力上说均为可撤销民事行为。但《中华人民共和国婚姻法》第 11 条仅将胁迫作为婚姻可撤销的原因，而未提及欺诈、重大误解和显失公平三种情形，有别于一般理论。尽管有学者主张婚姻可撤销的原因应包括意思表示的其他重大瑕疵，但在法律有明确规定的情况下，认定可撤销婚姻仍应严格依据法律规定，不宜任意对其作扩大解释。

二、婚姻撤销的法定程序

1. 撤销婚姻的请求权

尽管胁迫行为本身具有违法性，但考虑到社会生活的复杂性和多样性以及当事人的内心意思，可撤销婚姻的撤销以请求权人行使撤销权为前提，否则人民法院或婚姻登记机关不得依职权主动撤销该婚姻。依《中华人民共和国婚姻法》第 11 条，可撤销婚姻的撤销请求权专属于受胁迫一方的婚姻关系当事人本人，其他任何单位或个人均无该项请求权。至于受胁迫方是否行使撤销权，则由其本人自行决定，法律不应干预。可撤销婚姻是可以撤销，而不是必须撤销，因为在某些情形下，虽然结婚时一方或双方当事人受到胁迫，双方缺乏有效的结婚合意，但婚后经过一段时间的相互了解和共同生活，双方可能会产生保持婚姻关系的意思，如果不顾这种事实而强行撤销其婚姻，将不利于维护婚姻和家庭关系的稳定，有害于当事人的婚姻权益。

为促使请求权人尽快行使权利，避免婚姻效力长期处于不确定状态，《中华人民共和国婚姻法》要求受胁迫方应当自结婚登记之日起一年内行使撤销权。如果请求撤销婚姻的当事人被非法限制人身自由，则应自恢复人身自由之日起一年内提出。其中，撤销婚姻请求权的行使期限“一年”，在性质上为除斥期间，不适用诉讼时效中止、中断或者延长的规定。该撤销请求权因法定期间的经过而归于消灭，逾期不行使的，应视为对该项请求权的默示放弃，婚姻登记机关和人民法院将不再受理。

2. 撤销婚姻的两种程序

按照《中华人民共和国婚姻法》的规定，受胁迫方既可依行政程序向婚姻登记机关提出撤销婚姻的申请，又可依诉讼程序向人民法院提出撤销婚姻的诉讼。具体适用何种程序，可由受胁迫方自行选择，但如果涉及子女抚养、财产及债务等问题，只能通过诉讼程序处理。

撤销婚姻的请求权与两种程序是本单元的重点知识，培训中应反复练习。

受胁迫方向婚姻登记机关请求撤销其婚姻的，应当出具本人的身份证、结婚证和能够证明受胁迫结婚的证明材料，婚姻登记机关经审查认为受胁迫结婚的情况属实且不涉及子女抚养、财产及债务问题的，应当撤销该婚姻，宣告结婚证作废。如果当事人对婚姻登记机关准予撤销或不准撤销的决定不服的，可依法申请行政复议，提起行政诉讼。

受胁迫方向人民法院提起撤销婚姻之诉的，人民法院应当适用简易程序或者普通程序进行审理。人民法院经审查认为受胁迫结婚的情况属实，确系可撤销婚姻的，应依法做出撤销婚姻的判决，收缴双方的结婚证书并将生效的判决书寄送当地婚姻登记机关，以供其变更当事人的婚姻登记档案。

三、可撤销婚姻的法律后果

可撤销婚姻的法律后果因受胁迫方是否在法定期间内行使撤销婚姻请求权的不同而大相径庭。如果受胁迫方未在法定期间内行使撤销权，则该婚姻一直有效，与合法婚姻无异；反之，如果可撤销婚姻因受胁迫方在法定期间内行使撤销权而被婚姻登记机关或人民法院撤销，则该婚姻效力与无效婚姻一样，自始无效。当事人不具有夫妻的权利和义务。同居期间所得的财产，由当事人协议处理；协议不成时，由人民法院根据照顾无过错方的原则判决。当事人所生的子女，适用我国《中华人民共和国婚姻法》有关父母子女的规定。因无效婚姻部分已有详细介绍，故此处从略。

可撤销婚姻法律咨询要点

1. 婚姻家庭咨询师应针对求助者提供的事实，准确分析其婚姻是否属于可撤销婚姻，并为其提供有关婚姻被撤销的法律后果方面的法律建议。

2. 婚姻家庭咨询师应告知求助者，撤销权是受胁迫一方享有的权利，可以行使，也可以放弃。对于双方有一定感情基础，有可能在沟通、理解基础上消除胁迫产生的不利影响的可撤销婚姻当事人，婚姻家庭咨询师可根据具体情况，从维护家庭稳定的角度，说服、建议其不行使撤销权。

【案例 2—18】婚前偷拍女方裸照引起的风波

✣ 案例描述

2007 年 4 月，刘女士与王先生通过网络相识，在短暂相处几天后便确立了恋爱关系。很快，王先生提出要与刘女士结婚。刘女士认为，双方相处时间过短，了解不多，草率结婚可能对日后生活不利，于是拒绝了王先生的要求，但两人仍继续交往。同年6月的一天，王先生邀请刘女士到一家酒吧聊天，其间不断劝其喝酒，不胜酒力的刘女士很快就醉得不省人事。刘女士醒来后发现，王先生趁她醉酒期间偷偷拍下了她的裸照，原来一切都是王先生设下的圈套。王先生威胁刘女士说，如果不同意结婚，他就要在网上散布刘女士的裸照，让其名誉扫地，没脸见人。刘女士迫于无奈，只好与王先生办理了结婚登记手续。但是，婚后两人经常因小事争吵，王先生每次都以照片相威胁，要求刘女士迁就自己。刘女士不堪继续忍受，于2007年10月向人民法院起诉离婚，但并未提及裸照一事。王先生在答辩中称自己是真心爱刘女士，两人感情尚未破裂，不同意离婚。后法院判决驳回了刘女士的离婚请求。刘女士感到万分苦恼，就向婚姻家庭咨询师求助。

✣ 分析与建议

本案中，王先生通过非法手段拍摄了刘女士的裸照，并以在网上散布这些裸照对刘女士进行威胁，刘女士因害怕自己的隐私被泄漏，名誉受损，只得违背真实意思与王先生结婚。王先生的行为构成最高人民法院《关于适用〈中华人民共和国婚姻法〉若干问题的解释（一）》中所说的“胁迫”，其与刘女士的婚姻也因此构成可撤销婚姻。《中华人民共和国婚姻法》第11条规定：“因胁迫结婚的，受胁迫的一方可以向婚姻登记机关或人民法院请求撤销该婚姻。受胁迫的一方撤销婚姻的请求，应当自结婚登记之日起一年内提出。”婚姻家庭咨询师应据此告知刘女士：刘女士因受王先生胁迫而与之结婚，两人的结合属可撤销婚姻，即使其无法通过离婚程序成功解除与王先生的婚姻，也还可通过行使撤销权来使自己得到解脱，保护自己的合法权益。

可撤销婚姻的具体事由是培训中应反复练习的知识。

婚姻家庭咨询师还应向刘女士提供以下建议：在我国，撤销婚姻有两种可供选择的程序。一是向婚姻登记机关提出申请，由其依行政程序撤销婚姻，宣告结婚证作废；二是向人民法院提起诉讼，由其依诉讼程序作出撤销婚姻的判决。但如果申请撤销婚姻的同时涉及财产分割、子女抚养等问题，则只能适用后一种程序。无论选择何种程序，刘女士都必须就自己受到王先生胁迫的事实提供必要证据，这可能是在申请撤销婚姻过程中一个较难解决的问题。

【案例 2—19】被非法限制人身自由的妻子

✣ 案例描述

2004 年 5 月，赵女士在丈夫去世后不久的一次朋友聚会上认识了当时已婚的周先生，两人很快有了好感，关系暧昧。同年 12 月，周先生与妻子离婚，并向赵女士提出结婚。但赵女士当初与周先生在一起只是为了排解内心的苦闷，并无结婚打算，因此拒绝了周先生的要求，并欲与其疏远。周先生觉得，他为赵女士付出了家庭离散的代价，赵女士必须弥补。于是，先后采取拿菜刀恐吓、用电线勒脖子、殴打等手段向赵女士逼婚，均未奏效。2005 年 1 月，周先生到赵女士女儿所在的学校，将一封封控诉赵女士玩弄自己感情的“血书”四处张贴。周先生还对赵女士说，如果其不同意结婚，他就要用硫酸毁她女儿的容。赵女士为了女儿和自己的名誉及安全，只好于同年 1 月 22 日违心地与周先生办理了结婚登记手续。

婚后，周先生担心赵女士离家出走，便整天将赵女士和其女儿反锁在家，断绝了她们与外界的一切联系，对外则宣称赵女士突然患病，女儿陪母亲去外地看病了。直到 2006 年 4 月 12 日，赵女士母女二人才趁着周先生去外地出差的机会，设法逃了出来，躲到邻县一个同学家中。经了解，赵女士的父亲于 2005 年 9 月因病去世，留下了一笔遗产，赵女士依法可以分得一套价值 50 万元的房屋和 10 万元现金。

赵女士非常希望尽快了结与周先生的关系，同时又不愿与其分割父亲留下的遗产，遂于 4 月 15 日找到婚姻家庭咨询师，请其帮忙提供对策。

✣ 分析与建议

最高人民法院《关于适用〈中华人民共和国婚姻法〉若干问题的解释（一）》第 10 条规定：“婚姻法第 11 条所称的胁迫，是指行为人以给另一方当事人或者其近亲属的生命、身体健康、名誉、财产等方面造成损害为要挟，迫使另一方当事人违背真实意愿结婚的情况。”可见，构成婚姻可撤销事由的胁迫行为，其对象既可能是婚姻当事人本人，也可能是其近亲属；其客体既可能是生命、身体健康，也可能是名誉、财产等。本案中，赵女士与周先生开始交往时虽然是基于双方自愿，周先生还因此与前妻离婚，但在赵女士拒绝其结婚要求后，周先生不能正确处理和冷静对待，多次采用各种手段以对赵女士及其女儿的名誉、健康造成损害为要挟，使赵女士在违背真实意愿的情况下与其登记结婚，属于典型的胁迫行为。赵女士因受胁迫而与周先生缔结的婚姻关系为可撤销婚姻，赵女士可在法定期间内申请撤销该婚姻。

根据《中华人民共和国婚姻法》及其司法解释的有关规定，受胁迫的一方撤销婚姻的请求，应当自结婚登记之日起一年内提出。被非法限制人身自由的当事人请求撤销婚姻的，应当自恢复人身自由之日起一年内提出。其中的"一年"，不适用诉讼时效中止、中断或者延长的规定。因为当事人被非法限制人身自由期间，无法通过行使撤销权来维护自己的合法权益，如果不给予其特殊保护，可撤销婚姻制度的实际效用将大打折扣。本案中，赵女士便属于此种被非法限制人身自由的情形，故只要在恢复人身自由之日，即 2006 年 4 月 12 日起一年内行使撤销权，申请撤销婚姻即可。

至于对赵女士父亲遗产的处理，实为可撤销婚姻的法律后果问题。赵女士取得该笔遗产是在其与周先生的婚姻关系存续期间，根据婚姻效力的要求，在二人对财产归属无特别约定的情况下，本应属于双方共同财产。但是，被撤销的婚姻自始无效。一旦赵女士与周先生的婚姻被撤销，双方自始就不具有夫妻的权利和义务，法定夫妻财产制也失去了适用的基础。实际上，该遗产的取得与双方共同生活无关，应归赵女士个人所有，无须与周先生进行分割。即使赵女士与周先生无法就遗产的处理达成协议，人民法院在判决时也会遵循照顾无过错方的原则，对赵女士的权益予以保护。

被非法限制人身自由的当事人，其撤销权的行使期自恢复人身自由之日起算，这是培训中应特别注意的知识。

当然，赵女士也可以不行使撤销权，而是通过离婚程序解除与周先生的婚姻关系。但这种方式不及撤销婚姻那样便捷，在法律后果上也须将赵女士继承的遗产作为夫妻共同财产进行分割，并不利于维护赵女士的权益，也不符合其心理预期。

综上，婚姻家庭咨询师可以建议赵女士：在 2007 年 4 月 12 日以前向婚姻登记机关或人民法院申请撤销其与周先生的婚姻。婚姻一经撤销，自始无效，赵女士父亲的遗产便属于其个人财产，无须与周先生进行分割。

【案例 2—20】胁迫女方结婚又反悔的男人

✣ 案例描述

2003 年 2 月，大龄青年魏先生与女青年何某经人介绍后相识相恋。经过一段时间的交往，魏先生向何某提出结婚。何某觉得对魏先生了解不深，并未立即表态。魏先生以前多次遭人拒绝，害怕这次又是无果而终，便几次拿着菜刀到何某家，威胁何某说，如果不同意结婚，他就先杀了何某，然后自杀，两人同归于尽。何某见状十分害怕，便答应与其结婚。两人于同年 10 月 10 日办理了结婚登记。

婚后，魏先生对何某不错，何某逐渐消除了对魏先生的畏惧和敌意。2004 年 8 月，儿子小龙出生，何某感受到更多家庭生活的乐趣，于是决定以后安安心心地与魏先生过日子。同年 9 月，魏先生与朋友外出时买了一张彩票，几天后被证实中了头等奖，奖金 200 万元。魏先生欣喜若狂，心想自己可以过更好的日子了，何某的存在只会束缚自己，便准备以自己在结婚前曾胁迫何某为由向婚姻登记机关申请撤销婚姻。何某闻讯非常伤心，也担心自己和小龙以后的生活没有保障，便找到婚姻家庭咨询师征询意见。

✣ 分析与建议

本案中，需解决的主要问题是：在可撤销婚姻中，实施胁迫行为的一方当事人能否申请撤销该婚姻。

可撤销婚姻制度设立的一个重要目的，就是对违反婚姻自由原则、实施胁迫行为的人给予严厉的警告，同时对因受胁迫而违背真实意思结婚、受到伤害的婚姻当事人给予有力的救济。如果允许实施胁迫行为的一方行使撤销权，不但不能实现上述目的，反而变相承认其有权肆意决定并改变婚姻关系的效力，这无异于在受胁迫者的伤口上又撒了一把盐，是不符合法律的公平正义原则的。因此最高人民法院《关于适用〈中华人民共和国婚姻法〉若干问题的解释（一）》明确规定："因受胁迫而请求撤销婚姻的，只能是受胁迫一方的婚姻关系当事人本人。"这即是说，实施胁迫行为的一方是不能请求撤销婚姻的。

胁迫方无权申请撤销婚姻，这是培训中应注意理解和掌握的知识。

婚姻家庭咨询师可向何女士说明：魏先生采用胁迫手段迫使何女士与自己结婚，两人的结合为可撤销婚姻，何女士依法享有撤销权。魏先生是实施胁迫行为一方，无权申请撤销婚姻。对于何女士而言，婚姻撤销权是一种权利，可以行使，也可以放弃。如果何女士在法定期限内不行使该权利，则其与魏先生是受法律保护的合法婚姻关系，具有夫妻间的权利义务。如果何女士不愿继续与魏先生生活，也建议其通过离婚方式，而不通过撤销婚姻的方式。因为在前者，彩票奖金属于夫妻共同财产，应进行分割；而在后者，该奖金则属于魏先生个人财产，何女士的权益无法得到很好的保障。

【案例 2—21】双方父母强迫子女结婚后

✣ 案例描述

吴先生与苏先生是有几十年交情的老战友，关系非常亲密。多年前，吴先生曾对苏先生说，将来要让女儿与苏先生的儿子结婚，将两人的友谊延续下去，苏先生欣然应允。但事情并未按照两位老人的意愿发展，两个孩子长大后分别有了自己的异性朋友。2003 年 5 月，苏、吴二人经过商量，决定各自对儿女施加压力，使其同意结婚。之后，吴先生对女儿以死相逼，苏先生则以断绝父子关系威胁儿子，两个孩子迫于无奈，只好于同年 7 月 6 日办理了结婚登记手续。2004 年元旦，苏先生、吴先生相约外出钓鱼，在回程途中其乘坐的公共汽车突然发生故障，冲下山崖，两人都当场去世。操办完两位老人的后事后，丈夫对妻子说，两人并无感情基础，当初结婚只是为满足两位老人的心愿，现在两位老人均已去世，希望可以与妻子解除婚姻关系。妻子表示同意，但认为女性离婚后难以被人接受，因此希望采取其他方式解除婚姻。双方就此向婚姻家庭咨询师询问意见。

✣ 分析与建议

本案中，两个孩子结婚是迫于双方父亲的压力和威胁。因害怕父亲与自己断绝父子关系或死亡而产生恐惧，并基于此种心理状态，违背内心真实意思作出的结婚决定，应属于受胁迫结婚。但是，对于婚姻双方当事人都受到来自第三人的胁迫，且实施胁迫行为者为各自父亲的情形是否属于婚姻可撤销事由，《中华人民共和国婚姻法》及其司法解释都未予以明确。根据婚姻自由原则，男女双方结婚必须基于其本人自愿，包括父母在内的任何人都不得加以干涉。任何采取胁迫方式对当事人结婚与否施加非法影响的行为都应受到法律的否定评价，任何因受胁迫而结婚的当事人都应得到法律的救济。可撤销婚姻制度正是基于这样的立法精神设立的，受父母胁迫而成立的婚姻自然也应属于可撤销婚姻的范畴。

婚姻家庭咨询师应当告知这对夫妻：两人因受双方父亲胁迫而缔结的婚姻关系属可撤销婚姻，两人可向婚姻登记机关或人民法院申请撤销婚姻。婚姻一经撤销，自始无效，双方自结婚之日起不具有夫妻的权利和义务。

双方当事人均受第三人胁迫而结婚的，也属可撤销婚姻，这是培训中应加深理解的知识。

✣ 注意事项

1. 胁迫是婚姻可撤销的唯一事由，但其具体表现形式多样，这是本单元须深入理解、反复练习的问题。

2. 可撤销婚姻只能由受胁迫一方当事人本人申请撤销，胁迫方及其他人都无此权利。撤销婚姻可依行政程序，也可依诉讼程序，当事人享有选择权。这些是本单元的重点知识，应加深理解。

3. 对被非法限制人身自由的当事人，应予以特别保护，其撤销权的行使期间自恢复人身自由之日起算，这是培训中应特别注意的知识。

本单元思考题

1. 根据我国《婚姻法》的有关规定，无效婚姻制度与可撤销婚姻制度的相同点和不同点分别是什么？你认为这种立法体例可能存在什么问题？

2. 某法院受理了一起离婚案件，原告刘某与丈夫胡某结婚仅四个月，但关系十分恶劣，经常吵闹，刘某遂以感情破裂为由起诉离婚。经审理查明，刘某与胡某并无感情基础，当初是因胡某扬言：如果刘某不与其结婚，便要毁了刘某容貌，刘某因害怕才与其结婚的。请问法院应如何处理本案，可否主动撤销刘某与胡某的婚姻，为什么？

3. 有学者认为，《婚姻法》第11条仅将受胁迫作为婚姻可撤销的原因，失之过窄，因受欺诈而结婚等意思表示的重大瑕疵，也应作为婚姻可撤销的原因。你对此如何评价？

学习单元 3　提供处理事实婚姻的法律建议

本单元的主要内容是掌握处理事实婚姻的法律规定及建议。事实婚姻是指没有配偶的男女双方，未进行结婚登记，以夫妻关系同居生活，群众也认为是夫妻关系的结合。我国对待事实婚姻的态度，经历了从有条件承认到不承认的变化。根据现行《中华人民共和国婚姻法》及其司法解释的规定，未办理结婚登记而以夫妻名义共同生活的男女，起诉到人民法院要求离婚的，应以 1994 年 2 月 1 日民政部《婚姻登记管理条例》的公布实施为界，实行区别对待：此前双方已经符合结婚实质要件的，按事实婚姻处理；此后双方才符合结婚实质要件的，人民法院应当告知其在案件受理前补办结婚登记；未补办结婚登记的，按解除同居关系处理。不承认事实婚姻的效力并不影响事实重婚的认定，事实上的重婚仍应按重婚论处。

学习目标

- 熟悉事实婚姻的概念
- 了解我国对事实婚姻的相关政策的历史发展
- 掌握我国法律关于事实婚姻的现行法律规定

一、事实婚姻的概念

1. 事实婚姻的定义

事实婚姻是与法律婚姻相对的概念，根据最高人民法院 1979 年 2 月 2 日在《关于贯彻执行民事政策法律的意见》中所下的定义，“事实婚姻是指没有配偶的男女双方，未进行结婚登记，以夫妻关系同居生活，群众也认为是夫妻关系的”结合。依据这一定义，事实婚姻欠缺结婚的形式要件，这是其与法律婚姻的根本区别。此外，事实婚姻的当事人仅限于没有配偶的男女双方，双方以夫妻名义同居生活，具有一定的公示性。

2. 事实婚姻和同居的区别和联系

同居有广义和狭义两层含义。广义的同居是指没有婚姻关系的双方在一起共同生活的事实，既包括同性之间的同居，也包括异性之间的同居；既包括无配偶者之间的同居，又包括有配偶者与他人之间的同居。事实婚姻属于广义同居的一种特定形式。一些不承认事实婚姻的国家，将男女双方未经法定的结婚程序即以夫妻名义同居生活的结合直接作为同居关系加以调整。狭义的同居则是指没有配偶的男女双方未经结婚登记而共同生活，其与事实婚姻具有一定的相似性，即二者均欠缺结婚的形式要件，主体均为无配偶的男女双方，且当事人均在一起共同生活。但事实婚姻的成立须满足比狭义同居更严格的条件。首先，事实婚姻当事人在主观上具有永久共同生活的目的。其次，事实婚姻在客观上具有公开性，即双方当事人须以夫妻名义同居生活，周围群众也认为其是夫妻。最后，事实婚姻的双方当事人须符合结婚的实质条件，包括达到法定婚龄，不具有禁止结婚的疾病或亲属关系等。狭义同居则无须具备上述条件。此外，从法律效力上看，法律承认的事实婚姻具有与合法婚姻完全一样的效力，当事人之间互为配偶，适用法律关于夫妻权利义务的规定，所生子女为婚生子女；不具备上述事实婚姻条件的或法律不予承认的事实婚姻，则被视为同居关系，当事人之间不适用法律关于夫妻权利义务的规定，所生子女为非婚生子女。

事实婚姻与同居的区别，也是事实婚姻构成上的重要特征，这是婚姻家庭咨询师应该掌握的重要内容。

二、我国对事实婚姻相关政策的历史发展

在我国，事实婚姻是司法实践和婚姻管理工作中一个比较复杂的问题。尽管《中华人民共和国婚姻法》对事实婚姻未曾作过明确规定，但在一个相当长的时期内，我国在司法实践中并没有一概否认事实婚姻的效力，而是分别情况、区别对待，有条件的对事实婚姻予以承认。根据最高人民法院历次的有关司法解释，有关事实婚姻的法律对策主要经过了以下三个阶段的发展变化。

1. 第一阶段：新中国成立初期至 1989 年 11 月 21 日

在此期间，司法实践中承认符合法定结婚条件的事实婚姻。根据最高人民法院《关于贯彻执行民事政策法律的意见》（1979 年 2 月 2 日）和《关于贯彻执行民事政策法律若干问题的意见》（1984 年 8 月 30 日）的规定，人民法院审理事实婚姻案件，一方面要坚持结婚必须进行登记的规定，对不登记者进行批评教育；另一方面又要具体案件具体处理，对不符合法定结婚条件的，在做好工作的基础上解除其同居关系；对符

合法定结婚条件的，则视同合法婚姻，按一般离婚的案件处理。

2. 第二阶段：1989 年 11 月 21 日至 1994 年 2 月 1 日

在此期间，司法实践仍然是有条件地承认事实婚姻，但条件比过去更为严格。1989 年 11 月 21 日最高人民法院《关于人民法院审理未办理结婚登记而以夫妻名义同居生活案件的若干意见》对发生于不同时期的此类违法结合规定了不同的处理办法。（1）1986 年 3 月 15 日《中华人民共和国婚姻登记办法》施行以前，未办理结婚登记即以夫妻名义同居生活，群众也认为是夫妻关系的，一方向人民法院起诉"离婚"，如起诉时双方符合结婚的法定条件，可认定为事实婚姻关系；如起诉时一方或双方不符合结婚的法定条件，应认定为非法同居关系。（2）1986 年 3 月 15 日《中华人民共和国婚姻登记办法》施行之后，未办理结婚登记手续即以夫妻名义同居生活，群众也认为是夫妻关系的，一方向人民法院起诉"离婚"，如同居时双方均符合结婚的法定条件，可认定为事实婚姻关系；如同居时一方或双方不符合结婚的法定条件，应认定为非法同居关系。（3）自民政部新的《婚姻登记管理条例》施行之日起，未办理结婚登记即以夫妻名义同居生活，按非法同居关系对待。

3. 第三阶段：1994 年 2 月 1 日至今

不同阶段认定事实婚姻的条件有所不同，应注意区分，正确运用。这是本单元的难点知识。

1994 年 2 月 1 日，民政部《婚姻登记管理条例》颁布施行。该《管理条例》规定，未到法定结婚年龄的公民以夫妻名义同居的，或者符合结婚条件的当事人未经结婚登记以夫妻名义同居的，其婚姻关系无效，不受法律保护。可见，这一阶段对事实婚姻采取不予承认的态度。

三、补办结婚登记及其效力

事实婚姻的当事人未办理结婚登记，欠缺婚姻成立的形式要件。根据许多国家的立法惯例，欠缺婚姻成立的形式要件通常为婚姻无效的原因。《中华人民共和国婚姻法》虽然增设了无效婚姻的有关规定，但却没有将未办理结婚登记作为婚姻无效的原因，这为有条件地承认事实婚姻留下了余地。

依《中华人民共和国婚姻法》第 8 条，办理结婚登记，取得结婚证，方可确立夫妻关系；未办理结婚登记即以夫妻名义同居生活的，应当补办登记，否则不具有婚姻的效力。补办结婚登记的，婚姻关系的效力从双方均符合婚姻法所规定的结婚的实质要件时起算。对于未办理结婚登记而以夫妻名义共同生活的男女，起诉到人民法院要求离婚的，《最高人民法院关于适用〈中华人民共和国婚姻法〉若干问题的解释（一）》以 1994 年 2 月 1 日民政部《婚姻登记管理条例》的公布实施为界，实行区别对待：在此之前男女双方已经符合结婚实质要件的，按事实婚姻处理；在此之后男女双方才符合结婚实质要件的，人民法院应当告知其在案件受理前补办结婚登记；未补办结婚登记的，按解除同居关系处理。

四、事实婚姻与重婚

重婚是指有配偶者又与他人结婚的违法行为，包括法律上的重婚和事实上的重婚两种情形。法律上的重婚是指有配偶的人又与他人登记结婚。司法实践中，对其认定与处理并不存在太多问题，而且只要严格婚姻登记管理，这类重婚现象是可以得到有效遏制的。事实上的重婚则是指有配偶的人虽未与他人办理结婚登记手续，但以夫妻名义同居生活。现实生活中的重婚以此种情形居多，且在对其认定和处理的问题上存在不少争议，所以有必要作进一步的阐释。

事实上的重婚具体表现为三种形式：已登记结婚的一方又与第三人形成事实婚姻关系；事实婚姻关系的一方又与第三人登记结婚；事实婚姻关系的一方又与第三人形成新的事实婚姻关系。无论何种形式，在前婚和后婚中至少有一个是事实婚姻。如前所述，我国以 1994 年 2 月 1 日为界，对未办理结婚登记而以夫妻名义共同生活的男女双方的结合实行区别对待，对此后才符合结婚实质要件且未补办结婚登记的，不认定其具有婚姻的效力。于是，有一种观点认为：既然不承认事实婚姻的法律效力，在未办理结婚登记即以夫妻名义同居生活的当事人之间没有产生婚姻关系，那么不管另一个婚姻的形态、效力如何，都不可能构成重婚，因为重婚要求同时存在两个以上的婚姻关系，即有婚姻关系的重叠。如果肯定这种观点，那就意味着从 1994 年 2 月 1 日以后，一人可以同时与数人以夫妻名义同居生活却不构成重婚，不必承担任何法律责任，这显然违反了一夫一妻制原则，具有严重的社会危害性。

因此，对事实重婚的认定应有别于事实婚姻，不再承认事实婚姻的效力不应影响因事实婚姻而构成的事实重婚行为。1994 年最高人民法院《关于〈婚姻登记管理条例〉施行后发生的以夫妻名义非法同居的重婚案件是否以重婚罪定罪处罚的批复》肯定了这一做法，该《批复》规定：

此部分为培训中难以掌握的内容，应深入理解。

“有配偶的人与他人以夫妻名义同居生活的，或者明知他人有配偶而与之以夫妻名义同居生活的，仍应按重婚罪定罪处罚。”

处理事实婚姻法律咨询要点

1. 对于同居关系的当事人，婚姻家庭咨询师应向其说明，我国目前未对同居关系做出明确规定，当事人权益无法得到很好保障，并建议、劝说其补办结婚登记。

2. 婚姻家庭咨询师在帮助求助者认定其身份关系的性质后，也可根据其实际情况，主动对财产分割、子女抚养、遗产继承等相关问题一并提出建议。

【案例 2—22】刘先生与黄女士的事实婚姻

✣ 案例描述

1990 年 2 月，某村村民刘先生与黄女士自由恋爱后决定结婚。因所在村距离婚姻登记机关路途遥远，二人没有办理结婚登记手续，但是按当地习俗举行了婚礼，之后便同居生活。次年 10 月，黄女士生下儿子小明。2003 年 7 月，刘先生因病去世，留下房屋 3 间，存款 2 万元和价值约 1 万元的家具、电器。丧礼结束后，黄女士向刘先生父母提出希望尽快分割刘先生的遗产。刘先生父母提出，刘先生与黄女士结婚时只有 20 岁，没有达到法定婚龄，而且二人没有领取结婚证，所以黄女士无权分配遗产。黄女士则提出，尽管自己与刘先生没有办理结婚登记，但双方在一起共同生活已经 13 年，所有人都知道他们是夫妻，而且刘先生留下的所有财产都是双方共同积累的，自己理应参与分配。双方为此争执不下，黄女士无奈向法院提起诉讼。刘先生父母为此向婚姻家庭咨询师咨询意见。

✣ 分析与建议

本案中，黄女士与刘先生父母争议的焦点是对黄女士是否有权继承刘先生的遗产。解决这个问题，实际上就是看黄女士是否为刘先生的法定继承人，能否以配偶身份参与刘先生的遗产分配，因此关键在于正确认定黄女士与刘先生的关系。

刘先生和黄女士虽未办理结婚登记手续，但根据当地习俗举行了婚礼，这说明二人是以夫妻名义相处的，周围群众也认为他们是夫妻，其共同生活的事实是公开而非秘密的。刘、黄二人从 1990 年 2 月开始共同生活，尽管当时刘先生只有 20 岁，尚未达到法定婚龄，但到 1994 年 2 月 1 日民政部《婚姻登记管理条例》公布实施之时，刘先生已经超过 22 岁，完全具备结婚条件。依《最高人民法院关于适用〈中华人民共和国婚姻法〉若干问题的解释（一）》之规定，刘先生和黄女士应认定为事实婚姻关系。事实婚姻当事人适用法律关于夫妻权利义务的规定，彼此享有继承权，因此黄女士作为刘先生的配偶，有权以第一顺序的法定继承人身份参与继承。

此外，刘先生和黄女士之间的财产关系适用法定财产制，在其婚姻关系存续期间所得的生产、经营收益等财产，如果没有特别约定，归双方共同所有。如果确如黄女士所言，刘先生留下房屋、存款、家具、电器等财产是双方在长期共同生活的过程中积累起来的，那么在婚姻关系因刘先生死亡而终止时，这些财产首先应作为夫妻共同财产，在二者之间进行分割。只有分割给刘先生个人的财产，才能作为其遗产，由黄女士与刘先生父母、儿子小明共同继承，并按均等原则进行分配。

综上，婚姻家庭咨询师应向刘先生父母说明，尽管刘先生与黄女士未办结婚登记手续而以夫妻名义同居生活，但双方在 1994 年 2 月 1 日以前已经符合结婚的实质要件，因此构成事实婚姻。黄女士是刘先生的配偶，有权作为刘先生第一顺序的法定继承人参与继承，分割遗产，刘先生父母不能拒绝。婚姻家庭咨询师也应提醒刘先生父母，只有刘先生个人所有的财产才能作为遗产进行分配，如果刘先生留下的财产为黄、陈二人的夫妻共同财产，那么首先应进行共同财产的分割，不能侵害黄女士的合法财产权益。

正确认定事实婚姻还是同居关系是学习中需要反复练习的知识与技能。

【案例 2—23】补办结婚登记的效力

✣ 案例描述

邹先生与晏女士是高中同学，两人在校期间就确立了恋爱关系。1997 年 7 月，两人大学毕业后决定结婚，双方父母都表示赞成，晏女士父母还为女儿购买了一套房屋作为新房。但因邹先生当时只有 21 岁，未达法定婚龄，无法办理结婚登记手续，所以两人只举行了婚礼，之后便在一起同居生活。因为住处离邹先生工作单位很远，邹先生父母于1998年元旦购买了一辆价值10万元的汽车，作为新年礼物送给邹先生。1998年6月13日，邹先生22岁生日那天，为自己购买了一台笔记本电脑。在双方父母的催促下，同年8月8日，邹先生与晏女士到婚姻登记机关领取了结婚证。之后，双方又共同添置了数码相机等价值2万元的物品，并有5万元存款。

后来，由于邹先生工作繁忙，经常加班、出差，晏女士觉得受到冷落，经常与邹先生争吵，两人感情逐渐恶化。2003年11月，邹先生与晏女士决定离婚，并同意对数码相机、存款等平均分割，但在房屋、汽车、笔记本电脑的分割问题上则存在争议。晏女士认为，房屋是父母在双方结婚前给自己买的，属于个人财产；汽车、笔记本电脑则为婚后双方取得的共同财产，应进行分配。邹先生则认为，汽车是其父母送给自己个人的，笔记本电脑是其在结婚登记前自行购买的，均为个人财产；房屋则是晏女士父母为两人共同生活目的购买和赠送给双方的，属于共同财产。因双方就上述问题争执不下，遂一起向婚姻家庭咨询师进行咨询。

✣ 分析与建议

本案中，邹先生与晏女士在1997年7月举行婚礼后，未办理结婚登记即以夫妻名义同居生活，虽晚于1994年2月1日民政部《婚姻登记管理条例》的公布实施，但双方在1998年8月8日补办了结婚登记，根据最高人民法院《关于适用〈中华人民共和国婚姻法〉若干问题的解释(一)》，其结合应具有合法婚姻的效力。邹先生与晏女士互为配偶，在对财产无特别约定的情况下，应直接适用法定财产制的规定。对于双方在办理结婚登记之后所购买的物品和积累的存款，双方均认可为夫妻共同财产，同意进行分配，但对在此之前所得各项财产的归属则存在争议。要解决这个问题，实质上就是要判断双方在补办结婚登记之前是否具有法律认可的夫妻关系，即婚姻效力能否溯及至当事人补办结婚登记以前的同居生活阶段，这是本案的关键问题。

《中华人民共和国婚姻法》第8条规定："未办理结婚登记的，应当补办登记。"但对于补办结婚登记的效力则并未提及。最高人民法院《关于适用〈中华人民共和国婚姻法〉若干问题的解释（一）》对此作了明确解释，规定："男女双方根据婚姻法第 8 条规定补办结婚登记的，婚姻关系的效力从双方均符合婚姻法所规定的结婚的实质要件时起算。"本案中，邹先生与晏女士自 1997 年 7 月开始同居生活，但直至邹先生年满 22 岁，达到法定婚龄时起，双方才完全符合结婚的实质要件。因此，邹、晏二人补办结婚登记后，其婚姻关系的效力应自 1998 年 6 月 13 日起算。

房屋和汽车分别为晏女士父母和邹先生父母在邹、晏二人的婚姻关系生效前购买并赠送给其子女的，为其婚前财产，根据《中华人民共和国婚姻法》第 18 条之规定，夫妻一方的婚前财产为该方的个人财产，无须进行分割。尽管邹先生提出，晏女士父母购买的房屋是供双方共同生活所用，但最高人民法院《关于适用〈中华人民共和国婚姻法〉若干问题的解释（二）》明确规定："当事人结婚前，父母为双方购置房屋出资的，该出资应当认定为对自己子女的个人赠与，但父母明确表示赠与双方的除外。"本案中，晏女士父母并无将房屋赠与给双方的明确意思表示，因此该房屋仍归晏女士个人所有，邹先生无权要求分割。至于邹先生购买的笔记本电脑，由于购买当天双方的婚姻关系已经发生效力，故应作为夫妻共同财产进行分割。

婚姻家庭咨询师应告知邹先生和晏女士：双方婚姻关系的效力并非从举行婚礼、开始同居时起算，也非从双方补办结婚登记之日起算，而是从双方均符合结婚实质要件，即 1998 年 6 月 13 日起算。在此之前晏女士获赠的房屋和邹先生获赠的汽车均为各自的个人财产，分别归各人所有，无须进行分割；而当日购买的笔记本电脑属于夫妻共同财产，应与数码相机、存款等其他财产一起，在双方之间依法进行分割。

补办结婚登记的效力是本单元的重点内容，在学习中应深入理解、反复练习。

【案例 2—24】事实重婚问题

✣ 案例描述

1995 年，崔先生经人介绍与金女士相识相恋后登记结婚。婚后刚开始的一段时间，两人感情融洽，日子过得很甜蜜，但随着时间的推移，两人经常因为一些家庭琐事而争吵，感情日益冷淡和疏远。1997 年 2 月的一天，两人因为小事大打出手，金女士备感委屈，一气之下离家出走。金女士离开后，崔先生后悔莫及，到处打听金女士的下落，希望挽回两人的感情，但一直没有任何音讯。直到2003年年初，崔先生才从一位朋友处得知金女士在广州。崔先生于是也赶到广州，一边打工一边继续寻找妻子。功夫不负有心人，不久后的一天，崔先生在广州火车站附近遇到了金女士，并要求金女士和他一起回家过日子。但金女士非常冷淡地拒绝了崔先生，并对崔先生说，她与崔先生感情不和，长期分居，婚姻关系早就自然解除了。现在她已经有了新的家庭，“丈夫”是她的同事汪先生，而且两人已经有了一个两岁的女儿。后来，崔先生经多方了解，得知金女士在2000年8月与汪先生举行婚礼后即同居生活，两人并未办理结婚登记手续，汪先生对金女士结过婚也毫不知情。崔先生认为，他和金女士是正式登记结婚的合法夫妻，汪先生明显属于“第三者”插足。越想越憋气的崔先生决定为自己讨一个公道，遂向婚姻家庭咨询师询问可以采取哪些途径保护自己的合法权益。

✣ 分析与建议

本案中，要为崔先生提供维护其合法权益的途径，须先对金女士未与崔先生办理离婚手续即与汪先生以夫妻名义同居生活的行为进行定性，确定其是否违法。

首先，金女士与崔先生的婚姻关系并不因感情不和或长期分居的事实而自动解除。婚姻关系的成立与解除，都须符合法律规定或认可的方式，履行特定的程序。根据《中华人民共和国婚姻法》的有关规定，解除婚姻关系，当事人既可以共同到婚姻登记机关办理离婚登记；又可以向人民法院提出离婚诉讼，由人民法院依法做出离婚判决。本案中，金女士与崔先生于1995年经办理结婚登记手续而缔结合法有效的婚姻关系。但1997年金女士离家出走时并未通过行政程序或诉讼程序与崔先生离婚，两人的婚姻关系始终存在。

其次，金女士与汪先生的同居关系侵害了崔先生的婚姻权益。2000年8月，金女士在前一个婚姻关系仍然合法有效的情况下，又与汪先生未办结婚登记而以夫妻名义同居生活。尽管其开始同居的时间晚于1994年2月1日民政部《婚姻登记管理条例》的公布实施，依据《最高人民法院关于适用〈中华人民共和国婚姻法〉若干问题的解释（一）》，并不构成事实婚姻，但不承认事实婚姻的效力并不影响事实重婚行为的认定。最高人民法院《关于〈婚姻登记管理条例〉施行后发生的以夫妻名义非法同居的重婚案件是否以重婚罪定罪处罚的批复》规定："有配偶的人与他人以夫妻名义同居生活的，或者明知他人有配偶而与之以夫妻名义同居生活的，仍应按重婚罪定罪处罚。"故金女士与汪先生同居的行为违反了一夫一妻制的要求，构成重婚罪。而汪先生由于不知道金女士已有配偶，主观上没有重婚的故意，所以不构成重婚罪。

基于以上分析，咨询师可以告知崔先生：金女士在未与其解除婚姻关系的情况下，又与汪先生以夫妻名义同居生活，构成重婚罪。崔先生可直接向人民法院提起自诉，也可向公安机关控告，然后由人民检察院提起公诉，追究金女士的刑事责任。另一方面，如果崔先生欲与金女士离婚，则可根据《中华人民共和国婚姻法》的有关规定，以金女士重婚为由向其主张离婚损害赔偿。如果崔先生选择通过诉讼程序解除婚姻关系，金女士的重婚行为也可作为人民法院判定夫妻感情确已破裂的依据。

事实婚姻与事实重婚并非同一概念，认定标准也不相同，培训中应注意区分。

❖ 注意事项

1. 事实婚姻与事实重婚并非同一概念，不承认事实婚姻的效力也不影响因事实婚姻而构成的事实重婚行为。民法上的重婚行为与刑法上的重婚罪也不完全相同。

2. 补办结婚登记的效力溯及至双方完全符合结婚的实质要件之时，这对于确定夫妻双方的财产归属具有重要的决定作用，应注意掌握。

3. 我国不同阶段对待事实婚姻的态度有所不同，认定事实婚姻的条件也有所变化，应注意根据当事人的具体情况，分别适用不同的司法解释。《最高人民法院关于适用〈中华人民共和国婚姻法〉若干问题的解释(一)》是我国现阶段认定事实婚姻的依据，应重点掌握。

本单元思考题

1. 婚姻的成立必须符合法律规定或认可的方式，履行特定的程序，但对一些欠缺婚姻成立形式要件的事实婚姻，法律仍承认其具有合法婚姻的效力。你认为这二者矛盾吗，承认事实婚姻的效力与维护法定结婚程序的严肃性、统一性之间应如何协调?

2. 依据《最高人民法院关于适用〈中华人民共和国婚姻法〉若干问题的解释（一）》，未依法办理结婚登记而以夫妻名义共同生活的男女，起诉到人民法院要求离婚的，如果双方是1994年2月1日以后符合结婚实质要件的，人民法院应当告知其在案件受理前补办结婚登记；未补办结婚登记的，按解除同居关系处理。你认为这一规定在实施中可能遇到哪些问题？

3. 有学者认为，事实婚姻在我国的存在具有广泛性、大量性和长期性的特点。你对此如何理解和评价？

第3章 亲子关系咨询

亲子关系是人来到世间的第一个人际关系，它对每个人的身心健康、成长发展都有十分重要的影响。新生儿因为母亲的喂养和照料而产生依恋，这是人类最初始的也是对终生影响最深远的一种情感，是健康成长不可缺少的环节。而孩子的社会化在很大程度上也是在亲子相互作用之中形成的。亲子关系的质量决定着孩子社会化过程是否顺利、是否发生障碍或缺陷，也决定着其人格核心部分或基本结构的定型和水平的高低。

天下几乎没有不爱孩子的父母，然而很多父母却发现，自己含辛茹苦地养育孩子，却与孩子的关系不尽如人意，有些甚至十分紧张与敌对。面对孩子出现的各种各样的成长问题，有些父母感到自己的努力似乎已经到了极限，孤独、无奈、惶恐，心力交瘁……

但是，换个角度来看，我们就会发现，许多父母“望子成龙”“棍棒底下出孝子”，私拆孩子的信件，以个人好恶干涉孩子人际交往等，这些家庭规则和父母之道都是具有伤害性和羞辱性的，无异于“灵魂杀手”。孩子天真快乐的童年和稚嫩的心灵被扼杀，可以说是当今社会最严重的问题，也是一个家庭最大的危机。所以，婚姻家庭咨询师在面对家长的求助时，要注意引导其清理和革除那些压抑人性的所谓的规则和父母之道，从与子女建立良好的亲子关系入手，做一个有效能的父母。

本章三节分别以一般家庭、收养家庭和再婚家庭为主要研究对象，探讨亲子关系的特点和主要问题以及有关法律规定。咨询方法上有个案咨询和家庭成员参加的家庭辅导。相对于《婚姻家庭咨询师（三级）教程》的相关内容，本章把亲子关系中比较严重和棘手的亲子冲突、未成年人网络成瘾、青少年离家出走、未成年人权益侵害等分别作为重点，进行分析与指导。

第 1 节　亲子沟通咨询

学习单元 1　青春期亲子冲突问题咨询

青春期的孩子正处于“心理断乳期”。他们有了独立的倾向，父母和子女的关系必然经历一个重新调整的过程，由原来子女对父母的单向依赖关系转变为双向沟通关系。青春期的过渡性使它容易成为一个不稳定的时期，因此，青春期是亲子冲突的高发期。如果能妥善处理，就能比较顺利地完成调整过程，建立起有利于青少年发展的亲子关系；如果处理得不好，矛盾冲突将会不断升级，致使家庭关系恶化，严重影响青少年的健康成长。本单元的内容，就是了解青春期子女的生理和心理特点、情绪情感的矛盾特点、亲子冲突产生的原因及解决对策，这是亲子关系咨询中的重要内容。

学习目标

- 了解青春期子女的生理心理特点
- 掌握青春期子女情绪情感的矛盾性特点
- 了解亲子冲突发生的原因
- 掌握处理亲子冲突的方法

一、青春期子女的生理心理特点

子女进入青春期后，在脑垂体的作用下，甲状腺素、生长激素、性激素等分泌增多，促使人体产生了巨大的变化。生理的巨变也给心理带来了“疾风骤雨”般的改变，思维的发展和情绪情感的矛盾性是其最大的特点。

1. 生理发育特点

（1）身体形态的发育

进入青春期后，个体的身高体重增长迅速，出现了第二性征，头面部也发生了变化。

1）身高增长迅速。进入青春初期，身高增长速度加快，一般持续2～3 年。这期间身高每年以 6～8 厘米、多则 10～12 厘米的速度增长。男女身高变化是有差异的，男生进入身高生长加速期的平均年龄是 13 岁左右，14 岁达到生长高峰期，两年后又退回到以前的生长速度。女生的这一过程要先于男生近两年，大多从 9 岁左右开始进入身高加速期，12岁达到生长高峰期。

2）体重增长迅速。个体在身高增长的同时，体重也迅速增加，每年可增加 5～6 公斤，多的可增加 8～10 公斤。体重的增长反映出身体内脏的增大、肌肉的发达以及骨骼的增长和变粗，也反映出营养及健康等状况，所以体重也是身体发育的一个重要指标。

3）第二性征的出现。两性在生殖器结构方面的差异是各自性别最根本的标志，称为“第一性征”，又称主性征。同样可显示两性差异的生殖器以外的男女身体的外形区别则称为“第二性征”，又称副性征。第二性征是个体身体外形变化的重要标志。随着第二性征的出现，个体从童年的中性状态进入到两性分化的状态。男性第二性征表现为喉结突出、声音变粗、体格高大、肌肉发达、唇部出现胡须，阴毛、腋毛先后出现。而女性第二性征表现为嗓音细润、乳房隆起、骨盆变宽、皮下脂肪增多、臀部变大，阴毛、腋毛先后出现。第二性征的出现使男女在外形上的差异日益明显。

4）头面部的变化。童年期个体的面部特征逐渐消失，以前较低的额部发际逐渐向头顶部及两鬓后移，嘴巴变宽，嘴唇开始丰满。随着身体其他部分骨骼的迅速增长，头骨增长速度却在显著减慢，出现头身比例协调的身体姿态。

（2）体内机能的增强

青春期不但身高、体重迅速增长，而且神经系统和内脏器官等生理功能都在迅速增强，并逐渐达到成熟，其表现如下：

1）大脑。在量方面，脑重及脑容积增长不显著，但在质方面则有较大进展：大脑对肌体的调节功能大大增强，分析、推理、论证能力逐步提高，易接受新事物。但同时大脑皮层的兴奋性较强，遇事好冲动，意志力较差，但可塑性强。

2）心脏。青春期个体的心血管系统出现了新的机能。

首先，在形态方面，为保证青春期生长发育突增的需要，作为人体运输系统的心血管系统也出现了第二次生长加速。在 9 岁时，儿童的心脏重量为出生时的 6 倍，在青春期开始后，则增长至 12～14 倍；同样，心脏的密度也在青春期阶段成倍地增长。而且，由于青少年活动量的增加，构成心室壁的肌肉增厚，心肌纤维更富有弹力，这就为心脏每次收缩时能压挤出更多血液创造了条件。

其次，在机能方面，主要表现为心率、脉搏开始减慢，这一方面是因为支配心脏活动的神经纤维已发育健全，能更有效地调节心脏活动；另一方面则是由于心脏本身机能的增强，每次心搏所排出的血量增多，每分钟只需搏动 70～80 次便能满足机体的需求。由于心脏收缩力增强以及内分泌系统变化的影响，使血压升高，一般青少年的高压为 90～110 毫米汞柱，低压为 60～75 毫米汞柱，已接近成人水平。男女生心血管系统的生长发育存在着一定的差异，女生在心脏重量、大小、每次收缩所排血量和血压等方面，均比男生低 10%左右，而心率、脉搏则每分钟比男生快 8～10 次。

3）肺脏。在青春期，肺的发育也明显加速。12 岁左右，肺重量为出生时的 10 倍，肺小叶结构逐渐完善，肺泡容量增大，与呼吸有关的肌肉发育加快，使呼吸功能进一步加强。在整个青春期中，肺活量将比青春期前增加 1 倍多，男女生肺活量存在显著差异。

4）肌肉的力量增强。个体体重的增加表明了肌肉和骨骼发生了变化。在肌肉力量的发展水平上，男女生之间也存在着明显的差异。

（3）性的发育与成熟

生殖系统是人体各系统中发育成熟最晚的，它的成熟标志着人体生理发育的完成。

1）性激素的增多。性激素分泌是整个内分泌系统活动的一个重要内容。进入青春期后，个体下丘脑促性腺释放因子分泌量增加，促进了性腺发育，女性性腺为卵巢，男性性腺为睾丸。性腺的发育成熟使女生出现月经，男生发生遗精。

2）性器官的发育。女性的性器官包括卵巢、子宫及阴道。在 8～10 岁发育加快，以后的发育速度直线上升。子宫的发育从 10 岁始到 18 岁止，仅长度就增加了 1 倍，其形状及各部分的比例也有所改变。

男性的性器官包括睾丸、附睾、精囊、前列腺及阴茎。男性的性器官发育比女性要晚些。10 岁以前发育很慢，进入青春期后发育加速。

3）性机能的发育。性器官的迅速发育，使女性出现月经，月经初潮的年龄一般在 10～16 岁，女性月经初潮出现得早与晚，与其所处的地理环境、气候条件、经济水平、遗传因素以及营养状况等因素有关。

总之，青春期生理发育的最突出的特点是迅速、猛烈、全面，个体生理发育高峰时，其身高和体重以及身体各项机能都出现迅速而猛烈的变化。

此外，青春期生理发育中还表现出不平衡的特点。例如，四肢的发育早于躯干，手足的发育早于四肢，心脏的增长早于血管等。神经和内分泌系统也存在着不协调的现象，这种不平衡导致个体心理发展的速度要落后于身体的发展。

需要注意的是，青春期生理发育中还存在着明显的性别差异。如身体机能和肌肉力量等方面存在明显的两性差异；女性的发育要早于男性；个体之间的差异更为明显。由于遗传、营养以及环境等因素的不同，女性月经初潮的最早年龄是 9 岁，最晚年龄是 19 岁；男性初次遗精的最小年龄是 10 岁，而有些人则在 18 岁以后。青春期的生理发育还存在民族、地域、城乡差异等因素。

2. 心理发育特点

与生理发育同样重要的是青春期的心理发育。青春期的思维发展特点和青春期的情绪情感的矛盾特点是青春期心理发育的两个重要方面。

（1）青春期的思维发展特点

思维的变化是青春期认知发展的核心。青春期个体思维更具有逻辑性、系统性。思维的策略性增强，自我觉察力提高，并促使其行动上更具计划性。他们已具有多角度思维的能力，看问题更有弹性，思维模式上已具备成人水平，但由于受经验的限制，思维的深刻性还比较欠缺。

（2）青春期的情绪情感的矛盾特点

情绪情感是关于个人态度的体验。青春期是情绪情感体验最丰富的时期，也是情绪最不稳定的时期。青少年经常陷于情绪的大起大落之中。此外，青少年所处的经济和社会地位，常使他们的愿望很多但实现的可能性很少，使他们经常陷于失望的负面情绪体验中。同时，争取独立的困难，性发育引起的心理冲动以及对性问题的敏感也使青少年很容易处于不愉快的情绪之中。因而表现出明确的两面性。

1）情绪的强烈、狂热与温和、细腻共存。青少年的情绪表现有时是强烈而狂热的，有人曾用“急风暴雨”一词来形容这一时期个体情绪强烈的特点。同样的刺激，在他们那里所引起的情绪反应强度要大得多，甚至达到震撼人心的程度。但青少年的情绪表现也不是一味的强烈，有时也表现出温和、细腻的特点。例如，青少年读了一部文艺作品之后，会长时间地沉浸在某种情绪之中，这种情绪不单纯来自书中的内容，还有相当一部分是通过他们的主观思考和遐想而派生出来的较为复杂的情绪和情感体验。

2）情绪的可变与固执共存。情绪的可变是指情绪体验不够稳定，一般是由于情绪体验不够深刻造成的。青少年尽管在表面上表现得情绪强度很大，但是体验的深度并不与之成正比，一种情绪很容易被另一种情绪所取代。情绪的固执是指情绪体验上的顽固。由于青少年在对客观事物的认识上还存在着偏执性的特点，因而带来了情绪上的固执性。例如，一些青少年会因为几次挫折便完全被一种无助和抑郁的情绪所淹没，很长时间不能摆脱。

3）情绪的内向与表现性共存。情绪的内向是指情绪表现上的隐蔽性。青少年在情绪表现上已逐渐改变了那种毫无掩饰的单纯和率真，在某些场合，可将喜、怒、哀、乐等各种情绪隐藏于心中不予表现。情绪的表现性是指在情绪表露过程中自觉或不自觉地表现了表演的痕迹。青少年在团体中有时为了从众或有其他一些想法，会将某种情绪加上一层表演的色彩。即在情绪表露上失去了童年时的那种率真自然，而带有一种造作的痕迹。

二、亲子冲突发生的一般原因

亲子冲突是指亲子间由于认知、情感、行为、态度等不相容而产生的心理或外显行为的对抗状态。亲子冲突在青春期尤为显著。青春期亲子冲突涉及日常生活的各个方面，如学业、家务、交友、消费、日常生活安排、外表、家庭成员关系和隐私等方面。有研究发现，青春期亲子冲突发展趋势呈倒U形：青春期早期亲子冲突开始上升，直至青春期中期、晚期则开始下降。生理—心理—社会因素模式认为，青春期的生理成熟会引起相应的社会心理效应，将对亲子冲突产生重要影响。

亲子冲突是双向的人际互动关系，是亲子双方对人、事、物表现出来的不一致，这种表达方式可能是言语或非言语的方式，如态度观念或情绪的对立、沉默、回避、反抗等，可以从消极对立情绪到发生身体冲突，甚至离家出走、违法犯罪等。青春期亲子冲突成因的核心是青少年发展的需求，而对于这种双向的人际互动，就它的具体成因来说，既有父母方面的因素，也有青少年个体身心冲突方面的因素。

1. 青少年方面

青春期，青少年抽象逻辑思维开始占主导地位，独立性、批判性明显发展，他们开始用怀疑、审视的眼光看待周围的世界，开始思考社会现象、人生意义等问题，并常常不满足于答案，使问题富有逆反性和挑战性。随着青少年成人感和独立意识增强，智力水平、思维能力等不断提高，他们会努力地改变自己的地位，挑战家长的权威性，不再表现对家长一味的盲从，会用自己的标准对家长的形象和地位进行重新设定，对家长也有了期望标准，如果不符合他们的标准，家长的权威就大打折扣。但这种独立需求和自我意识却受到知识和社会阅历的局限，往往不能真正独立地处理事情，其思维也具有很大的片面性，缺乏辩证思维能力，容易偏激，自以为是，加之情绪不稳定，不能控制自己，常会因为小事与家长发生矛盾，引发亲子冲突。一些青少年还会模仿成人的一些行为，如喝酒、吸烟等来证明自己的成长，而这种不良行为又会使亲子间的矛盾恶化。此外，青春期个体内心世界变得更加丰富，心理开始封闭，有很多话宁愿告诉朋友也不会跟家长讲，逐渐表现为与家长沟通上的困难。

2. 父母方面

青少年时期最主要的发展任务是获得成熟和健康的自主性。自主性是在没人帮助下完全独立地做出决定、控制生活事务的能力。个体在儿童期依赖父母，父母约束并决定儿童生活和活动的主要内容和方面，青春期的个体则需要将父母处于支配地位的亲子关系转变为双方相对平等的关系。

但是，在许多家长眼里，孩子永远是孩子，要求子女绝对地服从自己。家长并没认识到青春期的孩子正处于从幼稚到成熟，从依附到独立，从顺从到自主的过渡阶段，希望摆脱父母的束缚。父母依然习惯于按照幼儿期、儿童期亲子关系的模式对待青春期的孩子，对孩子保护过多，干涉过度，给予独立的空间太小，对孩子的信任、尊重不够，对青少年渴望独立的心理需求察觉不足。而事实上，许多家长不愿意或不善于让孩子取得和自己相对平等的地位，不懂得尊重孩子的权利和人格。他们怕给了权力会导致青少年出现各种各样意想不到的问题，因此，父母仍然将权力控制在自己手中，父母习惯用自己的价值标准去要求子女，甚至于强迫遵从，因此极易造成与子女的冲突。

三、处理亲子冲突的方法

1. 亲子冲突带来的影响

（1）积极影响

青春期亲子冲突对于青少年的认知发展和社会性发展是非常重要的。亲子冲突对青少年来说具有适应性意义，在个体心理水平上，冲突可以增强个体的自主性，早期亲子冲突的增长是个体逐渐获得同等的交往地位的一种手段。与青春期开始阶段的孩子相比，青春期中期的孩子在与父母讨论问题时，已较少顺从父母，他们经常干涉家长的决定，同时家长也经常干涉孩子的决定。由于他们较少地沟通来说明自己观点和理由，所以相互之间充满了争吵，彼此很少理会对方所表达的不同观点。而在青春期后期，亲子交往方式总体上来说更具灵活性和反应性，父母不再经常干涉孩子，并且孩子也学会了提供更多的解释来支持自己的观点。与此同时，孩子对家庭决策的影响也相对增大。由此可见，冲突对青少年和父母之间关系的协调、双方各自特征和需要的改变起很大的作用。可以说冲突是重要的信号，能刺激父母和青少年双方都去重新构想或更改他们对彼此行为的期望。在这一过程中，青少年逐渐放弃了对于父母的依赖，个体自主性日益发展起来。

（2）消极影响

频繁的亲子冲突会带来消极的影响，从而使青少年心理问题增加。研究表明，亲子冲突是构成青少年心理压力的重要来源，它与青少年心理健康的各个层面（包括一般心理适应、生活满意度、生活目标、无助感、自尊）都有显著的关系。亲子冲突还会导致青少年各种行为问题，如离家出走、犯罪、辍学、早孕早婚、药物滥用等；长期、激烈的亲子冲突甚至会导致青少年自杀行为的出现。

亲子冲突还会给父母及家庭带来不良的影响。亲子冲突常常给父母带来压力，尤其是母亲。在青春期子女的家庭中，约有40%的父母感觉有降低自尊和生活满意度，增加焦虑和抑郁的现象。父母会因为亲子冲突而感觉到无法组织好自己的工作与生活，有疲劳、失败、孤独感等。父母感觉很难应对来自青春期子女的压力，这些压力影响到了父母的心理健康。亲子冲突甚至还会影响到婚姻关系，为了处理亲子冲突，父母双方甚至于很难维持正常的感情交流。

2. 亲子冲突的处理方法

如上所述，亲子冲突是一把双刃剑，它是破坏性的还是建设性的，取决于对亲子冲突的处理方法。正确处理这些冲突是青少年逐渐获得他们成长中需要的社会知识和认知技能的一种有效途径，同时，父母在这一过程中会逐渐给予青少年更多的自主性和尊重。

亲子冲突的处理策略主要包括以下几种：

（1）回避策略

转移冲突话题或行为，使冲突没有结果地停下来，达到双方没有输赢的目的。回避也包括逃离现场或搁置不理等。

（2）屈从策略

一方同意或者遵从另一方的看法。通常是青少年屈从于父母，这说明了父母强大的支配地位，包括顺从、让步、忍耐等。

（3）攻击反抗策略

双方使用使冲突恶化的言语或躯体表达形式，包括记恨、争吵、顽固坚持等形式。

（4）第三方调节策略

让与对立双方无关的第三方介入，目的是解决冲突。

（5）问题解决策略

冲突双方都做出让步，通过谈判解决问题，包括采取平等对话、协商、讲道理等方式。

回避、屈从、攻击、反抗都是消极的策略，长期使用这些策略会使冲突持续存在并经常发生，还可使冲突扩大，或者以某种极端的形式表现出来，对亲子关系形成破坏性的影响。例如，对于青少年学习和娱乐时间安排的问题，如果父母不顾孩子意愿，坚持周末安排高强度的补习班，孩子开始可能顺从父母的安排，强忍着参加，最后可能出现的结果是一向乖巧听话的孩子会突然爆发，和父母大吵大闹。

问题解决策略被认为是最优的策略，这种策略需要通过积极的亲子沟通来实现。在亲子沟通中，父母常常无意间流露出某些传统的角色，造成亲子沟通障碍，打消了孩子表达情绪的勇气。例如：

1）司令员的角色：时时对子女发号施令。

2）法官的角色：经常没有听子女讲完，不经审判就直接给孩子定罪。

3）道德家的角色：一再对子女采取说教的方式，告诉他们什么是“应该”与“不应该”的行为。

4）批评者的角色：总是嘲讽、批评或指责子女，认为父母永远是对的。

以上种种做法，父母是需要克服的。

（6）积极沟通策略

这种沟通的目的是为了表达感情，传递爱的信息，最后达成共识，建立一种相互理解、相互信任的亲子关系。积极的沟通包括以下几方面：

1）积极倾听。这是沟通的第一步。与孩子沟通需要父母、子女彼此尊重，让孩子放心地表达自己的感受，而不怕被拒绝。要成为一个有效的倾听者，就需要放下自己的判断与批评，让孩子把话说完，全神贯注地听，对孩子的谈话感兴趣。要眼神专注，并适当地给一些回应，如点头、简短的语气词等，让孩子感受到父母在用心听，孩子的心扉才能打开。

2）接纳。孩子常常很诚恳地想表达自己的内心感受，渴望被接受，希望父母能重视、了解他的思想。积极倾听就是表达接纳的重要方式，父母对子女的接纳可以提供一个安全互信的关系，在这个关系之上，才可以做建设性的改变或解决困难的问题。

3）注意语气语调。同样一句话，不同的语气语调说出来就有不同的效果。父母应使用友善和信任的语气语调，避免批判或说教的方式。

4）清楚的自我表达。亲子之间发生冲突时，父母需要有良好的表达技巧，说明自己的感受与需要。

例如，孩子放学晚归，父母可能是又担心又生气地说："你去哪里疯玩了，也不给父母打个电话，出事了怎么办?"父母是想表达对孩子的关爱，但这种表达方式传达的却是责怪。正确的表达方式应为：

首先，描述那个干扰的行为（注意只描述它而不加责备）：当你放学晚回家，又不打电话回来时……

其次，指出对这个行为的感受：我很着急，担心你会出事……

最后，指出行为的后果：我到处打电话，询问你在哪里。

"我的信息"的表达方式表达了父母的正性情感信息，可以使孩子理解他的行为对父母产生的影响，而不会使孩子产生"爸妈讨厌我"的心理。同时使用"我……"的语句时，父母也会意识到所说的是针对自己的感受而非责备孩子。

青春期亲子冲突咨询要点

亲子冲突是青少年发展过程中的必然产物，对青少年心理发展的影响既有消极的一面，也有积极的一面。这种冲突是破坏性还是富有建设性，取决于对亲子冲突的处理。处理亲子冲突应抓住核心问题，让求助家庭以发展的视角看待这种冲突，建立有效的沟通方式，寻找积极的冲突解决策略，帮助亲子双方完成从单向依赖到双向平等关系的转变。

【案例3—1】黄女士与儿子的对峙

✣ 案例描述

黄女士的儿子14岁，自从上中学以后，黄女士发现儿子越来越难管教了。每天晚上放学回家吃完饭，儿子就拿着电视遥控器不撒手。催他做作业，他还嫌烦，说："我自己安排，别干涉我的自由。"儿子的屋子乱七八糟也不收拾，头发长了也不剪，还染成了亮黄色。黄女士非常担心儿子和别的孩子学坏了，就打电话向班主任和同学了解状况，得到的结果是情况都还不错。对于儿子的种种"劣迹"，黄女士还经常在饭桌上数落，要求他认真改正。但是，往往话只说了一半，儿子就放下筷子摔门回屋去了。黄女士的丈夫经常出差在外，对儿子的状况了解不多。一次，听了黄女士的抱怨后，丈夫狠狠训了儿子一通。谁料到儿子还据理力争，丈夫一生气就动手打了儿子几巴掌。此后2个多月，儿子和爸爸一句话也不说，和黄女士的沟通也越来越少。

✣ 分析与建议

本案例中黄女士的儿子在学习与娱乐、生活安排、着装、交友等方面的表现及“别干涉我的自由”的想法体现了青春期孩子寻求自我独立意识的倾向不断增强，希望从父母那里得到更多的权力。因此，对黄女士的安排儿子会厌烦，并用展现自己的外表——染发来宣称自己的权力。对于黄女士而言，儿子还是一个未长大的孩子，他不会管理自己的生活，可能会交友不慎等，害怕给儿子太多权力使儿子走上“邪路”，被同学带坏。黄女士和丈夫要努力掌控这种权力，试图通过谈话让儿子顺从。但谈话时黄女士处于批评者的角色，使得沟通无效，儿子采用逃避的消极策略解决亲子冲突。这种冲突使问题持续存在，最后父亲攻击式的处理方式使问题扩大化，导致家庭关系恶化，亲子之间形成冷战的局面。

亲子冲突会以各种不同的形式呈现，结合本案例，其一般解决思路包括以下步骤：

第一步　首先要了解情况，确定冲突的内容。本案例中的冲突表现在日常生活的各个方面。

第二步　分析判断冲突的实质。由上述分析可知，该案例冲突的实质是青春期父母和子女关系从原来单向依赖的关系转变为双向关系的过程中，青少年因成长需要向父母“争权”的结果。这也是青春期亲子冲突的核心。

第三步　评估该家庭解决问题所用的办法。该案例中儿子处理亲子冲突采用回避的策略，父母采用的是言语甚至肢体攻击的方式。很显然，这些方式都是消极的问题解决策略，亲子双方都不能接受这种策略，使问题始终存在且恶化。应指出这是错误的解决策略。

第四步　提出双方都能接受的解决方法。这需要亲子双方的共同努力，双方应在平等的基础上，相互协商，共同寻找有效的解决策略。如本案例中对于母亲所谓的“劣迹”，亲子双方应在充分尊重的基础上，探讨哪些问题父母需要放权，哪些问题儿子需要加以矫正。可以运用角色互换的方法让双方体会彼此的需求和可以接受的解决方法。探讨解决方法的过程，实际上也是亲子双方练习有效沟通的过程。

第五步　将解决方法用于实践，并适当调整，建立冲突平衡机制。解决亲子冲突需要每个家庭不断摸索调整，寻找适合自己的有效解决模式。发生冲突并不可怕，关键是能够运用较好的解决方式，在满足青少年身心发展的同时，使家庭重新归于平衡。

另外，本案例中出现了父亲打儿子的现象，针对这一问题，应详细了解其被打的程度及孩子的感受等，如出现较严重的躯体暴力，应注意保护未成年人的合法权益，转介给相应的部门解决。

注意事项

亲子冲突是一种双向的人际关系，是人际互动的结果。婚姻家庭咨询师应站在家庭系统的角度上看待问题，不要卷入家庭的纷争中，切忌一边倒，把问题归于亲子关系中的任何一方。

> 青春期的情绪情感具有矛盾性的特点。沟通的目的是为了表达感情，传递爱的信息，最后达成共识，建立一种相互理解、相互信任的亲子关系。良好的亲子沟通要以尊重为前提。亲子冲突既有消极的一面，也有积极的一面。亲子冲突是亲子关系发展的机遇。合理处理亲子冲突是青少年逐渐获得他们成长中所需要的社会和认知技能的一种有效途径。

相关链接

关键的 16 岁

在北京市未成年人保护委员会和中国科学院心理研究所共同主持研究的北京市未成年人状况调查（2000 年）数据统计分析过程中，发现了这样一个现象：在中学生的各项发展指标中，有很多项曲线的走向在 16 岁时出现一个重要的折点。在这个折点之后，有些行为向反向变化（在 12～15 岁期间呈上升或下降的趋势，在 16 岁时到达顶峰或谷底，然后开始向反方向发展，上升的曲线开始下降，下降的曲线开始回升），有些行为趋势开始变得平缓。这样的现象在思维发展、身心发展、价值观变化等各方面都有所体现。

对于此现象，该研究调查的部分结论如下：

1. 16 岁是未成年人成长过程中的一个重要转折点。

2. 身高在 16 岁已基本定型。

3. 抽象思维能力的发展在 16 岁基本完成，对老师的教学风格有新的要求。

4. 归属于同龄人群体的需要在 16 岁最为突出；
5. 亲子关系在 16 岁较为消极，消极情绪在 16 岁达到顶峰；
6. 个体主义价值取向在 16 岁得分最高；
7. 16 岁的青少年睡眠不足。

本单元思考题

1. 青春期个体情绪的特点——矛盾性体现在哪些方面？

2. 亲子冲突会带来哪些影响？妥善处理亲子冲突的方法有哪些？试举例说明。

学习单元 2　未成年人疑难问题咨询

未成年人在成长发育的过程中会遇到各种困境，现实中常见的疑难问题包括网络成瘾和离家出走等。互联网是把双刃剑，在为网民提供信息和沟通平台的同时，也会带来暴力、色情、极端主义等方面的不健康的信息，尤其对世界观、价值观尚未定型，自控能力相对较弱的青少年网民而言，所带来的负面影响会更大。网络成瘾是随着网络技术的普及而新出现的一种心理障碍；心理上处于疾风骤雨时期的青少年在遇到困难或危机的时候，会采用极端的应对方式，这都会引起家长和学校的严重不安。本学习单元重点探讨青少年网络成瘾的表现及预防策略，青少年离家出走的原因与处理，以期在实践中运用相关知识，减少或杜绝此类情况的发生，促进青少年健康成长。

学习目标

- 青少年网络成瘾的表现与对策
- 青少年离家出走的原因与对策

一、未成年人网络成瘾问题

1. 网络成瘾的定义

互联网已经成为人们重要的信息渠道之一，网民足不出户就可以跨越地域找寻到自己需要的各种信息。与此同时，互联网还在不断扩展自己的应用边界。互联网已逐渐渗透到社会生活的各个角落，成为社会经济、文化活动和个人生活的平台，并对各个领域产生了重大影响。

网络成瘾是随着网络技术的普及而新出现的一种心理障碍，许多国家都陆续出现了这一问题并呈日趋严重之势。“网络成瘾”概念最早由美国精神病学家伊凡·戈登伯格于 1990 年提出，随着案例的不断增加，研究者的关注也越来越多，美国心理学会（APA）于 1997 年正式承认“网络成瘾”研究的学术价值。目前对“网络成瘾”这一现象的称谓存在一定差异，如互联网成瘾症、病理性网络使用、问题性网络使用等，但各种名词的内涵基本是一致的，主要是指个体无节制地使用网络，出现影响生活、学习和工作，损害身心健康的情况。

关于什么是网络成瘾，众说纷纭。世界卫生组织对网络成瘾的定义为：由于过度使用网络而导致的一种慢性的或周期性的着迷状态，并产生难以抗拒的再度使用的欲望；同时会出现增加使用时间、耐受性提高、出现戒断反应等现象；对于上网所带来的快感一直有心理与生理上的依赖。北京市未成年人保护委员会、共青团北京市委员会、中国科学院心理研究所协作完成的青少年网络依赖戒除计划项目，在结合前人成果的基础上，从青少年心理发展角度最终提出了网络成瘾的概念，即网络成瘾是青少年心身发育过程中心理缺失补偿的突出表现，是我国当前教育体制下青少年心身发育需求不能满足的病理性补偿行为，是青少年在信息时代的单一选择性心理行为偏差。

2. 网络成瘾的表现及危害

（1）网络成瘾的现状

青少年是互联网的主体用户人群，中国互联网络信息中心（CNNIC）发布的《中国青少年上网行为研究报告》数据表明，截至 2007 年 12 月 31 日，25 岁以下的青少年网民数量已经达到 1.07 亿人，占总体网民规模的半数，总体网民有近 4 成的人有网络成瘾倾向；青少年网民近三成有网络成瘾倾向。与国外相比，中国网络成瘾问题具有如下特点：

1）与国外主体人群不完全一致。从国内外研究结果看，国外网络使用问题主体人群集中在20～30岁之间，而我国网络使用问题主体人群年龄小于这一年龄，尤其是出现“网络成瘾”等严重问题的人群主要集中在15～20岁之间，显著不同于国外一般情况。

2）使用内容更为集中。从最早报道“网络成瘾”的美国到陆续出现网络使用问题的西欧、日本等国，过度使用网络的内容包括信息下载、网络通信、网上聊天、网络购物、网络赌博、网上色情信息等多个领域。而我国网络使用问题主要集中在网络游戏上，其所占比例虽然根据不同报道有所差异，但是均超过了其他各种问题的总和。

3）极端倾向明显。近年，我国青少年使用网络引起的有关恶性案例不断出现，包括长时间上网诱发的猝死、盗窃、抢劫、诈骗、故意伤人甚至杀人等。也正是这些日益增多的恶性案例引发了社会各层面的广泛关注，引发了越来越多的心理、教育、法律等专业人员研究这一问题。

由此可以看出，我国当前的网络问题不等于简单的“网络成瘾”，已经成为影响广泛的社会问题。

（2）网络成瘾的表现

1）沉溺于网络活动。他们把大量的时间用在与使用网络有关的事情上，如购买网络书籍，尝试新的浏览器、整理下载资料等。思维、情绪和行为都被上网活动所控制，头脑中一直浮现和网络有关的事情，不断回忆上一次上网或期待下一次上网，在无法上网时会体验到强烈的渴望。

2）耐受性越来越强。要花更多的时间上网才能满足，若上网时间有限定则满足感明显下降。

3）难以控制。他们曾经努力过，多次想控制、减少或停止上网，但都没有成功。

4）戒断反应。当想要减少或是停止上网时，感到沮丧、情绪低落或是容易发脾气。停止上网后，会产生挫败的情绪体验，强迫自己思考网上发生的事情，出现注意力不集中、心神不宁、焦躁不安以及颤抖、随意或不随意地做手指敲击键盘的动作，感到乏力，严重者甚至出现自残或自杀行为。

5）因为使用互联网而放弃或减少重要的社交、工作或娱乐活动。

6）尽管知道上网可能已经导致了持续或复发性的身体、社交、工作或心理问题，但仍然不管这些情况而继续使用互联网。

（3）网络成瘾的危害

长期过度地留恋于网络生活，致使成瘾者身心发生较大的变化，给健康带来隐患，并影响了其正常的社会功能。网络成瘾的危害具体表现在以下几方面：

1）生理方面。青春期正处在身体发育的关键期，由于网络成瘾者上网持续时间过长，超负荷的网络活动会导致大脑神经中枢持续处于高度兴奋状态，引起体内一系列复杂的生物化学变化，致使植物神经功能紊乱、内分泌失调、免疫功能下降，从而诱发各种疾患，如睡眠节律紊乱、紧张性头痛、胃肠神经性疾病、心血管疾病甚至可导致猝死。此外，长时间注视电脑，还会导致视力下降、近视、眼睛疼痛、怕光、暗适应能力降低等眼部疾患。长时间僵坐在电脑前面，也会出现腰背肌肉劳损，容易患脊椎病、颈椎病、腕关节综合征等，上网姿势相对固定还容易产生肥胖症。

2）心理方面。对网络的精神依赖是成瘾者最突出的表现。这种依赖性表现在对网络操作出现时空依赖，难以自拔。一旦停止上网，便会产生强烈的渴望和冲动。长期上网导致注意力不能集中和持久，感知与记忆能力减退，思维迟钝。网络成瘾者上网可以暂时摆脱现实的焦虑，体验到一种自我错位带来的欣快感和解脱感，但一旦离开网络，回到现实中则容易情绪低落，消极悲观，对生活缺乏兴趣，甚至丧失自尊和自信。而现实中的痛苦情绪和自我否定的体验，促使其再次回到网络中以逃避现实，逐步形成恶性循环。

3）人格方面。网络成瘾对于正在成长中的青少年来说，可能导致整体人格的异化。由于网络行为缺乏外在力量的监督，通常不会把自己的网络行为和前途、责任、义务相联系，他们整日把自己的思想、情感沉浸于网络，对未来漠不关心，极端自我内化，变得偏执，有攻击性，很难体会到自己的行为给他人造成的痛苦和不安。他们对自己在现实和虚拟世界中的角色难以转换，可能渐渐失去对现实环境的感受能力和积极参与意识，形成孤僻、冷漠、紧张、攻击性、缺乏责任感的心理特点，对其人格发展产生重大的不良影响。

4）社会关系方面。网络成瘾的青少年把大量的时间放在玩游戏、聊天上，学习和睡眠时间减少，上课时常常做白日梦，脑子里浮现的都是和聊天、游戏相关的情景。他们渐渐对学习失去兴趣，成绩越来越差，最终导致厌学、逃学甚至辍学。上网时间过长、学业挫败、因上网养成的抽烟喝酒等不良习惯会使亲子冲突增多，家庭关系恶化。过多的沉迷于网络也使正常的社交、同伴交往减少，使青少年的人际交流受阻。

5）行为方面。心理研究证明，网络暴力游戏可以在短期内引发并增强人们的攻击性和反社会性。网络上不良的信息大量传播，暴力血腥场面的不断刺激，都在潜移默化中影响青少年的心理。暴力游戏之后，青少年不能意识到自己心理状态的改变，遇到一些诱发情景时，却容易不由自主地表现出过激的攻击行为，容易发生盗窃、抢劫、诈骗、故意伤人甚至杀人等种种恶性事件。

3. 防止青少年网络成瘾的对策

青少年网络成瘾的原因主要表现在心理方面。青春期个体在自我意识、认知、情绪及人际交往等心理方面都有其独特的表现。青少年渴望得到自我的认同，获得成就感，而网络恰恰为他们寻求自我认同提供了方便的途径。在网上青少年很容易体验到成功，尽管它是虚拟的，但是带来的心理感受则是很真实的。

有资料显示，目前迷恋上网的青少年中属于学习失败的青少年占了相当大的比例，这与现实中他们的自我无法得到很好的认同有很大关系。青少年认识事物的盲目性、独立中又具有的片面性特点使他们一旦迷恋上某种东西，就觉得一好百好，难以自拔，容易出现痴迷等行为。

据调查，很多青少年在空虚无聊、心情烦躁时会选择上网，甚至有人专门去玩杀人等具有攻击性的游戏，以此来宣泄心中的愤恨、不满等负性情绪。这种调节方式本来无可厚非，但是一感到无聊、心情不好或遇到不顺心的事情就想上网，而没有其他的替代途径，就会造成上网发泄这种途径被反复过度使用，因此导致青少年过度迷恋网络而不能自拔。青少年随着年龄增加与社会的交往越来越广泛，与同伴的交往越来越密切，对家庭的依恋逐渐转向伙伴群体，希望同伴能够倾听自己诉说内心的烦恼、与自己交流感情并为自己保守秘密。同伴间的言行、爱好、衣着打扮等都会相互影响，大家若是都上网，自己就会觉得不上网会落伍。还有些青少年在学校生活中人际关系不佳，没有朋友，只好在网络里寻求友谊与支持。总之青少年渴望被理解与尊重，当他们强烈的心理需求与现实中体会到的孤独感和缺乏社会支持感形成强大反差时，他们很容易沉迷于网络世界中。

青少年网络成瘾与自身的某些心理因素也有关系，研究发现，网络成瘾者男性明显多于女性，特别是那些内向敏感、现实人际交往困难的人，更易沉迷于网络。希望得到同学、老师重视但又十分孤独的学生，生活、学习遭遇挫折的学生，家庭不和睦的学生，没有特长、成绩不突出的学生，心情压抑的学生，往往因为在现实中感到矛盾、受挫而上网。上网不仅令他们忘掉现实生活的各种烦恼，还可以带来心理上的群体归属感，渐渐对网络产生心理上的依赖感，以致造成网络成瘾。

从上面的分析可以看出，造成青少年网络成瘾的原因是心理上的，并不像传统的药物成瘾对人们的影响是生理上的。因此，家庭、社会、学校如何从青少年的心理发展特点和心理需求出发，帮助他们找到合理的渠道解决心理危机、摆脱心理困境是最根本的解决途径，具体应从以下几方面入手：

（1）对青少年上网要进行引导与管理

对青少年上网行为的管理主要围绕净化青少年上网环境、帮助青少年树立正确的上网理念、引导与规范青少年上网行为这几方面展开。

净化青少年上网环境需要政府各部门联手，加大对互联网行业的治理力度，加强对网吧行业的治理，坚持互联网产品及内容的分层分类管理，对于网络产品内容进行严格的审核和分级，对于有色情、暴力倾向的游戏和影视内容予以限制，对于有教唆犯罪倾向的内容予以坚决取缔，推进游戏软件年龄分级制度，净化青少年的上网空间。

加强对青少年上网的引导与管理，重要的是加强对上网理念的正确引导，这需要家庭、学校和社会的共同努力。重视家长在引导青少年正确使用互联网方面的作用，提高家长的网络素养，端正家长对子女上网的态度，是引导青少年树立正确上网理念的重要环节。处理好上网和学习的关系，关键是合理分配时间。对于在校学生，学校的教育非常关键。学校应提倡科学上网的观念，树立学习和娱乐兼顾得好的学生成为榜样，总结能正确利用网络的学生的时间分配方法，在学生中推广，引导青少年养成科学、文明、健康的上网习惯。

（2）引导青少年加强自我管理

自我管理的基本形式是以一种行为控制另一种行为的出现。对于网络成瘾的青少年，可以用以下方法引导他们进行自我管理：

1）前提操纵法。即事先想好一些办法去影响上网行为的出现，如尽量到教室自习，而不在装有电脑的教室或宿舍自习；把电脑游戏光盘处理掉或请人代为保管。

2）行为契约法。例如：如果每天都能够按时完成作业，可在周末有固定的时间上网；如果有一天不能完成作业，则周末上网的特权被取消。

3）自我指令和自我鼓励法。即通过特殊的自我对话方式来影响行为。可以在适宜的时候通过反复诵读自我指令暗示期望行为，以此来影响自己的行为。如：每当又动了玩电脑游戏的念头时，就反复暗示自己："不行，现在是学习的时候，周末才可以玩。"每当抵制住诱惑，成功克制自己上网欲望，认真学习的时候，就进行自我鼓励："很好，我能够控制住自己的行为，今天的学习很有收获，坚持就是胜利!"

4）目标建立和自我监督法。目标建立包括写下目标行为的标准和执行的时间，如：规定每天、每周的学习时间表并自我监督目标的实施。

（3）必要时实施住院综合治疗

确定已患网络成瘾的青少年，应借助亲友和社会力量，如：学校、班级来帮助矫正网络成瘾行为，鼓励成瘾者积极参加社会活动。如果严重影响青少年的社会适应能力，如影响学习、人际关系、亲子关系及健康状况者，甚至出现严重的精神症状者，则应建议求助者住院实施综合治疗。

二、未成年人离家出走问题

1. 未成年人离家出走的原因

在离家出走的孩子中，以小学高年级和初中学生为主，男孩子居多。真正离家出走的孩子虽然不多，但这种行为却使得家长及老师甚为不安。孩子离家出走的心理状态如何，如何防止这一现象，值得每一个社会成员认真思考和探索。青少年离家出走的原因可大体分为以下四种类型：

（1）逃避型

在父母离异、单亲和再婚家庭中一些子女生活、教育和监护成了问题，孩子成为"多余的人"。这类孩子生活在对他们身心发展不利的家庭中，有的还遭到打骂。他们中大部分人学习成绩较差，为了免受打骂，逃避痛苦，便一走了之。大部分离家出走的孩子属于这一类型。

（2）向往型

这类孩子家庭条件较好，是家中的宠儿，备受娇惯。由于缺乏约束及应有的引导和教育，其中有些人甚至与社会上不务正业的人交往，为此而不惜离家出走，以追求自己不切实际的向往。

(3) 报复型

许多家长总是按照自己的主观意志用各种方法来控制孩子。孩子为了表达自己的愿望，就采取反抗的方式。逆反心理是孩子成长的本能要求，因而他们往往违背家长的意志，我行我素地做出一些出格的事，如：不做作业、撒谎、乱拿钱物，甚至早恋等。家长反复劝阻，往往都无济于事，孩子偏要那样，且愈演愈烈，以至发展到了离家出走的地步。但这类孩子一般不会走得太远，当暗中窥视到父母东寻西找的狼狈样子时，还会幸灾乐祸，得意非凡。

(4) 盲从型

此类孩子是出于好奇心，或轻信别人的话，轻率出走的。这些孩子思维简单，思想单纯，辨别是非的能力较差，行为带有一定的盲目性，一旦出走便后悔莫及。

2. 家长应该怎么做

离家出走的孩子轻率步入外面未知的世界，可能会面临饥饿、居无定所、生病、甚至被打、被虐待的危险，这些可能性都牵动着家长的心。同样危险的是离家出走的孩子的内心世界。一旦离开了相对有保障的家庭，他们很快就会被恐惧、内疚、自责、羞耻、沮丧等情绪淹没，这些情绪会让孩子认为自己和世界都变得一团漆黑。为了成功解决试图或者已经离家出走孩子的问题，家长要注意以下几点：

(1) 观察孩子有无离家出走的迹象

孩子一般不会事先宣布要离家出走，因此家长必须注意观察是否在一段时间内，孩子没有具体原因而不在家的时间明显增多，无缘无故地存钱或储蓄物资，反常地清理自己的物品，回避和家长谈自己近期的打算等。如果出现上述迹象，家长应当提高警惕，需要真诚地和孩子谈谈观察到的行为，询问孩子的想法及生活中发生的事件。这个时候不需要直接告诉孩子怀疑他想要离家出走，重要的是想办法改善亲子之间的关系。

(2) 要对孩子离家出走做出平静而坚定的反应

孩子有时会以离家出走相威胁，这样的威胁表明需要获取更多的注意、感情和尊重。无论何时孩子提出这种威胁，家长都要明确地告诉孩子爸爸妈妈是爱他（她）的，而且不希望他（她）离家出走，千万不要愤怒得失去理智，说出“有本事你就走”之类的话。应尽量找合适的时间和场合，真诚地和孩子探讨困扰他（她）的事情，耐心倾听孩子的诉说，让他（她）感觉到家长的关注，大多数情况下这种关注本身就能解决问题。

（3）尽快找到出走的孩子

如果孩子确实离家出走了，要尽快找到他（她），并且鼓励他（她）回家。如果家长持观望态度，希望孩子自己回来，这可能会出现很多的危险。怀疑和发现孩子已经离家出走之后，应立刻与可能知道孩子下落的每一个人联系，亲自去看孩子可能会去的地方，并尽快求助于公安机关。

（4）用爱和关心欢迎孩子回家

孩子回家后家长最重要的行动是表达对他（她）的爱，以及因他（她）回家而感到的喜悦。离家出走的孩子会因为回家而感到激动，但在情感上会感到尴尬和困窘。家长温暖的接纳可以重建孩子的自我价值，为改善亲子关系铺平道路。不要因为孩子离家出走就惩罚他（她），这只能对他（她）造成更大的伤害。

（5）积极改善亲子关系

孩子回家后，要思考如何改善亲子关系。当孩子已经平静下来，要找一个时间和孩子讨论如何改善家庭状况，了解孩子的想法、困惑和期待，商定调整的方法，和孩子达成协议。作为家长，应尊重孩子，既不放任娇惯，也不简单粗暴，还要关心孩子的思想和生活，随时了解他们的心理变化，使亲子间有良好的沟通。

未成年人疑难问题咨询要点

1. 网络成瘾常常和亲子冲突共同出现，处理网络成瘾问题时要特别注意认清网络沉溺是亲子冲突的原因还是结果。网络成瘾的处理不单单是成瘾个体的行为管理和矫正，还需要家庭、学校的共同努力，婚姻家庭咨询师要引导家长对网络有全面的认识，不能盲目排斥网络，避免网络成瘾的有效方式绝对不是简单禁止。

2. 对于未成年人离家出走问题的咨询要注重亲子关系的改

善，营造良好的沟通氛围，促使亲子双方更好地表达情感，积极修复和改善亲子关系。注意父母情感的处理，避免给离家归来的孩子带来更大的伤害。

【案例3—2】迷失于网络的小柯

✣ 案例描述

小柯，15岁，男，初三学生。近一年他沉迷于网络游戏不能自拔，平均每天玩游戏4小时，每周上网七天，上课不能集中注意力，以前成绩中等的他现在成绩直线下降，3门功课不及格。其父母均出生于知识分子家庭，父亲为某公司经理，母亲是某事业单位职员。父母平时忙于工作，一家三口在一起的时间比较少。得知儿子成绩下降后，一向反对儿子上网，视网络为毒药的母亲开始限制其上网，把他的游戏光盘全部销毁，拆了网线，电脑也锁在书房不准小柯碰。父亲出差回家也训斥小柯玩物丧志。一向听话的小柯开始和父母对着干，对他们的苦口婆心不理不睬，有时候还和父母顶嘴，一生气就摔门出去上网吧。父母带小柯前来求助，对小柯网络成瘾的问题十分头痛，而小柯认为自己在班级里成绩平平，又没有什么特长，不会博得老师同学的青睐，在家里父母工作忙也不怎么管自己，自己唯一拿手的事情就是网络游戏，可以毫不费力地过关斩将，在同学中是令人羡慕的“不败将军”，小柯觉得这种赞许对自己来说非常有成就感，因此越来越沉迷其中。

✣ 分析与建议

本案例中15岁的小柯沉迷于网络游戏，造成学习成绩下降，与父母的矛盾增加，这是网络成瘾常见的影响。对处于青春期的小柯而言，父母忙于工作，对他缺乏关爱，因成绩平平在老师和同学眼里也是一个不起眼的孩子，个体正常发展所需的关爱和成就感不能得到满足，对于急切需要爱和成就的青少年来说，这种感觉是很不舒服的。这会使他体验到被忽视、被否定和受挫败，因而需要借助另外的渠道来补偿这种未满足的需求，互联网恰恰提供了这种功能。在网络游戏里，小柯可以通过杀戮、通关来宣泄自己的不满情绪，体验控制感和成就感，获得伙伴们的羡慕和认同。有研究表明，网络成瘾群体上网活动更倾向于娱乐性，而非网络成瘾群体在娱乐性和实用性上没有明显差异。具体而言，网络成瘾者更倾向于玩网络游戏，而非网络成瘾者则更倾向于借助网络获取信息。小柯正是前者。

父母对于小柯网络成瘾采取的断绝和斥责的方式，使小柯觉得父母不理解自己，进一步强化了自己觉得父母忽视、不能满足自己需求的观念，因此小柯变得愤怒和孤独，和网络走得更近了。而父母认为小柯之所以这样，完全是网络惹的祸，盲目排斥网络，而忽视小柯的心理需求。家长这种对网络的非理性态度，在很大程度上增强了小柯的逆反心理，使亲子矛盾进一步激化。

处理小柯的网络成瘾，化解亲子冲突，建议从以下方面入手：

第一，要评估网络成瘾的严重程度。具体评估上网的时间，网络成瘾的发展过程，上网的内容，因网络成瘾造成的躯体症状及情绪反应，以及造成的社会功能的危害，包括学习能力、亲子关系、同伴关系等。从小柯的情况看，他已成为网络成瘾者。

第二，以家庭为视角，结合青少年的心理发展特点，探索形成网络成瘾的原因。从本案例中可以发现，小柯沉迷于网络的原因在于心理需求不能得到满足。亲子冲突不是网络成瘾的结果，而是网络成瘾形成的原因之一。父母的情感忽视，在老师同学中体会到的自卑感，是小柯迷恋网络的重要原因。明确了这一点，也就抓住了消除小柯网络成瘾症状的核心。

第三，与家庭探讨目前存在的问题，以及需要改变的行为和可行的方法。如存在的问题行为是小柯沉迷于网络、学习成绩下降，相对应的是需要减少上网时间和提高学习成绩。对于这些行为的管理，可参见前面讨论过的网络成瘾的应对方法部分。而父母的态度方面，应了解网络的作用。网络是一把“双刃剑”，家长把网络视为洪水猛兽，深恶痛绝，要求孩子决不能再去碰网络，这实际上是偏激的也是不现实的。因此家长要做的不是堵塞而是疏导工作，应当引导孩子正确地认识网络的功能和弊端，做到合理使用网络。

第四，可与家庭探讨其他建设性的方法。如培养孩子的兴趣爱好，鼓励家庭花更多的时间跟小柯共同参与，一方面能够为满足孩子的心理需求开辟新的方式；另一方面也促进了家庭的沟通和互动，有利于改善亲子关系。

第五，将可行的方式应用于实践，在今后的咨询中讨论其效果，做出进一步的调整。

【案例 3—3】离家出走的小萍

✣ 案例描述

小萍，女，13 岁，初一学生，就读于某重点中学。考入中学不到 3 个月，小萍就向父母提出要转学，理由是不喜欢这个学校。父母以该校教学质量高为由，坚决不同意她转学。一周后，一向乖巧听话的小萍突然离家出走，父母多方寻找将她带回家。父亲责怪她学习上吃不了苦，没有上进心，只会逃避。不料小萍回家不到 3 天再次失踪，父母这次求助于警察才将她找回。回家后小萍情绪很不稳定，哭闹着说一定要转学，至于原因却闭口不谈。父母不明白一向乖巧的女儿为什么变得这么不听话，只是觉得她太不争气。此后父母从老师那里得知小萍在学校多次测验成绩不及格，还曾与同学发生过争吵。

✣ 分析与建议

本案例中刚升入初中的小萍两次离家出走，结合其父母从校方了解到的情况，可以猜测小萍是由于无法处理学习和人际关系的压力，想通过转学逃避压力，行不通之后，一走了之。逃避问题是未成年人离家出走的常见原因。从本案例可以看出，小萍一再采取离家出走的方式逃避矛盾，这与其父母的态度和反应有关。

首先，对于小萍提出的转学要求，小萍父母只是从家长的角度思考，以教学质量好为由拒绝，并没有进一步询问小萍为什么会有这样的反应。这会让小萍觉得孤立无援，最终一走了之。

其次，初次离家出走后被找回的小萍得到的是父母的指责和批评，使她感到更加不被理解，直接导致她再次离家出走。第二次被找回后，小萍的情绪状况变得很不稳定，爱哭闹，并且和父母的关系已经很紧张，拒绝和父母谈论自己的情况，只是坚持要求尽快转学。此时父母才意识到应该了解小萍在学校的状况，但和她的沟通已经变得很困难了，解决亲子关系问题成为处理该案例的重点内容。

为避免小萍再次离家出走，促进亲子沟通，修复亲子关系，建议从以下方面入手：

第一，要评估小萍的情绪状况，处理其情绪问题。从小萍的言语和行为上可以评估小萍有无焦虑、抑郁等情绪及其严重程度。注意评估有无自残自杀倾向。要创造良好的谈话氛围，鼓励小萍表达自己的情绪情感，宣泄内心的体验，并给予共情和支持。

第二，探求离家出走的原因。应从家庭整体出发，注重家庭成员间的互动关系。从本案例中可以看出，小萍在校学习期间面临着学习和人际关系的双重压力，而又缺乏有效的应对方法，因此采取“逃”的方式，而父母的不理解甚至指责促使小萍再次出走。因此不良的家庭互动是小萍离家出走的重要原因。

第三，采取有针对性的应对措施。由以上分析我们了解到促进亲子沟通，修复亲子关系是我们的首要目标。可通过家庭会谈的形式，运用提问技巧、角色扮演等方法，促使家庭成员表达情感和期望，促进亲子间的互动和沟通。帮助小萍发现并认识自己应对策略的无效，引导她学习和采用积极的应对方式，是婚姻家庭咨询师和家长更长远的目标。

第四，对于家长的教育。一些家长往往陷入学习第一的误区，只关心孩子的成绩，而忽视孩子的情感需求。婚姻家庭咨询师应提醒家长注意全面了解孩子的状况，给予足够的情感支持，运用责罚应谨慎，要讲究分寸、把握好尺度，避免给孩子带来更大的伤害。

✣ 注意事项

1. 处理网络成瘾问题时要认清网络沉溺是亲子冲突的原因还是结果，这对于矫正成瘾行为，化解亲子冲突来说是非常重要的。像迷失于网络的小柯案例一样，许多家长为防止孩子沉溺网络，或不买电脑，或拔除网线，或摔掉电脑，认为是电脑网络把孩子从自己身边夺走，这种行为是不可取的。但如果对孩子沉溺网络的案例进行深入分析，就会发现每一个沉溺网络的孩子都有自己辛酸的背景。他们或学业平平甚至不良，被老师漠视；或学习压力过大，不堪忍受；或受学校家长的限制过多，失去成长的自由；或经常被父母责骂，伤及自尊；或父母漠不关心，失去情感上的关怀与满足等。正是因为孩子的父母或周围人的心自觉或不自觉地远离了孩子，才使孩子到网络中寻找慰藉和快乐。因此，在多数情况下，是孩子首先被他人以不同的形式“抛弃”，不是网络夺走了孩子，而是网络收留了孩子。

2. 对未成年人离家出走应该弄清出走的原因，离家出走可能是孩子寻求关注的一种方式。应关注亲子间的互动关系，关注孩子回来后，父母、家长的应对问题，避免给孩子带来更大的情感伤害，杜绝离家出走的再度发生。

相关链接

网络成瘾的诊断标准

目前对网络成瘾的概念还没有统一的界定，诊断标准也不统一，下面介绍两种被广泛采用、认可度较高的诊断标准，一种是美国匹斯堡大学著名心理学专家金伯利·扬博士提出的标准。一种是台湾陈淑惠教授的标准。

金伯利·扬博士是最早研究网络成瘾的心理学家之一，并制定了网络成瘾的测量工具，该诊断标准有 8 个题项，如果被试者对其中 5 个题项给予肯定回答，就可以被诊断为网瘾。这 8 个题项是：(1) 我会全神贯注于网络或在线服务活动，即使下网后也念念不忘网上的事情；(2) 我觉得需要花更多的时间在网上才能获得满足；(3) 我曾努力过多次想控制或停止使用网络，但都没有成功；(4) 当我企图减少或停止使用，就会觉得沮丧、情绪低落或脾气容易暴躁；(5) 我花费在网络上的时间比原先设想的还要长；(6) 我会为了上网而甘愿冒重要人际关系、工作、教育或工作机会损失的危险；(7) 我曾向家人、朋友或他人说谎以隐瞒涉入网络的状态；(8) 我上网是为恶意逃避问题或释放一些感觉，诸如无助、罪恶、焦虑或沮丧。

金伯利·扬博士的量表项目较少，具有简单易操作的特点，但信度（可靠性）和效度（有效性）指标还不够明确，有待进一步研究确定。

台湾陈淑惠教授以大学生为样本，编制出《中文网络成瘾量表》。该量表有良好的信度和较高的效度。该量表一共有 26 个题网络并非罪恶之源，并不是每一个上网的青少年都会网络成瘾。青少年上网问题需要的是疏通而不是封堵。

大多数离家出走的孩子实际上期望父母给予更多的关注。

对离家出走后归来的孩子，父母要更多地给予关心和温暖，绝对不能歧视他们，更不能冷嘲热讽，防止矛盾进一步激化。

目，包含5个诊断标准：(1) 强迫性上网行为。为一种难以自拔的上网渴望和冲动；(2) 戒断行为和退瘾反应。指如果突然被迫离开电脑容易出现挫败的情绪反应；(3) 网络成瘾耐受性。指随着网络使用经验的增加，原先上网获得的乐趣和满足感，必须通过更多的网络内容和更长的上网时间，才能得到与原先相同程度的满足；(4) 人际及健康问题。因过多时间滞留网上，而忽略了原有的家居和社交生活，疏远了家人和朋友，耽误了工作和学习；为掩饰自己的上网行为而说谎，身体出现不适反应；(5) 时间管理问题。指无法有效合理地安排时间，而把大量时间花费在网上。

由于年龄、心理特点、家庭情况等个体差异的存在，使得在网络成瘾的诊断上除了要参照诊断标准和借助专业的测量工具外，还要有专业人士咨询后才能确定。总之，我们既不能根据自己主观感觉轻易判定自己或是他人是否网络成瘾，也不能因麻痹大意而放弃了对网络成瘾的警惕。

本单元思考题

1. 青少年网络成瘾表现在哪些方面？面对网络成瘾应如何应对？
2. 青少年离家出走的原因有哪些？

学习单元3　未成年人的法律保护咨询

1990年8月29日，中国政府签署了联合国《儿童权利公约》。1992年3月2日，中国向联合国递交了中国的批准书，中国成为该公约的第110个批准国。我国先后制定了以《未成年人保护法》和《预防未成年人犯罪法》为基础的一系列法律法规，不断完善了我国的未成年人保护法律体系，比较好地履行了中国政府在加入《儿童权利公约》时的义务。

正如《儿童权利宣言》所示："儿童因身心尚未成熟，在其出生以前和以后均需要特殊的保护和照料，包括法律上的适当保护。"我国在 1991 年和 2006 年分别制定和修订了未成年人保护法。本单元旨在介绍我国法律在家庭、学校、社会和司法等方面对未成年人提供的适当法律保护，使婚姻家庭咨询师能更准确全面地了解相关法律规定。

学习目标

- 熟悉未成年人保护法的主要内容
- 掌握侵害未成人合法权益法律后果的内容

一、未成年人的家庭保护

未成年人的家庭保护是指父母或其他监护人依法对未成年人实施的保护。从子女出生的那一刻开始，家庭便是他们成长的摇篮，是他们赖以生存的地方。幸福的家庭是未成年人健康成长不可或缺的条件之一。在《中华人民共和国未成年人保护法》中规定的家庭、学校、社会、司法 4 个方面的保护，排在首位的就是家庭保护。新修订的《中华人民共和国未成年人保护法》对如何履行监护人职责、实施家庭保护作了若干规定，而要取得孩子养育的成功，促进孩子健康成长，父母就要熟知这些法律规定，充分认识家庭保护的责任，在抚养教育孩子的实践中依法行事。家庭保护的主要内容表现在以下 7 个方面：

1. 在家庭保护中必须保护未成年人的权利

2006 年修订的《中华人民共和国未成年人保护法》（以下简称《未成年人保护法》）明确了未成年人的权利，即"未成年人享有生存权、发展权、受保护权、参与权等权利。"这是对联合国《儿童权利公约》有关规定的概括。《未成年人保护法》规定"禁止实施家庭暴力"，这是对未成年人人身权和人格尊严的保护；《未成年人保护法》规定父母或监护人在做出与孩子有关的决定时要听取他们的意见，是对未成年人参与权的保护；此法还规定应当关注孩子的生理、心理状况和行为习惯、保证孩子的睡眠、娱乐和体育锻炼时间，体现了对未成年人发展权的保护等。在未成年人的参与权上，联合国《儿童权利公约》第 12 条规定，缔约国应确保有主见能力的儿童有权对影响到其本人的一切事项自由发表自己的意见，对儿童的意见应按照其年龄和成熟程度给以适当的看待。在我国当前条件下，应特别注意普及这方面的知识。

2. 依法履行监护人职责

监护是民法上的一项制度，就是对不具有行为能力的人或不完全具有行为能力的人设立保护人。具体来说，就是父母要对未成年孩子的人身、财产以及其他合法权益进行监督和保护。如果父母双亡或者没有监护能力，依法由其他人担任监护人；如果父母因外出务工或者其他原因不能履行对孩子的监护职责，《未成年人保护法》特别规定“应当委托有监护能力的其他成年人代为监护”。但是这并不意味着父母可以对孩子撒手不管，他们依然要承担抚养孩子的费用，关心孩子的成长。孩子是父母双方的，无论是否离异、工作多忙，孩子的抚养教育都是双方的事，是父母不可推脱的法定责任。父母或者其他监护人应当“依法履行对未成年人的监护职责和抚养义务”。父母或者其他监护人不履行监护职责或者侵害被监护的未成年人的合法权益，经教育不改的，人民法院可以根据有关人员或者有关单位的申请，撤销其监护人的资格，依法另行指定监护人。被撤销监护资格的父母应当依法继续负担子女的抚养费用。

《中华人民共和国预防未成年人犯罪法》中有如下相关规定：

第 19 条：未成年人的父母或者其他监护人，不得让不满 16 周岁的未成年人脱离监护单独居住。

第 20 条：未成年人的父母或者其他监护人对未成年人不得放任不管，不得迫使其离家出走，放弃监护职责。未成年人离家出走的，其父母或者其他监护人应当及时查找，或者向公安机关请求帮助。

第 21 条：未成年人的父母离异的，离异双方对子女都有教育的义务，任何一方都不得因离异而不履行教育子女的义务。

第 22 条：继父母、养父母对受其抚养教育的未成年继子女、养子女，应当履行本法规定的父母对未成年子女在预防犯罪方面的职责。

对于这些规定，未成年人的父母、监护人必须了解和遵守。

3. 创造良好、和睦的家庭环境

《中华人民共和国未成年人保护法》第 10 条第一款规定：“父母或者其他监护人应当创造良好、和睦的家庭环境。”创造良好环境包括给孩子创造良好的物质生活环境、学习探索的环境、休闲娱乐环境和家庭成员和睦相处的人际环境等，这些都是孩子健康成长所必需的家庭条件。不良家庭关系在很大程度上会弱化家庭在孩子教育中的积极作用。

4. 保障孩子的人身权利不受侵害

家庭中侵害孩子的人身权利主要表现为家庭暴力、虐待、遗弃、歧视、溺婴和其他残害孩子的行为。这些都是我国法律所禁止的，严重的要负刑事责任。《中华人民共和国未成年人保护法》第 10 条第二款规定："禁止对未成年人实施家庭暴力，禁止虐待、遗弃未成年人，禁止溺婴和其他残害婴儿的行为，不得歧视女性未成年人或者有残疾的未成年人。"

5. 关注孩子的身心健康

《中华人民共和国未成年人保护法》的立法宗旨与家庭教育的目标是一致的，就是要把孩子培养成身心健康、全面发展的合格公民。《中华人民共和国未成年人保护法》规定："父母或者其他监护人应当关注未成年人的生理、心理状况和行为习惯，以健康的思想、良好的品行和适当的方法教育和影响未成年人，引导未成年人进行有益身心健康的活动，预防和制止未成年人吸烟、酗酒、流浪、沉迷网络以及赌博、吸毒、卖淫等行为。"为此，此法第 12 条明确规定："父母或者其他监护人应当学习家庭教育知识，正确履行监护职责，抚养教育未成年人。有关国家机关和社会组织应当为未成年人的父母或者其他监护人提供家庭教育指导。"

相关链接

联合国儿童权利公约第 29 条

缔约国一致认为教育儿童的目的应是：

1. 最充分地发展儿童的个性、才智和身心能力。

2. 培养对人权和基本自由以及《联合国宪章》所载各项原则的尊重。

3. 培养对儿童的父母、儿童自身的文化认同、语言和价值观、儿童所居住国家的民族价值观、其原籍国以及不同于其本国的文明的尊重。

4. 培养儿童本着各国人民、族裔、民族和宗教群体以及原为土著居民的人之间谅解、和平、宽容、男女平等和友好的精神，在自由社会里过有责任感的生活。

5. 培养对自然环境的尊重。

6. 尊重未成年人受教育的权利

《中华人民共和国义务教育法》第 11 条规定："凡年满六周岁的儿童，其父母或者其他法定监护人应当送其入学接受并完成义务教育；条件不具备的地区的儿童，可以推迟到七周岁。"第 58 条规定："适龄儿童、少年的父母或者其他法定监护人无正当理由未依照本法规定送适龄儿童、少年入学接受义务教育的，由当地乡镇人民政府或者县级人民政府教育行政部门给予批评教育，责令限期改正。"父母或者其他监护人应当尊重未成年人受教育的权利，必须使适龄未成年人依法入学接受并完成义务教育，不得使接受义务教育的未成年人辍学。有些父母为了生计，让未成年的子女辍学外出打工或从事一些盈利性的工作，这是对未成年人受教育权的侵犯。

7. 父母或者其他监护人不得允许或者迫使未成年人结婚，不得为未成年人订立婚约

在一些落后的农村地区，由于封建思想的残余，有些父母给未成年的子女订"娃娃亲"，甚至让未成年的子女结婚的现象还存在着。这些都违反了我国的《未成年人保护法》和《婚姻法》的规定。

二、未成年人的学校保护

学校保护是指各级各类学校在其自身的职能范围内，依照法律、法规的规定，对在校的未成年学生进行教育并对他们的身心健康和合法权益所实施的保护。学校保护的内容是教育性保护和在实施教育过程中对与受教育相关的未成年学生的合法权益和身心健康的保护。学校要履行以下几个方面的义务：

1. 学校有保护未成年人身心健康和安全的义务

学校应当与未成年学生的父母或者其他监护人互相配合，保证未成年学生的睡眠、娱乐和体育锻炼时间，不得加重其学习负担。任何人不得在中小学校、幼儿园、托儿所的教室、寝室、活动室和其他未成年人集中活动的场所吸烟、饮酒。学校、幼儿园安排未成年人参加集会、文化娱乐、社会实践等集体活动，应当有利于未成年人的健康成长，防止发生人身安全事故。学校、幼儿园、托儿所不得在危及未成年人人身安全、健康的校舍和其他设施、场所中进行教育教学活动。

学校有保护学生心理健康的义务。学校应当根据未成年学生身心发展的特点，对他们进行社会生活指导、心理健康辅导和青春期教育。

为此，《中华人民共和国未成年人保护法》第 40 条规定："学校、幼儿园、托儿所和公共场所发生突发事件时，应当优先救助未成年人。"学校应当建立安全制度，承担及时救助未成年人义务。教育行政等部门和学校应当根据需要，制定应对各种灾害、传染性疾病、食物中毒、意外伤害等突发事件的预案，配备相应设施并进行必要的演练，增强未成年人的自我保护意识和能力。

2. 学校有保护未成年人受教育权的义务

学校应当全面贯彻国家的教育方针，实施素质教育，提高教育质量，注重培养未成年学生独立思考能力、创新能力和实践能力，促进未成年学生全面发展。对品行有缺点、学习有困难的学生，应当耐心教育、帮助，不得歧视，不得违反法律和国家规定开除未成年学生。

3. 学校有保护未成年人人格尊严的义务

学校、幼儿园、托儿所的教职员工应当尊重未成年人的人格尊严，不得对未成年人实施体罚、变相体罚或者其他侮辱人格尊严的行为。

4. 学校有保护特殊群体未成年人的义务

专门学校应当对在校就读的未成年学生进行思想教育、文化教育、纪律和法制教育、劳动技术教育和职业教育。专门学校的教职员工应当关心、爱护、尊重学生，不得歧视、厌弃。

对有《预防未成年人犯罪法》所规定严重不良行为的未成年人，其父母或者其他监护人和学校应当相互配合，采取措施严加管教，也可以送其去工读学校进行矫治和接受教育。

三、未成年人的社会保护

未成年人的社会保护特指在社会生活环境中对未成年人实行的保护。社会要给未成年人提供好的条件、场所，禁止他们参加一些不利于其成长的活动。根据《中华人民共和国未成年人保护法》规定，社会对未成年人的保护主要包括以下内容：

1. 保障未成年人在心理上和思想上健康成长

（1）对未成年人的心理和思想活动进行积极引导

《中华人民共和国未成年人保护法》第 22 条规定："博物馆、纪念馆、科技馆、文化馆、影剧院、体育场（馆）、动物园、公园等场所，应当对中小学生优惠开放。"《中华人民共和国未成年人保护法》第 24 条规定："国家鼓励新闻、出版、广播、电影、电视、文艺等单位和作家、科学家、艺术家及其他公民，创作或者提供有益于未成年人健康成长的作

对未成年人被送到工读学校进行矫治和接受教育，应当由其父母或者其他监护人，或者原所在学校提出申请，经教育行政部门批准。

品。出版专门以未成年人为对象的图书、报刊、音像制品等出版物，国家给予扶持。”这些都体现了社会对未成年人健康成长的关怀。

（2）尊重未成年人的人格尊严

不得披露未成年人的隐私；不得隐匿、毁弃、非法开拆未成年人的信件。父母、监护人、学校等必须遵守《中华人民共和国未成年人保护法》第31条的规定：“对未成年人的信件，任何组织和个人不得隐匿、毁弃；除因追查犯罪的需要由公安机关或者人民检察院依照法律规定的程序进行检查，或者对无行为能力的未成年人的信件由其父母或其他监护人代为开拆外，任何组织或者个人不得开拆。”

（3）禁止有害于未成年人心理健康及侵蚀其思想的行为

不得允许未成年人进入不适宜其活动的场所等。

（4）保护未成年人的智力成果权和荣誉权

智力成果权是指法律规定人们对于自己脑力劳动创造的精神财富所享有的权利。荣誉权是因在工作中作出优异成绩、获得精神奖励而产生的权利。未成年人因没有行为能力或完全的行为能力，当其智力成果权和荣誉权受到侵犯时，可依法由其父母或其他监护人向法院起诉，使侵权人承担相应的法律责任。

（5）保护有特殊天赋和有突出成就的未成年人

2. 保护未成年人的安全与健康

（1）在与未成年人接触的日常生活中，社会有责任保护未成年人的安全和健康

儿童食品、玩具、用具和游乐设施，不得有害于儿童的安全和健康。为此，《中华人民共和国食品卫生法》第5条规定：“专供婴幼儿的主、辅食品，必须符合国务院卫生行政部门制定的营养、卫生标准。”

（2）在疾病防治方面保护未成年人的安全和健康

（3）在劳动就业方面保护未成年人的安全和健康

任何组织和个人不得招用未满16周岁的未成年人，国家另有规定的除外。招收已满16周岁、未满18周岁的未成年人，要在工种、劳动时间、劳动强度、保护措施等方面充分考虑未成年人的安全和健康要求，不得安排其从事过重、有毒、有害的劳动或者危险作业。

（4）保护流浪乞讨或者离家出走的未成年人

《中华人民共和国预防未成年人犯罪法》规定，未成年人的父母和学校应当教育未成年人不得有下列不良行为：旷课、携带管制刀具、打架斗殴、辱骂他人、强行向他人索要财物、偷盗、故意毁坏财物等。对于未成年人的父母或监护人不履行监护义务，放任未成年人的不良行为，将由公安机关进行训诫，并追究其法律责任。

四、未成年人的司法保护

对未成年人的司法保护，是指公安机关、人民检察院、人民法院以及监狱、少年犯管教所等劳动改造执行机关，依法行使权力，履行职责，对未成年人实施的专门保护。

1. 审理案件中的司法保护

人民法院审理涉及未成年人案件时，应适应未成年人生理、心理特点和健康成长的需要，保障未成年人的合法权益。在审理时，应当依法保护未成年人的继承权和受遗赠权。人民法院审理离婚案件，涉及未成年子女抚养问题的，应当听取有表达意愿能力的未成年子女的意见，根据保障子女权益的原则和双方具体情况依法处理。

2. 对违法犯罪未成年人的教育

实行教育、感化、挽救的方针，坚持教育为主、惩罚为辅的原则。对违法犯罪的未成年人，应当依法从轻、减轻或者免除处罚。特别要注意的是，公安机关、人民检察院讯问未成年犯罪嫌疑人，询问未成年证人、被害人，应当通知监护人到场。公安机关、人民检察院、人民法院办理未成年人遭受性侵害的刑事案件，应当保护被害人的名誉。

3. 对羁押、服刑的未成年人，应当与成年人分别关押

羁押、服刑的未成年人没有完成义务教育的，应当对其进行义务教育。解除羁押、服刑期满的未成年人的复学、升学、就业不受歧视。对未成年人犯罪案件，新闻报道、影视节目、公开出版物、网络等不得披露该未成年人的姓名、住所、照片、图像以及可能推断出该未成年人的资料。

五、侵害未成年人合法权益的法律责任

相关法律规定了对侵害未成年人合法权益的行政处分、行政处罚、刑事处罚等措施及承担民事责任的具体规定；同时还规定了向主管部门要求处理、申请行政复议、提起诉讼等程序方面的保护措施。在司法实践中，侵犯未成年人的人身权利或者其他合法权利，构成犯罪的，依法追究刑事责任。虐待未成年人的家庭成员，情节恶劣的，依照刑法第182条的规定追究刑事责任。对未成年人负有抚养义务而拒绝抚养，情节恶劣的，依照刑法第183条的规定追究刑事责任。溺婴的，依照刑法

第 132 条的规定追究刑事责任。

未成年人的法律保护咨询要点

1. 掌握各地在未成年人保护方面的具体规定。

2. 全面了解求助者的问题，有针对性地提出符合法律规定的合理建议。

【案例 3—4】 小女孩丽丽被遗弃后

✣ 案例描述

李先生和妻子因感情不和离了婚，法院判决他们 4 岁的孩子丽丽归妻子薄女士抚养，同时李先生每月向薄女士支付 300 元的抚养费。然而离婚后李先生因与薄女士积怨已深，故意不支付孩子的抚养费。薄女士因收入较少，生活陷入困境，无力独自抚养孩子，加上为和前夫李先生赌气，就遗弃了女儿远嫁到外地。丽丽后来被好心的邻居收留，到了上学的年龄，丽丽的花费增加，邻居的负担加重，就和李先生以及薄女士联系解决丽丽的抚养问题，但二人都不愿意承担责任，邻居遂向婚姻家庭咨询师求助。

✣ 分析与建议

本案涉及未成年子女的抚养权实现的问题。李先生在离婚后由于个人私怨，无视法院的判决和法律规定的对子女的抚养义务，置自己的亲生骨肉于不顾，是极端不负责任的表现，也是违反法律规定的。而薄女士狠心地将女儿遗弃，虽情有所迫，却也是违反法律的行为。邻居收留丽丽，是基于道义上的同情，但不是法律上的义务。

《中华人民共和国未成年人保护法》第 51 条规定："未成年人的合法权益受到侵害，依法向人民法院提起诉讼的，人民法院应当依法及时审理，并适应未成年人生理、心理特点和健康成长的需要，保障未成年人的合法权益。在司法活动中对需要法律援助或者司法救助的未成年人，法律援助机构或者人民法院应当给予帮助，依法为其提供法律援助或者司法救助。"

《中华人民共和国预防未成年人犯罪法》第 41 条规定："被父母或者其他监护人遗弃、虐待的未成年人，有权向公安机关、民政部门、共产主义青年团、妇女联合会、未成年人保护组织或者学校、城市居民委员会、农村村民委员会请求保护。被请求的上述部门和组织都应当接受，根据情况需要采取救助措施的，应当先采取救助措施。”

《北京市未成年人保护条例》第 66 条规定：“对监护人侵害未成年人合法权益或者不履行监护职责的案件，未成年人可以直接申请法律援助；与该争议事项无利害关系的其他法定代理人也可以代为申请法律援助。未成年人保护委员会、学校或者居民委员会、村民委员会、妇女联合会、残疾人联合会等社会组织以及未成年人的亲属、邻居等可以帮助未成年人申请法律援助，或者支持未成年人提起诉讼。”

婚姻家庭咨询师可以告知好心的邻居，丽丽可以向法院提起诉讼，要求其父母履行抚养的义务，甚至可以以遗弃罪提起刑事诉讼。由于丽丽还未成年，没有任何经济来源，她在诉讼阶段还可以申请获得法律援助和司法救助。当然，丽丽还可以向公安机关、民政部门、共产主义青年团、妇女联合会、未成年人保护组织或者学校、城市居民委员会、农村村民委员会请求保护。被请求的上述部门和组织都应当接受丽丽的请求，根据情况需要采取救助措施的，应当先采取救助措施。

【案例 3—5】小勇的“犯罪”经历

✣ 案例描述

15 岁的小勇是在校初中生，还有一年就毕业了。在同学的怂恿下，两人共同驾驶一辆摩托车以飞车抢夺的方式抢得挎包一个，内有现金 200 元及其他物品。作案之后，财物被同学拿去，小勇却被事主一路追赶，在一村庄的竹林深处被闻讯赶来的村民抓获。一审法院以抢夺罪判处小勇有期徒刑一年。小勇不服，上诉至市中级人民法院。案发之后，小勇的父亲为保住他的学籍，以小勇患病为由向学校申请休学一年。但学校在知道事情经过和收到一审判决书之后，以小勇犯罪并欺瞒学校为理由将小勇开除。后来中级法院对小勇作出终审判决：有期徒刑一年，缓刑两年。小勇的父亲向婚姻家庭咨询师问：学校的做法正确吗？小勇该怎么办？

✣ 分析与建议

学校的做法是不正确的。本着维护和保障未成年人的受教育权的原则和精神，我国法律规定对涉嫌犯罪的未成年人不得随意开除。《中华人民共和国未成年人保护法》第 18 条明确规定：“学校应当尊重未成年学生受教育的权利，关心、爱护学生，对品行有缺点、学习有困难的学生，应当耐心教育、帮助，不得歧视，不得违反法律和国家规定开除未成年学生。”《中华人民共和国义务教育法》第 27 条规定：“对违反学校管理制度的学生，学校应当予以批评教育，不得开除。”《中华人民共和国预防未成年人犯罪法》第 44 条规定：“对于被采取刑事强制措施的未成年学生，在判决生效以前，不得取消其学籍。”该法第 48 条还规定对于依法免予起诉、免予刑事处罚、判处非监禁刑罚、判处刑罚宣告缓刑、假释或者刑罚执行完毕的未成年人，在复学、升学、就业等方面与其他未成年人享有同等权利。可以看出，立法的态度是明确的，对于开除是非常慎用的。

本案中学校在接到一审判决后，在判决还未生效的情况下就开除了小勇，是违反上述法律相关规定的。尤其是小勇后来在二审判决中被判处有期徒刑一年，缓刑两年，其所犯罪行又是偶发性的犯罪，在缓刑期间，他完全有可能完成学业，若没有其他影响缓刑执行情形的行为，小勇本可以正常地升学，融入到社会中。

婚姻家庭咨询师可以向小勇的父亲指出学校的行为是不合法的。根据《中华人民共和国预防未成年人犯罪法》第 47 条规定：“未成年人的父母或者其他监护人和学校、城市居民委员会、农村村民委员会，对因不满十六周岁而不予刑事处罚、免予刑事处罚的未成年人，或者被判处非监禁刑罚、被判处刑罚宣告缓刑、被假释的未成年人，应当采取有效的帮教措施，协助司法机关做好对未成年人的教育、挽救工作。”

学校对涉嫌犯罪的未成年人不得随意开除，这是培训中应注意掌握的知识。

建议小勇的父亲先去和学校交涉，看能否撤销开除的决定。如果学校方面坚持己见，那么小勇的父亲可以向学校的主管机关即区县一级的教育局申请复议，要求主管机关撤销学校的开除处分，若对教育局的复议决定不服，还可以进一步向当地法院提起行政诉讼。

【案例 3—6】 孩子出事谁负责

✣ 案例描述

中小学学生家长们经常会说：“我的孩子在学校受伤了，学校应当负责。”理由是孩子在家，家长是监护人，出了事家长负责；到了学校，学校就是监护人，出了事学校就应当负责。

✣ 分析与建议

这实际上涉及中小学学校和在校未成年学生之间的法律关系的问题。学生在校发生事故的原因很多，有些是由于学校的教学设施存在安全隐患造成的，有些是由于老师没有尽到相应的职责造成的，而有些事故的发生则是学生单方面的原因造成的，比如在老师不在场的课间活动时或放学后打架造成的，对于前两种情形学校要承担责任，而后一种事故的责任就不能由学校来承担，否则就不公平了。所以要具体问题具体分析，不能把所有的责任都推到学校身上。

根据 2002 年 9 月 1 日施行的《学生伤害事故处理办法》第 7 条的规定，未成年学生的父母或其他监护人应当依法履行监护职责，配合学校对学生进行安全教育、管理和保护工作。学校对未成年学生不承担监护职责，但法律有规定的或者学校依法接受委托承担相应监护职责的情形除外。

作为婚姻家庭咨询师，在有家长咨询时，可以向家长指出这种想法是不完全正确的，同时向家长宣传平时注意对孩子的安全教育，尽量避免事故的发生。

✣ 注意事项

1. 关于未成年人的保护，各地的具体规定会有所不同，婚姻家庭咨询师在具体案例中要充分考虑各地立法和政策的具体规定。

2. 婚姻家庭咨询师应注意相关的立法动态，以提供最新的立法规定和政策。

本单元思考题

1. 谈到孩子的权利，经常听到一些家长说：“小孩子有什么权利呀？还不是得听大人的！”也有的说：“现在的孩子就够难管了，再让他们知道自己有那么多的权利，我们当父母的怎么‘玩得转’呀！”你如何看待这些说法？

2. 2002 年，北京“蓝极速”网吧纵火案，让 25 名风华正茂的青少年葬身火海，另有12人被烧伤。此案令国人震惊，除了后果极其严重以外，还有三个值得人们关注的地方：(1) 四个参与纵火的都是少年，最大的一个17岁，两个14岁，一个13岁。(2) 放火起因竟然如此简单，其中两个孩子到网吧玩，因为身上钱不够，服务员的一句话“没钱还想上网”，让两人感觉受到了蔑视，才起了报复心理。(3) 这几个孩子全都来自离异家庭，脱离父母的监护，他们全都失学辍学，背离了正常孩子的生活轨迹，经常出入网吧。你如何看待这个案件？

学习单元4 提供解决虐待儿童问题的建议

儿童是国家的未来，是社会发展的希望。儿童具有生存权、发展权、受教育权、政治权利和自由权、受保护权等。国家对于未成年人的权益有一系列的保障措施，从各方面对儿童给予法律上的保障。但是，仍有一些儿童的成长环境并非充满阳光，他们中的一些人遭受着虐待，而有的虐待者正是他们的父母。

作为父母应当懂得正确的家庭教育方法，要为儿童创造良好的家庭氛围和成长环境，要以身作则科学地教育孩子，不能以“棍棒之下出孝子”“小树不修不成才”等为理由，用粗暴的手段对待孩子。虐待儿童不仅给他们身体带来伤害，更严重的是会给儿童带来心灵的伤害，这种伤害可能影响儿童的价值观、处事态度和方法。因此，家长要为孩子创造良好的生活和发展环境。

本单元帮助婚姻家庭咨询师掌握以保护儿童为前提进行的婚姻家庭咨询；帮助受虐儿童不再受到第二次伤害并走出阴影；最大限度地协助家庭重建有效的家庭教育理念和正确的行为模式。

学习目标

- 了解虐待儿童的危害性
- 掌握正确的教育子女方法

➢为解决虐待儿童问题提供建议

一、虐待对儿童的伤害

首先，虐待给儿童生理健康造成影响。虐待对儿童造成的损伤有立刻显现的、短期的损伤，也有立刻显现且保持终生的或经历成人期、生活后期才显现的长期损伤。这与虐待的种类、强度、持续的时间和发生的频率有关。发生在家庭里由双亲施加的虐待对儿童的伤害最严重。在那些父母双方都粗野、无教养、残暴的家庭中没有正常的人文、亲情关系。在这种家庭中的儿童体验不到应有的关怀、照顾和保护，看到的和体验到的只是阴暗的、负面的情绪，病态的行为——挨打（如用拳头、利器）是经常的事，身体伤害由轻（青肿、擦伤）到重（骨折、内脏出血、昏迷），同时还有器官、脏器功能性和器质性损伤，乃至生命垂危。从内伤到外伤、从肉眼可看出的损伤到仪器暂时检测不出来的损伤——所有的一切都严重影响了儿童的生长发育、破坏了他们正常的生理功能、降低和损害了其健康水平，造成体质下降、甚至造成终生伤残。有的则表现为营养不良、免疫力低下、患多种疾病、性疾病传播，甚至染上吸毒、卖淫等行为，这些更促使受害者健康水平低下。虐待对儿童健康的损伤往往是多器官、多系统、多病症的复合型损伤，很少是单一损伤，给儿童的生理带来了严重的伤害。

其次，虐待会给儿童心理带来长期的影响。虐待严重阻碍儿童认知发展并引发大量心理问题，学术界称之为“暴力诱发的智力伤残”。有研究显示，在10%的受虐待儿童中，虽然此次虐待已经结束，但该虐待所造成的身体生长发育和智力发育迟缓可持续4年。受虐儿童中可发生多种精神和心理紊乱。有的儿童精神创伤可以是短期存在的，不再反复出现；如果虐待是发生在家庭中，就会产生许多特殊的问题，因为这种精神创伤会反复发生，发生的时间间隔无法预料，这就会导致情感的矛盾、混乱。长期精神创伤造成复杂的深度内心压力症状及人格改变，由于人际关系和自我同一性紊乱，驱使受害者反复受到虐待，这些虐待有的是由受害者自己造成的，有的是由他人造成的。儿童受到虐待以后很容易发生精神创伤后紧张综合征或其他精神、心理紊乱，如出现压抑、焦虑综合征、意识障碍以及边缘性、自恋狂、抗拒社会、精神分裂症等人格特征的症状。

受虐儿童可发生多种精神和心理紊乱。在经过治疗的性虐待受害儿童中易罹患精神/意识分裂症状。青春期受到性虐待的受害者多有自杀、压抑症状，而且自我评价极低。

二、处理虐待儿童事件的原则

1. 支持孩子的情绪

婚姻家庭咨询师要保持冷静、信任的态度，细心聆听、注意孩子的情绪，切忌过于激动。态度要开放，不存偏见，不作批判。

2. 孩子的安危和权益最重要

不应该只从父母的角度看待问题，要以孩子的安危和权益为首要考虑的问题。要以保护儿童为最大原则。

3. 与孩子及家长保持良好互信的关系

4. 协助安排孩子尽早返回课堂并掌握孩子返校后的情况

5. 注意保密原则

(1) 切忌过多的人参与其中

(2) 妥善保存会谈记录

不论数据来源及事发时间，都要认真了解掌握。除法律程序及调查过程所需外，所有资料尽量保密。

(3) 不宜过早接触被怀疑的侵犯者

6. 对严重的虐待儿童事件应遵循举报原则

只要有合理的怀疑，便应尽快通知有关部门处理。

虐待儿童问题咨询要点

1. 了解求助者的基本资料。包括求助者的性别、年龄、求助的原因、求助者的目的。

2. 了解求助者与被虐待儿童的关系。如果求助者不是当事人，那么要了解他/她与被虐待儿童的关系，如亲属、邻居、老师或者其他人等。

3. 了解虐待儿童的情况。婚姻家庭咨询师要通过求助者的描述了解受虐待儿童的基本状况，如果是受到父母虐待，要了解其家庭成员构成，家庭关系如何；家长的工作性质、性格及文化程度；受虐待儿童被虐待的次数、程度以及通常因为什么事情被虐待等。

4. 分析虐待儿童的原因。通过上述情况的了解，分析判断虐待儿童的原因，如：是因为家庭关系，还是因为家庭成员性格缺陷或者因为家庭经济原因以及由于观念错误所引发的问题等。

5. 帮助家长学习非暴力教育子女的方法。婚姻家庭咨询师要对用暴力方式进行子女教育的家庭进行辅导，告知其虐待子女的危害，讲解如何使用非暴力的方式教育子女，并按阶段布置不同的家庭作业，在开始下一次辅导之前进行检查，评估其学习和改变的程度。

6. 提供建议。对于虐待儿童的家庭，要建议父母学习正确的亲子关系建立的意义和方法，正确认识父母与子女的关系，建议父母及子女学习正确的沟通方法，改变以前的沟通模式，营造良好的家庭氛围，发展一种新的亲子沟通模式，从而改变现状。

学习正确的亲子教育方法，家长要改变自己的脾气，发怒前要学会克制；记录自己的改变，以及这些改变带来的亲子关系的变化；学习儿童保护的相关法律法规。

进行受虐儿童咨询时，首要原则是要保护孩子，不使孩子受到二次伤害。婚姻家庭咨询师要在咨询前作足功课，了解与孩子沟通的相关知识，才能在咨询的时候掌握主动，有效地完成咨询工作。

【案例3—7】爸爸，你为什么总是打我

案例描述

小垚是一名三年级的学生。爸爸是一名工人，妈妈在一家医院做护工，虽然收入并不多，但小垚在入小学之前还是很快乐的。自从小垚上小学读书，爸爸就对他寄予了极大的希望，希望他能够好好读书考上大学，有一个好的前程。于是，爸爸对小垚的学习要求特别严，考试必须得第一，不管是小练习，还是大考试都要得第一。如果不是第一，就会遭到爸爸的训斥，可以说小垚的一年级是在训斥中度过的。在小垚二年级的时候，爸爸所在工厂因经济不景气破产了，他对小垚的要求就更高了，如果不考第一就不仅是训斥，有的时候还会遭到拳脚的惩罚。小垚的妈妈曾经劝过爸爸不要打骂孩子，小垚的爸爸都听不进去，说自己教育孩子是正事，不打不成才，让她不要管。小垚本来就是个内向的孩子，他越是担心成绩不好被爸爸打骂，就越紧张，负担也越重，越考不好。为此，遭到爸爸拳脚的时候就会更多。爸爸失业后一年都没有找到合适

的工作，心情也越来越不好。每当小垚考不好的时候，就打小垚，而且还不允许小垚吃饭，关在屋子里让小垚想自己错在哪里。小垚经常被打得浑身青紫，每次都会哭着对爸爸说："不要再打了！"但是小垚的爸爸坚信不打不成才，不管小垚的妈妈怎么劝说都无济于事。小垚的妈妈只好找婚姻家庭咨询师寻求帮助。

✣ 分析与建议

本案例中的小垚，因为学习成绩不理想经常遭到父亲的打骂。父亲把希望都寄托在小垚的身上，用成绩来衡量小垚的未来，对小垚过于严格。特别是在失业之后更加苛刻地要求小垚，又给小垚带来了很大的心理压力，小垚爸爸的行为已经构成了对儿童的暴力及虐待。

对此，咨询师将咨询的目标确定为：帮助小垚远离暴力和虐待的环境。主要做了以下方面的工作：

1. 针对小垚的工作

一方面，对小垚进行心理辅导，消除小垚因父亲的打骂所产生的学习上的压力和心理负担；另一方面，帮助小垚建立自己的支持系统，如自己的妈妈、学校老师、同学等，使他们能在学习上帮助小垚，在情感上关怀小垚，在小垚挨打时能加以制止，在挨打后能给予安慰。

2. 针对小垚父亲的工作

（1）帮助分析小垚父亲的心理

从小垚父亲的表现可以看出，他的心理主要是：把自己的希望完全寄托在孩子身上，不考虑孩子的承受能力；维护家长制的作风，听不进去小垚妈妈的意见；没有认识到自己对待孩子的方式已经构成了暴力和虐待。

（2）对小垚父亲的暴力行为进行辅导

第一步，让其认识到对孩子采用打骂、关禁闭、不给饭吃是暴力行为，是虐待儿童的表现，是违法的行为，使其对此行为表示愿意悔改；第二步，帮助小垚的爸爸建立正确的家庭教育的观念，认识到孩子不是自己的私有品，好的家庭教育不是用拳脚实现的。

（3）辅导小垚的爸爸学习树立正确的家庭教育理念、方法和沟通技巧。具体包括：

第一，正确认识父母与子女的关系

受中国传统文化的影响，一直以来小垚的父亲认为家长是一家之主，拥有至高无上的权力，认为孩子就应该听从父母的意见，不得违抗。事实上，这样会扼杀了孩子的个性。

社会生活越来越民主化，人们开始追求民主、平等、自主的生活，因此人们的思想观念已经发生了变化。由于父母和子女生活的历史时代、社会背景以及生活经历的不同，因此在价值观和生活感受方面存在着差异，这就要求父母不断地进行思想观念的更新，认识到孩子是独立的个体，有着其自身的思想和性格，需要有他自身的发展，而不是自己的私有财产。子女思维活跃、兴趣广泛、感觉敏锐、对外界事物充满好奇心，容易接受新思想，新观念，父母的接受能力则比较慢。二者之间的差异，需要父母和子女双方正确对待。作为父母对子女应当有要求，但要尊重子女的人格和个性，不强迫子女服从自己的意志，不把子女当成自己的私有财产；作为子女自己能做的事情应当自己做主，独立支配自己的言行。在家庭中应创造一种宽松的环境，使子女可以感受到平等和被尊重，从而形成独立的思想，有自尊、自信感，更加适应社会的发展。

第二，运用说服教育为主的教育方法

作为新时期的家长，应当运用说服教育为主的教育方法。这种方法建立在对子女的充分信任和尊重的基础上，以理服人，而非以势压人，这与民主平等的父母与子女关系是相辅相成的。说服教育的方法主要有两种，即谈话和讨论。谈话主要是针对子女的思想，由父母讲道理和摆事实，进行分析和论证，帮助子女领会是非标准。谈话的氛围应当是轻松的，家长要态度温和，而不是居高临下，板着面孔训斥。谈话的内容要有针对性，能够引导子女正确认识世界、认识事物。谈话要能引导子女认识问题，不能强制灌输，要有启发性，不一定要做出结论，而是让子女自己得出正确结论。能够做到深入浅出最好。讨论是家长和子女以平等、民主的态度共同探讨问题的最好方式，使子女在研讨中明辨是非曲直。在讨论中家长要放下架子，让子女充分发表观点，阐述意见，家长应当学会聆听孩子的心声，即使子女观点不正确，也要让孩子讲完之后，再加以讨论，要允许子女不同意家长的观点，可以反驳，可以批评，父母不能听到不同的意见就无理压制和粗暴地训斥。说服的方式适合于不同年龄段和个性特征的孩子。对于不同年龄段、不同个性的孩子可以采用不同的说服方式。

第三，不把孩子当做替罪羊

一些父母遇到问题时容易把孩子当成替罪羊，如在单位遇到不顺心的事情，回到家中就把不愉快的情绪转移到孩子身上；或者夫妻双方吵架，把怒气撒到孩子身上；有时为了在邻居或者同事之间掩饰一些事情，而把责任推卸到孩子身上等。小垚的父亲就是这样。这些行为是不可取的，会给孩子带来心理的伤害，到头来孩子会模仿这种行为，在以后的生活中重蹈这种做法。

家长应当正确对待自己的情绪，理智地克服自己的情绪，把愉快、和谐、平等的情感传递给孩子，给他们创造一个良好的环境，让他们有一个快乐的童年。

合格的父母需要真正理解父母与子女的关系，在日常的教育中要言传身教、言行一致。家长有犯错误的时候，那么孩子的错误也应该是可以理解的，不把自己不愉快的情绪带给孩子，更不可以转嫁给孩子，从而伤害他们。

3. 针对小垚母亲的工作

对小垚的妈妈的辅导，在本案例中具有重要意义。小垚的妈妈可以在家庭中起到重要的作用，第一，她可以帮助小垚的爸爸疏解心理压力，监督小垚的爸爸学习运用非暴力的方法教育小垚；第二，她可以在小垚遭受暴力时给予保护，可以对小垚的健康成长起重要的教育作用；第三，她可以帮助小垚更好地与父亲沟通，帮助小垚与学校老师、同学建立良好的关系，使小垚的社会支持网络更加广泛。

但是，小垚的妈妈只有在自身有了一定改变的情况下，才能起到以上作用。因此，婚姻家庭咨询师必须针对小垚的妈妈开展工作，帮其学习如何进行有效的家庭沟通，如何协调家庭矛盾等，使其在家庭中的作用能更好地发挥。

✣ 注意事项

1. 积极引导虐待儿童者参与咨询

很多的时候，家长对于打骂儿童并不认为是虐待，他们持有所谓“严师出高徒”“棍棒底下出孝子”“小树不修不成材”等封建观念，给孩子的成长带来了伤害。因此要积极引导虐待儿童者参与咨询。通过咨询让家长认识到教育不能使用暴力、武力和极端的形式完成；正确的表扬和奖励、恰当的惩罚效果会更好。

2. 联系有关学校和社区共同开展工作

对于受到虐待的儿童，婚姻家庭咨询师在可能的情况下可以联系有关的学校、社区，对严重受虐的儿童进行必要的保护。

学校、社区是受虐儿童最直接的社会支持系统，因此要利用这些系统为严重受虐的儿童提供保护，由学校、社区作为监督者、保护者，为儿童提供必要保护，促使儿童不再受到伤害。

未成年人权益保护的相关法律法规见本教材基础知识卷及本节学习单元3。

本单元思考题

1. 应当怎样正确教育孩子，虐待会给儿童带来什么样的伤害？
2. 如何做好虐待儿童案例的咨询？

学习单元5　亲子关系的团体辅导

随着社会的进步与发展，人们的思想观念也发生着转变。尤其是当代中国社会，独生子女家庭增多，亲子关系呈现新的特点，亲子关系从传统的专制型向民主、平等型发展。作为家长应当看到这种关系的特殊性和变化性，用更加真诚、开放、尊重和信任的态度对待孩子，谨慎地处理亲子关系中出现的各种问题，使孩子的成长过程充满阳光和乐趣。

作为婚姻家庭咨询师，要懂得亲子关系及其沟通的特点、沟通中可能存在的问题，能够有效地帮助、引导父母子女之间进行有效沟通。特别强调的是，亲子关系问题的辅导不同于一般的家庭辅导，需要父母双方共同参与辅导过程，形成所有家庭成员参加的团体辅导，辅导的过程中要考虑调动整个家庭的积极性、孩子的有效参与，促成有效沟通的实现。

学习目标

- 了解亲子关系的类型、特点
- 了解亲子关系可能发生的主要问题
- 掌握团体辅导方法
- 能够为求助者的亲子关系进行团体辅导

一、亲子关系的概念

亲子关系是指父母与子女之间的关系，它是由夫妻关系而带来的一种最基本的、最重要的家庭关系。从法律意义上说，亲子关系是指父母和子女之间的权利和义务关系。

二、亲子关系的类型与特点

1. 亲子关系的类型

（1）专制型

这种类型常见于传统的家庭中，由于受封建家长制的影响，父母是一家之长，具有至高无上的权力。因此，一切都是家长说了算，子女必须无条件地服从。随着社会的发展，这种形式的亲子关系的弊端越来越凸现，不利于子女的发展。

（2）民主平等型

这是现代社会发展所需要的模式。父母充分信任和尊重孩子，给孩子充分发展的空间。在这样的家庭中孩子可以自由发挥自己的想象力，自由发表自己的观点。这种类型的亲子关系已被越来越多的人所接受。

（3）朋友型

父母与孩子交朋友，从孩子的角度理解孩子，双方可以像朋友一样，开诚布公地讨论问题，倾诉心声。这种关系也是建立在父母对孩子的充分信任和尊重的基础上，为孩子的发展创造更为广阔的空间。

2. 亲子关系的特点

（1）不可替代性

亲子关系是以血缘关系为基础的，是其他社会关系如师生关系、朋友关系、同学关系、夫妻关系所不能替代的。即使兄弟姐妹之间的血缘关系在感情上有某种可比拟性，但是亲子关系的作用是不可能被替代的。表现在法律上的权利和义务的关系也是不可替代的。如，父母有责任抚养和教育未成年的子女，不能虐待和遗弃；子女有赡养父母的义务。

（2）不平等性

在亲子关系中，父母处于管教、培养的主导地位，子女处于从属的地位。对于幼年的子女来说，父母是子女的权威。父母对于子女的到来是有准备和计划的，所以子女的到来对于父母的影响相对来说较小。但是对于子女来说，这种亲子关系的好坏，会影响他们以后的情感、个性、人际交往及发展，因此是不平等的，特别是在封建社会这种不平等表现更加明显。

（3）变化性

亲子关系会随着社会的发展和子女的长大而发生变化。从社会变迁看，传统的亲子关系强调父辈的权威和尊严，现代社会提倡平等的关系。父母和子女在人格上是平等的，这是平等、和谐的亲子关系的要求，很多父母都在努力构建一种平等的朋友式的亲子关系。随着子女的长大，亲子关系的互动也会发生变化。作为父母要适应这种变化，营造适宜的亲子关系。

（4）亲子关系相处的原则

1）家长认识和接受子女与自己的不同之处。尽管子女会遗传家长的基因，但是家长和子女对同一事件的看法也是不一样的，子女在有的地方也一定会比家长更好；而家长的优点和长处，孩子不一定全部都有。因此，不能要求孩子有完全与家长一样的性格，要接受孩子的不同之处，孩子才会接受家长对他的看法。同时发生在一个人身上的事情，不能假定发生在另一个人身上也会有一样的结果。所以，家长的经验只是教育孩子的参考，但并不能保证是完全正确的或可行的法则。

2）子女是通过家长的行为和情绪来学习，而不是通过家长的指令来学习。家长处理一件事的行为模式，子女看到了，下次也会跟着做。子女看到家长面对一个情况时产生的反应，便会认定那是正确的，会去效仿在自己面对同样的事情时会做出同样的反应。言语或文字本身不能在孩子身体和脑子里产生有学习效果的行为或情绪反应，所以教导式的训导效果不大。

3）孩子所有行为必有其正面动机。每个人都要为满足自己内心的一些需要而做事，孩子的所有行为都有其正面的意义，但他不懂得也不能说出来。家长需要把孩子的行为和动机分开。孩子行为的本质有错或做事的效果不好，我们应加以否定，但孩子总是不断地企图提升自己的知识和能力，我们必须肯定他们这样的动机。找出孩子行为背后的正面动机，加以肯定；再引导孩子去寻找更有效的做法，这是最容易使孩子接受家长教育的途径。帮助孩子找出有效的做法，是家长的责任，家长要给孩子更多的选择和机会，不要企图控制他们做事的方法。

4）孩子的成长过程是一个学习的过程。孩子尝试各种不同的做法，是想去找出其中最好的方法。孩子从发生的事情中学习，使他能够处理将来遇到的同样事情。孩子要不断尝试新的方法，才能知道哪一个是最好的。孩子在生活中充满好奇，正是为了学习如何掌握得更多。家长应该帮助孩子成长而不是替代孩子成长。任何替代孩子成长的企图，最终都会在孩子的身上出现负面效应。孩子学不到，会依赖和缺乏自信，家长代孩子做孩子该做的事情，不会得到孩子的尊敬，爱依赖的孩子总会对父母抱怨和挑剔。鼓励和引导孩子做自己的事，是最有效的帮助孩子成长的方法，这样孩子才能够成长为有能力和可以照顾自己的人，孩子的自发性、积极态度、自律，都与这点有关，因为这些都需要从“自己做自己的事”中培养出来。

只有懂得什么是真正的亲子关系及亲子关系的特点和类型之后，才能真正理解亲子关系的含义，也才能用更加真诚、开放、尊重、信任的态度对待孩子，才能使孩子的成长过程充满快乐并学习到更多的经验。

三、亲子沟通的方法

很多父母在生活中和自己的孩子沟通的时候，惯于采用霸道的单项沟通方法，如一味批判孩子，把自己的意志强加给孩子等。这样不仅无助于亲子沟通，甚至会出现亲子矛盾和产生隔阂。有的父母忙于工作，很少与孩子进行沟通，使孩子产生了父母不关心自己的想法，于是与父母越来越疏远。其实，亲子之间心理距离的远近与亲子之间的沟通有很大的关系：沟通是心理沟通的基础，心理沟通是产生亲密的亲子关系的基础。如何进行沟通，要注意以下几点：

1. 和孩子定时沟通

有研究显示，每周要有固定时间和次数的沟通，每周 2～3 次，每次沟通时间 1～2 小时比较合适。沟通的内容可以是事先设计好的，也可以是随机的，根据需要而定。如果要了解子女的情况，就要事先设计谈话内容，如果是用于情感交流就可以随机交流。在交流中父母要持有一种不加指责的态度，鼓励子女毫无顾虑地表达自己的思想和情感，这样才有利于充分的沟通。这种沟通有利于子女形成对父母的信任，当遇到困难时，才会及时地跟父母交流，求助于父母。

2. 允许孩子有情感的发泄

亲子关系出现问题的原因之一是由于父母的独断带来子女的情感压抑。子女的情感压抑，会使他们出现消极的情绪，这种消极的情绪不仅影响孩子的学习，也影响良好亲子关系的建立，因此父母要允许孩子有情感发泄的机会，给孩子以倾诉的机会，让他们用自己喜欢的方式倾诉，表达自己的不满。父母要鼓励孩子发泄，认真倾听他们的想法，并给予恰当的解释和辅导。

作为子女，在倾诉时不可一味抱怨父母的不理解，要从父母的角度看问题，理解父母的苦心。

3. 选择恰当的沟通时间和地点

沟通的环境应当是氛围良好的，尽量选择双方都适合的时间和双方可以接受的语言，这样才能有利于沟通的进行，形成良好的亲子关系。

亲子沟通的方法多种多样，不一定拘泥于一定形式。如可以利用周末家庭聚会、春游等形式进行，这样活泼的形式不仅有利于情感的交流，更有利于良好亲子关系的建立。沟通的意义决定于对方的回应，自己说什么不重要，对方听进去什么才是重要的；总是强调自己说的怎么正确没有用，孩子接收到的讯息使他知道是什么意思才重要。沟通要用孩子听得明白，能够接受的语言，才能让孩子听得明白。说话有没有效果由讲者控制，由听者决定。孩子的反应告诉家长说的话没有效果，家长可以改变说话的方式去控制效果。没有效果的说教，越说孩子会越不接受，效果也会越差。

四、团体辅导的一般过程与方法

团体辅导，也称为小组辅导、团体咨询、集体咨询等。团体辅导是在团体情景下进行的一种辅导形式，它通过团体内人际交互作用，促进个体在交往中通过观察、学习、体验、认识自我、探讨自我、接纳自我，调整改善与他人的关系，学习新的态度与行为方式，以发展良好适应能力的助人过程。一般而言，团体辅导分为准备期、初期、中期、后期和结束期五个阶段。在每个阶段，婚姻家庭咨询师都有一定的工作要进行。

在团体辅导中，团体成员获得的帮助不仅来自婚姻家庭咨询师，也来自团体其他成员。因此，相比较而言，它是一种较为省时省力且更有效的辅导方法。

1. 团体准备期

（1）明确工作目标

根据准备参加团体辅导的人员的需要决定如何建立团体，明确团体目标。目标应是可测的，有时间要求的，切合每个团体成员的实际能力的。

（2）制订工作计划

团体辅导工作计划书一般包括：背景，即举办团体辅导的原因，团体辅导的理论等；目的与目标，即举办团体辅导的终极目的与要实现的具体目标等；团体特征，即团体的性质，规模，延续时间，集体聚会的频率及时间等；程序，即每一次集体聚会的具体活动内容，日期、时间，需要的资源，婚姻家庭咨询师的责任等；预计的问题与应对策略，即在团体辅导中可能出现的各种问题及其应对方法；预算，即团体辅导所需的各种经费预算；评估方法，包括对团体辅导进行评估的范围及方法。

（3）选择（招募）团体成员

在选择或招募团体成员时要考虑到团体的类型，成员的年龄、性别、价值观、共同的问题、兴趣特点、对团体结构的接纳程度、自我能力等。

（4）物质准备

做一些物质方面的准备，例如场地和空间的安排，聚会时座位的安排等。

2. 团体初期

从成员第一次聚会开始，进入团体初期。这时，婚姻家庭咨询师要把工作焦点集中在如何帮助团体成员建立相互信任上，创造可信赖的环境，做好以下工作：

（1）介绍团体成员

通过活动帮助团体成员相互认识，并彼此熟悉，提升他们投入团体的积极性，促成团体成员之间最初的互动。

（2）明确团体目标和成员的期望

向成员详细说明团体的目标、工作程序、运作原则等，并回答成员提出的问题，促使其对团体目标达成共识。

（3）制定团体合约与规范

为保证团体正常良好地运行，有必要以书面或口头合约的方式将团体的基本要求、成员的目标等加以明确。并与团体成员一起建立适合管理和协调其行为的规范准则，包括秩序性规范，用以界定团体成员之间的互动准则；角色规范，用以界定和明确团体成员所期望的具体角色和行为；文化规范，用以澄清和说明团体的限制，团体的信念和基本价值等。

3. 团体中期

这是团体成员之间形成亲密关系的阶段，也是开始出现权力竞争和控制的阶段。婚姻家庭咨询师的工作重点是围绕冲突的处理来实现团体目标和控制团体进度。

（1）实现团体目标

团体中期是开展工作的最佳时期，婚姻家庭咨询师要抓住时机带领团体开展工作，以实现团体目标。

（2）处理好团体冲突

婚姻家庭咨询师应关照不同成员的不同需要，以包容、冷静与理性的态度面对冲突，处理好某些成员的非自愿行为和抗拒行为。

（3）为团体发展过程重新整合

到团体中期，婚姻家庭咨询师应逐渐从团体的中心位置退出，尊重与协助团体自己决定方向，并就团体发展路径提供建议。

（4）促进团体成员参与并增强能力

婚姻家庭咨询师应把工作重点放在鼓励团体成员积极参与团体活动，维持并鼓励成员之间的良好互动，使成员在不断尝试和改变的过程中增强信心，提高解决问题的能力。

4. 团体后期

这是形成良好的团体状态、可以依靠自己的动力发展运作的时期，成员们更加联合，也更加合作，能够提出更现实的建议，实施大型的方案。作为婚姻家庭咨询师，这阶段的主要工作是协助团体成员更好的认识自己，鼓励团体成员间互相尊重、互相关怀、互相帮助，以此促进团体任务的完成。重点关注：

（1）团体角色的分化与运作

在此阶段，成员在团体中的角色分化与运作，影响着团体的发展。婚姻家庭咨询师要关注这种角色的转化，尤其关注那些突然不参加团体活动和自我封闭的团体成员，鼓励所有成员对团体的投入。

（2）团体目标的转化与追求

在此阶段，要注意成员是否对团体产生新的期待，关注成员对团体目标转化的需求。

（3）团体规范和凝聚力

在此阶段，成员们能够一致接受制度化、合理化的团体规范。婚姻家庭咨询师要关注团体凝聚力的状况。凝聚力过低，会影响团体任务的完成；但凝聚力过高，可以使团体成员有满足感，但也可能导致一些成员的从众行为。

5. **团体结束期**

至此，团体辅导的目标已经基本实现，团体进行到终结阶段。在这个阶段，婚姻家庭咨询师的工作包括团体的评估、处理成员离开团体的情绪。

(1) 组织好结束期的活动

组织开展一些活动，给予成员鼓励和肯定，帮助成员树立信心，让他们充满信心地离开团体；协助成员建立支持关系，获取相互支持；鼓励成员独立完成工作，逐步降低团体对成员的影响，避免对团体的过度依赖。

(2) 做好团体辅导的评估

这阶段评估的目的是检验婚姻家庭咨询师的工作效果，包括对团体辅导过程和结果的评估。可以通过收集成员对团体各方面的评价，来测量团体辅导是否实现了预期目标。

亲子关系团体辅导咨询要点

1. 接待不同家庭成员

除了一般咨询中接待求助者的规则外，亲子关系改善咨询不同于其他家庭问题的咨询，因为求助者不仅有成年人还有孩子，因此婚姻家庭咨询师应当注意在接待中运用不同的语言表达方式接待不同的家庭成员。

2. 向不同成员了解对问题的看法

在亲子关系咨询中，不仅要了解家长的观点，还要了解孩子的观点，并促成家长倾听孩子的看法。

3. 帮助咨询家庭明确改变亲子关系的方法和奖惩措施

(1) 要帮助家长树立正确的亲子关系理念

(2) 帮助家长认识自己的身份

(3) 懂得孩子的心理和沟通的有效方法

(4) 正确应用奖惩措施

4. 布置改变亲子关系的家庭练习

对于希望改善亲子关系的求助者要布置家庭练习作业，作业的内容可以分为对父母的和对孩子的。

给父母布置的作业有：如果我是孩子；开家庭交流会议

给孩子布置的作业有：水枪练习

5. 咨询总结

总结亲子关系的问题，巩固咨询的收获，评价咨询的效果，寻找努力的方向。

亲子关系的辅导不同于一般的家庭辅导，父母双方及孩子的共同参与更有利于良好亲子关系的建立。在咨询的过程中要考虑到孩子的参与，设计的活动要更能有效调动父母和孩子的积极性，更能促进有效沟通的实现。

【案例 3—8】被“严密监控”的孩子

✣ 案例描述

琪琪今年 8 岁。她的父母特别希望她将来出人头地，于是给她报了好多特长班，如美术班、舞蹈班等，希望她各方面都优秀，全面发展。由于琪琪的父母一直以来都觉得自己年轻时没有实现梦想——学习钢琴，于是就重点让孩子学习钢琴。上小学时，琪琪就已经在市里参加比赛并经常得奖了。即便这样，琪琪每天除了做功课、练形体，还要用两个小时练习钢琴。琪琪的周末也同样被各种辅导班和钢琴练习所占据。琪琪不能和院子里的小朋友一起玩耍，因为她的父母认为玩耍是浪费时间；琪琪的饮食、阅读以及爱好都要受到父母的严格控制，父母认为这样才能让孩子少走弯路。几个月前，琪琪报名参加全国少儿钢琴比赛，当时她的父母一定让琪琪得第一。结果在比赛前，琪琪忽然拉肚子，错过了比赛的时间。父母很失望，相互埋怨是对方没有关注琪琪的饮食造成的后果。听到他们两人的争吵，为了改变这种不愉快的气氛，琪琪告诉父母自己并不喜欢学钢琴，是故意吃了腹泻的药来躲避这次比赛的。父母为此更加恼火，认为孩子不听话，辜负了自己的希望和心血。从此以后他们更加严格对琪琪的监督，琪琪也变得沉默寡言了。她不愿意跟爸爸妈妈说话，学习成绩开始下降，钢琴水平也没有继续提高。

于是，琪琪的父母寻求婚姻家庭咨询师的帮助，希望能改变这种状况。婚姻家庭咨询师邀请琪琪的父母参加了团体辅导。琪琪的父母把在亲子关系团体辅导中学到的知识用于实践，产生了良好的效果。

✣ 分析与建议

在本案例中不难发现，琪琪的父母把一系列自己的意志强加到了琪琪身上。这是由于琪琪父母在亲子关系概念、关系上缺乏知识造成的。

琪琪的父母没有把琪琪看成是独立的个体，应该有自己的思想、自己的行为，而是将自己的理想和希望强加在琪琪身上。他们忽略了与琪琪的沟通，不听琪琪表达自己的想法，认为家长的想法一定是为了孩子好。父母认为琪琪故意不参加比赛，辜负了自己的希望。琪琪的父母在孩子面前相互埋怨，给孩子的情绪也带来了影响。父母的严格控制，使琪琪感受到压力，从而带来不愉快的情绪。缺乏与同辈群体的沟通，产生了孤寂的感觉，从而带来了成绩的下降和钢琴学习的停滞。

当琪琪的父母进入亲子关系团体辅导时，发现同时参加团体的其他父母也被亲子关系困扰着。他们在婚姻家庭咨询师的带领下，共同参加了 4 次不同主题的团体辅导，学到了新的知识与方法。

1. 第一次团体辅导活动

在第一次团体辅导活动中，婚姻家庭咨询师安排了第一个主题："相互认识，订立目标"，具体有以下内容：

通过"破冰"游戏，使家长们很快相互认识并熟悉起来，调动了参加团体辅导的积极性。家长们通过讨论，达成了共识：将共同出现的与子女沟通问题作为本次团体辅导要解决的问题，以此订立了团体的目标。家长们还通过讨论形成了团体辅导的"契约"，约定了共同遵守的团体纪律、团体辅导活动的次数等内容，对婚姻家庭咨询师提出的团体辅导活动计划也达成共识。

2. 第二次团体辅导活动

在这次团体辅导活动中，婚姻家庭咨询师安排了第二个主题内容，这一主题是"认识今天的父母"。

在这个主题中，婚姻家庭咨询师指导参加团体辅导班的家长们通过讨论重新认识家长的角色、家庭中的权利关系、家长与子女的关系。通过这个主题的讨论学习，使琪琪父母加深了以下几方面认识：

首先，要建立良好的亲子关系。父母要坚信孩子一生下来就是爱父母、信任及听从父母的；孩子再坏的行为都是无心的，都不是针对父母的；家长对孩子付出的爱是没有其他任何东西可以代替的；孩子在不断地努力学好，就算当他最糟糕的时候也一样；每一个孩子都具备使自己拥有成功快乐人生所需的全部能力，家长只不过是帮他把这份能力释放出来；孩子的智力和能力都很正常，虽然他没在乎家长在乎的事；任何行为都不等于整个人；总有更好的方法，问题在于家长肯不肯去找；家长是每个孩子成长结果的最大决定因素；所有亲子关系的改善，必先来自家长的一些改变；想让自己的孩子有所不同，家长必须让自己的思想、言谈、行为和情绪表现得有所不同；自己不准备改变，只想去改变孩子的家长不会成功。

其次，家长要正确认识“家长”的身份：

（1）家长只是平常人

家长不是超人，也不是完美的人，所以，家长需要承认自己会胜利，也会失败；有心情好的时候，也有心情不好的时候；尽管会比一些人聪明，但是也会比一些人蠢；在一些事情上能力强，在另一些事情上能力会弱。家长不可能拥有所有想要的东西；也不可能永远没有错。

（2）家长与孩子有相同的需要

因为家长与孩子都是人，所以，家长希望得到别人的尊重，孩子也是一样的；家长希望得到公平对待，孩子也是一样的；家长希望别人对他们和蔼、友善，孩子也是一样的；家长希望做得好的时候有人赞赏，孩子也是一样的；家长希望在做得不好时有人谅解和鼓励，孩子也是一样；当感到悲痛、烦恼、颓丧的时候，家长希望有人给予支持、安慰，孩子也是一样的。

（3）家长不能控制孩子

家长永远是孩子的家长，要永远给孩子爱和支持。孩子成功的时候，家长分享喜悦；孩子快乐的时候，家长也觉得开心；孩子不断地学习和进步，家长不断地予以鼓励和嘉许；每次孩子倒下再爬起来，家长都要给予支持。家长只有改变自己，孩子才会有可能做出相应的改变。“教”孩子重要，使孩子“学”到了更重要；孩子有自己的信念，清楚孩子的信念，从孩子的角度看，孩子才最有机会接受家长的意见。提供更好的方法是帮助，即给对方更多的选择；指定必须用某个方法，就是企图操纵对方，所有人都欢迎帮助，抗拒操纵。孩子也欢迎家长的帮助，抗拒家长的操纵。

（4）家长要做到言行一致

在孩子面前，家长无须永远正确、成功、愉快；家长不要害怕对孩子承认错误；面对孩子，家长无须隐藏内心的情绪，但是决不可以把孩子当做“替罪羊”或者“出气筒”；家长不用担心孩子会因此变得脆弱；家长用自然、轻松的方式正确地表现出他（她）就是榜样，孩子自然也会以真诚、自信和积极的态度去效仿他们。

(5) 不可以把“爱”作为筹码

家长的爱是孩子成长过程中最大信心及活力的源泉，孩子必须对这份爱没有任何的怀疑；如果家长把这份爱作为筹码，在语言中表现出带有条件的话，孩子会对亲子关系的崇高有所怀疑。因为这份爱，正是亲子关系的基础和支柱。这份爱若因为孩子做的某些事失去的话，孩子会渐渐变得不在乎它。因此，不要什么事都把它拿出来做条件。家长若对孩子开出条件，把这份爱作为筹码，孩子日后也会把对家长的爱作为筹码。在今天的社会中，很多亲子关系完全破碎，便是这个原因。

家长只有正确认识“家长”身份，才能以“平常心”来对待孩子，家庭才能出现平等、和谐的氛围。

对于亲子关系的辅导，婚姻家庭咨询师的说教是必要的。但是，也要启发父母多学习与孩子沟通的方法、技巧。家长要多理解孩子的心理，多换位思考，并在学习中反思，在日常的生活、家庭教育中践行所学的方法。

3. 第三次团体辅导活动

这次团体辅导活动的主题是“知己知彼，处理冲突之道”。令所有参加团体辅导活动的家长没有想到的是，婚姻家庭咨询师邀请子女们参加了这天的活动，并在活动的每一步骤结束前，进行活动总结和理论介绍。

(1) 通过家长、子女联合活动，让家庭中每一位成员都有机会心平气和地表述对问题的看法。琪琪的父母在活动中认真听取琪琪对练习钢琴和参加比赛的真实想法；同时琪琪也认真听取父母表述自己的看法。一些问题，例如琪琪父母是如何看待亲子关系的，琪琪自己又是如何看待自己和父母的关系的；是什么原因使得琪琪的成绩下降等，都在团体活动中得到了讨论。

(2) 家长、子女分组活动，角色互换。根据在联合活动中了解到的彼此想法，让家长和子女分组讨论。在讨论中进行角色互换，让家长们体验孩子的心理；让子女体验父母的心理，增进彼此的理解。

通过学习讨论，琪琪的父母认为学到了以下内容：第一，肯定孩子的自我意识和独立意识，让孩子自己观察、思考、选择和做决定，做最好的“自己”。第二，沟通与理解是保护孩子个性的前提，不要把孩子当做实现自己理想的筹码，要懂得用倾听、理解、疏导的方法排解孩子内心障碍，做好心灵沟通和情感互动。第三，家教不是说教，而是教给孩子可操作的方法，帮助孩子制订“学习和休闲计划”。第四，父母要与孩子坦诚而科学地谈“性”。第五，父母应该认识到孩子在心理上有“断乳期”，不能急于求成。第六，家庭教育不仅是“言传”，更是“身教”，因此提高孩子的情商应先由父母做起。家教是“系统工程”，父母要和孩子一起成长。父亲的作用无可替代，把握好生活中母子相处的底线。第七，孩子是待开发的才能宝库，不是读书机器，请家教时最好先与孩子协商。第八，父母的任务是“发现”，是孩子自我设计的“参谋”，家长要学会因势利导，因材施教。第九，尊重孩子的独立人格。第十，帮助孩子认识讲诚信和社会适应的关系。

(3) 家长、子女联合活动，共同讨论处理冲突的方法。最后，集家长和子女的智慧，共同形成了处理冲突的几条具体方法。

婚姻家庭咨询师布置了家长与子女回家后的“家庭作业”，要求每个家庭每周进行一次家庭座谈会，可以是有主题的谈论，也可以是谈心式的聊天，从增加沟通开始。对于布置的家庭作业要进行检查，看看改变的程度。

4. 第四次团体辅导活动

一个月后，参加亲子关系团体辅导的家长和孩子们又来到婚姻家庭咨询中心，参加了第四次团体辅导活动。这次团体辅导活动的主题是“总结巩固，迈向明天”。

在这次团体辅导活动中，婚姻家庭咨询师要求家长和子女们对一个月来家庭中的亲子关系进行了评估总结，从中发现改善的地方，重点反思了各自的改变。

通过总结反思，琪琪和她的父母都惊讶地发现彼此的关系有了很大的改变。父母更加理解琪琪；琪琪也更加体贴父母。琪琪各方面的学习都有了提高。参加团体辅导的其他家庭的亲子关系都有了不同程度的改善，他们彼此间还建立了交往网络。

在整个团体辅导活动结束前，婚姻家庭咨询师安排的最后的活动是“迈向明天”，家长和子女们约定要为家庭美好的明天共同努力。

✣ 注意事项

1. 团体辅导需要家庭成员的共同参与

亲子关系的团体辅导需要家长和孩子的共同参与，父母可以在参与过程中学习建立良好的亲子关系，这样才更有利于家庭中亲子关系的改善。

2. 注意倾听孩子的意见

在亲子关系团体辅导的过程中，重要的一个环节就是父母要学习倾听孩子的意见，并在日常生活中也做到这一点。这是尊重孩子独立人格的体现，是有效的亲子沟通的关键。这会使孩子在心理上产生安全感和认同感，从而更加信任父母。

3. 家长在改善亲子关系中具有重要作用

家长在改善亲子关系中起着至关重要的作用。这是因为，第一，父母处于家庭关系的主导地位，父母的言行影响孩子的言行，因此父母要起表率作用；第二，父母的积极态度会对孩子产生积极的影响；第三，家长对孩子的信任和尊重对于良好的亲子关系建立意义重大。

本单元思考题

1. 试述良好亲子关系的特征。
2. 如何建立良好的亲子关系?
3. 家庭教育中容易发生的亲子关系问题有哪些，如何应对?
4. 试述团体辅导的过程与主要工作。

第 2 节　养父母与养子女关系咨询

学习单元 1　提供处理养父母与养子女关系的法律建议

收养制度是婚姻家庭制度的重要组成部分。收养作为创设拟制血亲关系的民事法律行为，其成立和解除都有法定的条件和程序。依法成立的收养会使被收养人与收养人及其近亲属之间，被收养人与亲生父母之间产生一系列的法律后果。我国《收养法》对收养的基本原则、收养关系的成立、收养的效力、收养关系的解除和法律责任等作了明确规定。

由于在本教材基础知识部分对收养的概念、特征和基本原则已做了概括介绍，这里重点掌握收养成立的条件、效力以及收养的解除。

学习目标

➢熟悉我国法律有关收养的规定

➢掌握发生收养关系的法定条件和程序以及收养的法律效力

一、收养成立的实质要件

收养行为是民事法律行为的特定种类，收养成立的实质要件既要符合《民法》中有关民事法律行为的一般规定，又要符合《收养法》中有关收养行为的特别规定。

1. 一般收养成立的实质要件

收养是涉及收养人、送养人和被收养人利益的民事法律行为。在一般情况下，这三类民事活动主体各自应依法具备一定的条件。

（1）收养人的条件

根据我国《收养法》规定，收养人应当具备的实质要件有：

> 收养成立的实质要件，是为平衡收养人、送养人利益和维护被收养人权益所作出的规定，在培训中应加深理解，反复练习。

1）收养人须无子女。收养人“无子女”，包括未婚者无子女，已婚者尚无子女或所生子女死亡以及因夫妇一方或双方欠缺生育能力而不可能生育子女等情况。这里的子女应理解为包括婚生子女和非婚生子女及养子女。

2）收养人应有抚养教育被收养人的能力。收养人应有的抚养教育被收养人能力，包括了收养人应有完全的民事行为能力，同时在家庭经济条件、住房保障、思想道德品质等方面具有抚育被收养人能力，确保养父母很好履行抚养和管教养子女的职责。无行为能力人、限制行为能力人以及道德品质恶劣、好逸恶劳、自身生活无着的人不能成为收养人。

3）收养人未患有在医学上认为不应当收养子女的疾病。养父母自身的良好健康状况也是成立收养关系的必备条件。如果患有在医学上认为不应当收养子女的疾病，如精神病求助者、严重传染病等求助者，这些疾病不仅影响他们自身的行为能力，而且直接影响被收养子女的健康成长，甚至会对被收养的未成年人的人身安全构成威胁，因此法律禁止他们实施收养行为。

4）有配偶者收养子女，须夫妻共同收养。收养子女是一个家庭的重大事项，有配偶者收养子女，须夫妻首先取得一致意见，共同收养。如果夫妻在收养子女问题上不一致，就会给夫妻关系和被收养人带来不利影响。我国法律要求有配偶者收养子女，须夫妻共同收养，不承认单方收养的效力。这样既有利于收养后养子女的健康成长，也有利于夫妻关系的和睦和收养关系的稳定。

5）收养人只能收养1名子女。除了法律另有规定外，收养人只能收养1名子女，这也是根据计划生育的基本国策加以规定的。

6）收养人须年满30周岁。这是我国取得收养人资格的最低年龄。收养是建立拟制直系血亲关系，只有达到一定年龄的公民才具有履行父母职责的心理素质和经济能力。同时，养父母与养子女之间也应有合理的年龄差距。我国要求收养人达到30周岁，而要求被收养人为14周岁以下，这一规定既符合我国的人口状况和收养传统，也与世界各国收养法规对年龄的限制较为接近。

（2）被收养人的条件

被收养人应当符合下列条件：

1）被收养人应是不满14周岁的未成年人，以14周岁以下的未成年人为收养对象，有利于培养建立养亲子间的感情，有利于收养关系的稳定和发展。所以，没有特定亲属关系的一般公民是不允许收养成年子女的。

2）被收养人应是丧失父母的孤儿，或者查找不到生父母的弃婴和儿童，或是生父母有特殊困难无力抚养的子女。

3）收养年满10周岁以上的未成年人的，应当征得被收养人的同意。

（3）送养人的条件

下列公民和单位可以做送养人：

1）孤儿的监护人。

2）社会福利机构。我国的社会福利机构，主要是指各地民政部门主管的收容、养育孤儿和查找不到生父母的弃婴的社会福利院。这些机构事实上履行着监护孤儿、弃婴、儿童的职责，因此，当收养人自愿收养弃婴、孤儿时，应当由收容他们的社会福利院作为送养人。而对于某些生父母自费送到福利院寄养的残疾儿童，福利院是无权将他们送养的。

3）有特殊困难无力抚养子女的生父母。父母对未成年子女有抚养教育的义务，这既是我国《中华人民共和国婚姻法》的强行性规定，也是我国社会主义伦理道德的必然要求，因此在一般情况下，不允许父母随意将自己的亲生子女送养他人。但在社会实际生活中，如果父母因患病、重残丧失劳动能力而无可靠经济来源，或因自然灾害等原因造成其无力抚养子女等事由，则允许生父母将子女送他人收养。

我国《收养法》对以生父母作为送养人的情形作了如下特殊要求：

第一，有配偶者送养子女，须双方共同送养。

第二，如果父母一方不明或者查找不到，可以单方送养。

第三，如果被收养人的父母一方死亡，法律允许另一方单方送养，但死亡一方的父母有优先抚养的权利。

第四，送养人不得以送养子女为理由违反计划生育的规定再生育子女。这一规定是指生父母送养子女后，不得以送养子女后无子女或者子女少为理由，再申请生育指标并生育子女。

此外，我国《收养法》第 12 条规定："未成年人的父母均不具备完全民事行为能力的，该未成年人的监护人不得将其送养，但父母对该未成年人有严重危害可能的除外。"

(4) 当事人的收养合意

收养关系的成立，以有关当事人的意思表示一致为其必要条件。

1) 收养人收养与送养人送养必须双方自愿。在收养活动中，收养人和送养人可以充分表达自己的意志，根据自己的意志决定进行或不进行收养活动，不受对方或第三者的支配和控制。收养必须为收养人内心真实的意思表示，送养必须为送养人内心真实的意思表示。

2) 收养年满 10 周岁以上的未成年人还应征得被收养人的同意。

2. 特殊收养成立的实质要件

我国《收养法》规定的特殊收养主要包括：

(1) 无配偶的男性收养女性

无配偶者，是指因未婚、离婚或丧偶而处于非婚姻状态的人。其中有些人因生活孤独而希求家庭的温暖，或使自己实现老有所养，而要求收养子女。为维护这些人的切身利益，我国《收养法》允许他们收养子女。与此同时，由于无配偶者是单身生活，如果收养的子女是异性，往往会有一些不便。在特定的情况下甚至会发生诸如借收养之名行娶妻同居之实等违背收养目的和社会公德的情形。为了预防这种情况的发生，我国《收养法》第 9 条作了限定性规定："无配偶的男性收养女性的，收养人与被收养人的年龄应当相差40周岁以上。”但是，无配偶的男性收养三代以内同辈旁系血亲的女儿或收养继女的，不适用这一年龄差的规定。对于单身男性收养养女的行为，除年龄差的特殊限定外，还必须符合一般收养成立的各项条件。

（2）我国公民或华侨收养三代以内同辈旁系血亲的子女

我国《收养法》第7条对这两类特殊主体做出了放宽性规定：我国公民收养三代以内同辈旁系血亲的子女（被收养人往往是收养人的侄子女、甥子女；堂侄子女或表侄子女、表甥子女），可以不受一般收养条件中下列条款的限制：“被收养人为生父母有特殊困难无力抚养的子女”“送养人为有特殊困难无力抚养子女的生父母”“被收养人应当不满14周岁”和“无配偶的男性收养女性，收养人与被收养人的年龄应当相差40周岁以上”。而华侨收养三代以内同辈旁系血亲的子女，在上述放宽条款基础上，还可以不受收养人无子女的限制。

（3）继父（或继母）收养继子女

我国《中华人民共和国婚姻法》第27条规定：“继父或继母和受其抚养教育的继子女之间的权利和义务，适用本法对父母子女关系的有关规定。”据此可知，我国法律没有在其父母子女之间规定强行性的权利义务，继父母子女关系是随着父或母的再婚而形成的，继父母子女关系的形成并不必然带来继父或继母抚养继子女的义务，继父或继母对继子女的抚养教育是以自愿为前提的。一旦形成这种抚育关系，孩子就会与生父母和继父（或继母）形成双重的法定权利、义务。继子女随其生父或生母与继父或继母同居一家，共同生活，关系十分密切，一般说来放宽条件鼓励对继子女的收养是适当的。收养继子女不仅有利于在继父母与继子女之间建立稳定的权利义务关系，而且有利于消除继子女与继父或继母间、与生父或生母间的双重权利义务关系。为此，我国《收养法》允许继父（或继母）经继子女的生父母同意，将继子女收养为养子女，并在条件上做出了放宽性规定：可以不受一般收养条件中的下列条款的限制：“被收养人为生父母有特殊困难无力抚养的子女”“送养人为有特殊困难无力抚养子女的生父母”“收养人应当是年满30周岁、无子女、有抚育被收养人能力、未患有在医学上认为不应当收养子女疾病的人”“被收养人应当不满14周岁”和“只能收养1名子女”。继子女被继父（母）收养后，其与再婚关系之外的一方生父（母）的权利义务，因收养关系的成立而消除。然而，他们与再婚婚姻关系之内的生母（父）一方之间仍保留原直系血亲的权利义务关系。

（4）收养孤儿、残疾儿童或者社会福利院机构抚养的查找不到生父母的弃婴和儿童

我国《收养法》第 8 条规定："收养孤儿、残疾儿童或者社会福利机构抚养的查找不到生父母的弃婴和儿童，可以不受'收养人无子女'和'只能收养 1 名子女'的限制。"孤儿、残疾儿童、弃婴和儿童被他人收养，有利于其在养父母的抚育下健康成长。收养孤儿、残疾儿童或者弃婴的行为，是奉献爱心的表现，具有援助弱者的人道主义性质。国家为鼓励这种行为，放宽了收养的条件。当然，有配偶者应夫妻共同收养；无配偶的男性收养孤女或残疾女或被遗弃的女婴的，仍须有 40 周岁以上的年龄差。

二、收养成立的形式要件

收养是一种要式民事法律行为，我国《收养法》要求收养关系当事人在各自符合收养关系成立的实质要件的情况下，还必须符合法定的形式要件，即履行一定的收养程序，收养关系才能合法成立。

1. 收养登记程序

由民政部门办理收养登记是收养成立的必经程序。我国《收养法》第 15 条第一款规定："收养应当向县级以上人民政府民政部门登记，收养关系自登记之日起成立。"

（1）办理收养登记的机关

根据我国《收养法》的规定，办理收养登记的机关，是县级人民政府的民政部门。

办理收养登记，是我国公民收养子女的唯一法定必须程序，这是培训中应注意掌握的知识。

1）收养非社会福利机构抚养的查找不到生父母的弃婴、儿童的，在弃婴或儿童发现地收养登记机关办理收养登记。

2）收养社会福利机构抚养的查找不到生父母的弃婴、孤儿的，在社会福利机构所在地收养登记机关办理收养登记。

3）收养生父母有特殊困难无力抚养的子女或者由监护人监护的孤儿的，在被收养人生父母或者监护人常住户口所在地（组织作监护人的，在该组织所在地）的收养登记机关办理登记。

4）收养三代以内同辈旁系血亲的子女，以及继父或者继母收养继子

女的，在被收养人生父或者生母常住户口所在地的收养登记机关办理登记。

（2）收养登记的具体程序

收养登记的具体程序分为申请、审查、登记三个步骤：

1）申请。为了保证收养当事人意思表示的真实性，收养关系当事人应当亲自到收养登记机关办理成立收养关系的登记手续。夫妻共同收养子女的，应当共同到收养登记机关办理登记手续；一方因故不能亲自前往的，应当书面委托另一方办理登记手续，委托书应当经过村民委员会或者居民委员会证明或者经过公证。收养人应当向收养登记机关提交收养申请书和下列证件、证明材料：收养人的居民户口簿和居民身份证；由收养人所在单位或者村委会、居委会出具的本人婚姻状况、有无子女和抚养教育被收养人能力等情况的证明；县级以上医疗机构出具的未患有在医学上认为不应当收养子女的疾病的身体健康检查证明。

收养查找不到生父母的弃婴、儿童的，并应当提交收养人经常居住地计划生育部门出具的收养人生育情况证明；其中收养非社会福利机构抚养的查找不到生父母的弃婴、儿童的，收养人还应当提交下列证明材料：收养人经常居住地计划生育部门出具的收养人无子女的证明；公安机关出具的捡拾弃婴、儿童报案的证明。

收养继子女的，可以只提交居民户口簿、居民身份证和收养人与被收养人生父或者生母结婚的证明。

送养人应当向收养登记机关提交下列证件和证明材料：送养人的居民户口簿和居民身份证（组织作监护人的，提交其负责人的身份证件）；《收养法》规定送养时应当征得其他有抚养义务的人同意的，并提交其他有抚养义务的人同意送养的书面意见。

社会福利机构为送养人的，并应当提交弃婴、儿童进入社会福利机构的原始记录，公安机关出具的捡拾弃婴、儿童报案的证明；或者孤儿的生父母死亡或者宣告死亡的证明。

监护人为送养人的，并应当提交实际承担监护责任的证明，孤儿的父母死亡或者宣告死亡的证明，或者被收养人生父母无完全民事行为能力并对被收养人有严重危害的证明。

生父母为送养人的，并应当提交与当地计划生育部门签订的不违反计划生育规定的协议；有特殊困难无力抚养子女的，还应当提交其所在单位或者村委会、居委会出具的送养人有特殊困难的证明。其中，因丧偶或者一方下落不明由单方送养的，还应当提交配偶死亡或者下落不明的证明；子女由三代以内同辈旁系血亲收养的，还应当提交公安机关出具的或者经过公证的与收养人有亲属关系的证明。

被收养人是残疾儿童的，并应当提交县级以上医疗机构出具的该儿童的残疾证明。

2）审查。收养登记机关收到收养登记申请书及有关材料后，应当自次日起30日内进行审查。审查的内容主要包括：收养申请人是否符合法律所规定的条件，收养的目的是否正当，被收养人是否符合法定的被收养人条件，送养人是否符合法定的送养人条件，当事人意思表示是否真实，提交的有关材料是否齐全有效等。

3）登记。经审查，对证件齐全有效、对符合《收养法》规定条件的，为当事人办理收养登记，发给收养登记证，收养关系自登记之日起成立；对不符合收养法规定条件的，不予登记，并对当事人说明理由。收养查找不到生父母的弃婴、儿童的，收养登记机关应当在登记前公告查找其生父母；自公告之日起满60日，弃婴、儿童的生父母或者其他监护人未认领的，视为查找不到生父母的弃婴、儿童（公告期间不计算在登记办理期限内）。

收养登记机关在依法办理收养登记过程中形成的记载收养当事人收养情况、具有保存价值的各种文字、图表、声像等不同形式的历史记录是收养登记档案的重要内容。收养登记档案主要供收养登记管理机关使用；其他单位、组织或个人因特殊原因需要查借阅时，须经主管领导批准，并办理查借阅手续。收养登记档案由各级民政部门实行集中统一管理，任何个人不得据为己有。档案管理人员要严格遵守《中华人民共和国档案法》和《中华人民共和国保守国家秘密法》的有关规定，严密保管档案，同时维护当事人的隐私权，不得泄露档案内容，未经批准不得擅自扩大查借阅范围。

2. 收养协议和收养公证

我国《收养法》第15条规定："收养关系当事人愿意订立收养协议的，可以订立收养协议。"还规定："收养关系当事人各方或者一方要求办理收养公证的，应当办理收养公证。"法律的这一规定表明，收养协议和收养公证并不是法律规定的我国公民收养子女的法定必经程序，而是允许当事人自由选择的形式。

三、收养的法律效力

收养作为民事法律行为，它的成立将产生一系列的法律后果。因收养民事法律行为的成立而导致的相应法律后果，就是收养的效力。我国《收养法》对收养成立的法律效力作了具体规定，同时对无效收养行为及其法律后果也作了规定。

1. 收养成立的效力

我国《收养法》第 23 条规定：“自收养关系成立之日起，养父母与养子女间的权利义务关系，适用法律关于父母子女关系的规定；养子女与养父母的近亲属间的权利义务关系，适用法律关于子女与父母的近亲属关系的规定。养子女与生父母及其他近亲属间的权利义务关系，因收养关系的成立而消除。”我国《中华人民共和国婚姻法》第 26 条规定：“国家保护合法的收养关系。养父母和养子女间的权利和义务，适用本法对父母子女关系的有关规定。养子女和生父母间的权利和义务，因收养关系的成立而消除。”由此可知，收养一旦成立，将同时产生拟制效力和解消效力。

（1）收养的拟制效力

收养的拟制效力，是指因收养关系的成立而发生的拟制亲属关系及相应的权利义务的效力。

养父母与养子女之间的权利义务关系与自然血亲的父母子女关系完全相同。

1）养父母与养子女间产生拟制直系血亲关系。自收养关系成立之日起，收养人与被收养人之间形成了法律拟制的直系血亲关系，即形成了与父母子女相同的权利义务关系，养子女取得与亲生子女完全相同的法律地位。养父母对养子女有抚养教育的义务；养子女对养父母有赡养扶助的义务。养父母与养子女之间互为第一顺序法定继承人，有相互继承遗产的权利。关于养子女的姓氏问题，我国《收养法》规定，养子女可以随养父或者养母的姓，经当事人协商一致，也可以保留原姓。养子女有识别能力时，还应征求其本人对姓名变更的意见。

2）养子女与养父母的近亲属间形成拟制直系或旁系血亲关系。自收养关系成立之日起，养子女与养父母的近亲属间的权利义务关系，适用法律关于子女与父母的近亲属关系的规定。

（2）收养的解消效力

收养的解消效力，是指因收养的成立而终止原有的亲属关系及其权利义务的效力。我国《收养法》规定，自收养关系成立之日起，养子女与生父母及其他近亲属间的权利义务关系，因收养关系的成立而消除。但由于解消的是养子女与生父母、（外）祖父母、亲兄弟姐妹等自然血亲之间的法定权利义务关系，而不是自然血缘关系，我国《婚姻法》有关禁止与直系血亲和三代以内的旁系血亲结婚规定，对养子女与生父母及其他近亲属间仍然适用。

养子女与生父母及其他自然血亲之间的禁婚亲属关系，并不因收养关系的成立而消除。

2. 无效收养

为了确保法律的严肃性、权威性，我国《收养法》在肯定合法有效收养行为的同时，设立了确认收养无效的制度

（1）无效收养的概念和原因

无效收养，是指不具备收养民事法律行为的有效要件，因而不能产生收养当事人预期法律后果的行为，也就是不发生收养法律效力的收养行为。我国《收养法》第25条规定："违反《中华人民共和国民法通则》第55条和本法规定的收养行为无法律效力。收养行为被人民法院确认无效的，从行为开始时起就没有法律效力。"民政部1999年5月25日颁布的《中国公民收养子女登记办法》第12条规定："收养关系当事人弄虚作假骗取收养登记的，收养关系无效，由收养登记机关撤销登记，收缴收养登记证。"有下列情形之一时，即为无效收养：

1）收养当事人不合格。收养当事人不合格，主要是指收养当事人不具有完全的民事行为能力和法律要求的应具备的特定条件。前者如正处于发病期间的精神病求助者、痴呆症求助者；后者如收养人有子女而收养非孤儿或非残疾儿童的；收养人未满30周岁而收养的；非近亲收养时，无配偶的男性收养女性，双方年龄差距不足40周岁的或被收养人超过14周岁等情况。

2）收养当事人意思表示不真实。收养人同意收养或送养人同意送养以及被收养人的同意不是自己真实意志，而是他人以欺诈、胁迫手段或者乘人之危，使当事人在违背真实意愿的情况下所作出的收养、送养行为的表示。如生父母在送养时有意隐瞒了被收养人的生理缺陷等。

3）收养行为违反了法律或者社会公共利益。收养行为违反了法律主要是指收养行为违反了法律法规的禁止性规定或者没有具备法律法规要求应有的条件。如当事人弄虚作假、欺骗收养登记或公证机关等；收养

行为违反社会公共利益则主要是指收养行为违反了国家的公共秩序和社会的一般道德。如近亲间晚辈对长辈的收养就违反了社会的公序良俗。

4）以收养的合法形式掩盖非法目的。以收养的合法形式掩盖非法目的就是指收养当事人通过实施形式上合法的收养行为来掩盖其真实的非法目的行为。这种情况下，收养当事人在收养行为的外在表现形式上并不违反法律，但是这并不是收养当事人所要达到的目的，不是收养当事人的真实意图，他们是通过这样的合法形式，来掩盖和达到法律或者行政法规所禁止的真实目的，以此规避法律、行政法规的强制性规定。如借收养名义拐卖儿童的等。此外，没有履行法定程序，不符合收养成立形式要件的收养也是无效的。

（2）确认收养无效的程序

1）诉讼程序。诉讼程序是指通过民事诉讼程序由人民法院确认某一收养行为无效。根据我国《收养法》的规定，收养行为被人民法院确认无效的，从行为开始时就没有法律效力。

2）行政程序。行政程序是指由办理收养登记的机关确认某一收养行为无效。

收养关系当事人弄虚作假骗取收养登记的，收养关系无效，由收养登记机关撤销登记，收缴收养登记证。

（3）无效收养的法律后果

无效收养因欠缺收养民事法律行为的有效要件，收养行为从开始时就没有法律效力，因而不能产生收养当事人预期法律后果。无效收养行为既不产生法定的拟制效力，也不产生法定的解消效力。当然，无效收养行为并不是不产生任何法律后果，如果当事人实施的无效收养行为侵害了他人合法权益或社会利益，也要依法承担相应民事责任、行政责任，构成犯罪的还要承担刑事责任。

四、收养的解除

收养关系是一种民事法律关系，可以因一定的法律事实而产生，也可因一定的法律事实而终止。收养的终止，即合法有效的收养关系因发生一定的法律事实，无法继续亲子关系而使该收养关系归于消灭。引起收养关系终止的法律事实有两种：一是因收养关系一方当事人死亡而终止；二是因收养当事人依法办理了解除收养的手续而终止。我国《收养法》就收养关系解除的原因、形式、法律效力等问题作了规定。

1. 收养解除的原因

依据我国《收养法》的规定，有下列情形之一的，可以解除收养关系：

（1）收养人、送养人、被收养人协议解除收养关系

我国《收养法》第 26 条第一款规定："收养人在被收养人成年以前，不得解除收养关系，但收养人、送养人双方协议解除的除外，养子女年满 10 周岁以上的，应当征得本人同意。"此条规定表明，我国《收养法》基于"有利于未成年人抚养成长"和"平等自愿"的基本原则，一方面要求保证收养关系的稳定，原则上收养关系一旦确立，在被收养人成年以前不得解除，以便确保被收养人权利的实现，防止发生因收养人、送养人相互推卸抚育责任而侵害未成年被收养人权益的现象。另一方面，考虑到收养毕竟是一种民事行为，当事人的意愿也应得到必要的尊重。据此，在养子女未成年的情况下，只有当收养人、送养人双方自愿协议解除收养关系，并且年满 10 周岁以上的养子女也同意回到生父母身边生活的，才允许协议解除收养关系。如果养子女已经成年，具备了完全民事行为能力，收养人与被收养人达成解除收养的协议即可，而无须送养人同意。

（2）送养人因收养人的特定过错行为而要求解除收养关系

我国《收养法》第 26 条规定："收养人不履行抚养义务，有虐待、遗弃等侵害未成年养子女合法权益行为的，送养人有权要求解除养父母与养子女间的收养关系。送养人、收养人不能达成解除收养关系协议的，可以向人民法院起诉。"收养关系成立后，养父母与养子女间形成拟制直系血亲关系，养父母即须依法承担抚养教育、保护养子女的义务。如果养父母对未成年养子女经常以打骂、捆绑、冻饿、限制自由、凌辱人格、不给治病或者强迫作过度劳动等方法进行虐待，或者有能力抚养却拒绝抚养而遗弃养子女的，就会直接损害养子女的身心健康。这种情况下，被收养人的权利受到了严重侵犯，收养的目的也难以实现，因此，法律规定送养人有权要求解除养父母与养子女间的收养关系。

（3）养父母与成年养子女关系恶化，无法共同生活

我国《收养法》第 27 条规定："养父母与成年养子女关系恶化、无法共同生活的，可以协议解除收养关系。不能达成协议的，可以向人民

法院起诉。”在养子女成年以后，由于某种原因导致养父母子女之间关系恶化，双方无法再继续共同生活时，养父母或者成年养子女中的任何一方，都可以要求解除彼此间的收养关系。

2. 收养解除的程序

由于收养是一种关涉当事人人身和财产权利的重要民事法律行为，因此我国《收养法》不仅要求收养的成立必须遵守法定的程序，而且要求收养的解除也必须通过法定的程序。根据我国《收养法》的规定，解除收养的程序，通常有两类，即行政程序和诉讼程序。

（1）通过行政程序解除收养

我国《收养法》第28条规定：“当事人协议解除收养关系的，应当到民政部门办理解除收养关系的登记。”

当事人经行政程序协议解除收养关系，应符合相应的法定条件：

1）收养当事人已自愿达成解除收养关系的协议。解除收养关系时，养子女为未成年人的，应由收养人、送养人双方协议解除；对于已有识别能力的10周岁以上的未成年被收养人，还须征得其本人同意。养子女已经成年的，应由养父母与成年养子女双方协议解除收养关系。

2）收养双方当事人须对财产和生活无争议，并在协议中对经济问题明确做出协商一致的妥善处理。由于收养当事人通过收养拟制和解消了各种涉及人身、财产方面的权利义务，因此收养当事人协议解除收养关系时，应在协议中一并解决有关收养关系解除后的财产和生活问题。特别是在养子女已经成年，养父母因年老、丧失劳动能力而生活困难的情况下，协议中应当有保护养父母利益的相关内容。

3）解除收养关系的协议具备民事法律行为应当具备的条件。解除收养关系协议具备主体有完全民事行为能力、当事人的意思表示真实、协议的内容合法、书面形式等法定条件。符合上述条件的当事人双方，应当持居民户口簿、居民身份证、收养登记证和解除收养关系的书面协议，共同到被收养人常住户口所在地的收养登记机关办理解除收养关系的登记。收养登记机关收到解除收养关系登记申请书及有关材料后，应当自次日起30日内进行审查；对符合我国《收养法》规定的解除收养条件的，为当事人办理解除收养关系的登记，收回收养登记证，发给解除收养关系证明。登记机关应当按照民政部2003年颁布的《收养登记档案管理暂行办法》规定，将居民户口簿、居民身份证、解除收养关系证明、收回的收养登记证、解除收养关系的书面协议等解除收养关系登记文件材料（原件或复印件）归档并永久保存。

(2) 通过诉讼程序解除收养

通过诉讼程序解除收养，即收养当事人通过向人民法院起诉，解除收养关系的程序。它适用于一方要求解除收养但收养双方当事人不能达成协议的，或者虽然双方同意解除收养关系，但对财产等问题有争议的情况。

人民法院审理解除收养的案件，应当查明当事人要求解除收养关系的真实原因及养父母与养子女间的生活实际情况，听取年满10周岁以上的被收养人的意见，依照解除收养的法定条件，合法合理地正确处理。一般说来，人民法院审理此类案件，应首先对当事人进行调解，帮助他们达成解除收养的协议；在诉讼程序中以调解方式解除收养关系的，由于法院已将解除收养协议的内容载入了调解书，该调解书具有与判决同等的效力，因此，当事人无须另行签订书面协议，也无须再办理解除收养的登记。人民法院调解无效时，可依法做出准予或不准解除收养关系的判决。依诉讼程序解除收养关系的，收养关系自准予解除收养关系的调解书或判决书生效之日起解除。

3. 收养解除的效力

依据我国《收养法》的规定，收养关系解除后，会产生下列法律后果：

(1) 对养子女与养父母及其近亲属的后果

收养解除的直接后果，就是会在收养关系当事人的人身及财产方面权利义务发生变更的结果，即养子女与养父母及其他近亲属间的权利义务关系即行消除，即拟制直系与旁系血亲关系消除。养子女与养父母及其他近亲属间的权利义务关系消除的同时，未成年养子女和生父母及其他近亲属间的权利义务关系则自行恢复，即自然直系和旁系血亲关系自行恢复。如果收养解除时，养子女已成年的，成年养子女与生父母及其他近亲属间的权利义务关系是否恢复，可以协商确定。这主要是考虑到，已成年的养子女在特定情况下对已解除收养关系的养父母仍有一定的给付义务，如果法律直接规定他们和生父母及其他近亲属间的权利义务关系自行恢复，则有可能使其有双重负担，为此，法律把成年养子女在解除收养后与生父母及其他近亲属间的权利义务关系是否恢复的权利交由

收养关系解除后，已成年的养子女与其生父母之间的权利义务关系并不自行恢复。

当事人根据自己的意愿决定。

养子女或养父母死亡虽然也会产生终止收养的后果，但与收养解除的上述后果还是有所不同的。养子女或养父母死亡，只终止死者与养父母或养子女之间的亲属关系，其他亲属关系并不当然终止。特别是养子女与尚在的养父或养母之间、死者的父母与养孙子女之间、养子女与养（外）祖父母之间、养兄弟姐妹之间的亲属关系也不当然终止。

（2）对生活抚育费的追偿及后期给付的后果

生父母要求解除收养关系的，养父母可以要求生父母适当补偿收养期间支出的生活费和教育费。它多发生于养子女尚未成年，因生父母一方反悔要求解除收养关系，或由于生父母一方有过错导致解除收养关系的情况。但因养父母虐待、遗弃养子女导致生父母起诉而解除收养关系的除外。

经养父母抚养的成年养子女，对缺乏劳动能力又缺乏生活来源的养父母，应当给付生活费。

因养子女成年后虐待、遗弃养父母而解除收养关系的，养父母可以要求养子女补偿收养期间支出的生活费和教育费。养父母行使这一权利，则不受其是否存在“缺乏劳动能力又缺乏生活来源”困难的限制。

此外，解除收养后，对于不满 18 周岁的被收养人，送养人应当凭《解除收养关系证》或者《解除收养调解协议书》《解除收养判决书》，将被收养人的户口迁至送养人户口所在地，恢复原户口关系性质。

（3）其他财产关系的处理

收养关系解除时，养子女在收养期间因继承、遗赠、赠与等所取得的财产，仍属养子女个人财产，应由养子女带走。在与养父母共同生活期间，因养子女的劳动收入所形成的共同财产，在解除收养关系时应进行分割。无法分割的，由原养父母给适当补偿。

养父母子女关系法律咨询要点

收养关系牵扯收养人、被收养人、送养人等多方关系和利益，婚姻家庭咨询师要引导求助者正确认识彼此间的权利义务，即正确处理收养人与被收养人、收养人与送养人、送养人与被送养人之间的关系，并为求助者提供符合法律要求的建议。

【案例 3—9】姜玲的祖父母是否可以把她送给他人收养

✣ 案例描述

姜先生与李女士1999年结婚，2001年生一女姜玲。2003年姜先生与李女士一同外出时不幸遇车祸死亡，姜玲的祖父母与外祖父母协商姜玲由其祖父母监护，外祖父母每月给200元生活费。2006年7月，姜玲的祖父母要求姜玲的外祖父母抚养费的标准提高到每月400元，姜玲的外祖父母表示自己没有能力给。姜玲的祖父母于是要将姜玲送给他人收养。姜玲的外祖父母知道后非常生气，表示不同意，姜玲的祖父母则认为自己是姜玲的监护人，是否送养姜玲别人无权干涉，双方就此发生争执，姜玲的外祖父母找到婚姻家庭咨询师咨询此事。

✣ 分析与建议

姜玲的祖父母在将姜玲送他人收养时应当征求姜玲外祖父母的同意。根据我国《民法通则》的规定，未成年人的父母已经死亡或者丧失监护能力的，由下列人员中有监护能力的人担任监护人：祖父母、外祖父母；兄、姐；关系密切的其他亲属、朋友愿意承担监护责任，经未成年人的父、母的所在单位或者未成年人住所地的居民委员会、村民委员会同意的。对担任监护人有争议的，由未成年人的父、母的所在单位或者未成年人住所地的居民委员会、村民委员会在近亲属中指定。对指定不服提起诉讼的，由人民法院裁决。没有上述监护人的，由未成年人的父、母的所在单位或者未成年人住所地的居民委员会、村民委员会或者民政部门担任监护人。在这个案件中，姜玲的父母死亡后，她的祖父母、外祖父母协商由祖父母做姜玲的监护人是合法有效的。

由于孤儿的监护人不是未成年人的父母，为了防止孤儿的监护人通过送养损害孤儿的权利，我国《收养法》一方面规定了孤儿的监护人可以作为送养人，另一方面又对孤儿的监护人实施送养的行为加以限制，我国《收养法》第13条规定："监护人送养未成年孤儿的，须征得有抚养义务的人同意。有抚养义务的人不同意送养、监护人不愿意继续履行监护职责的，应当按照《中华人民共和国民法通则》的规定变更监护人。"由于姜玲的外祖父母是姜玲的近亲属，与姜玲有法定的权利、义务关系。因此，姜铃的祖父母要把姜玲送他人收养时，必须要经过姜玲外祖父母的同意，否则即使送养了，该送养行为也是无效的。

【案例 3—10】张女士送养女儿是合法的

✣ 案例描述

林先生于1995年离家出走，从此杳无音讯。1998年其妻张女士向当地人民法院申请宣告林先生失踪，人民法院经审理判决宣告林先生失踪。由于张女士身体不好，家中没有足够的经济能力给其患病的女儿治病，2001年张女士将9岁的女儿送给膝下无子的邻村姜先生夫妇收养，并办理了收养登记。2006年，失踪多年的林先生突然返回。林先生提出女儿被收养未征得他的同意，违反我国《收养法》，是无效的，要求姜先生夫妇将孩子送回。张女士与姜先生夫妇都不同意，林先生找婚姻家庭咨询师咨询此事。

✣ 分析与建议

我国《收养法》规定，有配偶者送养子女，须双方共同送养。生父母送养子女，须经协商一致共同送养。不论是婚姻关系存续期间还是离婚以后，也不论被送养的子女是婚生的还是非婚生的，父或母要将未成年子女送养他人都必须经过对方同意。一方不同意或未作同意的意思表示的，另一方不得单独送养。因此在一般情况下未经父母双方的同意，任何一方擅自将子女送与他人的，都是无效的。但在本案中，由于林先生离家出走下落不明，其妻经法定程序将孩子送给他人收养则是有效的。因为我国《收养法》明确规定，如果父母一方不明或者查找不到，可以单方送养。现实生活中，父母一方不明主要是指非婚生子女的生父不明；父母一方查找不到是指父或母已经失踪。在这种情况下，法律允许一方单独送养。因此，林先生要求确认收养关系无效的做法是不对的，对林先生的诉讼请求，法院会予以驳回。

在我国的法律中还有一种允许父母单方送养的情况就是被送养人的父母一方死亡，这种情况下死亡一方的父母有优先抚养的权利。这里所说的死亡一方的父母，即被送养人的祖父母或外祖父母。祖孙之间在法律上有附条件的权利义务关系。如果祖父母、外祖父母出于对死者的眷念和生者的爱怜，主张对第三代人的抚养权利，是有利于未成年人成长的。在这种情况下，生父（母）一方是不得将孩子送养出去的。

【案例 3—11】孟小姐必须赡养父母

✣ 案例描述

1960 年，因程女士与其夫（已故）未生育子女，故与孟小姐的父母签订了一份收养协议，收养当时年仅 3 岁的孟小姐为养女。此后，孟小姐一直与程女士及其丈夫一起生活。1981 年 10 月，程女士与孟小姐之间因生活琐事产生纠纷，程女士与其夫诉至法院，要求解除与孟小姐之间的收养关系。法院受理后，经调解解除了她们之间的收养关系。当时孟小姐 24 岁，以后程女士与其夫再无其他子女。2005 年 8 月，程女士以自己年岁已老，丧失了劳动能力，无经济来源为由，要求孟小姐尽赡养义务。孟小姐不愿意承担，找到婚姻家庭咨询师咨询。

✣ 分析与建议

首先，孟小姐以没有办理收养登记为由主张自己和程女士不存在收养关系是错误的。因为关于收养成立的形式要件，我国的法律规定经历了这样一个过程：1992 年《收养法》实施以前，我国法律对收养成立的形式要件没有特别的要求，只要亲友、群众公认，或有关组织证明确以养父母与养子女关系长期共同生活的，虽未办理合法手续，也按收养关系对待。1992 年施行的《收养法》对收养的形式要件规定也比较灵活，根据不同的使用范围采取了三种不同的程序：登记程序；书面协议或者书面协议和公证并用程序；书面、登记和公证并用程序。1998 年修正后的《收养法》对收养的程序则实行了统一的登记制度。这一改变，表明了我国对收养程序采取了从严的态度，加强了监督和管理。从外国有关收养立法来看，现代收养立法中国家监督色彩日趋浓厚，在收养成立过程中设立日趋严格的程序性要件，从而更好地保护收养当事人特别是未成年被收养人的合法权益，已成为各国收养立法的普遍趋势。我国《收养法》有关收养成立的形式要件的改变与这种趋势是吻合的。但是，现在的这种法律规定并不否认原来已经成立的收养关系。因此，孟小姐的说法是站不住脚的。

其次，我国《收养法》明确规定，经养父母抚养的成年养子女，对缺乏劳动能力又缺乏生活来源的养父母，应当给付生活费。这是从原养父母子女关系引申出来的善后措施。生活费的数额，可先由双方协议；协议不成时，由人民法院根据当时当地一般生活水平需要及养子女的实际负担能力来判决。孟小姐是由程女士将其抚养成人的，加之程女士已经没有劳动能力也没有其他生活来源，因此她要求孟小姐给付一定的生活费是有法律依据的，是合理合法的。

本单元思考题

1. 如何理解收养的拟制效力和解消效力？
2. 如何理解收养的解除效力？

学习单元 2　处理养父母与养子女关系的技巧

婚姻家庭是社会中的重要伦理实体，婚姻家庭关系作为伦理关系，反映并接受伦理道德的影响和约束。在养父母与养子女关系上，应凸现法律要求和道德影响的一致性。养父母对养子女的抚养与教育是为人父母的法律义务和道德底线；养子女对养父母的赡养与关怀是法律义务也是道德要求。学习本单元，旨在充分了解养父母与养子女之间权利义务关系的伦理要求，全面认识父慈子孝的伦理规范对养父母养子女关系的适用性，初步掌握正确处理养父母与养子女关系问题咨询的原则和方法，为求助者提供解决养父母养子女关系的相关技巧。

学习目标

- 了解养父母与养子女之间权利义务关系的伦理要求
- 认识父慈子孝的伦理规范对养父母与养子女关系的适用性
- 掌握正确处理养父母与养子女关系问题咨询的原则和方法
- 能为求助者提供处理养父母与养子女关系的技巧和建议

一、养父母与养子女权利义务关系的伦理评价

婚姻家庭是社会中的重要伦理实体。因此，婚姻家庭关系同时也是一种伦理关系，既受法律规范的调整，又受伦理道德的约束。在养父母

与养子女关系上要使法律和道德保持一致性。

1. 养父母对养子女的抚养与教育是为人父母的道德底线

养父母同亲生父母一样，对子女的抚养教育，是亲情的自然流露，是传统美德的彰显和发扬，又是当今道德和法律的要求；养父母如果不对养子女尽抚养或教育义务，甚至虐待养子女，不只会受到法律的惩罚，同时会引起道德的谴责。养父母对养子女的抚养与教育是为人父母的道德底线。

2. 养子女对养父母的赡养与关怀是法律义务也是道德要求

尊老敬老是中华民族的优良传统。从情感和道德的范畴讲，每个为人子女者都应对亲生父母或养父母尽孝心。养子女享有我国《婚姻法》所赋予的亲生子女所特有的权利。反过来，也应对养父母尽亲生子女所应尽的义务。养子女对养父母的赡养与关怀是法律义务也是道德要求。

3. 处理好养父母与养子女关系的伦理意义

首先，有利于解决目前家庭道德中存在的矛盾冲突问题。改革开放以来，人们在婚姻观念、情感选择方面发生了新的变化，家庭领域出现了许多新问题，婚姻质量、夫妻财产、家庭养老、父母子女关系等问题受到更多的关注。同时，研究和学习处理养父母、养子女关系问题可以直接有效地解决中国进入老龄社会面临的严重社会问题，从而用社会主义荣辱观指引和谐家庭建设，以和谐家庭建设的成效服务于和谐社会建设，最终构建适应社会主义和谐社会需求的家庭道德建设体系。

其次，有利于促进社会主义精神文明建设。家庭是社会最基本的细胞，只有家庭稳定社会才能安定，而父慈子孝的伦理规范在维系、稳定家庭和谐方面具有其他道德不可替代的作用。提倡"慈""孝"的突出特点：一是范围小，限于家庭，十分具体。二是"慈""孝"的对象是双亲和子女，是对家庭中每个成员的道德要求，对家庭中每个成员的身心影响十分密切。三是邻里友好、亲戚同事之间和睦，易于彼此舆论监督、道德评价。总之，"慈""孝"的家庭伦理规范能有力地把家庭道德建设提到一个新水平。家庭精神文明水平提高了，就会进一步带动整个社会风气的改观，从而切实提高社会主义精神文明建设的水平。

最后，有利于稳定社会秩序。一个对父母不能尽孝的人，不可能处理好和兄弟、亲友、师长、同事、集体和国家的关系。如果一个人孝敬父母，一般情况下在社会上也会遵纪守法，与人和睦相处，自觉控制自己的行为。他们不愿意因自己的不负责任、不道德行为甚至违法行为累及父母、家庭。如果人人都这样为人处世，整个民族的文明素质也就提高了，社会环境也就安定和谐了，这必然会进一步促进社会主义市场经济的繁荣发展与和谐社会的构建。

二、父慈子孝的伦理规范适用于婚生子女也适用于养子女

父慈子孝是中国人所熟悉、所接受、所向往、所羡慕的亲子伦理规范。中华民族的“孝”意识可追溯到氏族公社末期的母权制向父权制过渡的时代，而其被充实则是在夏商周奴隶制社会。孔子强调“君子务本，本立而道生，孝悌也者，其为仁之本焉。”墨子提出“孝，利亲也，以亲相爱”“父子不慈孝，天下之害也”。孟子说：“老吾老以及人之老”，提出国家要“申之以孝悌之义”。汉文帝刘恒曾颁布“孝廉法”，把“孝廉”作为选拔官吏的重要指标。“孝”作为家庭最重要的伦理道德，虽然被封建统治阶级所利用，但不可否认，在当今社会保障机制还不十分发达的社会主义社会里，“孝”观念和“孝”行为在保障老年人安度晚年方面，在维护家庭的自然衔接与演进方面，在稳定家庭与社会秩序方面有着极其重要的意义。

1. 百善孝为首

俗话说：德为人之本，孝为德之先，百善孝为首。尊老敬贤，是每个人都应该做到的。做儿女的应该尽力改善老人的生活条件，让他们享受生活和幸福。讲孝道者得人心，孝亲敬老是高尚品德的一面镜子。21世纪所面临的一个严重挑战，就是人口老龄化的问题。解决这一社会问题的必要途径，首先依赖于经济和社会福利的发展，其次还要靠完善法制和重建伦理道德的价值来实现。而就重建伦理道德价值来说，既然传统社会始终把物质奉养和精神奉养作为“孝”的基础性内涵，那么，这就为当代人们怎样去善待老人提供了可以选择利用的思想资源和操作方式。在社会主义市场经济体制下，继承和发扬“孝”这一中华民族传统美德，在公民中开展孝敬父母的教育，不仅对促进家庭关系的和谐、促进家庭道德建设具有重要的意义，而且对提升青年一代的道德修养境界，协调现代社会的人际关系，提高整个社会道德水平都具有重要意义。

2. 要加强孝敬父母的教育

加强孝敬父母的教育，就是要求每个为人子女者进一步认同、继承

和发扬“孝悌为人之本”的传统美德，牢固树立“孝敬父母光荣，不孝敬父母可耻”的荣辱观念和人伦意识，自觉地做到体贴、关心、尊敬、热爱父母，做一个懂孝敬、讲孝行的家庭成员。推己及人，不仅做到孝敬、供养自己的父母，而且能关心和爱护全社会的老人，“老吾老以及人之老”，形成全社会尊老、敬老的淳厚民风，让每位老人安度晚年，老有所养，老有所终。

以上伦理规范，不但适用于亲生父母及子女，同样适用于养父母及子女。

三、养父母与养子女和谐相处的技巧

养父母与养子女之间常常容易产生误解，影响养父母、养子女的关系，应当学习和掌握处理养父母与养子女关系的基本技巧。

1. 养子女要学会感受家庭温暖，与养父母做朋友

家庭是成长的摇篮，是情感的栖息地，是物质生活的后盾、安全健康的保障，是个人成长发展的大本营。在家庭关系中，最主要的是子女与父母的关系，包括养子女与养父母的关系。尽管养父母与养子女关系的确立，不是基于血缘关系，而是基于一种拟制血亲关系，但养父母与养子女之间的关系，同样构成了一种亲情的关系，养父母无疑也是养子女的老师。他们有些不仅从小含辛茹苦地哺育养子女成长，无微不至地关心爱护养子女，用自己的双手撑起一个温馨的家，而且还用自己无私的深沉的爱教导和哺育养子女茁壮成长，使养子女从各方面享受家庭的亲情和温暖。作为养子女，应该学会感受养父母对自己的关爱，体味养父母的无私、无悔奉献。人们常说，母爱是最无私的，父爱如山，为人子女，应首先学会报答父母，学会对父母感恩，与父母做朋友。

要学会全面地认识和分析问题，如果与养父母产生矛盾和代沟，要从自己与养父母两方面找原因。

2. 养子女要学会与养父母沟通

沟通产生理解，理解产生信任。沟通是双方的事，沟通得好，养子女就能得到父母的理解，增进与养父母的感情。为此，养子女应主动走近、亲近养父母，从主动沟通开始，努力跨越与养父母的隔阂、距离。面对养父母与养子女之间的矛盾和冲突，最冷静的办法就是通过沟通，找到分歧的症结所在，寻找解决问题可能涉及的多种方式。

与养父母沟通要掌握基本的要领：

（1）增进了解

与养父母沟通的前提是彼此了解。了解养父母的性格、兴趣、爱好、习惯、工作、生日等，在此基础上继承和发扬自己家庭的良好传统，学习养父母的优秀品质，为家庭作出自己力所能及的贡献。如果相互不了解，是很难沟通的。

（2）尊重理解是关键

尊重理解是相互的，即养子女尊重养父母，养父母也要尊重养子女。尊重理解养父母的有效方法是换位思考，就是要多从对方的角度出发看待问题。在交流和沟通的过程中寻找“共同语言”。养父母的高期待、严要求是一种爱。养子女与养父母的冲突，往往基于养父母对养子女的高期待、严要求。这种在养子女看来有些苛刻的“严”，反映出养父母对于养子女的爱。养子女应理解、体谅养父母的一片苦心。

父母的高期待是一种爱，严要求也是一种爱，且要注意方式方法。这是培训中应注意理解和掌握的伦理常识。

（3）沟通中还要学会“妥协”

沟通中的任何一种可能的选择，都有利有弊，各有其理。为此，要学会权衡利弊。两利相权取其重，两害相衡取其轻，是处理好养父母养子女关系的重要法则。这就要求养子女学会放弃。放弃也是一种选择，不任性就意味着放弃自己的一些需要或打算，看似冲突的事情就有了回旋的余地。

3. 养子女要学习把握与养父母交往的艺术

（1）要真诚、得体地赞美养父母

赞美养父母对自己的爱，赞美养父母的当年之勇，会使他们感到甜蜜、开心、愉悦，学会赞美养父母是增进亲情的最有效的方法。如果发现养父母有不正当行为，也要耐心劝阻。

（2）要学会认真聆听

说话是学问，听话也有艺术。与养父母交谈，要先倾听，再倾诉。尤其是接受批评时，有错就承认，有理就委婉地说。

（3）要学会帮助养父母

养子女在家不仅应主动承担家务劳动，减轻养父母的家务负担，而且尊重养父母的意见和教导，经常把生活、学习、思想情况告诉养父母。在外地读书或工作，应经常写信汇报情况或经常回家看看，不让养父母挂心。对养父母有意见，应有礼貌地提出，不和养父母吵架。要竭力为养父母分忧，努力帮助养父母做事。这样交往起来就无障碍，即使小有冒犯，养父母也会原谅。

（4）要学会宽容养父母

在家庭交往中，与养父母不必太计较。即使养父母错了，也要多原谅，不必非与养父母争个高下、输赢不可。在与养父母的交往中，我们要避免总在对立的两极中想问题。家庭中矛盾有是有非，应该坚持“是”，舍掉“非”。宽容家长的错误，自己得理又让人，才更有助于家庭的和睦。

4. 养父母要言传身教，以身作则，努力确立在养子女心目中的良好形象

（1）言传身教，以身作则

凡父母、养父母都要承担抚养和教育子女的重任。在具有收养关系的家庭中，养父母是养子女的第一任老师，子女是否成才，取决于养父母对子女采取的教育方式。养父母双方能够以身作则、正确的言传身教对子女成长具有非常积极的影响。相反，养父母不履行抚养和教育义务，有虐待、遗弃等侵害养子女合法权益的行为，最终只能培养出具有冷漠、抑郁甚至具有暴力倾向等偏执性人格的子女，给家庭、社会带来危害。

“你想让父母怎么待你，你就怎么待父母”这是与人交往的黄金法则，是一切和睦家庭共有的经验，所有成功地与养父母交往的窍门都与此有关。

（2）教育有方，步调一致

养父母要时刻牢记对养子女教育的目的是为了给子女一方健康快乐的天空，使养子女得到健康成长，而不是让养子女听从于自己或过分溺爱子女。要处理好这方面的关系，一方面要注意给孩子足够的空间，支持养子女的正当要求及追求，在生活上关心、学业上督促、工作上帮助养子女为实现理想而不懈努力。另一方面要避免过分溺爱或苛求子女，尊重子女的选择，争做子女的知心朋友，这是保证子女健康成长的先决条件。同时，要注意在教育子女问题上夫妻双方应保持步调一致，父母与子女相处也应统一基调，不互相拆台，以避免出现子女无所适从的情况。

5. 养父母应坚持用“爱心”沟通、一视同仁，营造健康阳光的家庭氛围

（1）将心比心，一视同仁

养父母对养子女的优点、成绩应及时给予肯定和表扬，这是鼓励他们继续努力的一剂良药；尤其在发现养子女不聪明、不孝顺、不漂亮甚至不争气等情况下，切忌讽刺、虐待、遗弃养子女。手心手背都是肉，不论男女、大小、美丑、高矮，无论生子女还是养子女，要一碗水端平，保证子女在拟制亲情或血缘亲情机制下享有同等的权利与义务，体验同等的亲情与呵护。

（2）善于沟通，及时、经常沟通

沟通是一座桥梁，养父母与养子女之间的沟通，应建立在互相关爱的基础上，养父母要坚持不懈地用“爱心”来倾听养子女的心声，用“爱心”与养子女交流沟通。养子女只有时时处处感受到父母的真诚与爱，才能向父母敞开心扉，顺利接纳父母的意见和建议，从而营造健康快乐、其乐融融的家庭氛围。

养父母与养子女关系咨询要点

咨询的重点应放在帮助求助者了解养父母与养子女之间权利义务关系的伦理要求，认识父慈子孝的伦理规范对养子女的普遍性和适用性。咨询过程中婚姻家庭咨询师应向求助者提供处理养父母与养子女关系的技巧，并针对求助者遇到的具体问题，提供切实可行的建议。

【案例 3—12】养父母的辛酸泪

案例描述

郭某与李某于1981年结婚。婚后，由于郭某不能生育，夫妻双方协商后收养一子。夫妇俩悉心照顾、百般呵护，终于在儿子考上大学的那一刻松了一口气。殊不知，也正是从那一刻起，昔日百般疼爱与呵护的儿子给夫妇俩添了不少“堵”。这份“堵”不仅表现在他们夫妇俩对儿子的种种不孝顺、不善良、不诚信等行为的不能理解、不能容忍上，也表现在他们对20年悉心照顾、百般呵护的儿子无比痛苦、失望和绝望上。想着儿子在一封接一封的来信中除了向他们夫妇索要钱款外，很少与他们交流、沟通，甚至在养母下岗，养父工资收入微薄的情况下，不仅没有半句安慰，还大谈别人的父母如何大方、如何有能力，声言“养不起我就不该认我做儿子，不养我也别指望我赡养你们”，他们的心上就像被重重戳了一刀，并狠狠撒了一把盐。最令养父母伤心的是，有一年暑假，他们的养子居然偷改学校的入学收费通知，虚报学费。这事使养父母一想起来就十分痛苦，并长期失眠。在忍无可忍的情况下，养父母来到婚姻家庭咨询师这里请求帮助。

✣ 分析与建议

从伦理角度看，父慈子孝，与人为善，诚实守信，有所担负，乃天下之公德。这无论在东方还是在西方的古代伦理传统中都是一样的。但在现实生活中，有很多子女并不这么认为，更不会这样身体力行。本案例中，辛酸父母与“不孝”儿子之间的紧张关系，一方面说明，在当代少数大学生中确实存在着缺乏道德感、责任感，缺乏良知、孝敬心，甚至不懂得关心、体谅和感恩父母的现象；另一方面也说明，父母亲，尤其是养父母在对待子女包括对养子女的养育和教育方式上也或多或少地存在着某种缺陷。从养父母角度审视，这方面的问题可能表现得更加严重。一般来说，一个人的性格缺陷是从小养成的。孩子的早期教育最重要，父母如果没有从小就培养孩子的同情心和感恩的心态，就很难收获子女成年后的感恩和回报。这是培养一个人形成责任意识、感恩意识，与人为善的重要内容和伦理前提。可惜，不少家长往往意识不到这一点，以为学习成绩好就行了，在生活上无不代办，甚至任由生活中的其他恶习滋长，这恰恰是本案例中这对辛酸、哀怨的父母最应该反思的地方。

“羊有跪乳之情，鸦有反哺之义”。一个正常家庭的孩子，无论是生子女还是养子女，其成长过程中的衣食住行无一不受到父母无微不至的关怀和照顾，无论有心还是无心，有言还是无言，每时每刻都享受着父母无私的爱与付出。因此，人世间最宝贵的财富莫过于亲情。父母总在为子女担心着；作为子女，实在没有任何理由去伤害他们。子女们唯一该做的就是做他们的好儿女，在父母健在之年好好珍惜这来之不易的亲情。这就需要子女们首先要理解、体谅父母的一片苦心，自觉提高认识，修养德性，锻炼自己，提高能力，尤其要具备一定的道德实践能力。对今天的许多子女来说，回报父母应该首先表现为理解父母。从父母这一代人的工作、生活的条件出发来理解他们，认同家庭。尊敬父母，不顶撞父母，以父母心为己心，常与父母交流、沟通。回报、感恩父母，勤奋学习，进德修业，勤俭自强，立志成才，为父母争光，同时服务社会。

在这个案例中，父母对养子女的百依百顺说明了当年他们在养育子女的方法上有不当之处。而现在矛盾的主要方面在于养子女的不孝。婚姻家庭咨询师可以建议养父母到当地居委会或孩子所在学校、工作的单位寻求帮助，以引导和帮助养子从道德与法律的角度来认识问题，端正对养父母的态度。如果效果不佳，婚姻家庭咨询师应当对这一家三口进行团体辅导。

本单元思考题

1. 试述养子女在民事法律关系中的权利和义务与道德权利和要求有何区别。

2. 试述传统孝文化对我国当前社会构建和谐家庭的重要影响和启示。

3. 请思考：解除收养关系后，经养父母抚养成年的养子女对缺乏劳动能力又缺乏生活来源的养父母仍有给付生活费义务的伦理意义及对于树立良好社会风尚的意义。

第3节　继父母与继子女关系咨询

学习单元1　提供处理继父母与继子女关系的法律建议

继父母与继子女之间存在姻亲关系但没有直接血缘关系，既与有着血缘关系的父母子女之间的关系和一般的养父母与养子女之间的关系不同，又与血亲父母子女关系或者养父母与养子女关系有相同或者相通的方面。《中华人民共和国婚姻法》第27条规定“继父母与继子女间，不得虐待或歧视。继父或继母和受其抚养教育的继子女间的权利和义务，适用婚姻法对父母子女关系的有关规定”。判断继父母与继子女之间是否形成抚养教育关系，或者说继父母与继子女之间是否形成与具有血缘关系的父母子女一样的权利义务关系，是处理继父母与继子女关系的关键环节；同时还应明确，在法律上，继父母可以依据《收养法》收养继子女，从而使继父母与继子女关系转化为养父母与养子女关系。

学习目标

➢ 熟悉继父母与继子女间的权利义务概念和分类

➢ 掌握我国继父母与继子女间权利义务的法律要求

一、继父母与继子女关系的形成与种类

1. 继父母与继子女关系的形成

继父母与继子女是两个相对应的概念。相对于继父母来说，继子女是指夫与前妻或妻与前夫所生的子女，夫或妻对其再婚配偶的子女称继子女；相对于继子女来说，继父母是指母之后夫或夫之后妻，子女对父母的再婚配偶称继父或继母。继父母与继子女之间关系产生的基本原因在于，配偶一方死亡或者双方离婚，存活的一方再行结婚或者离婚的双方各自与他人再婚，由此，在再行结婚者的再婚配偶与再行结婚者与先前的配偶所生的子女之间即形成继父母与继子女关系。

2. 继父母与继子女关系的种类及其权利义务关系

继子女是继父母配偶的直系晚辈血亲，但理论上一般认为，继父母与继子女之间的关系是一种姻亲关系。不过，在特定情形下，法律承认继父母与继子女之间发生父母子女间的权利和义务关系，此种情形下的继父母与继子女之间的关系成为拟制血亲关系。根据《中华人民共和国婚姻法》第 27 条关于“继父或继母和受其抚养教育的继子女间的权利和义务，适用婚姻法对父母子女关系的有关规定”的规定，在继父母与继子女之间形成抚养关系，即继子女在接受继父母的抚养教育的情况下，继父母与继子女关系成为类似于血亲父母子女关系的拟制血亲关系。

继父母与继子女之间拟制血亲关系的形成，是以继父母与继子女之间形成抚养关系的事实为依据的，而且这种抚养关系指的是继父母对继子女的抚养教育关系。继父母对继子女进行抚养教育，通常发生的情形是继子女没有成年并且与继父母共同生活，但在继子女没有与继父母共同生活的情况下，如果继父母抚养教育了继子女，也应该认定他们之间形成了抚养教育关系；反之，如果继父母没有抚养教育继子女，即使他

们共同生活，也不应该认定彼此形成了抚养教育关系。

继父母与继子女之间是否形成抚养教育关系，是判断彼此之间是否享有和承担法律规定的父母子女之间的权利和义务的关键。

二、继父母与继子女之间的权利义务

在继父母与继子女之间没有形成抚养关系的情况下，继父母与继子女之间只存在姻亲关系，彼此不发生法律上规定的父母子女间的权利义务。这种情形下的继父母与继子女之间，在法律上，彼此不属于近亲属，不存在相互抚养、赡养等权利义务，而且相互也不享有继承权。

形成抚养关系的继父母与继子女之间，属于拟制血亲关系，适用《婚姻法》对父母子女关系的有关规定。在法律上，这种情形下的继父母与继子女之间产生父母子女间的权利义务关系。因此，受继父母抚养的继子女，对继父母有赡养的义务；继父母与继子女享有相互继承遗产的权利。

需要指出的是，基于血缘的原因，父母与其亲生子女之间的关系不因父母的离婚而消除，因此，在亲生子女已经成为他人的继子女的情况下，即使继父母与继子女之间已经形成了抚养关系，亲父母与亲生子女仍具有法律上的父母子女关系，彼此之间仍享有和承担法律规定的相互抚养、赡养和继承等各项权利义务。从这个意义上讲，继子女和与其有抚养关系的继父母之间、继子女与其生父母之间，存在双重的权利义务关系。虽然继子女接受了继父母的抚养教育，继子女的生父母仍对其承担有抚养义务；继子女对抚养他（她）的继父母尽赡养义务的同时，对其生父母也负有赡养义务；形成了抚养关系的继父母与继子女相互享有继承权，继子女与其生父母之间同样相互享有继承权。

继父母与继子女关系与养父母子女关系不同。

三、继父或者继母可以收养继子女

我国《收养法》允许继父或者继母经过继子女的生父母的同意，将继子女收养为养子女，由此继父或者继母与继子女之间形成养父母与养子女关系。继父或者继母收养继子女，有利于继父母与继子女之间建立稳定的权利义务关系，也可消除继子女与继父母和生父母间的双重权利义务关系而带来的不利影响。

继父或者继母收养继子女，要遵循我国《收养法》规定的收养条件和程序，但基于收养人与被收养人之间存在继父母与继子女关系，《收养法》对此种收养作了一些特别规定，这主要体现在《收养法》第 14 条的规定上："继父或者继母经继子女的生父母同意，可以收养继子女，并可以不受本法第 4 条第三项、第 5 条第三项、第 6 条和被收养人不满 14 周岁以及收养 1 名的限制。"据此，继父或者继母收养继子女，以其生父母同意为必要前提，但相比于一般的收养，继父或者继母收养继子女的条件要宽一些，具体来说体现在以下方面：

1. 继子女的生父母即使无特殊困难，有抚养能力，继子女亦可由其继父或继母收养。

2. 继父或者继母即使不符合我国《收养法》第 6 条对收养人的要求（包括子女状况、抚育能力、健康状况和年龄），也可以收养继子女。

3. 作为被收养人的继子女，年龄不受须不满 14 周岁的限制。

4. 作为收养人的继父或者继母，在收养数额上不受只能收养一名被收养人的限制。

继父或者继母收养继子女后，其与继子女之间的法律关系，就形成养父母与养子女关系，彼此之间的权利义务关系适用法律关于养父母与养子女关系的规定。在继父或者继母收养了继子女的情况下，被收养的继子女与其再婚关系之外的生母或者生父之间的权利义务消除；而与再婚婚姻关系之内的生母或者生父之间仍保留原直系血亲的权利义务关系。

继父或者继母收养继子女也要依据我国《收养法》办理收养手续。

四、继父母与继子女关系的终止与解除

现行法律对于继父母与继子女关系何时终止或者解除并没有做出明确的界定，学理上一般认为，应区分不同情况分别加以处理。

1. 继父母与继子女未形成抚养关系的

没有形成抚养教育关系的继父母与继子女之间，仅具有姻亲关系，彼此不发生法律所规定的父母子女间的权利义务，因此在继子女的继父（继母）死亡，或者继父（继母）与生母（生父）离婚的情况下，可以认为继父母与继子女之间的关系终止。

2. 继父母与继子女形成抚养关系的

从维护子女的利益和老年人的利益出发，在继父（继母）与生母（生父）的婚姻关系存续期间，已经形成了抚养关系的继父母与继子女之间的权利义务关系一般不得解除。受继父母抚养的继子女对于继父母应该尽赡养义务；但是，如果继父母子女关系恶化，继父母提出解除继父

母与继子女关系的，可以解除。

在生父与继母或者生母与继父离婚的情况下，未成年的子女由生父或者生母带走的，该子女与原继父母的关系终止；如果受继父母抚养的子女已经成年的，继父母与继子女之间的权利义务关系不能自然终止。不过，继父母或者继子女提出解除父母子女关系的，可以准许；但对于年老体弱、生活困难的继父母，继子女应当承担赡养扶助的义务。

与继父（继母）存在婚姻关系的生母（生父）死亡的情况下，继子女的生父（生母）将未成年的子女领回抚养的，继子女与继父（继母）的权利义务关系终止；如果继子女的生父（生母）没有将未成年的子女领回抚养的，继子女与继父（继母）的权利义务关系仍不能终止。同样，如果受继父母抚养的子女已经成年的，继父母与继子女之间的权利义务关系不能自然终止。继父母或者继子女提出解除父母子女关系的，可以准许；但对于年老体弱、生活困难的继父母，继子女应当承担赡养扶助的义务。

3. 继父或者继母与继子女之间形成了收养关系的，则适用我国《收养法》关于养父母与养子女关系的规定

收养关系可依据法定的程序解除。

继父母与继子女关系法律咨询要点

要求婚姻家庭咨询师对求助者的基本情况和咨询的问题把握准确；能分析、判断求助者继父母与继子女间关系的种类；能告知求助者继父母与继子女间权利义务的法律要求，并能为求助者正确处理继父母与继子女间关系提供符合法律规定的建议。

【案例 3—13】解女士与继子关系的解除

✣ 案例描述

1976 年 5 月，李先生在唐山出生，该年的 8 月 28 日，唐山发生 7.8 级大地震，李先生的父亲恰在外地出差，李先生的母亲在灾难来临之际用自己的身体护住了刚刚 3 个多月大的李先生，当救援队赶来从废墟中救出母子二人时，李先生除皮肤有轻微擦伤外，身体状况良好，但他的母亲却因倒塌下来的水泥板砸到头部而不幸遇难。此后，李先生的父亲就独自一人照料着襁褓中的孩子。3年后，在好心人的介绍下，李先生的父亲与解女士认识并结婚，从此，李先生得到了解女士亲生母亲般的照料，享受着正常家庭的温暖。心地善良的解女士为了全身心地照顾好这个不幸的孩子，主动去医院作了节育手术，一心扑到了继子的身上。1991年，继子的父亲因患肝癌去世，从此，解女士不得不一人肩负着养育继子的重担。1993年，17岁的继子初中毕业，解女士出面找人帮助继子找到一份不错的工作，但继子却不思进取，不务正业，进厂几个月后就被厂方辞退。解女士多方找人说情，才使继子于1995年重新回厂工作。1997年该厂改制时，继子失业。1998年，解女士又让继子学油漆技术，但没过多久，继子就不学了。此后，他整日游手好闲，并经常向解女士索要钱财。如果解女士不给，继子轻则发脾气、摔东西，重则殴打、甚至扬言要杀死解女士。继子的恶劣品行致使解女士长期处于恐惧之中，她本来就患有的心脏病又加重了。为了摆脱纠缠，安心治病，求得晚年清静，解女士想解除与继子的继母子关系，并想要求继子返还一笔抚养费。解女士就此事该如何处理找到婚姻家庭咨询师。

✣ 分析与建议

一般来说，继父母与继子女之间并不当然产生法律上的权利和义务关系，只有当继父母对未成年的继子女履行了抚养的事实时，才使得他们产生了法律上的父母与子女的权利与义务关系。根据我国《婚姻法》的规定，形成抚养关系的继父母与继子女之间为拟制血亲关系，这是为了保障继子女与继父母之间的“幼有所育，老有所养”的家庭关系，防止虐待和遗弃，促使家庭团结和睦。本案例中的李先生自幼丧母，3岁起随父亲和继母解女士一起共同生活，并由二人共同抚养教育成长。李先生15岁时父亲病逝，解女士继续担负起抚育李先生的重任，从法律上看，他们之间已形成了抚养和被抚养的关系。但李先生初中毕业后，不务正业且品行恶劣，不愿依靠自己的劳动去独自生活，反而经常为琐事与解女士发生矛盾，致使他与继母之间的矛盾不断加深，关系不断恶化，严重伤害了解女士的感情。出于自身健康的考虑及对继子李先生的失望，解女士提出与李先生解除继母子关系，符合我国法律有关解除继父母与继子女关系的条件，法院会支持她的这一诉讼请求。此外，根据我国《收养法》第30条第一款之规定，只有因养子女成年后虐待、遗弃养父母而解除收养关系的，养父母才可以要求养子女补偿收养期间支出的生活费和教育费。按照这一规定，只要具备上述条件，形成抚养关系的继父母就有权要求继子女补偿抚养期间支出的生活费和教育费。在本案例中，李先生成年后对解女士有粗暴的言语和行为，虽然尚未达到虐待或遗弃的程度，但已造成了解女士精神上的痛苦，最终导致了继母子关系的破裂。加之解女士不仅在与李先生的父亲婚姻关系存续期间抚养了李先生，而且在李先生的父亲病逝后，仍含辛茹苦一如既往地抚养着他。无论于法理还是情理上，解女士都可以要求继子补偿自己抚养他这十几年期间所支出的生活费用和教育费用。

婚姻家庭咨询师应建议解女士通过法律程序解决问题。

【案例 3—14】陈女士可以不承担抚养继子的责任

✣ 案例描述

1997 年，张先生与李女士因感情不和而协议离婚，协议书中除对夫妻共同财产作了分配外，李女士因担心带着年仅 6 岁的儿子小涛生活会影响自己今后再嫁，故不同意儿子由自己亲自抚养，只答应每月支付一定的抚养费。无奈的张先生只好独自一人带着孩子生活，艰难度日。然而离婚后的李女士并没有重新开始幸福的生活，两年后她因公出差死于车祸。随父生活的小涛的抚育费用一下子全落在张先生一人身上。张先生既要照顾儿子又要忙于生计，越来越感到力不从心。2001 年 3 月，在热心人的撮合下，张先生与陈女士相识并很快结婚，开始了新的三口之家的生活。然而，重新组合的家庭矛盾不断，张先生与陈女士常为儿子小涛发生口角，小涛对这个突然闯入自己和父亲生活的女人怀有敌意，经常顶撞继母。在近一年的时间里，这个三口之家内战不断，最终以张先生送儿子到姑母家收场。风波平息过后没多久，2002 年的一个深夜，张先生在下班途中不幸触高压电身亡。处理完张先生的后事后，小涛的姑母找到几乎未曾谋面的陈女士，称陈女士是小涛的继母，应负起抚育小涛的责任来。陈女士坚决不同意，并称自己并未长时间与继子小涛共同生活，故没有义务抚育他。二人为此发生争执，请婚姻家庭咨询师帮助。

✣ 分析与建议

这个案例的焦点是：继父母是否有义务抚养未成年的继子女。

根据我国《中华人民共和国婚姻法》第 27 条第二款的规定，继父或继母对继子女尽了抚养教育责任的，在他们之间才发生拟制血亲关系。引起拟制血亲发生的“抚养”是一种事实行为，它应同时具备以下三个条件：(1) 继子女尚未成年或虽已成年但尚不能独立生活；(2) 继子女与继父母长期共同生活，互为家庭成员；(3) 抚养的内容包括生活上的照料、学习上的资助、道德品质上的教育等。就本案例而言，小涛与继母陈女士共同生活的时间不足一年，且在共同生活期间，双方关系极不融洽。在张先生去世的前后，小涛也一直未与继母共居一室，一起生活。由此可见，小涛与陈女士之间在形式上形成继父母与继子女关系后，陈女士并未从心理和实际行动上接纳继子小涛，产生生活上的照料、学习上的资助和道德品质上的教育等，因此也就未与小涛形成事实上的抚养关系，故不具备我国《中华人民共和国婚姻法》第 27 条第二款“适用本法对父母子女关系的有关规定”的条件。不仅如此，陈女士在丈夫去世之后仍未有对继子小涛的任何照顾行为，可见她与小涛之间有继母子之名，而无继母子女之实。因而，依照法律规定，当然也就无承担抚育张小涛的义务。这样的结果看起来有点不近人情，但小涛可以以第一法定顺序继承人的身份参与父亲的遗产分配而获得一些财产。此外，当务之急是国家和社会要对小涛这种特殊的孤儿予以有效的救助。婚姻家庭咨询师应把这些规定向小涛的姑母和继母讲清楚。

重点提示（补充）：继父母与继子女之间是否形成抚养教育关系，是实践中的难以认定的问题，应反复练习，加深理解。

【案例 3—15】向军应当承担对继父的赡养义务

✣ 案例描述

1990 年秋，51 岁的刘先生在妻子去世多年后，经人介绍认识了邱女士。邱女士与前夫离婚后，带着 10 岁的儿子向军过日子。刘先生只有一女，且已出嫁。刘先生与邱女士相处不久后就很快组建了家庭。再婚后，由于刘先生所在工厂效益好，所以，除了工资他每月还能拿到上百元的奖金。他总是把工资、奖金统统交给邱女士，由她一人操持全家的生活，经历坎坷的刘先生生活充实而幸福。在刘先生的关心和帮助下，继子向军顺利地读完了初中、高中和大学，直至在深圳找到工作。而这时，刘先生也到了退休的年龄。退休后，刘先生的身体越来越差，工厂的效益每况愈下。更为不幸的是，邱女士得了癌症，刘先生用尽了家里的积蓄，又到处借钱，最终还是未能挽回妻子的生命。再婚的妻子去世不久，刘先生唯一的女儿又遭遇车祸身亡。接二连三的打击，使刘先生一下子苍老了。一天，刘先生突发脑溢血，幸好被邻居及时发现，送进医院抢救，他从此与床为伴，生活无法自理。刚开始时，他靠着向军每月寄来的一二百元钱和自己的退休金请了一个保姆照料自己，日子还能勉强维持。可是，时间一长，向军没了音讯，钱也分文不见了。无奈之下，刘先生只得辞退保姆，艰难地打发日子。但这终非长久之计。考虑再三，刘先生想向人民法院起诉，要求向军履行赡养义务。为此，他先请邻居向婚姻家庭咨询师咨询。

✣ 分析与建议

2001年，九届人大常委会通过了《关于修改〈中华人民共和国婚姻法〉的决定》，在修改后的《中华人民共和国婚姻法》第21条规定："子女对父母有赡养扶助的义务""无劳动能力或生活困难的父母，有要求子女付给赡养费的权利"。对继父母与继子女间的关系，第27条规定："继父母与继子女间，不得虐待或歧视。""继父或继母和受其抚养教育的继子女间的权利和义务，适用于本法对父母子女关系的有关规定。"显然，并不是所有的继子女对继父母都有赡养的义务。在本案例中，刘先生与向军之间是法律上的继父与继子关系，年老体衰的刘先生是否有权要求继子向军赡养自己，这是本案例的核心所在。

继父（继母）和与之形成抚养教育关系的继子女之间的权利义务关系，并不因与其形成婚姻关系的生母（生父）一方死亡而自然终止，这是培训中应注意掌握的知识。

从法律上看，继子女赡养继父母有两种情况：一是未成年的继子女与继父母之间形成了抚养、教育关系，属于拟制血亲。这种抚养、教育关系，表现为未成年的继子女与继父母共同生活，在经济上互相支援，在精神上互相安慰，相互视对方为家庭一员，双方除没有血缘关系外，与亲生父母子女的关系没有区别。即：当继子女年幼时，继父母对其承担部分或全部的生活教育费；反过来，当继父母年老丧失劳动能力，没有生活来源时，继子女就应对继父母予以赡养。本案例中的刘先生与继子向军之间的关系就属于这种情况。二是继子女对继父母没有法律规定的赡养义务，它一般是指继父母结婚时，继子女已成年并独立生活，或是继子女虽未成年但仍由其生父或生母提供生活费和教育费，继子女没有得到继父母的抚养教育，故他们之间没有形成抚养教育关系，仅仅为直系姻亲关系而已。

中国有句古训，“百善孝为先”。法律上没有赋予法律关系主体某种义务，并不意味着人们就可以不去做。对于成年且有经济能力的继子女，在继父或继母年老体弱、生活困难时，即使未受过继父母的抚养，也无法律上的义务，但从道德、情感和良心上来说，继子女对继父母进行照料也体现出中华民族的传统美德，应大力提倡并给予褒奖。婚姻家庭咨询师应当把这些规定与道理告知刘先生邻居，请他转告刘先生应当依法保护自己的权益。

【案例 3—16】赵女士有权继承继子的遗产

✣ 案例描述

宋先生与赵女士再婚，宋先生与前妻所生之子宋甲当时刚满 2 岁，由宋先生和赵女士共同抚养、长大成人。宋甲经人介绍与张女士结婚，由于家中住房紧张，宋先生和赵女士便把旧房卖掉与宋甲合买了一套新房，同在一起居住，并以宋甲的名义领取了房产证。数年后，宋先生病故，丧事由其子宋甲承办。同年，宋甲又因意外事故去世。赵女士与张女士婆媳之间因遗产继承发生纠纷。张女士以赵女士是宋甲的继母为由，否认赵女士对其丈夫宋甲的继承权。为此，婆婆赵女士找到婚姻家庭咨询师咨询。

✣ 分析与建议

本案例主要涉及的是继父母与继子女间的继承权问题。

夫妻离婚后，随着一方或双方的再婚，产生了重新组合的家庭，配偶一方与前夫或前妻生育的子女为继子女。配偶一方与前夫或前妻的子女与再婚配偶之间，形成继父母与继子女的关系。在性质上，其属于姻亲关系。姻亲关系一般不发生法律上的权利义务关系，但考虑到我国的优良传统和实际情况，生活中继父母与继子女形成实际的抚养关系的情况较多。为此，法律规定，有抚养关系的继父母与继子女之间，发生父母子女的权利义务。因此，继父母与继子女关系，分为两种情况：(1)继父母与继子女之间是否有相互继承遗产的权利，取决于他们之间是否具有相互抚养、赡养的关系。如果继父母与继子女间形成了抚养、赡养关系，就应当享有相互继承遗产的权利。（2）无抚养关系的继父母与继子女。没有形成实际的抚养关系的继父母与继子女，是单纯的姻亲关系，彼此之间不享有继承权。

综上，继子女与继父母之间能否相互继承遗产，取决于他们之间有没有抚养关系。不论是继父母抚养了继子女，还是继子女赡养了继父母，只要一方抚养了另一方，就具有了抚养关系，就能够相互继承遗产。这里的抚养关系，既包括经济上的扶助，也包括生活上的照顾。如果继父母与继子女之间没有这种抚养关系，那么他们就不能相互继承遗产。

本案中，虽然以宋甲的名义办理了房屋产权证，但是宋先生和赵女士卖了旧房与宋甲合买的新房，该房应属于其三人的共同财产，赵女士有权分割出属于自己的财产。赵女士和宋甲的情况，属于有抚养关系的继父母与继子女关系，因此相互之间享有继承权，所以赵女士有权继承宋甲的遗产。婚姻家庭咨询师应建议赵女士去打官司，依法保护自己的权益。

本单元思考题

1. 养子女与继子女在民事法律关系中的权利和义务有何区别？
2. 关于继父母与继子女关系的法律需在哪些方面做出进一步的完善？

学习单元 2　处理继父母与继子女关系的技巧

掌握处理继父母与继子女之间关系问题的技巧，是营造良好的社会氛围、构建和谐社会的重要组成部分。学习本单元旨在充分了解继父母与继子女之间冲突与矛盾的主要表现，审视继父母与继子女之间的伦理关联，掌握正确处理继父母与继子女关系问题咨询的原则和方法，为求助者提供调适继父母与继子女关系的基本要领与技巧。

学习目标

- 了解继父母与继子女之间冲突与矛盾的主要表现
- 认识继父母与继子女之间关系的伦理内涵
- 掌握正确处理继父母与继子女关系问题咨询的原则和方法
- 能为求助者提供调适继父母与继子女关系的基本要领与技巧

一、继父母与继子女关系冲突与矛盾的主要表现

继父母与继子女关系是指在生父母一方死亡或离婚后，另一方带子女再婚形成的权利义务关系。在现实生活中，有些继父母与继子女之间关系十分复杂，尤其是有抚养关系的继子女关系，却不赡养继父母，由此导致继父母与继子女发生冲突与矛盾。主要表现在：

1. 物质上歧视

我国《中华人民共和国婚姻法》第27条规定："继父母与继子女之间，不得虐待或歧视。"指继父或继母一方在实施某种限制或禁止措施时，不得对其他方实施歧视性待遇。无论继父母与继子女间是否形成抚养教育关系，他们相互之间都不得虐待和歧视。这是社会主义尊老爱幼、民主平等新型家庭关系的要求和反映。

2. 精神上冷漠疏远

构建和谐婚姻家庭不仅需要"爱情""义务"等因素，而且要有相应的物质基础和其他经济条件。

随着社会发展和生活水平的不断提高，老年人的赡养问题由传统的单纯物质赡养，向物质赡养和精神赡养同步进行的高级阶段发展。这是老年人的迫切需要，也是社会发展的必然趋势。但是，有很多重建家庭的继子女与继父母之间长期保持着冷漠、敌视甚至敌对的关系。

一般来说，离异再婚家庭子女对继父母都很敏感，不能较快适应继父母，继父母与继子女关系往往不协调，对新组建家庭满意程度低。通常情况下，孩子很难和他们建立融洽的感情关系。这是因为，由于血缘的关系，父母对子女的爱是自然产生的，而子女对父母的爱却有一个萌发、形成和发展的过程。由于许多继父或继母错过了与孩子建立感情的最佳时期，因而，他们和继子女之间的关系大都只能维持在一个"礼貌"的程度上。在这种情况下，他们对继子女的教育往往是顾忌颇多，收效甚微，甚至有不少人因为害怕误解而干脆放弃这个义务。这种家庭的子

女得不到安慰和教育，甚至受到继父母的虐待、遗弃，极易导致精神疾患，形成孤僻、冷漠、暴戾的性格，甚至离家出走，浪迹社会，以行乞、偷摸、打工等方式维持生活，到社会上寻求安慰。由于他们不成熟的心理特征，极易被不法分子利用、拉拢、教唆和胁迫，很容易走上违法犯罪的道路。

杜绝对继子女的家庭暴力，尊重家庭成员的人格和权利，是提高婚姻质量，构建和谐的婚姻家庭的一项重要内容。

3. 行为上偏袒亲生子女

再婚夫妻本应对双方子女一视同仁，平等对待，却往往出现一方偏袒自己孩子的现象，这更容易使子女同继父母之间形成对立，从而影响子女与继父母之间的感情。

二、继父母与继子女关系的伦理评价

众所周知，继父母与继子女之间天然的隔膜和特殊的法律关系，使得他们之间更容易产生感情、财产、抚养与赡养等相关问题的冲突与矛盾。尽管血亲之爱源于人的天性，但趋利避害也是人的本性。继父母与继子女关系仅仅是拟血亲关系，这就更容易发生自我利益高于其他利益的现象。无论是历史还是现实生活中，为了自我利益，父子相残或母子相残的事并不罕见。只要人类存在的地方，人们的道德水准就有高低之分。尽义务是享有权利的前提，但社会上只图享受权利而逃避义务和责任的现象是经常发生的。

1. 感情与财产的伦理考察

血脉传承中蕴涵的深厚感情，是维系父母子女良好关系的基本保障。对于再婚家庭来说，与继子女的关系确实是很敏感的问题。处理不好，随时都可能引发家庭战火，从而导致夫妻关系紧张、误会与不和。但反过来，如果处理得好，继子女也可以成为继父母感情的“黏合剂”，给再婚家庭带来幸福。解决这一问题的方法与建议：

（1）与新任丈夫或妻子共同理财

再婚夫妇可能经历过离婚过程中为财产分配“纠缠不清”的“持久战”，在处理好前次婚姻遗留下来的财产问题的同时，再婚前最好进行财产公证或是婚前协议，明晰财产所有权，预防日后财产权属纠纷。此外，还应明确男女双方都是新家庭的一部分、财产的拥有者。因此，再婚后在开支时夫妻要主动商量，达成一致，避免因财务问题而影响彼此的感情，更不要总将钱挂在嘴边，为钱斤斤计较。这是保证夫妻和谐、家庭和睦的前提。

（2）懂得如何对继子女进行感情投资

再婚家庭的父母与孩子和睦相处，是此类家庭和谐稳定的一个至关重要的因素。因此，再婚后要懂得对继子女进行感情投资，为他们创造宽松的学习和生活环境，尽可能地引导孩子减轻心理负担，让他们感受到有了新爸爸或新妈妈后不但没有失去原来的爱，还多了一份温暖。这样，才能保证孩子身心的健康发展，才有利于营造出和谐、美满的家庭氛围。

（3）对于孩子的教养必须达成共识

再婚后，继父、继母若急于取代子女亲生父母的角色，亲生父母若急于令孩子接受其新伴侣，都会导致重重问题。因此，对于孩子的教养，夫妻要尽量达成共识：在新婚初期，子女管教宜由生父母施行，继父母则以朋友的角色介入。在建立互信关系、行为准则及赏罚标准后，方可实行共同管教。

2. 抚养与赡养层面的伦理考察

抚养，是指特定亲属之间一方须对他方承担生活供养责任的法律关系。抚养有广义和狭义的解释。广义的解释是指所有因亲属关系而发生的经济义务和照料义务，包括通常所讲的“抚养”和“赡养”。同亲生父母一样，继父母有义务抚养和教育未成年继子女。

赡养是指赡养人为被赡养人在物质上和经济上提供必要的生活条件，并在生活上和精神上关心、帮助和照料被赡养人以及“照顾老年人的特殊需要”。所谓经济上供养，是指赡养人对无固定经济收入因而无力维持正常生活的被赡养人，提供金钱资助或者实物帮助，保证被赡养人衣、食、住、行的生活水平不低于所在家庭平均生活标准。所谓生活上照料，就是照顾、料理被赡养人的日常生活，帮助老年人解决日常生活中的一些困难。日常的生活照料是多方面的，包括烧水做饭、换洗衣服、收拾房间、洗漱、疾病护理等。凡是被赡养人生活和活动需要别人帮助或扶持的，赡养人都要尽心尽力地去做。对于确因工作太忙或人在外地而无法照料老年人的子女，子女也应通过其他方式照料老年人。所谓精神上慰藉，是指赡养人从精神上关心、安慰被赡养人，使其心理要求得到满足，保证身心健康。对于卧病在床的老年人或生活不能自理的老年人，子女应该给予更多的尊重和关心，尽可能减轻老年人的精神和心理压力，使老年人安度晚年、欢度晚年。除了上述三方面，子女还应满足老年人的特殊需要。如义务耕种老年人的责任田，义务照管老年人的责任林和牲畜等。

对此，继子女与亲生子女具有同等的义务和要求。

三、继父母与继子女和谐相处的基本要领与技巧

1. 继父母与继子女要做朋友

继父母应是主动的一方，而继子女则是被动接受的一方，继父母的表现和影响决定着生活的方向；当继子女觉得自己熟悉的家庭生活发生了变化时，心理支持对继子女非常重要，而且这种支持要讲究方式方法。

继子女也应尝试和继父母做朋友。人们幼年时只和家人相处，童年开始有小朋友，大了就要走向社会。父母离婚和再婚，增加了个人的人生阅历，增加了个人与不同个体的人相处的机会。这对于继子女是一个锻炼，也是情商、智商提高的过程。如果把这件事看做一种机会，尝试着与新的家庭成员交往、适应新的关系，继子女在以后的发展中，比经历简单的孩子更容易成功。

天下没有成心和孩子过不去的父母。不要要求孩子一定要像对亲生父母一样亲热，允许孩子有自己的想法，鼓励孩子说出来，继父母也要把自己的想法说给孩子听，让孩子明白，为什么事情是这样的，为什么自己这么做。

2. 与子女共同生活的亲生父母要成为孩子与继父或继母之间的桥梁

作为再婚家庭中的联系纽带，与孩子共同生活的亲生父母一定要主动给予孩子与继父母交流的机会，不要因为担心有矛盾而阻拦或隔断他们。比如，继父母为了表达对孩子的关心，会买一些礼物给孩子，孩子在不接受继父母的时候会说不要，而亲生父母为了避免尴尬会要求继父母以后不要给孩子买东西了。其实阻挠情感的自然流露是不可取的，而疏通情感渠道的方法就是表达，叫孩子把他想的说出来，继父母也把自己想的说出来。天下没有成心和孩子过不去的父母，即使是继父母，也愿意对孩子好，愿意给孩子爱。他们不会是为了对孩子不好才和孩子的亲生父母结婚的。所以对孩子来说，自然交往是很有必要的，让孩子知道家庭关系对他没有坏处，他就愿意对家人好了。在这个过程中，亲生父母起到的是一个调节作用。孩子本身是没有经验的，他的成见往往来自周围人的认识。周围人对整个事件的态度决定了孩子接受的程度和速度。

3. 不与子女共同生活的亲生父母也要发挥积极作用

亲生父母对孩子的影响并不因为离开这个家庭而消失，所以离婚后

不与子女一同生活的父母，对孩子是否适应新的家庭生活也有很大的影响。与子女一同生活的一方父母再婚时，亲生的父母要交换意见，如果可能，可以一起告诉孩子父母再婚对孩子有什么好处，比如，爸爸（妈妈）不在家的时候有人照顾你吃饭；你不懂得的习题有人教你；多一个人带你去游泳等。而对年长一些的子女，则应该告诉他，父母也有情感需要，也需要帮助，完整的家庭结构对大人很重要，对他的生活也更有好处。父母对他的爱是不会变的，而且会因为生活愉快而对孩子更好，争取孩子的理解和接纳。

（1）告诉孩子继父母到家里来共同生活，对于孩子来说，多了一个人关心和爱护，希望孩子能喜欢。孩子如果开始不喜欢继父母不要紧。生疏是很自然的，慢慢就会习惯并且喜欢的。

（2）告诉孩子多一个长辈就多一个亲人

继父母对自己将有养育之恩，同时给了自己亲生父母一份安定、快乐的生活。孩子可以不爱继父母，但是当朋友看，和平相处、宽容总是可以做到的。

4. 学会帮助与赞赏继子女

“爱幼”与“尊老”是亲子伦理之相辅相成的两个基本方面。尊重孩子的人格，就要以平等、民主和人道的态度对待孩子。

赞赏是一种美的熏陶，所有孩子都希望得到赞赏、信任和鼓励，这样的语言对孩子们具有神奇的激励作用。善与美是紧密相连的，作为继父或继母，如能时时以饱满的精神、欣赏的眼光、鼓励的话语对待继子女，必能起到“随风潜入夜，润物细无声”的作用。继父或继母的赞赏必须真心诚意，没有矫揉造作、言过其实或者空洞无实。这样的赞赏有着自然、真切与和谐之美，具有强烈的感染力和亲和力。让孩子在家庭中感受到人与人之间的真善美，经常体验被爱感、成功感、自豪感和愉快感，从而形成开朗活泼、乐观向上的性格，建立起亲密、和谐、真情的继父母与继子女关系。

赞赏是一门艺术，作为它的外在形式的表扬、称赞、激励也必定要讲究艺术。由于每个子女的性格、经验、优点不同，对事物的认识理解不同，要使赞赏达到最佳效果，就必须灵活掌握表扬的方法，让其具有针对性。

5. 经常换位思考，求同存异

和谐相处的有效方法是相互尊重人格，经常换位思考，沟通的结果要求同存异。继子女也要主动关心继父母的工作和生活，做力所能及的家务事为继父母分忧；尊重继父母，常跟继父母说说心里话。

6. **自觉承担责任**

主动承担责任是保持良性家庭氛围、建设和谐家庭的体现，承担责任需要见诸自觉的行动。无论继父母还是继子女，都要本着为对方付出的要比从对方那儿得到多的原则，主动自觉地为对方承担责任，以体现家庭成员的亲密性、高尚性。

继父母与继子女关系问题咨询要点

咨询时要帮助求助者了解继父母与继子女之间冲突与矛盾的主要表现，全面审视继父母与继子女之间的伦理要求。咨询过程中婚姻家庭咨询师应向求助者提供调适继父母与继子女关系的基本要领与技巧，并针对求助者遇到的具体问题，提供切实可行的建议。

【案例 3—17】继母再婚后又离婚，继子女该赡养吗？

✣ 案例描述

马大妈当年嫁给刘先生时，刘先生与前妻所生的儿子刘天已参加工作，女儿刘兰年仅8岁。马大妈把他们当成自己亲生儿女一样疼爱，一家人省吃俭用供养刘兰，至其读完大学。后来马大妈因故与刘先生离婚。现在，没有亲生儿女的马大妈风烛残年，生活困难，想请刘天、刘兰为自己养老送终，但刘天、刘兰认为她不是亲妈，又与自己的父亲离婚，拒绝赡养马大妈。于是，马大妈向婚姻家庭咨询师求助。

✣ 分析与建议

根据我国《中华人民共和国婚姻法》的规定，父母不能以离婚为借口而拒绝履行抚养教育子女的义务，子女也不能以父母离婚为借口而不履行赡养扶助父母的义务。至于其他权利和义务，如父母子女间的遗产继承权等，同样也不因父母离婚而消失。

受继父母长期抚养、教育的继子女，在已成年的情况下，继父母与继子女已经形成的身份关系和权利义务关系则不能因离婚而自然解除；只有在继父母或继子女一方或双方提出解除继父母与继子女关系并符合法律要求的条件下，才可以解除。但由继父母养大成人并能够独立生活的继子女，对于生活困难、无劳动能力的继父母的晚年生活费用应该继续承担。这是为加强父母抚养和教育子女的责任感和义务感，防止子女的合法权益因父母的离婚而受到损害的伦理设定。

在现实生活中，有些继父母与继子女之间关系十分复杂，在处理他们之间的权利与义务时不能笼统对待。

结合本案例来看，马大妈要求刘天、刘兰为自己养老送终，对刘天而言，马大妈对他没有进行抚养教育，所以不能要求刘天履行赡养义务。而对刘兰而言，马大妈对其进行了抚养教育义务，也就有权要求其承担赡养义务。因为马大妈与刘兰之间已形成了抚养关系，继父母与继子女间的关系并不因家庭离异而完全消失。刘兰以马大妈不是自己的亲生母亲，又与其父离异为借口拒绝履行赡养义务，是违反我国法律规定和伦理道德的。

【案例3—18】生父去世后的财产纠纷

✣ 案例描述

陈小姐姐妹二人，其生父在其生母死后与继母结婚。姐妹俩跟随他们生活，还共同赡养奶奶。继母与生父结婚18年后，60岁的父亲因病去世。生父死后，继母立即向法院提出起诉，要求断绝与姐妹俩和奶奶的关系。陈小姐认为其用意是想独吞其本人这些年存有的5万多元股票和亲生父亲的10万元存款以及现住公房一套，并不再尽赡养没有任何收入的奶奶的义务。继母在诉状中还无中生有，说姐妹俩虐待与拘禁过她。面对这么复杂的情况，陈小姐不知道该怎么办，于是向婚姻家庭咨询师求助。

✣ 分析与建议

这是一则典型的继子女与继母因财产继承引起纠纷的案件。既需要法律因素的强制干预，也需要道德力量的积极作用。在现实社会中，存在许多因财产继承问题发生的打骂、虐待继父母或继子女的案件。这往往需要当事人积极主张自己的权利，并且要随时做好应诉的准备。本案例中陈小姐需要了解以下问题：

1. 继母与姐妹俩、奶奶之间权利与义务关系的解除问题

继母与生父已结婚18年，她们与继母之间、继母与奶奶之间已经形成了抚养与赡养关系。按照我国法律规定，陈小姐姐妹二人与继母权利义务的解除，必须通过人民法院这一法定程序。

2. 关于在这种权利义务解除前，继母与生父婚姻关系存续期间的财产归属问题

按我国《婚姻法》第 13 条规定，继母的 5 万元股票和生父生前所存的 10 万元钱及其他财产都是夫妻共有财产，如果另有约定的除外。就是说，生父留下了 15 万元中属于他的份额为 7.5 万元的遗产。按照我国《继承法》的规定，配偶、子女、父母为第一继承人顺序。继母与姐妹俩、奶奶对生父的遗产均享有继承权。至于住房，如果是公房，也只有同住人才享有使用权。如果现房使用权承租人的名字写的是其父亲的名字，一家人的户口和实际居住又都在该房内，更改承租人姓名时，应共同讨论后，写出书面意见，报房管部门批准。

3. 陈小姐继母在诉状中说姐妹俩对其有拘禁和虐待行为，应拿出证据来证明

如果举不出证据，那么继母要对这一行为负法律责任，因为她侵犯了陈小姐姐妹的名誉权。这一点，可以在法庭开庭时当庭提出书面反诉，请求法院判令其赔礼道歉。

在此案例中，这位继母的行为不仅违反了法律的相关规定，也违背了人伦道德，其表现为不赡养老人，不关心继女。这种极端自我的做法是决不可取的。

本单元思考题

1. 请结合现实思考再婚家庭如何处理好继父母与继子女的关系。

2. 试述继父母与继子女在民事法律关系中的权利和义务与道德权利和义务有何区别。

第4章 家庭冲突咨询

所谓家庭冲突，即指家庭成员在愿望、态度、情操和行为等方面矛盾的外在表现形式，甚至表现为敌对的态度和行为。家庭冲突是生活的一部分，也是亲密关系本身所具有的特质之一。如果矛盾处理得当，能把整个家庭生活引领到更好、更高的地步；反之，家庭就会变成“硝烟弥漫的战场”。

家庭冲突的起因主要由于亲密性疏远、基本价值观差异、对角色期盼差异、权力控制、金钱、子女教育、婚姻倦怠与疲乏、药物滥用及不可抗外在因素等。家庭冲突分为爆发性与非爆发性。发生冲突后，常会出现据理力争，隐忍不发，暴跳如雷，恶语伤人，甚至大打出手等情况，但都于事无补，会使事态恶化。最好的办法是在互相尊重的夫妻或当事人双方冷静下来，分析确认问题的焦点和困扰所在，通过协商各自进行调整和改善。

本章第一节重点分析了家庭暴力问题，这是因为，在家庭冲突中，家庭暴力因其严重性和危害性，已经成为一个社会问题，应该引起全社会的警醒和普遍重视。家庭暴力的类型有婚姻配偶暴力、手足暴力、虐待儿童和虐待老人。其本质在于，家庭暴力是对人权的侵犯，家庭中针对妇女的暴力是对妇女人权的侵害；家庭暴力往往存在于不平等的家庭关系、婚姻关系中，反映了不平等的权利关系。

由于家庭暴力发生在亲密关系之间，具有隐秘性，而且当事人往往视为家丑而不外扬，所以，当事人的身体伤害难以得到及时的医治，精神上更加痛苦不堪。目前，在许多婚姻家庭和心理咨询机构，人们正在发现，有关婚姻情感的咨询中，有相当一部分案例涉及家庭暴力。因此，婚姻家庭咨询师应当熟悉我国法律中有关家庭暴力问题的规定，了解家庭暴力的概念、成因、类型和特征，判断家庭暴力的风险程度，掌握家庭暴力咨询中应该遵循的原则，还应该适当了解当地和社区反家庭暴力的救助和工作网络，为家庭暴力受害者提供及时有力的支持和帮助。

本章还针对家庭变故给家庭成员之间带来的强烈冲击和改变，分析和讨论如何对遭遇家庭变故者提供心理疏导，提出家庭变故易引发的法律问题以及如何提供符合法律要求的咨询建议等。

第 1 节　家庭暴力咨询

学习单元 1　提供处理家庭暴力问题的法律建议

家庭暴力，作为发生在家庭成员之间的造成身体、精神、性或财产上损害的违法犯罪行为，其产生不仅严重侵害了受害者的身体健康和生命安全，导致了婚姻家庭的不幸，而且还极易引发恶性犯罪案件，危及社会稳定。因此，采取多种措施以预防和制止家庭暴力，既是保障家庭弱势群体人权的需要，也是维护社会稳定的需要。本单元的主要内容是理解家庭暴力的概念，掌握我国防治家庭暴力问题的法律规定。

学习目标

- 理解家庭暴力的概念
- 掌握我国防治家庭暴力问题的法律规定

一、家庭暴力的概念

对家庭暴力的概念，国际社会的界定比较宽泛，1993 年联合国《消除对妇女的暴力行为宣言》第 1 条规定，对妇女的暴力是指对妇女造成或可能造成身心方面或性方面的伤害或痛苦的基于性别的暴力行为，包括殴打、在家庭中对女童的性虐待、因嫁妆而引起的暴力行为、强奸配偶、阴蒂割除和其他有害于妇女的传统习俗、非配偶的暴力行为和与剥削有关的暴力行为。

在中国，1980 年《中华人民共和国婚姻法》中仅有禁止虐待家庭成员的规定，修正后的《中华人民共和国婚姻法》对其加以补充，改为禁止家庭暴力或以其他行为虐待家庭成员。可以说，修正后的《中华人民共和国婚姻法》在我国现行法律体系中第一次从国家基本法的高度明确规定"禁止家庭暴力"。

对什么是家庭暴力，尽管学术界的认识尚存在分歧，但法律上的界定是明确而具体的。2001 年 12 月 27 日施行的《最高人民法院关于适用〈中华人民共和国婚姻法〉若干问题的解释（一）》[以下简称《司法解释》（一）] 明确指出，家庭暴力是指"行为人以殴打、捆绑、残害、强行限制人身自由或者其他手段，给其家庭成员的身体、精神等方面造成一定伤害后果的行为。"从主体来看，施暴者和受害者之间具有特定的亲属关系，是家庭成员。施暴者一般是在家庭中处于强势地位的成员；受害者一般是在家庭中处于弱势地位的成员，在实际生活中多为妇女、儿童和老人。家庭暴力的行为方式具有多样性，主要表现为人身和性方面的强暴行为，如殴打、伤害、以暴力限制人身自由、以暴力干涉婚姻自由等。

理解家庭暴力概念，还应注意家庭暴力与虐待的区别。虐待是指以作为或不作为的形式，对家庭成员歧视、折磨、摧残，使其在精神上、肉体上遭受损害的违法行为，如打骂、恐吓、冻饿、患病不予治疗、限制人身自由等。《司法解释》（一）第 1 条指出："持续性、经常性的家庭暴力，构成虐待。"

> 我国《司法解释（一）》所规定的家庭暴力，就其行为方式而言，包括身体暴力和性暴力，不包括精神暴力。将精神暴力排除在外，主要是考虑到规定精神暴力的操作性差、打击面太宽等因素。

二、现行法律规定

从法律上说，家庭暴力既有民事侵权行为，又有行政违法行为，还有刑事犯罪行为。在中国，预防和制止家庭暴力的法律措施也是综合地采取民事、刑事、行政等多方面的救济措施，涉及这些救济措施的法律规定分别出自于《中华人民共和国宪法》《中华人民共和国民法通则》

《中华人民共和国婚姻法》《中华人民共和国刑法》《中华人民共和国妇女权益保障法》《中华人民共和国老年人权益保障法》《中华人民共和国未成年人保护法》《中华人民共和国治安管理处罚法》及一些地方性法规中，可以利用这些现行的法律规定对家庭暴力加以制止和处罚。

1. **民事法律规定**

民法作为调整平等民事主体之间人身关系和财产关系的法律，在制止家庭暴力方面具有特殊的职能，其主要是通过民事救济，使受暴者的损失得到补偿和救济，并且可以获得结束暴力关系所需的法律保护。《中华人民共和国民法通则》规定："公民享有生命健康权"（第 98 条），"禁止以侮辱的方式损害公民的名誉"（第 101 条），"公民享有婚姻自主权，禁止买卖、包办婚姻和其他干涉婚姻自由的行为"（第 103 条）。施暴者承担民事责任的方式有停止侵害、赔偿损失、赔礼道歉等（第 134 条）。就赔偿损失而言，第 119 条规定："侵害公民身体造成伤害的，应当赔偿医疗费、因误工减少的收入、残疾者生活补助费等费用；造成死亡的，并应当支付丧葬费、死者生前抚养的人必要的生活费等费用。"

丧失继承权。继承权因当事人的特定身份而取得，也因当事人是否从事有违这一身份的行为而丧失。《继承法》第 7 条规定，继承人有下列行为之一的，丧失继承权：（1）故意杀害被继承人的；（2）为争夺遗产而杀害其他继承人的；（3）遗弃被继承人或者虐待被继承人情节严重的。

《中华人民共和国婚姻法》是为遭受暴力的已婚受暴者提供的一种法律救济途径。因家庭暴力导致夫妻感情破裂的，根据《中华人民共和国婚姻法》第 32 条的规定，人民法院可以在调解无效的情况下判决准予离婚。同时《中华人民共和国婚姻法》第 46 条规定，因一方实施家庭暴力或者虐待、遗弃家庭成员导致离婚的，无过错一方有权要求离婚损害赔偿。

2. **行政法律规定**

实施家庭暴力或虐待家庭成员，尚不构成刑事处罚的，由受害人提出请求，公安机关应当依照治安管理处罚的法律规定对施暴者予以行政处罚，处罚办法包括拘留、罚款或者警告。

《中华人民共和国婚姻法》第 43 条规定，"实施家庭暴力或虐待家庭成员，受害人有权提出请求，居民委员会、村民委员会以及所在单位应当予以劝阻、调解。对正在实施的家庭暴力，受害人有权提出请求，居民委员会，村民委员会应当予以劝阻，公安机关应当予以制止。实施家庭暴力或虐待家庭成员，受害人提出请求的，公安机关应当依照治安管理处罚的法律规定予以行政处罚。”这意味着家庭暴力不再是家务事，阻止和惩治家庭暴力已成为公安机关和有关部门的责任和义务。家庭暴力、虐待和遗弃行为的受害人，可以向居民委员会、村民委员会提出请求，居民委员会、村民委员会应当予以劝阻、调解。所谓劝阻，包括两层含义：一是劝说行为人停止家庭暴力行为；二是在劝说无效的情形下可以采取适当的手段阻止行为人的侵害行为，及时解救受害人。上述基层群众性自治组织在有效劝阻违法行为人之后，可以进行调解。同时，家庭暴力、虐待行为的受害人也可以向所在单位求助，其所在单位应当进行劝阻、调解。对正在实施的家庭暴力，公安机关应当依法立即制止，即采取强制手段使行为人停止正在进行的家庭暴力。

《中华人民共和国妇女权益保障法》第58条规定，“违反本法规定，对妇女实施家庭暴力构成违反治安管理行为，受害人提出请求的，由公安机关对违法行为人依法给予行政处罚。”《中华人民共和国治安管理处罚法》第45条规定，“有下列行为之一的，处五日以下拘留或者警告：（一）虐待家庭成员，被虐待人要求处理的；（二）遗弃没有独立生活能力的被扶养人的。”

3. **刑事法律规定**

严重的家庭暴力是针对个人和社会的犯罪行为，应受到刑事司法控制，使施暴者受到与对陌生人实施犯罪一样的法律惩罚。

目前，《中华人民共和国刑法》中未专设家庭暴力罪，对于施暴者实施家庭暴力行为，需要追究刑事责任的，因所侵犯的客体不同，同时根据情节和后果，分别适用有关虐待罪、暴力干涉他人婚姻自由罪、故意伤害罪、故意杀人罪、过失致人死亡罪、过失致人重伤罪、非法拘禁罪等规定。这里简要介绍虐待罪和暴力干涉婚姻自由罪。

（1）虐待罪

虐待罪的主体只能是年满16周岁、具有责任能力并与受害人在同一家庭中共同生活的家庭成员。虐待罪的主观方面表现为故意，即明知自己的行为会给受害人造成肉体和精神痛苦，但还希望这一结果发生。虐待罪的客观方面表现为对家庭成员进行虐待，情节恶劣的行为。虐待行为的特点，一是残酷性，给受害人造成身体和精神上的痛苦；二是长期性，行为人经常以打骂、冻饿等手段，对受害人进行摧残。（父母偶尔对犯错误的子女进行打骂、体罚，不应当认定为虐待罪。）根据《中华人民共和国刑法》第 260 条的规定，“虐待家庭成员，情节恶劣的，处两年以下有期徒刑、拘役或者管制；致使被害人重伤、死亡的，处两年以上七年以下有期徒刑。”该条同时规定，“没有造成被害人重伤、死亡的虐待罪，属于刑事自诉案件。”

（2）暴力干涉婚姻自由罪

暴力干涉婚姻自由罪，在客观方面表现为以暴力手段干涉他人婚姻自由的行为。采取非暴力手段的不构成本罪。暴力干涉婚姻自由罪，在主观方面表现为故意，过失不构成本罪。出于何种犯罪动机，不影响本罪的构成。根据《中华人民共和国刑法》第 257 条第 1 款规定，“以暴力干涉他人婚姻自由的，处两年以下有期徒刑或者拘役。”第 2 款规定，“犯前款罪致使被害人死亡的，处两年以上七年以下有期徒刑。对于第 1 款罪，告诉的才处理。”在这里，“致使被害人死亡”，主要是指导致被害人自杀死亡等，不包括故意杀害或者伤害致死，否则，应适用《中华人民共和国刑法》中的其他规定。

根据现行法律的规定，对家庭暴力的介入主要体现在四个方面：一是家庭暴力发生时，有关单位应及时劝阻或制止；二是家庭暴力行为发生后，在民事上，施暴者应承担停止侵害、赔礼道歉、丧失继承权、离婚或离婚损害赔偿等法律后果；三是对不严重的家庭暴力行为，由公安行政机关对施暴者做出行政处罚；四是对严重家庭暴力行为，追究施暴者故意伤害罪、虐待罪等刑事责任。婚姻家庭咨询师在学习和处理相关问题时，要特别注意把握好这四个方面。

家庭暴力法律咨询要点

婚姻家庭咨询师应正确分析、判断求助者咨询问题的性质，正确判断求助者所述情况是否构成家庭暴力；告知求助者搜集家庭暴力案件证据的方法和求助者进行自我保护的方法，为求助者正确处理家庭暴力提供符合法律要求的咨询建议。

【案例 4—1】万女士有权提出离婚

✣ 案例描述

万女士与姚先生于 1999 年 8 月在一次朋友聚会时相识，认识一个月后便发生性关系，不久女方怀孕。同年年底，二人草率登记结婚，并共同居住在男方父母的一处住房中。女方本不想要孩子，但考虑到男方比自己大 12 岁，希望生下孩子，女方顺从了男方的想法，2000 年生下一女。婚后初期，双方感情较好。但 2001 年以后，男方性格暴躁的毛病日渐暴露出来，双方开始经常为生活琐事吵架，男方还经常殴打女方，女方多次被打得伤痕累累，其中最严重的一次是女方右手三个手指骨折。2003 年 6 月，女方被男方殴打后，一气之下带着孩子回到娘家居住生活，直到半年后双方才在家人朋友和居委会的劝解下和好，男方也保证以后不再殴打女方，双方又开始共同生活，之后男方有所收敛。2007 年 1 月至 3 月，男方又接连因琐事和女方争吵，每次争吵男方都动手殴打女方。在 2 月的冲突中，女方向当地派出所报案，派出所出警后对男方进行了批评教育，男方再次承认错误并保证不再殴打女方，但女方已对男方失去信心，对婚姻也极度失望，向男方提出离婚并要求男方给予离婚损害赔偿。男方不同意离婚，女方找婚姻家庭咨询师进行咨询。

✣ 分析与建议

本案是一起因家庭暴力导致女方提出离婚的典型案件。本案主要涉及三个问题，一是男方行为是否构成家庭暴力的问题；二是涉及对家庭暴力离婚纠纷的处理；三是因家庭暴力提出离婚案件中无过错方提起离婚损害赔偿的问题。

首先，本案中男方的行为已构成家庭暴力，根据《司法解释》（一）第 1 条规定，家庭暴力“是指行为人以殴打、捆绑、残害、强行限制人身自由或者其他手段，给家庭成员的身体、精神等方面造成一定伤害后果的行为。”从男方行为看，其多次采取暴力手段殴打女方，给女方身心均造成伤害，已符合家庭暴力的构成要件。当地公安机关、居委会都会出具证明，也有男方自认，证据充分。

其次，对家庭暴力导致夫妻感情破裂引起的离婚纠纷，根据《中华人民共和国婚姻法》第 32 条的规定，人民法院审理离婚案件，应当进行调解；如感情确已破裂，调解无效，应准予离婚。有实施家庭暴力或虐待、遗弃家庭成员等情形之一的，调解无效的，应准予离婚。本案中，显然女方已认定夫妻感情确已破裂。

最后，本案中，因男方实施家庭暴力导致女方要求离婚，作为无过错的女方完全可以依据《中华人民共和国婚姻法》的规定提出离婚损害赔偿。根据《中华人民共和国婚姻法》第46条的规定，有实施家庭暴力等情形之一，导致离婚的，无过错方有权请求损害赔偿。离婚损害赔偿的要件：一是配偶一方有家庭暴力或者虐待、遗弃等法定过错；二是因该法定过错导致离婚，离婚和家庭暴力等法定过错行为之间具有必然的因果关系；三是请求权人无过错，无过错方是指没有“家庭暴力”“虐待”“遗弃”“重婚”“婚外同居”等法定过错行为的配偶一方。如果双方均有上述一种或数种“过错”行为，不应该解释为双方均有损害赔偿请求权，而应该解释为双方均无损害赔偿请求权。四是请求权人受到损害，损害包括“财产损害”和精神损害两种。

作为婚姻家庭咨询师要特别注意提醒家庭暴力的受害者，即使没有离婚的想法，但为了防患于未然，要有证据意识，收集和保留相关的证据，以便在将来更省力地保护自己的合法权益。

基于上述三点分析，女方的要求是合理合法的，婚姻家庭咨询师应建议她上告到法院，用法律程序保护自己的权益。

本单元思考题

1. 如何理解家庭暴力的概念？
2. 家庭暴力和虐待有何区别？
3. 我国防治家庭暴力的法律规定主要有哪些？

学习单元2　分析评估家庭暴力的状况

二级婚姻家庭咨询师的分析评估能力在处理家庭暴力咨询过程中具有特别重要的意义。只有具备一定的分析评估能力，才能在较短时间内较为准确地掌握求助者的基本信息、做出较为准确的判断，掌握正确的咨询辅导态度、方法，并为求助者提供有效的建议，帮助求助者形成正确的解决问题的方法。

学习目标

➢了解家庭暴力的类型与特征

➢熟悉家庭暴力的原因及危害

➢能判断家庭暴力的风险程度

➢掌握处理家庭暴力事件原则

一、家庭暴力的类型与特征

1. 家庭暴力的类型

由于行为当事人不同，一般可以把家庭暴力分为：婚姻配偶暴力、手足暴力、虐待儿童和虐待老人。配偶暴力，亦称婚姻暴力、家庭中针对妇女的暴力和虐妻等，是家庭暴力的重要形式，它是发生在婚姻关系中的一种暴力形式。研究表明，婚姻暴力的受害人往往是妇女，因此，这种暴力形式也常被称为家庭中“对妇女的暴力”。手足暴力是发生在家庭中兄弟姐妹之间的暴力。虐待儿童是发生在父母与子女（含继子女、养子女）之间的暴力，主要是成年父母对未成年子女的暴力行为，也称做“对儿童的暴力”。虐待老人是发生在家庭中子女对父母（含继父母、养父母）或家庭中其他老人之间的暴力形式，一般是成年子女针对年长父母、老年父母或其他老人的暴力行为，因此也称为“对老人的暴力”。在四种家庭暴力中，最常见的是婚姻暴力、虐待儿童和虐待老人。而妇女、儿童和老人由于其在家庭中的地位、作用及年龄等原因，往往成为暴力的受害者。

2. 家庭暴力的特征

（1）家庭暴力具有广泛性

家庭暴力是不分民族、阶层、地区和职业的普遍存在的社会问题。

（2）家庭暴力的主体具有特定性

一般而言，家庭暴力中的施暴者多为家庭中的成年男性，受暴者大部分是妇女、儿童和老人，其中妇女遭受家庭暴力最为普遍。

（3）家庭暴力的行为具有隐蔽性

家庭暴力一般发生在家庭中，施暴者与受暴者之间具有家庭成员之间的特殊关系。受害者往往委曲求全、忍气吞声，既不积极反抗，也不对外求助，使得家庭暴力难以被发现。传统观念往往把它视为“家庭琐事”“家务问题”，使公共权力机关不愿干预家庭暴力，也使受虐妇女在“家丑不可外扬”观念影响下，很难自觉寻求救助。

（4）暴力形式和手段具有多样性

施暴者在施暴时，往往将各种暴力形式结合在一起，如性暴力伴随着身体暴力；身体暴力后实施性暴力；精神暴力虽然不直接攻击身体，但往往比身体暴力对受害者的伤害更严重。

（5）暴力时间具有持续性

家庭暴力往往反复发生，步步升级，被害人的身心不断地、长期受到危害。有的暴力行为一开始就具有极端性，直接导致受害者重伤或死亡。

（6）社会对家庭暴力存在一定的宽容性

由于家庭暴力往往被认为是个人家庭内部事务，“外人”通常会持宽容态度，或者装不知道，或者不加干涉，不到忍无可忍的地步一般不会主动干预。

二、家庭暴力的危害性

1. 生理伤害

表现在身体出现明显的外伤，如青紫红肿、局部出血；身体机能受损，如脑震荡、伤残；身心症，长期处于紧张害怕焦虑状态，出现头痛、失眠、疲劳等现象。

2. 心理伤害

有研究表明，家庭暴力不仅给受害人带来严重伤害，也给子女及其他家庭成员带来伤害，暴力的实施者也不是赢家，也会受到一定的伤害。

受害者由于紧张、焦虑，担心自己的行为会引起丈夫的不满而导致再次发生暴力；恐惧，不知道什么时候丈夫会再次使用暴力，担心自己和子女的安全；失眠，有睡眠困难，做噩梦；沮丧，无助，没有办法改变自己的命运，因而忍气吞声忍受暴力；自卑自责，总认为自己不够漂亮、能干、贤惠，无法作一个好妻子；厌世，感到生活没有意义，有自杀念头；痛恨丈夫，有杀死丈夫的念头等。家庭暴力对子女也有伤害。研究表明，目睹家庭暴力的儿童，往往会在行为、情绪、社会交往和学业等方面出现较为严重的问题。

联合国第四次世界妇女大会通过的《行动纲领》，站在更高的角度明确指出家庭暴力对妇女的危害：“暴力行为或暴力威胁，不论在家中或社区中发生，不论由国家实施或容忍，都会给妇女的生活带来恐惧和不安全感，并且阻碍发展与和平。对暴力行为的恐惧，包括对骚扰的恐惧，长期阻碍着妇女的流动性，限制了她们获得自由和参加基本活动的机会。个人和社会付出的社会、保健和经济代价偏高与对妇女的暴力行为也有关系。对妇女的暴力行为，是迫使妇女对男子处于从属地位的重要社会机制之一”。

三、家庭暴力原因的主要解释理论

1. 对家庭暴力原因的心理学解释

心理学着重于家庭暴力发生的社会心理背景的解释，具体有：

（1）施暴者认知偏差

认为男人的暴力行为是认知和行为方面不正常的表现。心理学研究表明，施暴者个人的自卑，不会表达自己的思想，害怕与他人建立亲密关系，多疑、沟通技巧差等认知、行为和情感方面的缺陷导致了他们的施暴行为。

（2）人类有攻击本能的观点

认为在人类的内在构成中，本身就有一种攻击性的张力，它是人们有机体的一部分，这种攻击性使人类自远古生存至今。攻击性的能量组成了内在的驱动力，深入人们的机体中，需要定期释放。如果不能释放，压力就会集聚，直至爆发。因此，攻击的出现是一种对压力过大的环境反映，这种反映是受人类自然性和生物性驱使的。

（3）个人心理需要

该理论认为，每个人都有一种强烈的不满足感。由于男性总是以强者的身份出现，所以，他们更容易产生一种权力欲来解决冲突，只有当男性使用暴力时，才会感到安全、有权威感。

（4）社会学习理论

认为暴力是一个社会的习得行为，通过直接体验或观察而学习到。童年时代目睹过家庭暴力的男孩，成年后有很大可能成为施暴者。

虽然心理学的研究揭示了家庭暴力当事人心理、性格方面的特征，但它无法完全解释清楚为何施暴者主要是向与自己关系密切的配偶施暴；另外，这一理论将施暴归因于失常者的行为，容易淡化施暴者的道德责任，甚至为暴力行为寻找借口。

2. 对家庭暴力原因的社会学解释

社会学研究在对家庭关系的研究中，把宏观社会制度结构与微观制度结构相联系。主要有以下几种解释理论：

（1）家庭系统观点

认为家庭是一个系统，而暴力关系是家庭系统的产品，是夫妻互动的结果，而不仅仅是个人行为。虐妻的原因在于婚姻关系本身的失调。施暴者、受虐者的性格特点以及特定的环境因素等，构成了整个家庭系统运作的要素和机制。家庭治疗或婚姻治疗被推崇为是最合适的解决方法，治疗的目的是在婚姻关系中创建一种更加健康的互动机制，使失调的婚姻系统得到改善。

（2）家庭社会学的观点

认为家庭是一个特别的社会组织，具有某些特点，在家庭中，成员之间的互动机会远远超过其他任何团体中的成员，成员间的活动内容也是多元化的。因此，造成他们之间冲突和压力的机会也越大，从而导致家庭中容易发生家庭暴力。因此，在家庭单位中，暴力发生的可能性远远超过其他社会单位。

（3）社会结构观点

认为社会经济地位低的人群，拥有的生活机会较少，沮丧的程度更深，加上贫困、缺乏资源和应付技巧不够等，导致社会经济地位低的人群容易产生婚姻冲突，当压力和紧张达到一定程度时，就会产生暴力行为，而家庭暴力就是这种压力和紧张达到极限的表现。

（4）交换理论

认为个人是有理性的，他们对自己的行为都做过得失分析。人类的互动行为都受到追求奖励、避免惩罚的支配。如果一个男人能够通过殴打妻子获得某种满足或达到某些目的（如发泄压力、实现个人愿望、做一个具有控制力的男人等），而没有得到应有的惩罚（如警察干预、受到住在同一社区人的耻笑、夫妻对打、妻子的离家出走等），那么，男人就会不断使用暴力。

很显然，这些理论不是从纯粹个人的角度探讨家庭暴力问题，而是将它放在社会的大背景之中，从社会结构的角度寻找问题的原因。同经济、贫穷、失业等使人产生压力的社会结构性因素结合起来，为从根本上解决问题提供了角度；这些理论从受虐妇女所处的环境解释她们脱离暴力关系的困难与挣扎，为更好地帮助受害妇女提供了视角；这些理论也为用家庭治疗方法处理家庭暴力提供了依据。但是，一些理论也为强调社会责任、推卸个人责任提供了依据，一些理论则认为受害人也曾参与导致不幸事件的过程，有责怪受害人之嫌。

四、家庭暴力的本质

近些年来，人们用社会性别视角分析家庭暴力问题，揭示出家庭暴力更深层次的根源，即家庭暴力的本质在于：第一，家庭暴力是对人权的侵犯，家庭中针对妇女的暴力是对妇女人权的侵犯；第二，家庭暴力往往存在于不平等的家庭关系、婚姻关系中，反映了夫妻双方在婚姻关系中不平等的权利关系。

就本质而言，不论婚姻暴力，还是虐待儿童、老人和手足暴力，都反映了当事人之间不平等的权利关系。施暴一方往往错误地认为自己有权控制另一方，自己可以使用暴力强迫另一方服从自己。

五、处理家庭暴力事件的原则

婚姻家庭咨询师在处理家庭暴力事件时应遵循以下原则：第一，家庭暴力是违法犯罪行为，是侵犯人权的行为。第二，家庭暴力是社会问题，反对家庭暴力人人有责。第三，无论什么原因什么理由，都不能使用暴力。第四，暴力不能真正解决问题，必须用新的方法改变和调节婚姻关系。

六、收集证据的知识

对于遭受严重家庭暴力的求助者，婚姻家庭咨询师要帮助其了解证据的重要性，帮助其了解收集证据的知识。例如保留遭受暴力后到医院就诊的病历、警察出警记录、现场照片、录音等。

分析评估家庭暴力咨询要点

1. 判断求助者受伤害程度。婚姻家庭咨询师首先要对求助者进行初步的评估，当发现求助者脸上或身体暴露部位有伤痕，应该及时进行询问，了解伤情，判断求助者受到的伤害主要是身体的或是精神心理层面的，以及受伤害的程度。一般将受伤害程度划分为：一般、较轻、中度、较重和严重。

2. 对严重受伤害的求助者进行紧急处理。一般而言身体的伤害比较容易发现和判断，对身体受到严重伤害的求助者紧急处理方式主要有：第一，对伤口进行止血包扎；第二，联系医院，联系救护车，陪同就医；第三，报警；第四，精神安抚。

3. 了解家庭暴力的情况。了解求助者最近一次发生家庭暴力事件的具体情况和夫妻沟通的实际情景。

4. 分析总结以往家庭暴力的原因。一般而言，求助者前来咨询时，所遭受的家庭暴力已经不止一次，为了对求助者更有帮助，婚姻家庭咨询师应该帮助求助者分析总结以往的家庭暴力，分析探索家庭暴力发生的一般原因。

5. 分析总结以往家庭暴力的过程。婚姻家庭咨询师应通过求助者回顾以往家庭暴力的状况，分析探索家庭暴力过程的一般规律。帮助求助者总结应对家庭暴力的经验，有助于在今后的生活中较为有效地减轻暴力伤害。

【案例 4—2】 走投无路的秦女士

✣ 案例描述

秦女士与丈夫两家相隔10里地，经外婆家的邻居介绍，两人见了一面后就结婚了。婚后生有两个孩子。结婚时两人相互不了解，也没什么感情，婚后妻子才知道丈夫很懒，什么也不干，经常喝酒赌博。结婚10年，秦女士经常遭受丈夫的打骂，丈夫限制秦女士与邻居交往，也不让秦女士回娘家，经常因为一点小事就拳脚相加，尤其在喝了酒以后。秦女士经常带着孩子到处躲藏，也向村妇代会王主任寻求过帮助，王主任感到无能为力。这天秦女士又挨了打，王主任就带着秦女士到了婚姻家庭咨询中心。

婚姻家庭咨询师亲切地接待了她们。当他看到秦女士头上有血迹，立刻询问秦女士受伤的情况，在确定秦女士身上虽多处受轻伤但不愿意报警时，劝说秦女士首先到医院治疗，请王主任陪同前往，并提醒她们要请婚姻家庭咨询师做好记录。之后，秦女士和王主任回到咨询中心。

由于秦女士是第一次到婚姻家庭咨询中心进行咨询，婚姻家庭咨询师将工作重点放在帮助秦女士分析评估家庭暴力状况上。在咨询中，婚姻家庭咨询师详细了解了秦女士和丈夫从认识到结婚以及婚后的情况；详细了解了夫妻之间第一次发生暴力的情况，帮助秦女士分析了夫妻之间暴力的原因，明确告诉秦女士不论什么原因她都不应该受到如此严重的暴力伤害。

✣ 分析与建议

1. 首先要对秦女士受伤害的程度进行初步判断和处置

一方面，就是否报警征求秦女士的意见，警察的出警记录可以成为将来离婚或其他司法处理的证据。对那些非常严重的家庭暴力伤害案件，婚姻家庭咨询师不需要征求当事人意见就应该直接报警，因为这类严重伤害案件已经不是自诉案件而属于公诉案件了。另一方面，劝说秦女士对身体伤害进行治疗。如果求助者受伤不严重，只是简单的皮肉伤又没有进行处理，婚姻家庭咨询师可以用咨询中心准备的医用品为求助者进行处理。但是，如果求助者的伤害比较严重，就应劝说她到医院救治，为了防止意外应有人陪同。咨询师提醒秦女士保留医疗记录这一点很重要。虽然医疗记录的证据权威性也许没有出警记录那么强，但它真实记录了家庭暴力受害者所遭受伤害的程度和频率，对今后有可能运用司法手段解决家庭暴力问题一样具有意义。

面对遭受严重家庭暴力伤害的求助者，在是否报警、寻求司法介入的问题上，婚姻家庭咨询师要与求助者或其监护人进行讨论，既不无动于衷，也不盲目。

2. 对秦女士遭受的家庭暴力情况进行详细了解

了解情况是分析的基础，婚姻家庭咨询师一定要详细了解求助者的情况。这样做，一方面体现了对求助者的尊重和重视；另一方面，这是真正了解求助者的必要途径。婚姻家庭咨询师应切忌犯经验主义错误，要懂得每一个人都是特别的，要有针对性地对待每一个求助者，要了解每一个求助者的具体情况。

3. 对秦女士家庭暴力状况作出分析评估

(1) 家庭暴力的原因

秦女士回顾这些年的情况后，认为是丈夫脾气不好，特别爱喝酒。王主任也证实说秦女士的丈夫人很懒，在家看不上干农活，外出打工又因为文化低只能干些粗活，挣不到钱，他曾经在城里打工，但几年前就回村了，回来后更是什么都不干。秦女士丈夫说自己打人是因为喝了酒，加上秦女士或孩子不听话惹了自己。

运用有关家庭暴力的解释理论，结合秦女士家的情况，婚姻家庭咨询师可以从个人心理需要的理论和社会学社会结构的角度来分析秦女士丈夫施暴的主要原因。个人心理需要的理论认为，每个人都可能有一种强烈的不满足感。由于男性总是以强者的身份出现，所以，他们更容易产生一种权力欲来解决冲突，只有当男性使用暴力时，才会感到安全、有权威感。从社会结构视角，认为社会经济地位低的人群，拥有的工作机会较少，沮丧的程度更深，加上贫困、缺乏资源和应付技巧不够等，使其容易产生婚姻冲突。当压力和紧张达到一定程度时，就会产生家庭暴力行为。正是由于秦女士的丈夫在社会上没有成就感，经济地位和社会地位低下，因此，以在家庭中施暴来满足自己的权威感。另外，从交换理论的视角看，秦女士的丈夫在他多年的施暴经历中，没有得到来自家庭、社会应有的惩罚，这也使他在家庭中毫无顾忌地实施暴力。

但是，秦女士的丈夫长期实施暴力的根本原因还是头脑中的传统观念。他认为“娶来的媳妇买来的马，任我骑来任我打”，“女人就应该顺从、服从男人”。正是由于这样的观念，使得他在使用暴力作为表达愤怒的方式、解决问题的手段时，只是将自己的妻子、孩子作为对象，而从来不敢对妻子、孩子之外的其他人实施暴力。可见，他的施暴行为是有选择的理性行为，喝酒只是借口而已。

(2) 家庭暴力的危害性

对秦女士遭受家庭暴力的危害性进行分析评估，是婚姻家庭咨询师工作的又一个重点。从向秦女士和王主任了解的情况看，秦女士和她的孩子经常处于较为严重的暴力威胁下。作出这一结论的主要依据是：第一，秦女士的丈夫殴打妻子和孩子的频率越来越高，最初只是偶尔打骂，近两年是经常性的殴打。第二，秦女士的丈夫殴打妻子的手段越来越凶狠，原来是用手、拳，现在在殴打中还使用棍棒等工具，有两次甚至用刀威胁。第三，秦女士的公婆、家人或邻居在他殴打妻子和孩子时，越来越无力劝阻，现在只有村长才能劝阻。

要想对秦女士真正有所帮助，这次分析评估仅仅是一个开始，还必须为她及她的家庭制订一个较为全面的咨询辅导计划，更为重要的是应当动员秦女士的丈夫到中心参与咨询。因此，婚姻家庭咨询师请王主任带回一些关于反对家庭暴力知识的宣传单，请她在村子里进行宣传，并希望王主任回去后要劝说秦女士的丈夫来婚姻家庭咨询中心接受辅导。

✣ 注意事项

1. 处理家庭暴力事件须有明确的态度

长期以来，由于受传统文化的影响，一方面，人们往往将家庭暴力视为家庭中的私事，是家务事；另一方面，对婚姻又往往采取调和的态度，所谓“宁拆十座庙，不拆一门婚”。因此，对家庭暴力不闻不问，对家庭暴力的求助者也往往采取各打五十大板的和稀泥态度，甚至有时责怪受害者“唠叨”“拱火”招致施暴者实施暴力。

面对家庭暴力事件，婚姻家庭咨询师首先应抱有十分明确的态度，这就是：家庭暴力是违法犯罪的行为，无论什么原因、什么理由，都不能用暴力作为解决问题的手段。反对家庭暴力人人有责。在工作中婚姻家庭咨询师应将这一立场传达给求助者，尤其是家庭暴力的施暴者。

2. 积极帮助求助者总结防止实施暴力或遭受暴力伤害的经验、教训

对于即使想用离婚作为离开暴力关系的求助者或施暴者，婚姻家庭咨询师的帮助，对他们都具有积极意义。

本单元思考题

1. 家庭暴力有什么特点？
2. 试述对家庭暴力的主要解释理论。
3. 婚姻家庭咨询师应如何分析评估家庭暴力状况？

学习单元 3　提供防止家庭暴力的建议

家庭本应当是温暖的生活港湾，但是在这个港湾中有的人却会遭受家庭暴力的危害。家庭暴力会形成紧张的家庭氛围，危害正常的家庭关系，带来家庭成员的性格扭曲，给受害者带来身心伤害，而加害者也并非赢家。

在我国，《中华人民共和国宪法》《中华人民共和国妇女权益保障法》等法律明确规定了家庭关系平等、制止家庭暴力等条款，各地纷纷制定防治家庭暴力的法规，社会也开展了预防和制止家庭暴力的各种活动。但是，防治家庭暴力需要全社会，包括婚姻家庭咨询师的共同努力，也需要家庭成员转变观念、改变原有的行为。

在本单元，婚姻家庭咨询师将学习如何理解家庭暴力受害者的处境、减少家庭暴力的知识；学习如何对家庭暴力受害者、暴力实施者进行有效辅导并提出咨询建议。

学习目标

- 掌握家庭暴力的相关知识
- 理解家庭暴力受害者的处境
- 了解减少家庭暴力的方法
- 能为求助者提供防止家庭暴力的建议

一、防治家庭暴力的地方性法规

自《中华人民共和国妇女权益保障法》颁布实施以来，31个省、自治区、直辖市都先后出台了确保妇女权益保障法贯彻落实的实施办法。截至2004年3月，湖南、四川、宁夏、江西、陕西、湖北、黑龙江、辽宁、山西、安徽、山东等省、自治区人大常委会先后通过了《预防和制止家庭暴力的决议》或《决定》；辽宁、广东、重庆、天津、青海、江苏等省、直辖市出台了省级有关预防和制止家庭暴力的法规、政策；一些地、市出台了相关的文件。这些地方性法律、法规和文件的出台，为预防和制止家庭暴力提供了重要的法律、政策依据，有力地推动了预防和制止家庭暴力的工作。

二、有关未成年人、老年人和妇女权益保护的法律法规

未成年人、老年人和妇女作为社会中的弱势群体，需要政策和法规的保护，随着我国经济和社会的发展进步，这些群体的权益也受到了政府的重视和各项政策的保护，不仅在政府的一般工作中体现了对他们的帮扶，而且在《中华人民共和国宪法》的基础上产生了不同的法律法规。

未成年人保护的相关法律法规集中于《中华人民共和国义务教育法》《中华人民共和国未成年人保护法》《中华人民共和国预防未成年人犯罪

法》及《关于加强孤儿救助工作的意见》中，涉及了家庭保护、学校保护、社会保护和司法保护的内容，具体内容在前面的章节中已经阐述，本章不再重复。

老年人的相关法律保护除了《中华人民共和国宪法》《中华人民共和国刑法》《中华人民共和国民法》《中华人民共和国婚姻法》《中华人民共和国劳动法》《中华人民共和国继承法》中规定了对老年人尊重、赡养和保护条款，在 1996 年又颁布了《中华人民共和国老年人权益保障法》，对老年人的赡养与抚养、社会保障、参与社会发展及法律责任等作出了明确的法律规定。2000 年出台了《中共中央国务院关于加强老龄工作的决定》，明确了 21 世纪老龄工作和老龄事业发展的指导思想、基本原则、目标任务。随后制定了《中国老龄工作发展纲要》《中国老龄事业发展“十五”计划纲要》《中国老龄事业发展“十一五”规划》，至此，初步形成了以《中华人民共和国宪法》为基础，《中华人民共和国老年人权益保障法》为主体的包括有关法律、法规、地方性法规、国务院部门规章、地方政府规章和有关政策在内的老龄法律法规政策体系，为维护老年人的合法权益提供了法律依据。

在我国，男女平等，家庭关系平等，未成年人、老年人和妇女的合法权益，是受到宪法和法律保护的。

妇女合法权益也是以《中华人民共和国宪法》为基础上，在《中华人民共和国妇女权益保障法》为主体的法律法规中，较为完善地保护了妇女的权益和男女平等的权益。这些政策法规的颁布和实施成为保障妇女在政治、经济、文化、社会和家庭生活等各方面享有与男子平等权利的武器。

三、家庭暴力的循环过程

常见的一般暴力行为有殴打、捆绑、虐待、轻微伤害、恶言相加、精神虐待（造成严重后果的）等；较为严重的暴力行为有杀人、伤害（重伤、一般伤害）、强奸（包括婚内强奸）、变相体罚、严重的精神虐待、遗弃（造成严重后果的）等。由于家庭暴力发生在家庭成员之间，如夫妻之间、父母子女之间，其中以夫妻之间居多，受害者以女性为主，因此，家庭暴力不同于一般的犯罪行为，其在一定时间、一段期限内会呈现反复性、循环性，其过程为：

1. 暴力的积累阶段

此时关系紧张，表现在双方出现了言语攻击和敌对状态的同时，伴随着对受害者自信心的彻底打击。施暴者往往通过控制受害者禁止接近家人、朋友、封锁经济开支等方式孤立、隔离受害者。

2. 暴力爆发的冲突阶段

这一阶段由前一阶段的紧张、压抑状态爆发成对受害者的攻击、殴打、袭击等。

3. 暴力的缓和阶段

随着紧张的缓解，施暴者可能表现出对受害者的歉意和温柔。表现出双方的亲密，即反复攻击的施暴者常表现出深深的良心谴责、悔恨和不再有类似行为发生的誓言。但事实上，此时的施暴者并非真正意义上的悔改，或者已出现了心理变态的倾向。受害者常常满怀希望，认为施暴者是会改变的，但是绝大多数情况恰恰相反，这一暴力的循环将再次出现，并会不断重复，如图 4—1 所示。

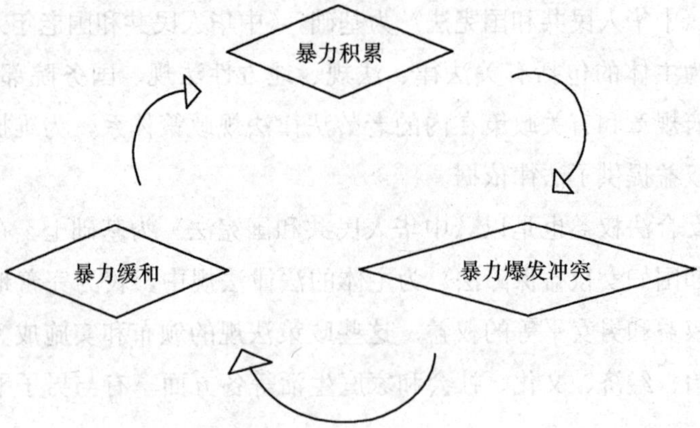

四、减轻防治家庭暴力危害的策略

1. 转变观念

改变传统的男尊女卑的封建思想，强化人人平等的法制观念。要认识到家庭暴力不仅仅是对家庭成员心身的伤害，也是对人权的践踏，家庭暴力不仅仅是家庭问题，更是社会问题，“家务事”不仅仅可以在家庭内部解决，也可以公之于社会甚至诉之于法律。

2. 加强反对家庭暴力宣传，提高反对家庭暴力认识

民政部门及工会、共青团、妇联各级组织、司法部门以及社会舆论应加强宣传，提高人们的认识，有信心和能力用非暴力的手段解决家庭问题。

3. 加强科学研究，建立防范干预体系

研究家庭暴力发生的原因，确定防治策略。根据中国的社会现状建立切实有效的多级防治体系。一旦发生家庭暴力，能够立即启动干预预案，中止暴力。对受害者，要予以身体和心理多方面的治疗；对施暴者，也应根据情况予以治疗、教育或者制裁。

4. 促使国家立法

2001年4月，全国人大常委会高票通过了修改后的新《中华人民共和国婚姻法》，已将“禁止家庭暴力”写入总则，这是划时代的进步。但目前除了部分省市有地方性的法规以外，国家尚无“禁止家庭暴力”的专门法律。应加强家庭暴力的专题研究，为促进我国专门立法提供科学依据。

5. 教会受虐者防止暴力发生的应急措施

（1）冷静对待

当双方因某种原因发生争执，可能引起冲突的时候，不要采用挑衅的语言挑起施暴者的施暴行为，正确的做法应当是冷静对待，或者稍稍离开一会儿。

（2）寻求帮助

如果冲突已经发生，就要找机会离开受暴环境，寻求居委会、村委会或者街道、民政、妇联部门的帮助。

（3）进行危机干预

所谓危机，是指当事人认为某一事件或境遇是个人的资源和应付机制所无法解决的困难，除非情况及时缓解，否则会导致当事人的认知、情感和行为的功能失调。所谓干预，是指帮助处于危机状态中的人脱离危险、重建信心、发挥潜能、恢复心理平衡的方法。

（4）进行躯体治疗

根据求助者的叙述重点体检，必要时应迅速进行相关的实验室检查，及时予以治疗。力求尽快解除或减轻受虐者的痛苦、降低致残致死率。详细记录检查结果和治疗过程，为将来评估伤情、评定伤残等级或司法鉴定提供依据。

（5）进行心理治疗

要进行群体心理教育、家庭心理咨询和个体心理治疗相结合的心理干预模式，降低社区家庭暴力的发生率，改善家庭生活质量，提高个体

的心理健康水平。经验证明，不仅受虐者需要心理治疗，施暴者更需要接受心理治疗。所以“三结合”的心理治疗模式特别强调了对施暴者的治疗。

防止家庭暴力咨询要点

1. 判断求助者受伤害程度并对严重受伤害的求助者进行紧急处理。

2. 全面了解家庭暴力的情况，包括求助者的家庭、职业、年龄、学历等背景及婚姻背景；了解暴力发生的原因、持续时间，以及施暴者和受虐者各自对家庭暴力的看法和认识。

3. 根据对家庭暴力的初步评估与判断，帮助施暴者和受虐者分析产生家庭暴力的原因（经济问题、家庭理念、个人素养、法制意识等），并从思想上认识家庭暴力的本质（封建思想残余、大男子主义、法律观念淡薄等）。

4. 帮助求助者的家庭成员学习新的家庭沟通方法，首先树立男女平等的理念，家庭中的事情是夫妻双方的事情，夫妻双方应当相互协商处理和解决问题，而不是一方控制另一方。

5. 进行咨询总结。内容包括家庭暴力产生的原因，家庭暴力的实质，在咨询中学习到的家庭沟通方法；对家庭暴力的正确认识；结束咨询后的行动方式；评定达到预期目标的情况，需要注意的地方等。

【案例 4—3】一个大男子主义的丈夫

✣ 案例描述

李女士因婚姻问题前来寻求帮助。李女士本科毕业，在公司做职员，她丈夫是公务员，硕士。她说丈夫是一个大男子主义思想严重的人，脾气也很暴躁，尽管对家庭很有责任感，但是所有的一切包括看电视、吃饭、买东西等都要听他的安排。看电视，他说看哪个台就得看哪个台，他不看了才能换台，而且也不能看太长时间；每天吃什么都要随他的心意，如果孩子不想吃，李女士即使偷偷地给孩子吃点别的，他知道了也会遭到训斥和打骂。家里的经济由李女士丈夫控制，挣多挣少不用李女士管。如果李女士和丈夫争辩，换来的是丈夫不能控制的脾气和拳打脚踢，不止一次的打骂之后让李女士觉得特别受侮辱，几次想离婚，可是一想到孩子就觉得不忍心，而且两个人都喜欢儿子，肯定会争执。李女士是外地人，父母不在身边，现在住的是丈夫的宿舍，一旦离婚将没有地方可以居住，所以没有坚持提出离婚，但是现在的生活又是这样，不知怎么办才好，于是，向婚姻家庭咨询师求助。

✣ **分析与建议**

从李女士的描述和丈夫的表现看，李女士的丈夫是个典型的大男子主义者。“男强女弱”的传统不平等性别意识在其身上体现得淋漓尽致，认为男子的地位、权利大于女人，因此要掌握家庭中的控制权，从而导致了李女士家庭中的不平等地位，也导致了李女士遭受家庭暴力。

婚姻家庭咨询师在处理李女士的个案时，首先确定咨询的目标是：帮助李女士丈夫树立男女平等的观念，改变其大男子主义的思想，改善现在的家庭关系。至于李女士是要选择继续留在婚姻关系中，还是要离开婚姻关系，要由李女士自己决定。

婚姻家庭咨询师要清醒地认识到，只有求助者自己有权对自己今后的生活进行选择。婚姻家庭咨询师应给予积极的帮助和建设性意见，但不能代替求助者做决定。

婚姻家庭咨询师主要从以下几方面努力：

1. 对家庭暴力受害人的咨询建议

（1）对决定留在家庭中的受害人的建议

对于李女士是否要结束婚姻关系，婚姻家庭咨询师要引导李女士进行离婚的利弊分析，由李女士对于留下或者离婚作出选择。

如果李女士决定留下，则要对李女士及其丈夫进行同步辅导，重新建立家庭关系。对李女士丈夫进行社会性别意识的培训，使其认识到男人和女人是平等的，在家庭、社会中的地位是平等的，不存在谁控制谁的问题，并使其对之前的行为进行反思，深刻认识大男子主义的错误。在此基础上进行夫妻沟通的辅导，帮助他们建立正确的沟通模式，并能应用到今后的生活中。帮助李女士夫妇重建对家庭事务管理的机制。

李女士要学会减少暴力伤害的自我保护。一旦丈夫愤怒的情绪爆发，李女士不要与丈夫进行情绪的对抗，可以采用退让的方法避免受伤，不可用挑衅的话语激怒对方，如果有适当的机会应当离开紧张的氛围，寻求自己的支持网络。

（2）对决定离开暴力家庭环境的受害人的建议

如果李女士决定离开，要对她做好离婚前后的心理辅导，并帮助提高沟通方法和问题应对能力。此外，帮助李女士了解相关的法律知识及离婚中的合法权益，也是咨询师的工作重点。如果有必要，可以帮助求助者联系律师，从而获得法律帮助。

2. 对家庭暴力施暴者的建议

（1）运用暴力以外的方法处理问题

帮助李女士的丈夫学习运用非暴力方法来处理问题。解决家庭分歧或者问题的方法有很多，如积极沟通，通过召开家庭会议，让家庭中的每个成员都能表达自己真实想法，共同协商讨论，达成对问题的共识，并积极想办法应对。如果在自己家庭内部处理不了，可以寻求外界的帮助。

（2）克制愤怒

帮助李女士的丈夫学会克制愤怒，也是婚姻家庭咨询师的重要工作。愤怒爆发并不能解决问题，只能伤害家庭内部成员的情感。克制愤怒的办法可以有多种，如替代法，即如果实在要发泄愤怒，可以转化成运动、睡觉等方法；舒气方法，遇到愤怒时先舒几口气，让心情进行平复；音乐疗法，遇到愤怒的事情，可以放点愉快的音乐，把注意力集中在音乐上面，转变心情。总之，可以根据自己的喜好选择克制愤怒的方法。

✣ 注意事项

1. 注意鉴别求助者所遇家庭暴力的危险程度

作为婚姻家庭咨询师要有能力鉴别求助者所遇到的是一般的家庭暴力还是严重家庭暴力，要能鉴别其危害程度，并根据危害程度制定不同的咨询方案和目标。有必要时可以通知相关机构消除暴力危险，以最大限度保护受害者为基本原则。

2. 注重引导施暴者参与咨询

家庭暴力由矛盾双方产生，因此在进行家庭暴力咨询的时候要引导施暴者参与咨询过程，这样做不仅是要促成矛盾双方的沟通，也是对施暴者进行治疗和辅导的过程，只有施暴者发生转变，才可能保证咨询的成功。

3. 避免对受害者的再次伤害

在咨询的过程中要避免使受害者再次受到伤害，如婚姻家庭咨询师不能对暴力过程有好奇心理，一再询问，这样可能使受害者回忆起不愉快的经历，也不可以询问完问题之后不加以处理。作为婚姻家庭咨询师要遵守职业道德，要注重咨询的每个细节。

4. 团体辅导对处理家庭暴力事件具有积极意义

西方国家及我国香港、台湾地区的经验都证明，通过对家庭暴力受害者和施暴者进行团体辅导，对于预防和制止家庭暴力具有重要的作用和意义。通过团体的力量会加速家庭暴力受害者和施暴者的改变，减少家庭暴力的发生。从 2001 年开始，中华女子学院的部分教师在实施中国法学会“北京市城市社区多机构综合干预家庭暴力”项目时，联合南京晓庄学院的教师陆续为城市和农村中家庭暴力的受害者和施暴者分别举办了“受虐妇女支持小组”和施暴者“幸福家庭成长小组”，受到了当事人和社区的普遍欢迎，取得了很好的效果。通过几年来的跟踪了解，参加者大多数发生了观念和行为改变，减少了家庭暴力的发生。

本单元思考题

1. 如何认识家庭暴力的法律保护？
2. 怎样看待家庭暴力的循环过程？
3. 怎样防止家庭暴力的发生？
4. 怎样做好家庭暴力方面的婚姻咨询？

学习单元 4 为家庭暴力求助者提供转介

家庭暴力是一个社会问题，仅靠婚姻家庭咨询师不可能为所有的家庭暴力求助者提供帮助。必要时，婚姻家庭咨询师需要为求助者提供转介服务，运用社会网络的作用来帮助求助者。因此，婚姻家庭咨询师要掌握社会支持的概念，了解社会支持网络的意义及家庭暴力求助者的社会支持机构、网络。了解多学科、多部门进行家庭暴力干预的策略，并能够合理地利用相关资源，熟悉转介步骤。本单元将提供相关学习内容。

学习目标

➢了解本地区有关部门承担防治家庭暴力的职责

➢转介的概念与策略

一、对家庭暴力受害者的社会支持

婚姻家庭咨询中心、婚姻家庭咨询师是家庭暴力受害者最重要的正式社会支持网络力量。

当发生家庭暴力的时候，受害者通常会产生无助、绝望、恐惧等心理，这时需要得到一定的心理支持、安慰等。因此社会支持的作用显得尤为重要。这些来自于家庭、家属、朋友、同事或社会团体的支持和帮助可以使受害者远离暴力，走出恐惧、绝望和无助，重拾生活的信心。社会支持网络是指在社会网络（以个体为中心的社会关系的总和）中起支持作用的关系的集合。社会支持网络分为正式和非正式两类。家庭、亲属、朋友、同事、同学、邻居等组成非正式的社会支持网络；而正式的社会支持网络主要由单位、行政、公检法司、社区、工青妇组织、其他非政府（NGO）组织、专业咨询机构等构成。

二、多部门、多学科干预家庭暴力策略

家庭暴力作为暴力的一种情况，不能简单地将其视为一般的家庭问题，而应把它纳入社会问题范畴，纳入社会综合治理的范畴，动员社会各方面力量，运用法律、行政、教育和管理等各种手段进行治理。全社会应从舆论、道德到法律的机制，从司法机关、社区、单位、医院到家庭编织一个反家庭暴力的网络，完善执法监督系统，加强宣传教育，增强公众监督作用，发挥妇联、民政等社会团体的作用，形成一个各部门协作、齐抓共管的社会网络。

进行积极的多机构合作是社区干预家庭暴力的必然选择。随着家庭暴力的多样化、情况复杂化、暴力手段残忍化，简单的调和方法是不够的，需要法律、行政、经济多种手段的综合应用。随着手段的多元化，干预的主体也趋于多元化。

家庭暴力的行为涉及社会、心理等方面的问题，因此需要如社会学、心理学、法学、政治学、教育学等多个学科的介入。

三、转介的概念与策略

心理咨询是个探索的过程，婚姻家庭咨询也不例外。咨询中也许探索会进行不下去，婚姻家庭咨询师或者求助者一方发生了无法预料的情况，影响了探索的进程，通常这种情况会使婚姻家庭咨询师转介，完成一个咨询交接过程，而不是简单地中断咨询。婚姻家庭咨询师要帮助求助者介绍另一位匹配的婚姻家庭咨询师并协助完成相关转介工作。

1. 转介的条件

（1）本机构不能提供求助者所需要的服务。

（2）机构无法提供更专业或更高层次的服务。

（3）机构仅是为某个区域或类型的人士提供服务，而求助者不属于该范围。

2. 转介步骤

（1）通知求助者，解释转介的原因和过程，消除转介可能对求助者造成的负面影响，让求助者有一个调适的准备。

（2）安排接案的婚姻家庭咨询师与求助者会面。

（3）接案者以观察者身份参与原婚姻家庭咨询师与求助者的面谈。

（4）接案婚姻家庭咨询师与原婚姻家庭咨询师一起开展工作。

（5）接案者开始负责工作，原婚姻家庭咨询师与求助者道别。

家庭暴力转介咨询要点

1. 了解求助者的情况。需要对求助者的问题进行资料的收集。资料的收集主要围绕求助者、问题及求助者所处的环境三方面着手，求助者是资料的主要来源，婚姻家庭咨询师所收集的资料都应该与求助者的问题密切相关。因此，婚姻家庭咨询师要探索与求助者相关的系统，包括：求助者系统（生理和智力因素、社会经济因素、个人价值观及目标、对现有状况的适应功能、发展性因素、曾经接受服务的状况）、家庭系统（家庭系统的初步资料、家庭的发展阶段、家庭内次系统的运作、生理和情感需求、目标、价值及希望）、小群体系统（群体的成因、目标及与其他群体的关系、群体结构及成员的性质、群体的互动及成员间的关系、小群体系统对问题产生的影响及能否令问题转变带来契机或动力）。

2. 明确求助者的需求。通过对求助者情况的了解，明确求助者生理、心理以及社会等层面的需求，并对求助者的需求进行分类和评估。

3. 提出转介建议。如果求助者的求助需要超出了本机构的职能范围，或者婚姻家庭咨询师本身觉得能力缺乏不能达成帮助求助者的目标时，要对求助者进行及时转介，并给予求助者合适的建议。如建议是进行机构的转介还是咨询师的转介，以及转介后应当努力的方向等。

4. 联系有关部门。通过了解求助者的情况、评估并明确求助者的需求，确定需要对求助者进行转介后，就要积极地联系相关的部门，进行问题的转介或者是联络相关部门共同进行问题的解决。这就要求婚姻家庭咨询师具备一定的对外联系和沟通协调技巧。

5. 帮助求助者获得其他部门的服务。婚姻家庭咨询师除了作为咨询者的角色之外，还要扮演社会资源协调者的角色，帮助求助者获得其他社会部门的帮助与扶持。从而使求助者获得最大可能的服务，改善现状。

作为婚姻家庭咨询师，应当熟悉本地区的司法机构、医疗机构和社会服务单位的联系方式和侧重方向，以便在第一时间为家庭暴力求助者提供转介服务。婚姻家庭咨询师可以制作一张本地区司法部门、医疗机构、民政部门、妇联组织的电话一览表，以便使用时一目了然。

【案例 4—4】世界之大，哪里有我的家

✣ 案例描述

齐女士 33 岁，大专学历，在一家外贸出口公司工作。她与刘先生都喜欢跳舞，两人在舞场上相识。齐女士说，她认识刘先生的时候，他已经是有妇之夫了。当时，由于刘先生的前妻知道了他们的关系，就闹到了齐女士的单位，使齐女士很没有面子。于是，在怒气之下刘先生和前妻离婚了。尽管当时齐女士的很多亲戚和父母都反对，但是齐女士还是赌气和刘先生结了婚。婚后齐女士感觉到刘先生觉得离婚吃亏了，因为在离婚时房子、孩子全部归了前妻。所以尽管刘先生还会去跳舞，和别的一些女人交往，但是只要不出格也忍了。结婚两年后，他们也有了自己的女儿，但是刘先生一直想要个儿子（与前妻也是个女儿），因此十分

不高兴。在生完孩子第 45 天的时候，刘先生找茬打了齐女士。随后，因为刘先生跳舞、打麻将，两人的争吵不断，当然有时齐女士还会被打。现在齐女士工作忙，收入比刘先生也多了，生活条件也好了，但是刘先生却依然对齐女士进行打骂。特别是不允许齐女士和别的男人说话，理由是齐女士是狐狸精，当初自己就是被齐女士骗到手的。因此，齐女士尽量不与其他男人接触。尽管如此，刘先生还总是找茬，打完后还让齐女士向他道歉。因为当初是在家里人都反对的情况下结婚的，因此她现在不好向家人诉说。齐女士想离婚，但是又不愿意看到孩子成为单亲家庭的孩子。这天，刘先生又因为一件小事，狠狠地打了齐女士，打得头破血流，并举着菜刀威胁要杀了她。齐女士抱着头惊恐万分地逃出家，在无处可去的无奈情况下来到婚姻家庭咨询中心寻求帮助。

✣ 分析与建议

婚姻家庭咨询师针对齐女士的情况进行了紧急介入，主要做了以下工作：第一，了解、判断齐女士遭受家庭暴力的严重程度，联系医疗部门进行转介，为齐女士进行治疗并详细书写受伤情况；第二，在征得齐女士同意的情况下，联系派出所，向司法部门进行转介，为齐女士遭受的严重家庭暴力报警，让司法部门备案，为将来进一步处理家庭暴力提供证据；第三，由于齐女士无处可去，为其联系救助站，向其他社会服务部门进行转介，为齐女士提供临时住处。

此外，婚姻家庭咨询师还准备联系齐女士所居住的社区，向社区居委会进行转介，使社区居委会成为处理齐女士遭受家庭暴力事件的工作同盟，为齐女士逐步建立起社区支持网络。

为家庭暴力求助者提供转介服务，主要包括：

1. 求助法律

当婚姻家庭咨询师发现求助者的现状已经触犯了法律，那么要建议求助者寻求助于法律的保护，通过司法途径解决问题。

2. 求助医疗

在解决家庭暴力咨询问题时，如果发现求助者遭受暴力比较严重时，要及时寻求医疗机构的帮助，请医疗机构协助进行伤情鉴定，并给予及时治疗。

3. 求助生活保障部门

如果求助者遭遇家庭暴力之后，生活中遇到困难，婚姻家庭咨询师可以协助求助者寻求当地生活保障部门的支持，给予求助者生活必需的保障。

4. 求助社会支持网络

通过婚姻咨询辅导，使求助者学会在遇到暴力时，不仅要靠自己的努力，还要学习寻求社会支持网络的帮助，获得法律、医疗、生活、情感等方面的支持。

❖ 注意事项

1. 干预家庭暴力需要全社会参与

家庭暴力不仅对家庭，而且对社会产生影响，家庭暴力不仅涉及道德的问题，而且涉及法律的问题，家庭暴力的存在不仅对受虐者的身体造成伤害，也对受虐者的心理带来影响。因此要对家庭暴力进行干预需要动员包括法律、医疗、社会服务机构以及大众媒体的宣传与参与。

2. 干预家庭暴力各部门均有责任

对家庭暴力进行干预各部门均负有责任。司法部门要对受虐者进行法律保护，以及进行反对家庭暴力的法律宣传；医疗机构要协助相关部门进行家庭暴力伤害的鉴定及治疗工作；大众媒体要宣传家庭暴力的危害性、违法性，使社会大众树立男女平等的观念，都来反对家庭暴力，创造和谐的家庭氛围；社会服务部门要做好支持倡导工作，为反对家庭暴力、保护妇女、儿童、老人的合法权益提供积极的平台。

本单元思考题

1. 你是如何理解多部门、多学科防治家庭暴力的？
2. 什么情况下需要进行转介，转介的注意事项有哪些？

第 2 节　家庭变故咨询

学习单元 1　提供家庭变故问题的法律咨询

目前，我国的婚姻家庭仍起着调节两性关系、维护两性关系的社会秩序、组织亲属生活、满足婚姻家庭成员物质和文化需要等重要作用。以婚姻为基础的家庭是社会中人口再生产的单位，也是社会中重要的经济单位和教育单位。因此，发生在婚姻家庭内的各种变故，不仅会对家庭成员产生心理上的影响；而且会对婚姻家庭关系本身以及家庭承担的各种社会职能产生影响，进而在法律上产生相应的后果。本单元所介绍的相关知识包括家庭变故的概念、常见的家庭变故（主要指家庭成员间的犯罪行为、家庭成员自杀及家庭成员间的民事侵权行为）引起的法律问题及其产生的刑事、民事责任。

学习目标

- 熟悉和掌握家庭变故容易引发的法律问题以及我国法律的相关规定
- 能为求助者处理家庭变故提供法律咨询建议

一、家庭变故的概念

家庭变故是指在家庭生活中发生的，对婚姻家庭关系以及家庭成员造成重大影响的事件或行为。其中，事件是指与家庭成员主观意志无关的事实。包括家庭成员的死亡、自然灾害、意外伤害、家庭成员失踪、家庭成员被判刑、新生家庭成员智障、失业等；行为则是指与家庭成员主观意志有关的事实，包括家庭成员间的犯罪、家庭成员间的民事侵权、夫妻情变、离婚、分家、家庭暴力、再婚、收养等。家庭变故从类型上可分为婚姻变故和婚姻以外的其他家庭变故，两种婚姻变故是指婚姻关系发生终止或重大变化，如因死亡或离婚而引起的婚姻关系终止，因婚外情引起的婚姻关系危机等；婚姻以外的其他家庭变故是指婚姻以外的家庭关系发生终止或重大变化，如死亡引起的血亲、姻亲关系的终止，因收养而导致的某种家庭关系如父母子女关系的成立或解除等。

二、几种常见家庭变故引起的法律问题

现实生活中，家庭变故多种多样，这里只就常见的几种家庭变故引起的法律问题进行介绍。如家庭成员间犯罪及其刑事责任、家庭成员自杀引发的法律问题、家庭成员因民事侵权引发的法律问题。

1. 家庭成员间犯罪导致的家庭变故

家庭成员间犯罪导致的家庭变故是重大的，往往引起家庭成员的死亡、残疾、精神损害、离婚、家庭结构的变化、家庭暴力等等。对此，我国法律规定了犯罪的概念和构成要件及其应承担的刑事责任。在此，需要特别指出的是，家庭成员间发生犯罪是重要的家庭变故，家庭成员实施了针对家庭成员以外的人的犯罪而被判刑，或者家庭成员被犯罪所侵害也是一个家庭的重要变故。由于这些情况内容繁杂，此处只谈家庭成员间犯罪导致的家庭变故。

（1）家庭成员间犯罪的概念

有关家庭成员间犯罪的规定，分散在我国现行刑法原则的各章节中，培训时应注意归纳整理，系统掌握。

家庭成员间的犯罪，泛指一切以家庭成员为对象，危害家庭成员的合法权益，依照刑法规定应当受刑罚处罚的行为。关于家庭成员间的犯罪，我国现行刑法并没有设专章加以系统规定，而是分散规定在刑法分则的各章节中。家庭成员间的犯罪概括起来有以下两类：一类是侵害家庭成员人身权利的犯罪，如杀害家庭成员犯罪，伤害家庭成员犯罪，侮辱、诽谤家庭成员犯罪，拐卖家庭成员犯罪，虐待家庭成员犯罪，遗弃家庭成员犯罪，暴力干涉婚姻自由罪，重婚罪，破坏军婚罪，强奸女性家庭成员犯罪，强迫家庭成员卖淫犯罪。另一类是侵犯家庭成员财产权益的犯罪，如盗窃家庭成员财产犯罪，诈骗家庭成员财产犯罪，抢夺家庭成员财产犯罪等。从家庭成员间犯罪的概念可以看出，这种犯罪行为有以下几个基本特征：

1）对家庭成员合法权益的严重危害是家庭成员间犯罪的本质特征，即这种行为具有社会危害性。行为具有一定的社会危害性，这是任何犯

罪都具有的最基本、最本质的特征。某种行为之所以被刑法规定为侵犯家庭成员合法权益的犯罪，从本质上看是因为它严重侵害了刑法所保护的婚姻家庭权益，具有严重的社会危害性。行为具有一定程度的社会危害性，是该行为构成犯罪的根本原因所在。因此，在司法实践中，要十分注意考察行为人的行为是否具有社会危害性以及社会危害性的大小。考察行为的社会危害性要注意运用以下几个观点来考察：第一，要用历史、发展的观点。社会危害性是一个历史范畴。社会条件发生变化，可能导致某一行为是否具有社会危害性的评判结果会发生变化。某一行为在过去具有社会危害性，现在却不具有社会危害性，甚至是有利于国家和人民的行为。反之亦然。第二，要用全面的观点。社会危害性是由多种因素决定的。衡量社会危害性的大小，不能只看一种因素。如危害结果，就要全面综合各种主客观情况。不仅要看到有形的、物质性的危害，还要看到对社会政治、对人们的社会心理带来的危害。第三，要坚持本质的观点。要透过现象抓住事物的本质。比如，一个家庭成员被另一个家庭成员杀害，就要问这是什么性质的杀人，有无社会危害性，危害性有多大等。杀害家庭成员的案件中有的是故意杀人，有的是过失杀人，也有的是正当防卫杀人，需要经过仔细调查予以判明。

2）家庭成员间的犯罪是触犯刑律的行为，即具有刑事违法性。刑事违法性是指行为具有违反刑法规范的特征。它是行为社会危害性在刑法上的体现，因为国家制定和实施刑法的目的在于禁止实施某些特定的行为，之所以做出禁止，就恰好在于行为是危害或“蔑视社会秩序的最明显最极端的表现”（恩格斯语）。侵害家庭成员合法权益犯罪的刑事违法性这一特征强调了侵害家庭成员合法权益犯罪行为对法律的违反。当然，现实生活中的侵害家庭成员合法权益的违法行为是多种多样的，还有民事违法行为、行政违法行为等，而且这些违法行为都具有一定的社会危害性。但是，这些还都不是犯罪行为。只有当侵害家庭成员合法权益的违法行为的社会危害性达到了一定的严重程度，触犯了刑法，并为刑法明定为犯罪时，才能作为犯罪处理。以伤害家庭成员为例，轻微的伤害的行为无疑也是违法行为，但由于其情节显著轻微，社会危害不大，尚未达到触犯刑法的严重程度，因而，还不能作为犯罪而依照刑法有关规定处理，只能按照《治安管理处罚法》予以治安行政处罚。

3）家庭成员间的犯罪是应受刑罚处罚的行为，即具有应受惩罚性。

任何违法行为，都要承担相应的法律后果。民事违法行为要承担民事责任，行政违法行为要受到行政处罚，如罚款、行政拘留等；或者要受行政处分，如警告、记过、降职、撤职、留用察看、开除公职等。对于违反刑法的犯罪行为来说，则要承担刑罚的法律后果。犯罪是适用刑罚的前提，刑罚是犯罪的法律后果。因此，应受刑罚处罚是侵害家庭成员合法权益犯罪的一个基本特征。

（2）家庭成员间犯罪的刑事责任

家庭成员间犯罪的刑事责任是指行为人因违反刑事法律义务实施了侵害家庭成员合法权益的犯罪行为而应承担的、国家司法机关也应强制犯罪人接受的刑事法律的谴责与制裁的标准。家庭成员间犯罪的刑事责任应具有以下特征：

1）家庭成员间犯罪的刑事责任是国家令侵害家庭成员合法权益犯罪的行为人承受的一种法律后果。犯罪是一种危害社会的行为，犯罪人理应对其行为承担法律后果。犯罪一旦发生，便在犯罪人和国家之间形成一种刑事法律关系，亦即由刑事法律规范调整的国家与犯罪人之间的权力、义务关系。国家对犯罪人有依法追究刑事责任的权力；犯罪人有义务对其犯罪行为依法承担刑事责任。可见，刑事责任是一种关系范畴，它对于国家来说是责任的施加，给予犯罪分子一定的谴责和追究；而对于犯罪分子来说是责任的承担，即要求其承受一定的后果。

2）家庭成员间犯罪的刑事责任是一种必然的法律责任。“有罪必罚”表明了犯罪行为和刑事责任之间的一种必然的、不可避免的联系。行为人一旦选择了一定的行为，就必须对该行为及其结果承担责任，而实施了犯罪行为就必然要受到刑事法律的否定和制裁，这是当今社会正义原则的基本要求。否则，犯罪行为就会蔓延，社会秩序就会紊乱，社会正义就得不到伸张。

3）家庭成员间犯罪的刑事责任是一种只能由实施了侵害家庭成员合法权益犯罪的行为人承担的法律责任。“罪责自负”，是近代以来各文明国家刑法普遍采用的原则，我国刑法也不例外。根据我国刑法规定，刑事责任是一种严格的个人责任，这种严格的个人责任只能由犯罪分子本人承担，不能株连与犯罪无关的任何人。即使犯罪人在逃或者死亡，也不得以任何理由和形式将犯罪人的刑事责任转嫁给任何第三人。

4）家庭成员间犯罪的刑事责任是一种最严厉的法律责任。法律责任多种多样，刑事责任只是法律责任中的一种。在所有法律责任中，刑事责任最严厉，这是因为作为刑事责任的前提的犯罪行为在所有违法行为中危害最大。刑事责任的严厉性主要体现在刑事责任的表现形式上。在现阶段，刑事责任的基本表现的形式是刑罚，刑罚是一种最严厉的强制方法，它不仅可以剥夺犯罪人的财产权利与政治权利，还可以限制或有期的剥夺犯罪人的人身自由，甚至可以剥夺犯罪人的生命，我国刑法规定的刑罚分为主刑和附加刑。其中主刑的种类包括管制、拘役、有期徒刑、无期徒刑、死刑。附加刑的种类包括罚金、剥夺政治权利、没收财产。对于犯罪的外国人，可以独立适用或者附加适用驱逐出境。

2. 家庭成员自杀引发的家庭变故

家庭成员自杀是指家庭成员蓄意或自愿采取各种手段结束自己生命的行为。从类型上来看，家庭成员的自杀有的是情绪型自杀，这种自杀常常由于爆发性的情绪所引起，其自杀进程比较迅速，发展期短，甚至呈现即时的冲动性或突发性；有的则是理智型自杀，即由于自身经过长期的评价和体验，进行了充分的判断和推理以后，逐渐萌发自杀的意向，并且有目的、有计划地选择自杀措施。因此，自杀的进程比较缓慢，发展期较长。

家庭成员的自杀无论是情绪型自杀还是理智型自杀，如果仅仅是为了结束自己的生命而采取自杀行为，则这种行为就没有危及到他人和社会的安全。这种情况下，尽管社会的基本价值观对自杀行为是持否定评价态度的，但法律并没有追究自杀者法律责任的规定。这主要是考虑自杀是一种复杂的社会现象，有着深远的历史根源，它的产生与人们的心理因素、社会道德观念、面临家庭社会问题等密切相关，既有自杀者自身的原因，也有一些使之难以抗拒的外来因素，依靠法律解决自杀问题往往难以奏效。但在有些情况下，自杀者采用一种危害他人和社会安全的极端的方式结束自己的生命，则可能构成相应的犯罪。我国刑法规定，以危险方法自杀，危害不特定多数人的生命、健康或者重大公私财产安全的，是危害公共安全的严重刑事犯罪行为。放火、爆炸以及采用危险方法危害公共安全，未造成严重后果的，处三年以上十年以下有期徒刑；致人重伤、死亡或者使公私财产遭受重大损失的，处十年以上有期徒刑、无期徒刑或者死刑。因此，如果家庭成员以放火自焚的方式自杀危害公共安全的，构成放火罪；以爆炸方式自杀危害公共安全的，构成爆炸罪；

家庭成员以危害他人或社会安全的方式自杀的，可能构成犯罪，行为人应承担相应的法律责任，这是培训中应注意理解的知识。

以其他方式自杀危害公共安全的，构成以危险方法危害公共安全罪。如果自杀既遂，不追究其刑事责任；如果自杀未遂，就应依法追究其刑事责任。但不管自杀既遂还是未遂，都应在其遗产或财产范围内对受害人承担民事赔偿责任。

迫使家庭成员自杀的要负法律责任。迫使家庭成员自杀是指家庭成员凭借某种优势，以暴力、胁迫等手段故意威逼被害人，使之陷入生路绝境而被迫结束自身生命的行为。这种迫使他人自杀的行为人应当承担故意杀人的刑事责任。

行为人因自己的行为引起了其他家庭成员自杀，这时就对家庭成员自杀有特定的抢救义务，倘若行为人能够抢救而故意不抢救并因此造成他人自杀，就是一种以不作为的方式致人自杀的犯罪，应承担间接故意杀人的刑事责任。

对家庭成员实施了其他的违法犯罪行为，引起家庭成员自杀的，这种情况就不同于故意杀人，因为行为人并非亲手将人杀死，主观上也没有杀人的故意，因此不能以故意杀人罪论处，而是要根据行为人具体实施的犯罪行为定罪，把引起被害人自杀后果，作为从严处罚的情节在量刑时予以考虑。

教唆或帮助家庭成员自杀的，如果符合故意杀人罪构成要件的，应当依法追究刑事责任。

3. 家庭成员间的民事侵权引发的家庭变故

家庭成员间民事侵权是一种多发的现象，它导致的家庭变故主要是离婚、家庭成员间关系恶化、家庭暴力、家庭结构变化、家庭成员的身体伤害和精神损害等。需要特别注意的是，家庭成员间的侵权，家庭成员实施了侵权，家庭成员被侵权都有可能带来家庭变故。只因为家庭成员间的侵权给家庭关系带来的影响最直接，所以此处专门阐述家庭成员间的民事侵权。

（1）家庭成员间民事侵权的构成要件

构成家庭成员间民事侵权的要件由特定的主体、损害事实、违法行为、行为人的过错、违法行为和损害事实之间的因果关系五要素构成。

1）特定的主体。家庭成员间民事侵权行为发生在家庭成员或亲属之间，侵权人和受害者之间存在着特定的人身关系，即血缘或婚姻关系，彼此有着法定的权利义务。而这些法定的权利义务，往往是家庭成员侵权行为构成的前提条件。如遗弃行为的构成，就要求遗弃者与被遗弃者之间必须具有法定的扶养关系，没有法定扶养关系，根本就谈不到遗弃的问题。又如继承权的丧失，也是以彼此有继承权为前提的。

2）损害事实。在民法上，损害是指因一定的行为或事件使民事主体的权利遭受某种不利的影响。这里的损害事实，既包括对家庭成员的财产损害，也包括对家庭成员的非财产损害。

3）行为违法。家庭成员间民事侵权作为行为人侵害了家庭成员的财产和人身等合法权益，依法应承担民事责任的行为，其基本特点是该种行为具有违法性，侵犯的是家庭成员的法定权利或绝对权利。侵害家庭成员合法权益的行为作为民事违法行为，其违法性表现在对婚姻家庭法律禁止性或者命令性规定的违反。其形式可以是作为（如虐待）或不作为（如遗弃），也就是当法律对家庭成员的某些行为作出了禁止性规定，家庭成员对此即负有不作为的义务，违反不作为义务的行为，就构成作为的违法行为；反之，在法律规定家庭成员有为某种行为的义务情况下，如果负有义务的人不履行该项义务，则此种违反作为义务的行为，即构成不作为的违法行为。在现实生活中，有些行为尽管从表面上看已经侵犯了他人的权利，但由于存在的法律规定阻却了其违法性的事由，即存在法律允许其作为或不作为的合法根据，因此不认其为违法行为。在家庭中，这些行为主要包括正当防卫行为、紧急避险等。

4）行为人主观上有过错。行为人的过错是行为人在实施违法行为时所具备的心理状态，是构成民事责任的主观要件。它表明了行为人对自己行为的后果所抱的主观态度，体现了行为人主观上的应受非难性和不可原宥性，是法律和道德对行为人行为的否定评价。过错包括故意和过失两种基本形式。所谓故意是指行为人预见到自己行为的有害后果，仍然希望或放任有害结果的发生。在民法上只要确定行为人的行为是否出于故意，就足以解决责任承担问题，因而没有必要确定和区分直接故意或者间接故意。所谓过失，是指行为人应当预见自己的行为可能发生不良后果而没有预见，或者虽然预见到了却轻信此种后果可以避免的心理状态。一般来说，过错形式是故意还是过失，对于确定一般的民事责任往往没有多大意义，民法上的故意和过失都是承担侵权民事责任的主观要件，而且过失的过错是民事过错的主要形式。但是在婚姻法中，侵害家庭成员合法权益的民事责任构成常常是以行为主观上有故意为条件的，是否具有主观上的故意是确定行为人民事责任的重要依据。

5）违法行为和损害事实之间的因果关系。所谓因果关系，是客观现象之间一种内在的必然联系。如果某一现象的出现，是因另一现象的存在所必然引起的，则这两种现象之间有因果关系。作为民事侵权构成要件的因果关系，是指行为人的行为及其事件与损害事实之间所存在的前因后果的必然联系。

（2）家庭成员间侵权民事责任的承担方式

承担民事责任的方式就是由民法规定的承担民事责任的具体形式。它体现了国家对违法行为人采取的制裁及对受侵害的权利的补救，是法院保护民事权利的具体方法和制裁违法行为的具体措施。根据《民法通则》《婚姻法》《继承法》《收养法》等法律有关规定，家庭成员间侵权民事责任的承担方式主要有：

1）停止侵害。即责令违法行为人立即停止或请求人民法院制止正在实施的侵害行为，以避免损害后果的发生或扩大。这种方式主要适用于侵权行为，特别是适用于对家庭成员人身权侵害，是一种基本的侵权民事责任形式。

2）排除妨碍。权利人在其行使权利受到他人不法阻碍或妨害时，可以要求侵害人排除或请求人民法院强制排除妨碍，以保障权利正常行使。这种方式主要适用于家庭成员财产所有权等物权的保护。

3）消除危险。行为人的行为对家庭成员的人身或财产具有危险时，其他家庭成员可请求消除已经存在或正在发生的危险。如果当事人拒绝自动消除危险，利害关系人有权请求人民法院责令行为人消除。此项责任形式的目的，在于防止危险行为或危险源的扩大或再发生，其成立以危险的存在为条件，而不以造成实际损害为条件。

4）返还财产。即将非法占有的财产归还给财产的所有人或合法占有人，以回复到合法占有的状态。返还财产只适用于非法占有人，返还时，原物的孳息必须同时返还。如果原物已由非法占有人转让给第三人，则要根据第三人占有的具体情况作出适当处理，尤其要注意保护善意第三人的利益，以维护交易的安全。

5）恢复原状。当财产被损坏或性状被改变但有复原的可能时，受害人可请求回复到原有状态。与上述返还财产一样，恢复原状也属于回复性的责任措施，都适用于财产权被侵害的情形。

6）赔偿损失。在违法行为人给他人造成财产或精神上的损失时，行为人应该以相应数额的财产给予受害人补偿。

7）消除影响、恢复名誉。家庭成员的人格权受到不法侵害时，可要求侵害人或诉请人民法院强制侵害人在影响所及的范围内以一定的方式消除受害人人格权所遭受的不良影响，以恢复其受损的名誉。此项责任形式并无财产内容，也不具有经济补偿的性质，属于一种非财产责任形式。

8）赔礼道歉。当家庭成员的人格权受到不法侵害时，对于情节轻微者受害人可要求侵害人或请求人民法院强制侵害人当面承认错误和表示歉意。此项措施也是一种非财产责任形式。

9）丧失继承权。继承法规定，继承人故意杀害被继承人，为争夺遗产杀害其他继承人，遗弃被继承人或虐待被继承人情节恶劣、伪造、篡改或销毁遗嘱情节严重的丧失继承权。

10）丧失监护权。监护人不履行监护职责或者侵害被监护人合法利益的应承担责任；给被监护人造成财产损失的，人民法院可根据有关人员或有关单位的申请，撤销监护人的资格。

11）中止探望权。婚姻法第 38 条规定，父或母探望子女，不利于子女身心健康的，由人民法院依法中止探望的权利。

12）解除收养关系（见《中华人民共和国收养法》第 26 条、第 27 条的规定）。

4. 夫妻感情变化引发的家庭变故

夫妻作为有合法婚姻关系的男女双方，彼此间有相互忠实和相互尊重的义务。如果一方或双方违反忠实义务，在感情上出现婚外情，则不仅伤害对方的感情，而且可能导致离婚、家庭暴力、子女出走等家庭变故。

由于法律是行为规范，因此法律对于情感问题一般不会干预，但在婚姻家庭领域则有所不同，一则婚姻家庭本身就是一个伦理实体，二则我国婚姻法把是否离婚的标准确定为感情是否确已破裂。这样夫妻间的情感问题以及由夫妻情感引发的相关问题很自然地纳入了法律的视野。

我国法律对夫妻感情以及由此引发的问题有下列规范：

（1）夫妻应当互相忠实，互相尊重

婚姻法第 4 条规定："夫妻应当互相忠实，互相尊重，家庭成员间应当敬老爱幼，互相帮助，维护平等、和睦、文明的婚姻家庭关系。”在这里，夫妻应当互相忠实，是指夫妻之间特定的身份关系要求其彼此间负有特定的忠实义务，而且这种忠实义务是对双方提出的要求而不是单方的，特别是反对片面地针对妻子提出忠实要求；所谓忠实，就是要求任何一方都不得欺骗对方，实施伤害夫妻感情、破坏夫妻关系的行为。而夫妻应当互相尊重则是强调夫妻双方独立的人格应得到对方的充分尊重。由于婚姻法的这一条规定主要是宣示性的、倡导性规定，因此2001年12月24日由最高人民法院审判委员会第1202次会议通过的《最高人民法院关于适用〈中华人民共和国婚姻法〉若干问题的解释（一）》中明确规定：“当事人仅以婚姻法第四条为依据提起诉讼的，人民法院不予受理；已经受理的，裁定驳回起诉。”

我国婚姻法第4条为宣示性，倡导性规定，不直接具有可诉性。

（2）禁止重婚或有配偶者与他人同居

重婚是指有配偶者又与他人结婚或明知他人有配偶而与之结婚的行为；有配偶者与他人同居，是指有配偶者与婚外异性，不以夫妻名义，持续、稳定地共同居住的情形。人民法院审理离婚案件，对于有重婚或有配偶者与他人同居情形的，调解无效，应准予离婚；对于因重婚或有配偶者与他人同居而离婚的，无过错方有权请求损害赔偿；对于构成重婚的，当事人还可以要求司法机关追究重婚者的刑事责任。

家庭变故法律咨询要点

婚姻家庭咨询师首先要注意分析、判断求助者咨询问题是否属于家庭变故以及事件的性质；其次应当告知求助者所咨询家庭变故可能产生的法律问题；最后要能够为求助者处理家庭变故提供符合法律要求的咨询建议。

【案例4—5】妹妹被姐姐毁容之后

❖ 案例描述

张嘉与张翠是亲姐妹，2006年5月28日傍晚，姐姐打电话邀请母亲和妹妹带着孩子去她家吃饭。晚上八点半左右，张翠及母亲带着孩子向姐姐告辞，张嘉犹豫了一下说：“我送送你们。”就把一个茶杯拿在手里开始换鞋，母亲问：“你端杯子干什么？”张嘉回答：“我要喝水。”母亲接着说："那我帮你拿好了。"张嘉答道："不用你拿，我自己可以。"其实茶杯里盛的是浓硫酸。张嘉送妹妹等人走到楼下时，忽然把浓硫酸向妹妹、母亲和外甥三位亲人泼去。导致妹妹、外甥面部严重受伤，容颜被毁，母亲由于距张嘉较远伤情较轻，在接受紧急救治后不久出院。她及时找到婚姻家庭咨询师咨询。

✣ 分析与建议

伤害家庭成员的犯罪是指故意非法损害家庭成员身体健康和过失致家庭成员重伤的行为。根据刑法的有关规定，对这种行为应按刑法第 234 条规定的故意伤害罪和刑法第 235 条规定的过失致人重伤罪予以论处。

根据刑法第 234 条的规定，以家庭成员为侵害对象的故意伤害罪，是指故意非法损害家庭成员身体健康的行为。张嘉的行为之所以构成故意伤害罪，是因为：第一，张嘉的行为侵害了妹妹张翠和外甥、母亲等家庭成员的身体健康。所谓损害家庭成员的身体健康，包括两个方面的内容：一是损害家庭成员身体组织的完整性，如砍断手足等；二是损害家庭成员身体器官的正常功能，如打瞎眼睛、致使精神失常等。如果损害自己身体健康的，一般不构成犯罪。第二，张嘉在客观方面实施了非法伤害家庭成员身体健康的行为，而且造成了张翠和外甥的重伤以及母亲的轻伤。所谓重伤包括三种情况：(1) 使人肢体残废或者毁人容貌。所谓"肢体残废"，是指由于各种原因造成他人某一肢体丧失或失去正常活动机能，如挖掉被害人的髌骨，使其不能行走；所谓"毁人容貌"，是指损害他人的面容，使面容变丑、变形及出现功能障碍。(2) 使人丧失听觉、视觉或者其他器官功能的。所谓丧失听觉，是指一耳语言听力减退在 91 分贝以上，或两耳语言听力减退在 60 分贝以上。所谓丧失视觉，是指损伤后一眼盲，或者两眼低视力，其中一眼低视力为二级。所谓丧失其他器官功能，是指丧失听觉、视觉以外的其他器官的功能或者造成严重的功能障碍，如割断输卵管，使其失去生育功能等。(3) 其他对于人体健康有重大伤害的，是指除上述伤害之外的损伤，如严重的烧伤、烫伤等，具体标准详见《人体重伤鉴定标准》。所谓轻伤，则是指物理、化学及生物等各种外界原因作用于人体，造成组织、器官在一定程度上损害或者导致部分功能障碍，尚未构成重伤，也不属于轻微伤害的损伤

（详见《人体轻伤鉴定标准》）。第三，张嘉在主观方面表现为非法损害家庭成员身体健康的故意，而且是直接故意。第四，张嘉达到了法定的刑事责任年龄，有刑事责任能力。据此，婚姻家庭咨询师应建议这位母亲告到法院，依法追究张嘉的故意伤害罪。

【案例 4—6】子女离婚后祖父母有没有探望孙子女的权利

✣ 案例描述

杨先生，男，45 岁，2000 年与刘女士结婚，婚后生有一子。孩子出生后由于杨先生和刘女士工作忙，就把孩子交给了杨先生的父母照看，杨先生的父母对孙子格外疼爱，双方有很深的感情。2006 年 7 月，杨先生和刘女士因感情不和离婚，双方协议孩子由刘女士抚养，杨先生每月第一个周末可以到刘女士家探望孩子。杨先生的父母思念孙子要求去探望，但刘女士不同意，以致老人一直探望不到自己的孙子。杨先生的父母向婚姻家庭咨询师咨询，自己有没有探望孙子的权利。

✣ 分析与建议

关于杨先生的父母作为祖父母有没有权利探望孙子的问题，是一个目前较为普遍的问题。我国目前的婚姻法没有规定祖父母、外祖父母享有独立的探望孙子女、外孙子女的权利。因为祖孙关系不同于父母子女关系，从婚姻法的规定不难看出，祖孙之间虽然也存在一定的权利义务关系，但这种权利义务关系是有条件的，而父母子女之间的权利义务却是无条件的。法律之所以赋予离婚后的不直接抚养子女的父或母探望子女的权利，一方面考虑到“幸福的孩子需要双亲的共同呵护”，另一方面也是因为“未成年人的父母是未成年子女的监护人”（《民法通则》第 16 条），而且这一身份不因离婚而改变。祖父母、外祖父母在一般情况下是不具有这种身份的，因此，探望权作为监护权的延伸原则上也只能赋予不直接抚养子女的父亲或母亲。

在坚持探望权作为监护权的延伸原则上只能赋予不直接抚养子女的父亲或母亲的同时，对祖父母、外祖父母探望孙子女、外孙子女的感情需要应给予必要的重视。解决的途径可以有：第一，按照最高人民法院的有关司法解释，把同祖父母或外祖父母长期共同生活作为确定该子女由父或母直接抚养的重要因素。第二，在确定探望方式、时间、地点时，考虑祖父母、外祖父母的感情需要。第三，特殊情况下，有条件地赋予祖父母或外祖父母探望孙子女、外孙子女的权利，如祖父母、外祖父母是监护人的，祖父母、外祖父母曾与该孙子女、外孙子女长期共同生活的等。婚姻家庭咨询师应当详细向求助者介绍相关法律规定并提出相应的建议。

【案例 4—7】 丈夫与第三者偷情是否犯罪

✣ 案例描述

尚先生 2004 年和王女士结婚，婚后双方虽然偶有争吵，但总的说来还算和睦，王女士对尚先生也还信任。从 2005 年 4 月开始，王女士发现丈夫变了很多，三天两头不回家，也很久没给家里钱了。于是，无法打消心头怀疑的王女士最终找到一些好朋友，让他们帮助自己留意尚先生是否有出轨行为。2006 年情人节前夕，王女士注意到丈夫有些异样，每次出去都要打扮一番，换身整齐的衣服，她把这些情况告诉朋友后，朋友告诉她机会来了。2 月 13 日，情人节前一天下午，尚先生被王女士的朋友发现在一家餐厅里和一个女人共进晚餐，之后两人坐车走了。车一直开到郊外的一个度假村，在一间比较隐蔽的房子旁边转悠了一会儿，尚先生还不时四处张望着。出乎王女士朋友意料的是，两人并没有停下，而是开着车到处转来转去。晚上 8 点，尚先生和他的情人终于到了一个普通的小区。王女士的朋友跟上去记下房间号，然后打电话叫来了王女士。夜晚 11 点左右，他们终于看到目标房间熄了灯。几分钟后，王女士和朋友出现在两个偷情人面前。王女士当场拍了照片，并要求尚先生和情人姜小姐写了悔过书。不久，王女士想到法院起诉姜小姐要求赔偿。起诉前她先找到婚姻家庭咨询师进行咨询。

✣ 分析与建议

根据我国婚姻法的规定，法律所规范的是重婚和有配偶者与他人同居。出现了重婚，有配偶者固然要承担法律责任，明知他人有配偶而与之结婚的也要承担法律责任，不知者则无须承担；有配偶者与他人同居的情况，法律只是规定了婚内一方的法律责任，对所谓第三者并没有规定法律责任。本案中，王女士虽然抓到了丈夫和姜小姐偷情，并没有重婚的证据，也没有证明二者公开稳定的同居，因此，这种行为不属于法

我国《婚姻法》仅规定了重婚和有配偶者与他人同居的法律责任，对其他违反夫妻忠实义务的行为，则未作出规定。

律调整的范围，法院不会支持王女士的起诉。

与此同时必须看到，法院不会支持王女士，并不意味着会支持姜小姐。姜小姐的行为是应当受到谴责的。婚姻当事人出现外遇行为，并不是现在才出现的。古往今来，总有一些人抵御不住婚外情的诱惑而逾越雷池，但是对于现阶段存在的外遇行为与以往社会中存在的通奸偷情却不能相提并论，因为，“在整个古代，婚姻的缔结都是由父母包办，当事人则安心顺从。古代所仅有的那一点夫妻之爱，并不是主观的爱好，而是客观的义务；不是婚姻的基础而是婚姻的附加物。”（恩格斯《家庭、私有制和国家的起源》）在这种历史条件下，维系婚姻的是一种被法律确认的感情以外的强制力量，而不是当事人的感情本身。在没有感情的死亡婚姻压抑下，男女之间那种出于自愿的爱情也就只有在婚外情中才存在，那时的婚外情，是人们追求自由婚恋的一种反映形式，是对扼杀人性的婚姻家庭制度的反抗。尽管这种追求和反抗是畸形的，但仍具有进步的意义。而如今的外遇行为，则是另外一种性质了。由于婚姻自由是当今婚姻家庭制度的基础，男女双方完全可以在自愿的基础上自由结婚或离婚，人们完全可以通过正当合法的途径建立以爱情为基础的婚姻。在这种社会条件下，有配偶的人在婚外寻找“外遇”便失去了令人同情的一面。这是因为：第一，外遇者的行为，不仅妨害了配偶的家庭安宁感，而且违背了一夫一妻这一法律制度的本质要求，冲击了法律所保护的婚姻家庭制度，这实质上就是对法律的违反，应受到法律的否定评价。第二，作为对婚姻自由的一种滥用，有外遇的人所追求的并不是作为合法婚姻基础的爱情，而是一种破坏合法婚姻的爱情，这种所谓的爱情在道德上不具有合理性、正当性；在法律上也不可能具有合法性。第三，生活在社会中的人，其行为必然要受到法律和道德的评价，当一个人放纵自己的某种情感而置法律道德于不顾，实施了与法律规定相悖的行为时，这种行为便不再是个人的私事，而是一种侵害他人的行为，社会就有必要做出否定的评价并采取相应的措施予以制止。正因为如此，早在1984 年的最高人民法院〈关于贯彻执行民事政策法律若干问题的意见〉中就明确规定：“因第三者介入而造成的离婚，首先要分清是非责任，对有过错的一方和第三者，应当批评教育，或建议有关组织严肃处理。”新婚姻法第 4 条也明确要求“夫妻应当互相忠实，互相尊重”。

至于王女士是否应原谅尚先生，关键不在于无过错方王女士，而在于有外遇的尚先生是否真正改变自己的过错行为。如果尚先生能够认清自己行为的性质，不再重复有违夫妻忠实的伤害婚姻的行为，那么夫妻和好不仅是可能的，而也是应该提倡的。如果尚先生无意悔过，一意孤行，那么，原谅与否对于婚姻的维护便不再重要。因为婚姻的维护和幸福需要夫妻双方的共同努力，缺一不可；而婚姻的破裂只要有一方坚持就够了。因此，咨询师应在对此案做上述分析后，建议王女士暂不到法院起诉，而是争取丈夫的悔过。如果丈夫执迷不悟，则要做好离婚的思想准备。当然，作为无过错方，咨询师应该提醒王女士在财产分割时要争取到更多的利益。

本单元思考题

1. 家庭成员死亡后会引发哪些法律问题?
2. 你如何看待在婚姻中的“第三者插足”现象。

学习单元 2　对遭遇家庭变故求助者的心理辅导

遭遇家庭变故是指家庭遇到重大的冲击和改变，如家庭成员亡故、突患严重疾病、面临离婚或其他形式的家庭解体、家庭失去经济来源、因灾害流离失所等人生的不幸遭遇。这种情况下，人们非常容易出现各种躯体和心理症状。遭遇家庭变故是对家庭成员心理健康水平、心理承受力和适应能力的综合考验，也是非常需要进行家庭心理辅导的时刻。

本单元主要介绍遭遇家庭变故的求助者常见的心理状态、认知行为心理咨询的基本理论与技术，其中包括巴甫洛夫等人的著名理论和研究成果。这是对遭遇家庭变故求助者进行心理辅导必备的重要知识。

学习目标

- 了解遭遇家庭变故的求助者的常见心理状态
- 掌握认知行为心理咨询的基本理论与技术

➢能够对遭遇家庭变故求助者出现的不良心理状态进行有效的辅导

一、遭遇家庭变故的求助者常见的心理状态

遭遇家庭变故会带给人强烈的情绪体验，继而引发一系列的症状甚至疾病。下面是常见的一些心理症状。需要注意的是，咨询师在做出判断时，要参照中国精神疾病分类及临床诊断标准来进行，如果遇到判断不清或可疑疾病情况，要立即转诊，到相关医院由医师处理。

1. 抑郁的症状表现

以持续的情绪低落（一般超过 3 个月）为主要症状。遭遇变故者感到悲伤、消沉、忧郁、痛苦、凄凉；不愿见人、常伴有唉声叹气、焦虑不安和睡眠障碍（主要为早醒）；他们对任何事物都没有兴趣，感觉人生无味、生不如死、注意力不集中、思维迟缓、记忆力减退、工作效率低；一些人甚至不能正常工作与生活，对前途丧失信心，自责、自罪，严重者有自杀倾向和行为；有些人还自述头痛、背痛、四肢痛等症状，但查不出疼痛的原因；也有人感到胸闷、心慌、胃痛、腹泻等，但无相应病变。

这些人多数性格内向、孤僻，一般会有过精神创伤诱因。

2. 神经衰弱的症状表现

以头痛、疲劳、情绪不稳定为主要症状。他们易兴奋、易激怒；头昏、记忆力减退、注意力不集中、入睡困难、早醒、多噩梦。由于植物神经功能紊乱，可出现心动过速、出汗、厌食、便秘、腹泻、月经失调、早泄、多疑等病症。

3. 焦虑的症状表现

主要症状是出现突发或持久的紧张焦虑情绪，有时伴随阵发性惊恐反应。常失眠，入睡困难或浅睡多梦。过度担心、过分机警、自主神经系统反应性过强，心慌、盗汗、心脏剧烈跳动、呼吸困难、怕光、怕吵、怕拥挤，也有人伴随忧郁心境。这些症状可能单独出现，也可能同时出现。常有家族因素为基础，神经过敏、性格急躁、心胸狭窄、常为小事发大脾气。

4. 强迫的症状表现

主要表现为反复出现的强迫观念，求助者总想努力克服，但又无法摆脱。常见有强迫洗手、换衣、计数、数钱、关门、关煤气、仪式性动

作、不断叮嘱、反复检查、反复疑虑等。他们多伴有强迫性格，对自己要求严格、爱整洁干净、有很高道德标准、对自己苛刻、要求十全十美、有条理、有秩序、责任心过强。

二、认知行为心理咨询的基本理论知识

1. 行为学习的理论基础

(1) 条件反射理论

巴甫洛夫的条件反射理论是通过条件反射实验来说明的，该实验是心理学中最著名的实验之一。

条件反射理论成为行为主义心理咨询或行为疗法的根据，这一原理是由苏联生物学家巴甫洛夫创立的。巴甫洛夫用狗做实验，当狗吃食物时，会引起唾液分泌，这是无条件反射。如果给狗以铃声，则不会引起狗的唾液分泌。但是，如果给狗以铃声同时即喂以食物，这样反复多次之后，每当铃声一响，虽然食物并未出现，狗也会分泌唾液。这时，原来与唾液分泌无关的刺激物铃声，变成了引起唾液分泌这种无条件反射的无条件刺激物——食物的信号，转化为条件刺激物，便可以引起唾液分泌。这就是条件反射原理。

经典条件反射具有以下特征：

1) 获得与强化。将条件刺激与无条件刺激多次结合呈现，可以获得和加强条件反射。如将声音刺激与喂食结合呈现给狗，狗对声音的唾液分泌反应便会获得，并随着反复强化而巩固。

2) 消退。如果对条件刺激反应不再重复呈现无条件刺激，即不予强化，反复多次后，已习惯的反应就会逐渐消失。如学会对铃声产生唾液分泌的狗，在一段时间听到铃声而不喂食之后，就会对铃声不再产生唾液分泌反应。

3) 恢复。消退了的条件反应，即使不再给予强化训练，也可能重新被激发，再次出现，这被称为自然恢复作用。

4) 泛化。指某种特定条件刺激反应形成后，与之类似的刺激也能激发相同的条件反应。如狗对铃声产生唾液分泌反应后，对近似铃声的声音也会产生反应。“一朝被蛇咬，十年怕井绳”便是泛化的最好例证。

(2) 社会学习原理

在对行为的研究中发现，个体在获得某些行为的过程中并未直接得

到过强化，研究者进一步发现，人类大多数行为都是可以通过观察学会。因此认为，模仿学习是行为形成的一个重要途径，人的许多社会行为都是通过模仿学习所获得的，因此，社会学习理论的核心是模仿学习。

在模仿学习的研究方面，美国心理学家班都拉的成就最为突出，班都拉做过关于儿童攻击行为的实验研究。他将66名儿童随机分成3组看成年人攻击塑料玩具人的录像，第一组看到的录像中，成年人的攻击行为受到赞扬，为奖励组；第二组看到的录像中，成年人的攻击行为受到指责，为惩罚组；第三组看到的录像中无赞扬或指责，为无强化组。看完录像后，将儿童带到实验室，实验室中有一些塑料玩具人让儿童在实验室自由玩耍10分钟，结果发现三组儿童都出现模仿成人攻击塑料玩具人的行为，但第一组和第三组发生率较高，说明模仿学习无论是受到强化还是没有强化都可以出现。

2. 认知行为治疗的方法

（1）理情行为治疗法

理情行为治疗法的基本知识在《婚姻家庭咨询师》（国家职业资格三级）教材第4章第1节学习单元2（第259页）中已有阐述，下面介绍使用这种方法的基本原则：

1）向求助者解释说明理情行为治疗法的基础。说明认知与情感之间的关系；认知与非理性情感或异常行为的联系。

2）通过求助者的自我监察和治疗的反馈，试找出求助者非理性情感。

3）直接对求助者非理性情感提出疑问，指出其不合理之处，并就已有突发事件或不良刺激应如何理性对待进行分析和解释。

4）让求助者自我陈述理性观念，用其代替非理性观念，在心里重复复习理性观念。

5）设计和采用某些方法，如角色扮演、现场操作、脱敏和一些其他技能训练，帮助求助者建立理性情感。

（2）贝克的认知疗法

美国著名心理学家贝克的认知治疗法的理论基础来自于信息加工的理论模式，他认为人们的行为和感情是由对事物的认知所影响和决定的。例如，如果人们认为环境有危险，他们便会感到紧张并想逃避。人们的认知建立在自己以往的经验和假设基础之上。按照贝克的观点，心理障碍的产生并不是激发事件或不良刺激的直接后果，而是通过认知加工，在歪曲或错误的认知影响下促成的。歪曲和错误的认知包括几个方面：有的人主观臆测，在缺乏事实或根据时进行推断；有的人夸大事实，过分夸张某一件事情的经历和意义；有的人喜欢牵连个人，往往将与已无关事联系到自己身上；有的人好走极端，认为凡事只有好和坏，非好即坏，非白即黑，没有中间状态的可能等。他还指出，错误的认知常常以“自动思维”的形式出现，也就是说这些错误想法常常是不知不觉地、习惯地存在着，因而不易被认识到。同时，不同的心理障碍有不同内容的认知歪曲。例如，抑郁症者大多对自己、对现实和将来都持消极态度，抱有偏见，认为自己是失败者，事事都不如意，对将来不抱希望。焦虑症则对现实中的威胁持有偏见，过分夸大事情的后果，面对问题，只强调不利因素，而忽视有利因素。因此，认知治疗重点在于矫正求助者的认知歪曲。

认知治疗可分为下面基本步骤：

1）帮助求助者认识思维活动与情感行为之间的联系。

2）帮助求助者认识消极及歪曲或错误的认知，找出求助者支持和不支持“自动思维的证据”。

3）帮助求助者改变歪曲的错误的认知方式与内容，树立正确的认知方式和内容。

在以上步骤的实施中，应同时采用各种认知技术和行为技术对求助者进行帮助。

（3）自我指导训练法

自我指导训练的理论来源于苏联学者鲁利亚等人所进行的研究，这一理论认为：语言，特别是内部语言与行为有着密切的关系，在某种程度上起着影响和控制行为的作用。他们认为消极的内部语言是产生和影响行为失调的重要因素，并指出通过矫正消极的内部语言，用正面的，积极的自我对话可以达到矫正异常行为或心理障碍的目的。这一训练的基本原则是：

1）训练求助者识别和意识到在内心的自我陈述上不正确的想法。

2）指导求助者实施正确的行为，同时用言语表达正确有效的行动指令。通过作业的方式，指导求助者循序渐进地进行连续自我指导。同时，强调在战胜困难中的自我陈述对于成功行为的重要性，并使求助者在内心自我强化正确的指令。

3）求助者在克服错误行为的同时大声用语言自我指导，然后进一步在内心重复强化。婚姻家庭咨询师在这一过程中给予反馈，确保求助者用积极的解决问题的自我对话替代先前产生焦虑的认知活动。

三、认知行为心理咨询的基本技术

1. 常见认知方式

（1）认识自动思维

在激发事件与消极情感反应之间存在着一些思想活动，可以是消极的自我陈述或是心理想象。例如，某求助者看到狗便产生恐惧，在看到狗与恐惧反应之间存在的想法是狗会咬我，还可能有狗咬人的恐怖的想象。求助者通常未意识到的这部分习惯的思维活动，称为“自动思维”。美国心理学家埃利斯的ABC理论说明了激发事件与反应之间有信念或思维活动的相互作用，婚姻家庭咨询师要帮助求助者认识自动思维的存在和影响。

（2）认知歪曲的表现

求助者的心理或行为障碍与认知歪曲或错误密切相关，并受其影响。向求助者指出认知歪曲，可以帮助他提高认知水平和矫正错误认识。下面是几种常见的认知歪曲。

1）主观臆想。缺乏根据，主观武断推测。如某求助者某件工作未做好，便推想所有的同事会因此看不起他。一叶障目，置总体前后关系和背景于不顾，只看细节或一时的现象就做出结论。如某学生一次考试中有一题答不出，之后一心只想着未答的那道题，并感到这场考试全都失败了。

2）乱贴标签。即消极片面地把自己或别人公式化。例如某一求助者认为离婚是因为自己不够好，认为自己是个“不合格妻子”。

3）非此即彼的绝对思想。不能容错误，要求十全十美。例如，丈夫有一点没有替妻子考虑，妻子就认为丈夫对自己感情变得冷淡了。

（3）改变极端的信念或原则

这种认知方式是用现实的或理性的信念或原则去替代极端的或错误的信念原则。例如，某一极端的信念是：我应该并且一定要得到我想要的东西，这是我的权力。相应的更现实的自我陈述是：尽管我非常想得到某件东西，但我只是有权去争取，并不意味着我一要得到或别人一定要给我。另一极端的信念是：如果我为某事努力工作，就应该获得成功。相应的现实的信念应该是：一个人无法保证事事都能成功，努力并不等于成功，而只是成功的一个条件。

（4）检验假设

认识并矫正认知歪曲、错误想法的一个方法是检验支持或不支持某种错误假设的证据。例如，某一求助者在受到挫折后，认为自己“一事无成”，非常抑郁。实际上，他成功地做过很多事，比如大学毕业，并曾经是企业经理。检验假设这一过程不仅帮助求助者认知事实，还能发现自己对事物的认识歪曲和消极片面的态度。

（5）积极的自我对话

这种技术有两种常用的方法：一种是要求求助者坚持每天回顾并发现自己的优点或长处并记录；另一种方法是要求求助者针对自己的消极思想，提出积极的想法。

2. 常用行为心理咨询技术

（1）系统脱敏疗法

系统脱敏法分为以下三个基本步骤：

1）分出恐怖或焦虑的等级层次。通常分为 3～6 个等级。

2）放松训练。一般需要练习 6～10 次，每次历时半小时左右，每天 1 至 2 次，以达到全身肌肉能够迅速进入松弛状态为合格。

3）脱敏过程。这一过程就是进行想象脱敏训练的过程。先想象低强度的刺激，产生焦虑后，然后放松，对抗和抑制焦虑；再想象，出现焦虑后，再放松，直至不再焦虑。之后进入下一强度等级的刺激想象，又产生焦虑，又用放松对抗。一般要求求助者在保持焦虑状况的场景中待 30 秒左右，如此反复进行。每次治疗的进度不超过 4 个等级，如果在某一级别训练中仍出现较强的情绪反应，则应降级重新训练，直至完全适度。一般经数次想象脱敏后，对刺激事件就不再敏感焦虑。这时可转入现实脱敏或模拟现实脱敏治疗。现实脱敏即将想象的刺激情境改为现实情境，其余做法与想象脱敏相同。多数求助者通过 10 次左右治疗即可获得良好效果。

（2）冲击疗法

冲击疗法是暴露疗法的一种。暴露疗法就是让使求助者发生恐怖反应的某事物或某刺激在其面前再次呈现、给予猛烈刺激，从而使求助者对此事物或刺激的恐怖反应逐渐消退。为了使求助者更快地收到疗效，可以把某事物或某刺激整天暴露在求助者面前，由于持续地猛烈刺激，使恐怖反应在短期内由高度紧张而渐趋消退，从而在短期内治好疾病。

虽然冲击疗法速度快，效果好，但求助者有可能不愿意接受这种疗法。因为在治疗过程中，求助者将会体验到严重的精神紧张与痛苦，有时会难以坚持下去。所以在治疗开始前必须要做好充分的解释工作，并在求助者感到紧张与痛苦时，教会他如何进行松弛，使之消除紧张。婚姻家庭咨询师在认为确有必要和有效的把握之后再使用这一方法才能收到佳效。

（3）厌恶疗法

厌恶疗法是一种较常用的行为治疗技术，其做法为将欲戒除的目标行为（或症状）与某种不愉快的或惩罚性的刺激结合起来，通过厌恶性条件作用，达到使求助者最终因感到厌恶而戒除或减少目标行为的目的。它是应用惩罚的厌恶性刺激，即通过直接或间接想象，以消除或减少某种适应不良行为的方法。厌恶疗法的特点是，治疗期较短，效果较好。

（4）标记奖励法

标记奖励法又称代币法，此疗法根据操作性条件反射的原理，用奖励的方法强化所期望的行为，常应用于智残儿童、行为障碍儿童、呈现严重行为衰退的慢性分裂症求助者来塑造新的行为。具体的使用操作在《婚姻家庭咨询师》（国家职业资格三级）教材第 3 章第 2 节学习单元 3（第 239 页）——儿童青少年行为矫正咨询中已有阐述。

（5）渐进式放松训练

是指一种逐渐的、有序的、使肌肉先紧张后放松的训练方法。渐进式放松训练强调，放松要循序渐进地进行，要求求助者在放松之前先使肌肉收缩，继而进行放松。这样做的目的，是为了进一步要求求助者在肌肉收缩和放松后，通过比较细心体验所产生的放松感。同时它还要求求助者在放松训练时，自上而下有顺序地进行，放松一部分肌肉之后再放松另外一部分，“渐进”而行。

此外，还有腹式呼吸等一些呼吸放松方法，不再一一列举。

3. 支持性心理辅导

支持性心理辅导也叫一般性心理辅导，是各种特殊心理辅导的基础。

支持性心理辅导的特点是：按照求助者的具体情况，给予感情上的安慰和支持，消除他们对疾病的误解和疑虑，鼓舞生活的勇气，加强心理防御能力。辅导中不触及求助者的隐私，不揭露求助者内心的矛盾和冲突，包括致病的情绪因素，不专门设计某种特殊的技巧和程序以矫正求助者的某种病态的行为。

家庭变故心理咨询要点

家庭变故所带来的情感变化是家庭每个成员必然经历的一个过程，只有让每个家庭成员了解到这种必然性，才能更好地处理其情感困境。对于家庭中的纷争，婚姻家庭咨询师尤其要谨记“中立”原则，不做评判。“清官难断家务事”，心理咨询的任务是帮助求助者认清自己的处境和面临的选择，而不是去做裁判员。

【案例 4—8】生活选择权在自己手中

✣ 案例描述

刘女士与丈夫离婚一年多，现无业在家。她有一处房子出租，为其经济来源，自己抚养 16 岁的女儿。刘女士性格内向，爱面子，因前夫脾气暴躁，性格不合而离婚。离婚一年来情绪不佳，对丈夫仍有牵挂，女儿周末见父亲回来，刘女士经常向女儿打听前夫的现状。她整日在家，除了洗衣做饭、打扫卫生外很少出门，不愿与人交流，总觉得自己很可怜，认为离婚是件很没面子的事情。平时在家喜欢翻看以前的照片怀旧，觉得自己对前夫的感情还在，反复想过要复婚，但对前夫粗暴的脾气又恨又怕，因此犹豫不决。刘女士征求女儿意见，青春期的女儿觉得“无所谓，要不要这个火药桶的爸爸都可以。”她曾与前夫沟通，但前夫态度很差，依旧脾气火暴。近期，得知前夫现在经人介绍谈了一个对象后，刘女士更觉得面临危机，心情烦闷。由于拿不定主意，又没有人可商量，便向婚姻家庭咨询师求助。

✣ 分析与建议

求助者离婚一年后对与前夫的婚姻仍有怀念，情绪不佳，这些反应在离婚后都较为常见，因求助者性格内向等特点，这种状态持续时间较长也比较正常。求助者复婚的想法与前夫沟通未果，且前夫已经开始新的生活，而求助者正因为对前夫抱有不切实际的幻想，对离婚感到丢脸、觉自己可怜等心理负担，加之整日在家与他人缺乏沟通，终日饱受不良情绪的折磨，处于困境中难以自拔。求助者询问婚姻家庭咨询师如何抉择，更体现了她遇事犹豫，缺乏主见的特点。

在咨询过程中，首先应了解求助者的基本信息，评估其目前的心理状况，尤其要关注离婚以后求助者有无重大的心理变化，并在咨询过程中给予充分的共情和理解，为建立良好的咨询关系打下基础。

本案例中求助者的目标很明确，希望咨询师帮自己出主意，作“正确”的抉择。针对这个问题，婚姻家庭咨询师要明确求助者的犹豫不决是其来访的原因，而帮助求助者出谋划策并不能解决根本问题。因此，婚姻家庭咨询师应保持中立的立场，帮助求助者认清自己目前的处境：无业在家、缺乏与他人的沟通、对离婚后的生活不能适应、对前夫念念不忘、对前夫开始新的生活感到不安。然后可运用假设提问等技巧，帮助求助者澄清自己内心的需要，与求助者一起探讨复婚和开始新的生活后可能面临的各种结果，让求助者体会到无论做出任何决定，都没有绝对的“对”与“错”，自己都需要承担选择后的结果。面对自己的生活至少选择权在自己手中。此外，对于求助者所处的状态，可以与其探讨离婚的意义和后果，减轻其对于离婚的心理压力；建议求助者寻找朋友、亲人等支持系统，逐步改善其情绪状况。引导她学会总结过去经验教训，欣赏自己的优势，利用优势建立自信，主动选择生活。

第一，神经症包括神经衰弱、抑郁症、癔症、强迫性神经症、恐怖性神经症、焦虑性神经症等。在约见求助者时要对出现的症状有初步的判断。

第二，获得、消退、恢复、泛化这四种特征在行为疗法中可以广泛地应用。

第三，“认知行为治疗”强调人的认知活动在非适应行为中的作用。

✣ 注意事项

在系统脱敏疗法中要准备好进行放松训练，在感到不适时，要及时进行放松。

本单元思考题

1. 小王在寻找女朋友的过程中，总是为自己脸上的胎记而自卑，为协助小王调整这种认知，请你制定一个和他对话的简单提纲。

2. 学习了社会学习原理，试着对一些电视节目提出自己的建议。

第5章 培训与指导

二级婚姻家庭咨询师除了要做好个案和团体咨询外，还负有培训与指导三级婚姻家庭咨询师的职责。

婚姻家庭咨询是一种综合性、应用性、实践性很强的职业，因此，这种培训和指导相对传统的课堂教学来说，更多的是实务性的，应当以实习带教、案例分析、示范模拟、小组讨论等多种参与式的方法进行。为此，二级婚姻家庭咨询师要有扎实的理论基础，丰富的专业知识，熟练的教学技巧；要能够博采众长，融会贯通，灵活运用；要有丰富的实践工作经验，熟悉咨询过程，了解三级咨询师的工作状况；有成熟的人格和进取的人生态度，在培训与指导过程中，表现出应有的专业精神和人格的榜样作用。

二级婚姻家庭咨询师要与三级婚姻家庭咨询师建立良好的工作关系，定期检查工作进度，了解其遇到的专业问题，帮助分析原因找到症结，不断探索、教授新知识和新方法，对三级婚姻家庭咨询师给予及时的帮助和支持。在培训与指导过程中，二级婚姻家庭咨询师的角色应该是教育者、支持者和评估者。

在培训中，一般以团体或小组的形式集体进行。要按照《婚姻家庭咨询师教程（三级）》大纲各章节的内容，分别制定理论和实务操作的培训计划，包括教学目标、方法和步骤、教学效果、评估指标。培训时尤其要注意选择和设计参与式的方法，以达到让三级婚姻家庭咨询师能够将自己所学到的咨询态度、方法与技巧运用到实际工作中，真正提高咨询的能力。

对三级婚姻家庭咨询师的业务指导，一般以一对一的方式为主。内容包括：审查对方的咨询计划与咨询方案；跟踪指导工作进程和个案咨询；对其在工作过程中遇到的专业问题进行解答和辅导。

在对三级婚姻家庭咨询师的培训指导中，比较常用的是案例分析法。案例要精心选择和设计，要注意与一定的理论框架相联系，具有深度和综合性两个特点；案例分析或教学时，教与学双方要有充分的准备，按照预定方案和实施步骤有条不紊地进行。

第 1 节　培　训

学习单元 1　培训三级婚姻家庭咨询师

根据国家职业标准的规定，二级婚姻家庭咨询师不仅有自己的业务工作，还承担着培训三级婚姻家庭咨询师的工作。要想真正成为一名合格的二级婚姻家庭咨询师，对三级婚姻家庭咨询师的成长有所帮助，就要具备较高的知识水平、一定的教学和培训能力和多年的从业经验。在培训过程中要制定有效的教学方案，并组织方案的实施；要具备基本的教学方法和技巧，并灵活、恰当、适时地使用这些方法和技巧，从而达到培训的预期目标。

本单元对二级婚姻家庭咨询师应具备的能力、培训的程序、培训的过程等进行了介绍，并通过对案例的分析，直观地进行展示。

学习目标

- 熟悉三级婚姻家庭咨询师国家职业标准、应具备的知识和能力
- 熟悉三级婚姻家庭咨询师的业务

➢掌握一定的培训方法与技巧

➢能够对三级婚姻家庭咨询师进行业务培训

一、教学方案与实施

对三级婚姻家庭咨询师的培训要基于《婚姻家庭咨询师教程（三级）》的内容（以下简称教程），明确教学对象、确定培训进度。培训可以分两个部分进行，第一部分是婚姻家庭咨询理论及相关知识的学习，第二部分是婚姻家庭咨询的实务操作。

1. 对三级婚姻家庭咨询师的理论培训

二级婚姻家庭咨询师可以根据自己的背景或特长讲解不同的理论知识。要求二级婚姻家庭咨询师在培训前进行集体备课，研讨理论培训的重点和分工，并按教程制定培训大纲和完成讲义并排出讲课培训表。培训开始后，可以采用课堂讲解、资料查询、案例分析、小组讨论等多种参与式的培训方式授课，以加深学员（三级婚姻家庭咨询师）的认知。

2. 对三级婚姻家庭咨询师的实务操作培训

理论培训结束后进入实务操作培训，这部分内容要由二级婚姻家庭咨询师组织学员进行咨询技巧、咨询实务的训练，可以让学员进行角色扮演，练习婚姻咨询的技巧与方法。二级婚姻家庭咨询师事先要准备实务培训方案，并掌握进度。每个单元的实务演练后要求学员对于演练从技巧、方法、过程和结果等几个方面进行评论，最后由二级婚姻家庭咨询师点评、总结，以加深对三级婚姻家庭咨询师咨询技术的理解。必要的时候二级婚姻家庭咨询师要进行实际的演示。

二、基本教学方法与技巧

作为二级婚姻家庭咨询师，要懂得基本的教学方法，具有丰富的培训经验。在培训中可以使用的教学方法如下：

1. 以语言形式为主的教学方法

这类教学方法是二级婚姻家庭咨询师运用口述的方法进行知识的传授。

（1）讲授法

讲授法是二级婚姻家庭咨询师运用口头语言向学员描绘情境、叙述事实、解释概念、论证原理和阐明规律的一种教学方法。

（2）回答法

回答法是通过二级婚姻家庭咨询师与学员之间的问答或者交流来传播和学习知识的一种方法。其特点是二级婚姻家庭咨询师引导学员运用已有的经验和知识回答问题，借以获得新知识或巩固、检查已学的知识。

（3）讨论法

讨论法是在二级婚姻家庭咨询师指导下，由全体学员或分成小组的学员围绕某一个中心问题通过发表各自意见和看法，共同研讨，相互启发，集思广益地进行学习的一种方法。

（4）读书指导法

读书指导法是二级婚姻家庭咨询师有目的、有计划地指导学员通过独立阅读教材和参考资料获得知识的一种教学方法。主要目的是启发二级婚姻家庭咨询师自主学习、独立思考的能力。

2. 以直观形式进行培训的教学方法

进行培训的教学方法有许多，婚姻家庭咨询师的培训应选择那些学员参与多的方法。

这类教学方法是指二级婚姻家庭咨询师组织学员直接接触实际事物并通过感知获得感性认识，领会所学的知识的方法。它主要包括演示法和观察法。

（1）演示法

演示法是二级婚姻家庭咨询师通过亲身的咨询演示或者教学录像展示给学员观察，使学员获得感性咨询知识的一种教学方法。它是咨询培训中重要辅助的教学方法，经常与讲授、回答、讨论等方法配合使用。

（2）观察法

观察法是根据教学目的要求，组织学员到咨询机构或者工作坊（事先经过对方同意）进行观摩，使学员通过对实际情形的观察、研究获得新知识的方法。

3. 以实际训练为主的教学方法

这类教学方法是以形成学员的技能、行为习惯、培养其解决问题能力为主要任务的一种教学方法。它主要包括练习、角色扮演和实习等方法。

（1）练习法

练习法是在二级婚姻家庭咨询师的指导下学员巩固知识和提高咨询实际技能的基本方法，也是学员学习过程中的一种主要的实践活动。

（2）案例法

案例法是由二级婚姻家庭咨询师或者是学员提供案例，由二级婚姻家庭咨询师启发指引学员进行分析并完成咨询的过程。

（3）角色扮演法

角色扮演法是学员在二级婚姻家庭咨询师的指导下通过进行角色扮演来学习的方法。学员通过扮演婚姻家庭咨询师练习和领会咨询要领、技巧和方法，通过扮演求助者感受婚姻家庭咨询师哪些咨询方法得体恰当，哪些有待改进；角色扮演之后要进行讨论，通过扮演婚姻家庭咨询师和求助者分别表述对角色的感受，领悟咨询方法。其他不进行扮演的学员则要仔细观察角色扮演过程，参与讨论，进而获得知识。

（4）实习法

实习法是学员在二级婚姻家庭咨询师的指导下，在一定的实习机构参加实习工作，以掌握有关的技能和直接知识或验证间接知识、综合运用所学知识的一种教学方法。实习学员要完成规定的实习内容，完成实习报告和实习记录，并接受二级婚姻家庭咨询师的检查和评定。

采用什么样的教学方法，要根据教学内容的需要进行安排，没有固定的模式，以达到良好的教学目的为其前提。

在培训中要根据学员的领悟程度、水平及需要组织教学，教学内容要深入浅出，教学方法和手段可以采用几种方法并用，使课堂气氛活跃、轻松，有利于学员接受。

三、培训程序要点

1. 培训工作准备

（1）了解三级婚姻家庭咨询师在工作中的问题与难点

作为二级婚姻家庭咨询师，要熟悉三级婚姻家庭咨询师国家职业标准、熟悉三级婚姻家庭咨询师的业务、掌握三级婚姻家庭咨询师应具备的知识和能力，具备一定的工作技巧和方法。也就是要明确三级婚姻家庭咨询师的工作内容和工作目标，明确每个培训环节的学习目标、能力要求、知识重点和难点。了解三级婚姻家庭咨询师在工作中可能会遇到的问题和难点。

（2）设计教学方案

教学方案的设计必须按照教学内容、要求和客观实际的可能性构成一个包含时间、人员活动、培训内容等相关方面的合理系统。教学方案是培训的开始，不可能做到尽善尽美，会随着培训的发展而做相应调整。在这里，要反对无计划的盲目行为，也要反对僵化地按计划方案一走到底。

教学方案一般必须回答的问题有：第一，为什么要进行这个教学，这个教学的理论依据和实践依据是什么。第二，教学方案预期的目标、成果是什么。第三，怎样才能完成教学任务（指主要方法、步骤和进度安排等）。

根据影响教学成败与质量高低的因素，设计教学方案必须考虑的因素以及教学的主要内容和一般要求，可归纳为五个方面：第一，教学的依据与意义；第二，教学的目的；第三，教学方法和步骤；第四，教学的结果；第五，完成教学的保证措施。

教学的依据和意义。教学的依据包括理论上或实践上的依据。教学首先了解该教学所需要掌握的概念、理论等体系以及在实践中的指导和应用意义。只有探明教学的理论与实践依据，才能方向明确、思路准确、站得高、看得远，真正做到有的放矢、事半功倍。

教学目标是主观见之于客观的东西，它是二级婚姻家庭咨询师在对学员的培训过程中要求达到的愿望和结果。其实质是教学任务在客观现实中的具体化。

教学方法和步骤，在前面的讲解中已经涉及，这里不再赘述。

教学的结果是培养出一批符合三级婚姻家庭咨询师要求的人员，他们能够切实进行婚姻家庭的初级咨询，帮助求助者完成初步的改变。

完成教学的保障措施包括：在组织上，要做好培训组成人员的优化组合；在时间、教学设备上提供必要的物质保障。

（3）教材与教学设备准备

教材要用国家组织编写、出版社出版的《婚姻家庭咨询师教程（三级）》，同时可以向学员提供参考书目，如心理咨询、社会工作、家庭关系、家庭教育等方面的书籍，以丰富学员的知识结构。当然对于三级婚姻家庭咨询师来说咨询实用技巧必不可少，因此，可以向他们推荐一些咨询实用技巧方面的书籍。

在培训时要准备的教学设备有投影仪、计算机（电脑）、录像机、图片、黑板、粉笔、大白纸、碳素笔等。此外，还要有几个固定的可供学员参观和实习的咨询机构。

2. 实施培训

(1) 组织教学

组织教学要遵循科学、合理和实效的原则。

第一，要根据《婚姻家庭咨询师教程（三级）》（以下简称教程），制定培训大纲，大纲内容包括培训时间、培训对象、培训内容、培训教师、培训目的、培训重点（每一章节都要有重点难点）。

第二，根据培训大纲组织培训课程。组织课程的过程中，视学员数量的多少分成不同的教学班级，理论课程讲述可以采用集体授课的方式，讨论及参与式培训时，要分成小班教学。

第三，理论内容培训结束后，要对学员进行检查，即进行合格检验。检验分两个部分，第一部分为理论考查，第二部分为实务操作。

第四，考核结束后要安排学员进行实际的操作，即进行实习。实习的过程也要进行指导，并做实习记录，完成实习报告，定期进行经验的分享和交流。最后进行实习评估。

(2) 效果评估

对三级婚姻家庭咨询师培训效果的评估可以从几个方面进行，一是对教学内容的评估，包括二级婚姻家庭咨询师对自身培训的评估和学员对于教学的评估，这两方面是有机的整体，看双方是否对培训内容达到同一的看法。二是对教学方法的评估，二级婚姻家庭咨询师对自身采用的教学方法和手段进行评价，对采用这些教学方法和手段达到的效果进行评价，学员同样要对教学方法、手段和教学效果进行评价。三是对教学态度进行评价，由学员对于二级婚姻家庭咨询师的教学态度做出客观的评价。四是效果评估，通过学员的反映、培训中的氛围、学员的知识掌握情况和实际操作能力来体现教学的效果。

【案例 5—1】 运用角色扮演的方法进行教学

1. 介绍培训内容与方法

运用角色扮演的教学方法进行教学，承担培训的二级婚姻家庭咨询师要进行两方面的介绍：第一，要介绍本次课程的教学内容、教学目的。例如本次课程内容是三级婚姻家庭咨询师如何为求助者进行恋爱咨询还是如何进行亲子关系咨询；目的是提高三级婚姻家庭咨询师咨询的能力等。第二，要重点对教学方法进行介绍，解释什么是“角色扮演”的教学方法以及如何进行“角色扮演”教学。在此之后，承担培训的二级婚姻家庭咨询师就要根据教学内容进行具体的布置，安排角色及其关系。一般而言，如果培训内容是帮助三级婚姻家庭咨询师进行恋爱咨询的，就可以分别扮演婚姻家庭咨询师、男女恋人等角色；如果培训内容是帮助三级婚姻家庭咨询师进行亲子关系咨询，至少要有婚姻家庭咨询师、家庭里的父母子女等角色。

2. 邀请角色扮演者

在接受培训的三级婚姻家庭咨询师对本次培训的内容、目的和方法都清楚地了解的基础上，承担培训的二级婚姻家庭咨询师要进行不同角色扮演者的邀请。由于是在大庭广众下进行角色扮演，考虑到有的学员或多或少有一定的顾虑，邀请应尽可能以自愿为原则。

在邀请了不同角色的扮演者后，要给所有扮演者几分钟的时间让他们讨论人物关系，并各自对所要扮演的角色进行理解体验，但要注意提醒扮演者不可以事先一起“编写”脚本。

3. 角色扮演

请角色扮演者在配备有单向玻璃及录音、录像等设备的咨询示范教室，进行一定时间的角色扮演，模拟“咨询”过程。其他接受培训的三级咨询师作为“观察者”在单向玻璃另一边的观察室进行观察，并对角色扮演过程进行录音录像。如果培训地点没有这些设备，也可以在教室中安排、布置出简单的咨询室和观察室，以方便培训。

在这个阶段，承担培训的二级婚姻家庭咨询师要提醒“观察者”观察的重点是“婚姻家庭咨询师”而非“求助者”，观察的内容是“婚姻家庭咨询师”在咨询过程中表现出来的价值理念、工作方法、技巧等等。为了便于后面的教学，承担培训的二级婚姻家庭咨询师应在观察室一边观察一边把观察中看到听到涉及咨询师价值理念、工作方法、技巧的重要言行记录在黑板或白板上。

4. 讨论研讨

角色扮演结束后，承担培训的二级婚姻家庭咨询师要组织接受培训的三级婚姻家庭咨询师进行以下几方面的讨论和研究：

(1) 请“求助者”的扮演者谈“咨询”过程中的感受

这个讨论，一方面，可以帮助“求助者”释放在“咨询”过程中的情绪，另一方面，可以使接受培训的三级婚姻家庭咨询师了解和体会“婚姻家庭咨询师”的言行对于“求助者”的意义与作用。

(2) 对“婚姻家庭咨询师”在“咨询”过程中的言行进行讨论，指出优点和不足

这个讨论可以分两方面进行，承担培训的二级婚姻家庭咨询师一方面要邀请“婚姻家庭咨询师”谈谈自己在“咨询”过程中的感受、体会，自己哪些地方做得好，哪些地方做得不好，感到最困难的是什么；另一方面还要邀请“观察者”讨论在观察过程中看到、听到的“婚姻家庭咨询师”的优点以及不足，并把“婚姻家庭咨询师”和“观察者”的看法一一写在黑板或白板上。如果进行了录像录音，就可以重新播放，比较准确地找到“婚姻家庭咨询师”的优点和不足。

(3) 对找出的优点、不足进行归纳

应结合承担培训的二级婚姻家庭咨询师的记录，进行对照归纳。

(4) 分小组进行讨论

对归纳出的“咨询师”的优点，承担培训的二级婚姻家庭咨询师应进行充分的肯定，并加以强化。

这一阶段的另一个重点是对归纳出的问题组织重点讨论，可对所有问题、也可只对其中部分问题组织小组讨论。讨论的内容主要应围绕“如果你是婚姻家庭咨询师，面对这些问题，你的处理方案、应对方式方法和技巧是什么?”讨论的具体的方法可以是根据问题的个数来进行分组，即有几个问题需要讨论，就将接受培训的三级婚姻家庭咨询师分为几组，每组就一个问题进行深入的讨论，并发给每个小组一张大白纸和粗笔，要求小组对讨论后形成的一致意见进行记录。

(5) 各组进行汇报、总结

分小组讨论结束后，要进行各组的分享汇报，目的是使所有接受培训的三级婚姻家庭咨询师学习掌握正确的咨询理念与方法。具体可以分以下几步进行：第一，请一个小组的代表把本组讨论记录粘贴在黑板或白板上，并就本组讨论的意见加以介绍；第二，询问该组其他组员是否有补充；第三，请其他接受培训的三级婚姻家庭咨询师讨论该组意见的合理性，并进行补充；第四，承担培训的二级婚姻家庭咨询师进行补充讲解。直至所有的小组都汇报、总结完毕。

5. 课程总结

至此，这堂运用角色扮演方法进行的培训课进入尾声。这时，承担培训的二级婚姻家庭咨询师要对本堂课程进行全面总结。总结应集中于两方面，一是课程进行的过程，二是课程的主要内容，尤其要重复通过课程希望接受培训的三级婚姻家庭咨询师掌握的知识、方法和技巧等。

❖ 注意事项

1. 掌握一定的教育学、教育心理学知识

具备一定的教学、教育心理学知识，是有效组织课堂教学的基本要求，这样才能够最大程度地发挥教学方法和手段的作用，才能把知识更好地传授给学员。

2. 具备一定的课堂组织能力

具备一定的课堂组织能力，才能最大程度地调动课堂气氛，才能知道什么时候该应用什么样的教学手段进行教授。

3. 善于沟通

二级婚姻家庭咨询师要善于与学员进行沟通和交流，通过沟通和交流发现培训中存在的问题，及时调整教学进度和教学方法。

4. 能够接纳学员的意见

具有开放的胸怀是二级婚姻家庭咨询师必须具备的素质，要能够接纳来自学员的挑战，并及时改进培训方法，才能更好地完成培训任务。

本单元思考题

1. 以语言形式为主的教学方法主要有哪些?
2. 以实际训练为主的教学方法主要有那些?
3. 试述对三级婚姻家庭咨询师的培训程序。

学习单元 2　婚姻家庭咨询过程示范

婚姻家庭咨询师是一个实践性很强的职业，三级婚姻家庭咨询师仅仅通过理论学习很难提高咨询水平。因此，二级婚姻家庭咨询师应在实际工作中通过实习带教的方法，为三级婚姻家庭咨询师示范婚姻家庭咨询的全过程，使其在实践中体会、领悟并反思婚姻家庭咨询师的工作内容和方法。

本单元为二级婚姻家庭咨询师介绍了一些实习带教的方法，在提高他们对三级婚姻家庭咨询师进行分阶段系统训练和指导的能力方面十分有益。

学习目标

➢ 熟悉婚姻家庭咨询的过程

➢ 掌握示范咨询的知识

➢ 能够示范咨询过程

一、实习带教的知识

1. 专业实习带教的目标

实习带教的目标是使学员进一步理解巩固所学的理论知识，培养学员独立思考问题、独立分析问题、独立处理问题的能力和科学思维方式，掌握咨询的工作方法和过程，为成为一名合格的三级婚姻家庭咨询师奠定良好的基础。

2. 专业实习带教的要求

带教是带教者与学员之间“传道、授业、解惑”的活动，在培养一名优秀的三级婚姻家庭咨询师的过程中，带教者占有主导地位，因此对带教的要求也就是对带教者和学员的要求。

（1）对二级婚姻家庭咨询师的要求

只有高素质的二级婚姻家庭咨询师才能培养出高素质的三级婚姻家庭咨询师。带教的二级婚姻家庭咨询师是三级婚姻家庭咨询师专业实践的启蒙者，其素质的高低直接影响到带教质量。二级婚姻家庭咨询师不仅要自己进行婚姻咨询工作，同时还负有培训和指导三级婚姻家庭咨询师的职责。所以，作为带教者的二级婚姻家庭咨询师应具有高度的敬业精神和责任心。二级婚姻家庭咨询师不仅是知识的传授者，也是学员的榜样，他们的一言一行都会对学员起到潜移默化的作用，对学员以后的咨询工作、待人态度等都会产生重大影响。因此二级婚姻家庭咨询师要具备较高的理论素养，精通咨询技术，善于与人沟通，能够承担起带教的任务。

二级婚姻家庭咨询师应当是其学员的良师益友。由于三级婚姻家庭咨询师可能是刚刚获得职业证书但缺乏实践经验的人，也可能是多年从事婚姻调解的人，因此带教者要把握好度，既要做好培训工作，又要保证带教质量。这就要与学员建立良师益友的关系，以利于沟通并提高学员学习的积极性。

（2）对三级婚姻家庭咨询师（学员）的要求

接受培训的学员，一切要按照三级婚姻家庭咨询师的要求来为自己定位。要遵守婚姻家庭咨询师的职业道德，在实际的咨询实习中抛弃带教者讲什么就听什么的习惯，杜绝学习的依赖性，培养学习的主动性，同时要谦虚谨慎、诚实踏实、循序渐进、勇于实践、不懂就问，以便真正提高自己的专业能力。

二、实习带教的方法

婚姻家庭咨询师是一个新兴的职业，尽管实习带教的方法尚缺少借鉴经验，但它应该是一种能够在理论和实践上达到平衡，有利于学员获得成长的带教方法，使学员能够在理论学习的同时进行实践的学习，在实践的过程中验证和提升理论素养。

1. 带教者要善于计划与总结

二级婚姻家庭咨询师可以按照三级婚姻家庭咨询师职业标准的具体要求、实习时间及婚姻家庭咨询师本身的特点和培训教程上的相关内容来制订带教计划，以便带教工作能够有条不紊地进行。

同时总结以往带教中自己和学员存在的问题，分析研究出相应的解决方法，归纳出更好的带教方法。

2. 分阶段、循序渐进地进行实习带教

对于阶段的划分，可以根据学员的实际情况，因人而定、因材而定、因时而定。一般来说可以分为3个阶段：

（1）进入实习机构

这一阶段带教者应向学员简单介绍实习机构的运行现状和日常工作过程、内容和实习机构的时间安排，并提供实习的必要工具，如纸、笔以及完成资料整理用的计算机等，让学员熟悉各个环节的工作内容和要点，以及机构能给学员提供怎样的实习环境等。

（2）学习和模仿阶段

此阶段带教者要有意识地让学员接触实际的咨询过程（这个咨询过程可以是征得求助者的同意的现场咨询、电话咨询，也可以是教学录像片），并适当地提醒学员应当注意的地方。讲解相关的知识，与学员对咨询过程进行讨论和交流，将自己在日常咨询工作中所得的经验、知识传授给学员。在处理问题时，带教者演示、学员观看并用录像记录咨询过程，待咨询告一段落后，带教者在重播的过程中，讲解咨询中所用到的方法、技巧等，并与学员进行讨论和交流。咨询是个整体的过程，因此学员有疑问应当在演示结束后的讨论中提出。带教者要善于启发学员思考，激发其寻求信息的责任感，发挥其主观能动性，要给予学员自己动手进行咨询的机会，咨询过程结束后要进行点评和指导。

此阶段学员可以学习如何接待与求助者沟通的时机、如何初步了解求助者的信息、完成接案过程的知识。

（3）独立实践和发展

经过第二阶段后，学员一般都具备了独立解决问题的能力，所以从这一阶段起，带教者应该大胆放手，让学员独立实践、独立完成婚姻家庭咨询过程。碰到棘手的求助者，学员应该谦虚地向培训者请教或者进行转介。实践不仅仅是埋头苦干，要勤于思考，不断总结经验。

3. 咨询机构应尽量创造机会培训下一级婚姻家庭咨询师

培训内容可以是婚姻家庭咨询实务培训，也可以是婚姻家庭咨询原理介绍。三级婚姻家庭咨询师应该积极参与所在机构提供的相关业务培训。

婚姻家庭咨询师培训的实习阶段是从一名学员过渡到一个合格三级婚姻家庭咨询师的转变阶段，如何保证实习效率，使之适应日益变化的家庭关系、婚姻关系和亲子关系及多种婚姻家庭问题的咨询需求，是摆在二级婚姻家庭咨询师面前的重要课题，有待二级婚姻家庭咨询师及其他培训者齐心协力，上下求索，提高水平。

三、咨询过程示范要点

1. 咨询示范准备

（1）了解三级婚姻家庭咨询师工作的重点和难点

进行案例教学，要了解三级婚姻家庭咨询师工作中的重点和难点，针对重点和难点选择典型的案例，才能收到事半功倍的良好效果。

三级婚姻家庭咨询师工作的重点是：初次会谈时的准备；初次会谈、评估；确定咨询的重点、基本方案；并对一些案例进行咨询和辅导（需要借鉴教材中对三级婚姻家庭咨询师的要求）。

工作中的难点主要有：处理自己的焦虑与自信问题；如何将系统的理论运用到实际的咨询中去；如何打破咨询中的僵局；如何应对反向移情。

（2）选择示范的案例

作为示范的案例，要具有典型性、代表性；案例要新颖，要能够展现婚姻家庭咨询的技巧和方法。

（3）示范教室准备

进行示范的教室，要按照正规的咨询室的形式布置，包括桌椅的摆设、采光、饰物等，都要注意，以给学员以实际的体验和感受。

2. 咨询示范实施

咨询的示范，是要给学员展现将前面学习到的咨询原则、咨询要点、咨询技巧加以整合和连贯的完整咨询过程。因此示范的过程应当步骤明确、全面，一般选择一个案例，进行完整的分阶段咨询。示范实施前，要选择好求助者，二级婚姻家庭咨询师在真实的咨询过程中为学员提供示范。

（1）开始阶段

开始阶段是整个咨询的基础，这个阶段要完成三个任务：一是与求助者建立咨询关系；二是掌握求助者的资料；三是进行初步分析、鉴别和评估。

婚姻家庭咨询师必须与求助者建立信任、真诚、接纳的咨询关系，这种关系的建立有助于真实地了解求助者的情况，准确地判断求助者的意图，判断求助者问题及程度，寻找产生问题的原因，进而对问题做出正确的评估。

（2）解决问题阶段

这一阶段，又是指导与帮助阶段。该阶段需要完成三个任务：一是制定咨询目标；二是确定咨询方案；三是实施指导与帮助。

第一，制定咨询目标，就是制定咨询所追求的结果和所要达到的目的。目标的确定在咨询过程中有重要意义，它使咨询双方都清楚地意识到努力的方向，不仅要详细地制订实现目标的计划和步骤，而且可以在实施过程中根据目标对实施方案进行必要的调整。这有助于咨询双方积极投入，相互合作，使求助者看到希望，增强信心与动力，主动参与咨询过程。明确的目标将成为咨询评估的依据，求助者可以清楚地看到自己的变化，认识到咨询对他的意义，咨询双方也可以以此评价咨询方案的适用性和咨询的进展情况。

第二，确定咨询方案，包括咨询方案的选定、实施方法及具体计划。解决求助者心理问题的方法有多种，如“支持与安慰”“训练与学习”“暗示”“疏导与宣泄”等，每种方法对解决问题都有一定的针对性和相应的实施过程。确定咨询方案要明确：采用某种方法的目的是什么，该方法的实施要求是什么（即可以做什么，不可以做什么）；该方法能否达到预期目标；告知求助者必须对咨询过程有足够的耐心，任何方法都不能立即产生奇迹，改变是循序渐进的。

第三，在与求助者共同选择计划和制定方案后，进入解决问题阶段。不同的咨询方法有不同的要求和做法，可以灵活应用，多鼓励、表扬和支持求助者的积极方面，促使其积极行为的增长。或者通过解释，使求助者从一个新的角度认识自己的问题，提升求助者的自知力，促成问题的解决。在这个阶段婚姻家庭咨询师应当明确自己的角色是建议者、参与者和商讨对象。对于初学咨询的人来说要避免把婚姻家庭咨询师当做“救世主”。二级婚姻家庭咨询师要在示范中提示学员，要摆正自己的位置：婚姻家庭咨询师是通过角色行为为求助者创造自立、自治的外部环境，帮助求助者成为自己的治疗者，婚姻家庭咨询师不能代替求助者决定选择，而是引导、建议、启发求助者自己做决定。婚姻家庭咨询师自己必须要有清醒的认识，准确把握，在开始阶段向求助者说明，并在咨询过程中反复、适时地提醒和解释。

（3）巩固、结束阶段

经过前两个阶段的共同努力，基本达到预期目标后，进入巩固和结束阶段，该阶段要完成巩固效果和总结两个任务。

巩固效果的工作：婚姻家庭咨询师应当耐心地具体分析求助者取得的成绩，指导求助者真正认识自己的进步，说明已经达到预定的目标，暗示求助者咨询即将结束。婚姻家庭咨询师要与求助者一起对咨询过程进行回顾和总结，重新审视求助者问题产生的原因，以及因此而制定的咨询目标、方法和过程中出现的问题和进展，这样的总结有助于帮助求助者加深对问题的认识，明确努力的方向，并得到启发。最后婚姻家庭咨询师要指导求助者将习得的经验运用到日常生活中，并逐步稳定、内化这些观念、行为和能力，使求助者适应独立的环境。

咨询关系的结束不是立刻就可以完成的，要在咨询结束前提醒求助者，让其有结束时和结束后的心理准备。可以用暗示技巧或逐步结束的方法结束咨询关系。

以上咨询步骤二级婚姻家庭咨询师要给三级婚姻家庭咨询师以完整的示范，使其形成整体概念。在解决问题阶段，要穿插布置家庭作业的方法和技巧，给接受三级婚姻家庭咨询师培训的学员以直观的展示。

3. 讲解讨论咨询过程

对二级婚姻家庭咨询师的示范过程进行录像。示范结束后，二级婚姻家庭咨询师要对示范的咨询过程进行重点讲解，包括每个过程的主要任务、重点和难点，并加以技术指导。

接受培训的学员可以对示范过程提出疑问，由二级婚姻家庭咨询师进行解释，鼓励学员进行讨论，分析咨询过程中技巧、方法的应用是否恰当，表达同感、真诚等方法是否适宜等，二级婚姻家庭咨询师要做引导。

✣ 注意事项

1. 示范模拟咨询应注意的问题

二级婚姻家庭咨询师在进行示范模拟的时候要把示范看做真正的咨询过程，以婚姻家庭咨询师的身份示范，展现婚姻家庭咨询师应当具备的态度、技巧和能力。

接受培训的学员，应当在示范中学习咨询的过程、收集资料的方法、制定咨询方案的方法、解决问题的方法和结束咨询的方法等，并在观摩中反思这些方法和技巧，而不能把示范看做程式化的东西，使用哪种方法技巧要根据咨询的实际情况而定。

2. 示范真实咨询案例应注意的问题

二级婚姻家庭咨询师在示范真实的咨询案例时应当遵循保密原则。在操作的时候要隐去当事人真实的姓名和基本情况中涉及隐私的资料，借鉴其问题的框架来描述问题，而不是全盘照搬。

二级婚姻家庭咨询师要提醒学员，接触真实的案例，是为了让学员更好地掌握婚姻咨询的方法。案例仅仅作为课堂教学的内容，不得向第三方转述，也不可打听案例中当事人的信息。

本单元思考题

1. 实习带教的方法有什么？
2. 如何分阶段对三级婚姻家庭咨询师进行循序渐进的培训？
3. 如何为三级婚姻家庭咨询师示范婚姻家庭咨询的全过程？

学习单元 3　指导三级婚姻家庭咨询师进行案例分析

学习三级婚姻家庭咨询师课程的学员已经具备一定的婚姻家庭咨询的理论知识，但实战经验尚少，面对求助者复杂纷繁的处于动态和变幻中的问题，往往自信心不足，感到焦虑。这种状况对一个“新手”来说，是十分正常的。进行案例分析的目的，就是通过对典型案例或疑难案例的分析，帮助学员深入了解求助者问题的性质、产生的背景、希望达到的目标，探讨可能的解决方案与途径，提高婚姻家庭咨询师实际操作处理个案的能力。

学习目标

- 掌握案例分析的教学方法
- 能够运用案例分析帮助三级婚姻家庭咨询师提高能力

一、婚姻家庭咨询的相关知识

1. 婚姻咨询的概念

婚姻咨询又称夫妻咨询或弥合咨询，是指一对夫妻就他们的夫妻关系及婚姻问题为主要焦点而进行的咨询。婚姻咨询师的首要目标是促进二人健康的亲密关系，其责任是评估二人关系的状况，协助夫妻二人认识及觉察婚姻问题，促进二人改善现状，提升对未来的期望，指导夫妻二人学习新的相处模式和技巧。

婚姻关系在整个家庭系统中是唯一自选的系统。“自选”意味着当事人双方有较高的动力和投入感去参与这个系统的变化，同时也意味着双方可以随时自由进出这个系统，因此形成这个系统的不稳定性和脆弱性。由于夫妻的个人资源和价值取向不同，原生家庭的影响、对婚姻的期待，在婚姻中的实际贡献不同，以及家庭处于不同的发展阶段等，又形成各式各样难以调节的分歧与爱恨交织的冲突。反过来，这些分歧与冲突又被二人不同能力、动力和期望所制约，为个人成长经历或其他因素所操纵和牵引，使当事人剪不断理还乱，处于欲进不能，欲罢不忍的境地之中，因此需要咨询辅导。

2. 家庭咨询的概念

家庭咨询是以问题成员的症状为切入点，以调整夫妻关系问题为轴心，改善家庭成员之间的相处模式，促进家庭和谐为宗旨的团体咨询。

在西方，婚姻咨询与治疗的发展先于家庭治疗，但家庭治疗对婚姻治疗又有着重大的贡献。当前，在世界上最有影响的四大家庭治疗理论是：鲍恩的家庭系统理论、沙维雅的婚姻家庭理论、结构学派理论和叙事治疗学派理论。这些知识在基础课程中都已涉及，此处不再赘述。

3. 评估并制订咨询计划

“七步法”由美国圣迭戈大学婚姻和家庭治疗项目的学者创造，被业内人士认为提纲挈领，操作性强。无论对初学者还是有一定经验的婚姻家庭咨询师来说，都有很好的借鉴价值。在此，做一具体介绍。

（1）列出问题清单，确定问题关键点

婚姻家庭咨询师根据对求助者的摄入性谈话收集资料之后，必须对求助者当前存在的问题进行概括和反馈，确定问题关键点。然后和参与咨询的家庭成员共同商讨解决问题的优先顺序和次优先顺序。这样可以保证婚姻家庭咨询师和求助者双方心中有数，咨询针对性强，方向明确，也有助于求助者判断咨询进展和结束的时间。

（2）考查问题的由来，了解是否曾经或正在接受咨询

婚姻家庭问题，关键在于夫妻二人对家庭变迁，或者说，对家庭处于不同生命周期所必然遇到问题的适应力和抗逆力。所以，有必要了解家庭生命周期的相关知识，并且以此为框架，分析问题产生的原因。

了解是否接受过相关咨询，至少有两个方面的意义：一是通过询问求助者哪些咨询是有效或无效的，可以作为借鉴；二是了解咨询师所采取的咨询理论框架是否适宜，避免咨询中的阻抗。

（3）分析案例并应用 DSM-Ⅳ多维评价量表（临床障碍、人格障碍、一般医学状况、心理社会和环境问题、社会功能）进行判断。

美国精神病学会（APA）从 1952 年起制定《诊断与统计手册：精神障碍》(Diagnostic and Statistical Manual of Mental Disorders)；后来称之为 DSM-Ⅰ。随着精神医学发展迅速，经过无数次修订，在广泛征求各国，包括中国专家意见的基础上，DSM-Ⅳ于 1994 年 5 月正式出版。其对于美国的、甚至世界各国的精神病学家说来，不论对于临床工作、还是科学研究，都有很大意义。

婚姻家庭问题在有的人那里是问题，但在另外一些人那里，也可能就不构成问题。作为一个有机的生命体来说，人们的情绪、思想和行为，要受到许多因素的影响和制约。这里运用 DSM-IV 多维评价量表，主要是为了全面考查一个人的生理、心理、人格、社会环境和功能上处于何种状态，有无偏差；也可以了解和评估当前存在问题与求助者的关联及可能会造成的各种影响。

（4）确定咨询的长期目标

每一个求助者来咨询都有具体的希望和要求，但希望与要求并不一定是咨询目标。一个有效的咨询目标应该具体、可行、积极、可以评估、双方都可以接受，是在一定理论框架指导下，连接长期或终极目标、有明确指向的具体目标。因此，制订咨询计划必须确定长期目标。

（5）选择咨询模式、评估指标和干预方法

通过问题清单和确定长期目标，婚姻家庭咨询师已经有了基本的判断，这时就可以根据自己的经验来确定咨询的理论构架。然后，再依据理论构架的规则或线索确定相应的评估工具和干预方法。需要指出的是，

各理论构架虽然都提出了一些干预方法，并且在实际操作中也是有效的，但婚姻家庭咨询师不一定局限于此，也可以根据情况灵活运用其他方法。

（6）决定咨询时间的长短和频率

咨询时间长短往往受很多因素的制约，在设定咨询目标时，必须考虑合理的时间安排。当原定的阶段性或短期目标基本达到时，必须结束咨询，如果有新的问题，或希望进一步深入咨询，可以双方另外再商定咨询计划。关于频率，是一周一次，还是两周一次或一周几次，可以根据问题的性质决定，如危机干预，初期应该一周几次，以便于控制；长期治疗的最后阶段，应该适当延长咨询周期，以便解决求助者的依赖，顺利结束咨询。

（7）考虑是否需要实施转介

有几种情况需要转介，一是咨询过程中婚姻家庭咨询师无法处置反移情，经过努力仍无法与求助者达到较好的匹配，以及对咨询过程中发生新的问题感到力不从心，那么，比较明智和负责任的办法就是转介；再就是提供社会资源和信息，求助者和参与咨询的家庭成员中如果有酗酒、药物或毒品依赖，或者是精神疾患，需要转介相关的机构进行医治。

二、案例教学的相关知识与方法

案例教学在婚姻家庭咨询的学习中，有着十分重要的意义。

案例分析教学法，按照德国教育家 W. 克拉夫基的观点，是指“让学习者从选择出来的有限的例子中主动地获得一般的，更正确些说，或多或少可作广泛概括的知识、能力、态度；换言之，让他们获得本质的、结构性的、原则性的、典型的东西以及规律性、跨学科的关系等。借助这种一般的知识、能力、态度，就多少能理解并解决一些结构相同的或类似的单个现象和问题。”

案例教学涉及三个基本要素。

1. 教学案例的精心选择和设计

（1）设计和选择的案例应尽可能与一定的理论框架相联系

可以应用并集中体现某一重要疗法，如家庭系统理论或结构疗法等。

（2）案例本身具有深度和综合性两个特点

“深度”强调的是对问题的连续过程及其深层因果关系进行“透视”；“综合”是强调案例本身具有多侧面、多层次、动态性。只有在这种复杂案例的基础上找到一些重要的结论，才能达到提高学生分析问题和解决问题的能力。

2. 二级婚姻家庭咨询师在案例教学中的角色定位

在案例教学中，指导者应该做的主要工作是：

（1）了解案例的数据、事实细节，并熟悉相关的材料。

（2）事先进行周密的教学准备并提出一系列问题用来引导讨论。

（3）讨论时认真听取学员的发言。

（4）有效地鼓励学员参与讨论。

（5）控制课堂讨论。

指导者要使每一个学员都有机会参加讨论，保证讨论范围不偏离主题，让针锋相对的观点能够表达出来。同时，使学员的讨论激烈但又富有理性，比如要制止学生在下面窃窃私语等。

3. 案例教学中对学员的要求

学员首先必须具有一定的基础知识和实践经验。这里的基础知识，首先是指理论知识，即对某种咨询理论的基本框架、基本概念、基本方法，有一定程度的掌握。其次，要有积极的学习态度和探索精神，主动围绕案例与其他学员相互讨论、交流，陈述与辩护自己的观点，评论、发展、支持他人的观点等。

三、案例分析教学要点

1. 案例教学的准备

案例教学的准备包括教与学两个方面：

二级婚姻家庭咨询师在精心选择案例后，要将其制作成演示文稿，提前或届时演示；也可以根据条件在课堂上讲述或提前印制材料发到学员手中，并推荐相关参考资料。

案例教学中有很多变数，难度远大于理论和文化知识的传授，挑战和风险也大，所以，事先一定要做好充分的案头准备。

对学员来说，首先是认真阅读案例。先粗读，获得求助者个人和家庭基本信息和对问题的基本概念；再精读，彻底了解案例中提供的事实、信息和数据，抓住最关键的问题，切忌只见树木不见森林。同时，还应进一步阅读和查找二级婚姻家庭咨询师推荐的相关资料或根据自己的判断查找相关资料与信息。其次是进入角色。在掌握案例的各种细节与数据之后，把这些数据加以整合，以二级婚姻家庭咨询师的身份，切实进入临阵状态去考虑问题。如怎样建立关系，咨询的长期和阶段目标是什么，从哪里切入，采取何种理论构架和干预技术，最后达到何种效果，如何进行评估等等。

案例教学在方法上以分小组讨论和全体集中汇总为主要形式。因此教室内的桌椅可以摆放成几个圆桌，以便于分组活动，大组集中讨论时可以摆放成马鞍形或 V 字形，让汇报者和二级婚姻家庭咨询师站在中间，面向每一个人。

2. 案例教学的操作

（1）二级婚姻家庭咨询师先向全体学员集中介绍案例教学法的背景、方法和特点、应注意的问题和应用此法的效果，以使学员了解并进入角色。

（2）将学员分成小组

一般 6～8 人一组，先自我介绍，互相认识并熟悉，以培养友好轻松的工作氛围。然后，各组选出组长、记录、汇报者各一人，由组长负责主持讨论。

（3）学员以小组为单位阅读熟悉案例内容，并对案例内容向二级婚姻家庭咨询师进行质询。

（4）各组讨论研究案例

针对案例提出问题清单、长期目标、理论构架、干预方法等。

（5）各组讨论完善咨询方案并抄写在大白纸或白板上。

（6）将各组方案张贴在墙上。

（7）全体集中，各小组选出的汇报员代表本组陈述咨询方案。

（8）其他各组对方案进行质询，并表达自己的不同观点。

（9）二级婚姻家庭咨询师进行归纳总结。

3. 案例教学中应注意的问题

在案例教学中，指导者的主要任务就是“启发”“引导”，让学员充分调动起来，深入思考和相互间观点碰撞。

（1）由于案例是从实际工作中收集的，学员一般无法通过有限的文字描述了解全部背景和内容，因此，二级婚姻家庭咨询师在发放材料后，应详细说明并接受质询，以确定学员对材料的掌握正确无误。

（2）各组提出最佳方案时，如发现没有新意或有偏差，二级婚姻家庭咨询师应及时加以引导和提示，促使其深入思考。

（3）在小组汇报时，引导其他小组提出质询，并阐明自己的不同观点，以互相激发碰撞。

（4）二级婚姻家庭咨询师进行总结时，既要对各组的优劣进行点评，又要旁征博引对个案的解决策略进行剖析，做一个完整的示范。

【案例 5—2】案例分析演示——发现丈夫出轨之后

✣ 案例描述

求助者张女士，32 岁，某重点中学高二年级班主任。一个月前，她在学校收到一个邮包，里面是一件连衣裙，与丈夫王先生夏天去英国出差时给自己带回来的一模一样。打开来，发现里面还有一张精美的淡绿色的卡片纸。她拿起一看，顿时吃惊得瞪大了眼睛，画面正中是一男一女正在鲜花簇拥中亲吻，下面的字体明明也是丈夫的。抬头是“最最心爱的花雨”，落款是“你的丝路”，内容是“想你，爱你，脑子里满是你的音容笑貌。你 28 岁生日即将来临，不能在你身边，多么遗憾！这是我在英国跑了好几家商店才选中的裙子，就让它在生日那天替我陪伴你，紧紧地拥抱你……”

尽管张女士早就有所猜疑，可还是被这突如其来的邮包打懵了。

以前，面对种种蛛丝马迹，她担心是自己神经过敏，也想到对丈夫是“推”还是“拉”，现在，一切都证实了，自己到底该怎么办？

当天晚上，还没等她想好怎么说这件事，丈夫却把她叫到书房，说有事要商量。他说是他不好，对不起她，但现在一切都结束了，就因为他坚决与那个女人断绝来往，对方才采取了这样的举动。

同学 4 年，她知道丈夫不是那种轻浮的人，可情书上写的那“最最心爱的”，“紧紧拥抱”等等，又如何解释？丈夫只说那个女人如何如何，但他自己在其中该负什么责任？毕竟是 30 多岁的男人，是有妻子、儿子的一家之主，难道一个“醉酒之后控制不住”就可以了结的吗？那么，以后呢？还会不会再发生“控制不住”的事？

最可怕的是，连最可信任的人都可以做出这样的事情，这个世界上还有谁可以相信？

她知道自己对丈夫也有疏忽，儿子出生之后，一心只在儿子身上，休完产假后上班，又把许多精力花在工作上……可这时，丈夫也应该更体贴关爱自己呀，凭什么要出去拈花惹草呢？

可真要分手，她又痛彻心扉。看丈夫后悔不迭，一副知错认错的样子让她于心不忍。只要他能真正回心转意，像以前一样好好过日子，自己就咽下这杯苦酒，原谅他这一次感情走私吧。

然而，这一页并没有像她想象的那样，很快就能翻过去。她怎么也摆脱不了那个女人的阴影，情书上那些肉麻的话，老是响在耳边；还有那条裙子，总是在她眼前晃。有一次，她在梦中还看到一个没有头、没有手脚的怪物，穿着那条裙子得意地扭来扭去……一气之下，她把那条裙子绞成了碎片，扔进了垃圾筒。

她开始常常失眠、头痛，胃口不佳，一下消瘦了五六斤。原先她有空就把家里收拾得一尘不染，现在她觉得家里到处都是那个女人的影子。想到丈夫去英国的那次，除了裙子，还给自己买了一双皮鞋，一瓶香水。后来，他还去过意大利，给自己买了一件风衣和一个皮包。她心里嘀咕，那个女人会不会也有一份？总不能把它们都扔掉吧，可看着那些东西，她心里就恶心，气不打一处来。

丈夫变得小心翼翼，甚至有些诚惶诚恐。过去，他回来晚，说一声也就罢了。现在，说过之后还有意无意地提出证明人。出差时更是每晚必来电话，详细报告日程。他殷勤了，她觉得他虚假；他冷漠时，她又认为他与自己离心离德。夫妻生活呢，以前是自然而然，和谐默契；现在他似乎是想证明什么，变得逢迎和做作。而她总是能从他身上嗅到那个女人的气味，看到他和她亲热时的情景。后来，两个人索性谁也不能再碰谁……

自打出事，家里似乎再没有欢声笑语，连4岁的儿子都觉察出来了，有一次儿子很认真地问："你们老是不高兴，为什么呀？"她抬起头看丈夫，丈夫也正看着她。

静下心来想想，她真的好害怕，再这样下去，不用那个女人离间，自己就会把自己的生活断送了。

又一次彻夜失眠之后，她哭着要求丈夫，和她一起去做婚姻咨询。丈夫犹豫再三，最后终于答应下来。

✣ 分析与建议

1. 了解分析案例特点与类型

在婚姻家庭咨询中，因发生婚外情或怀疑对方有婚外情而导致夫妻激烈冲突的占了相当的比重。这是因为，与婚外情相比，家庭中的任何问题如经济纠纷、子女教育、亲子沟通、婆媳关系等，都不具备如此巨大的颠覆性和杀伤力，以至于当事人，特别是被抛弃和伤害的一方惊慌失措，产生强烈的求助动机。北京红枫妇女心理咨询热线的统计也说明了这一点。求助者电话中，婚姻问题高居榜首，占总数的 20.1%。在引发婚姻问题的 10 项主要原因中，丈夫有外遇的占 48.34%，妻子有外遇的占 14.81%。也就是说，外遇原因共占 63.15%。

一般来说，来咨询婚外情问题的大致有以下几种类型：一是一方心灰意冷，寻找到感情出路，另一方发现后感到屈辱愤怒，心有不甘；二是过错方对情人和配偶都难以割舍，如何让其回到配偶身边；三是过错方出轨后浪子回头，配偶难以接纳，婚姻处于危机状态。

对婚姻家庭咨询师来说，比较容易处理的是第一种，求助者单方咨询，通过婚姻回顾和评估，引导其“爱必须自尊”，正视离婚问题，争取属于自己的合法权益，妥善安排今后生活。第二种比较棘手，婚姻主动权在有婚外情的一方，仅靠求助者单方努力，一是很难从根本上改变互动模式，二是处于危机和强烈情绪之中，即使有改变，效果也往往不佳。比较奏效的办法是后退半步，抑或分居，给对方反省的空间；第三种情况即以上所呈现的案例，属于慢功细功，对咨询师的能力和水平是个比较大的挑战。

本案例属于“浪子回头”型婚外恋，有利条件是双方都有较强的咨询动机。咨询目标和方法，首先是对受伤害一方充分的共情和让其情绪宣泄；第二是双方对婚姻中存在问题和导致婚外恋原因的清理和认定；第三是重建信任和亲密关系，包括认知重构、处理伤心和屈辱、学会忘却、汲取教训、激活爱情等。

2. 制订初步咨询计划

根据“七步法”，制订初步咨询计划如下：

第一步：列出问题清单

(1) 妻子发现丈夫婚外情后十分震惊，继而抑郁，经常哭泣。

(2) 情书和裙子变成对妻子的强烈刺激，并使妻子逐渐泛化到看见丈夫出国时买的东西和丈夫本人，感到愤怒、恶心。

(3) 丈夫内疚自责，变得诚惶诚恐，逢迎和做作。

(4) 家庭气氛紧张，影响到 4 岁儿子。

(5) 夫妻目前已经没有性生活，“谁也不碰谁”。

主要问题为丈夫婚外情引发夫妻关系紧张，优先顺序为情绪障碍。

第二步：考查问题的由来以及曾经或正在接受的咨询

问题由来：

(1) 家庭处于“接纳新成员进入二人系统”阶段，妻子一心只顾儿子，丈夫感到被冷落忽视。

(2) 产假后上班，妻子的许多精力花在工作上，不堪重负。丈夫加倍失落，形成感情缺失。

(3) 丈夫在一次醉酒后，经不住诱惑，与一位对自己早有好感的同事发生性关系，继而发展为婚外情人。

是否接受过相关咨询：无

第三步：应用 DSM-Ⅳ 多维评价量表进行诊断

(1) 临床障碍：妻子抑郁心境型适应障碍。

(2) 人格障碍：无。

(3) 一般医学状况：妻子无病史，近一个月来经常失眠、头痛，胃口不佳；丈夫无病史，近一个月来失眠，情绪低落。

(4) 心理社会和环境问题：双方均有一定的社会心理压力。

(5) 社会功能：无重大影响。

第四步：确定咨询的长期目标。

(1) 提高夫妻双方对自己在家庭中多重角色的意识。

(2) 培养夫妻之间有效的沟通技巧。

(3) 重建相互信任的夫妻亲密关系。

第五步：选择咨询模式、评估指标和干预方法。

(1) 咨询具体目标与模式

婚外情的发生，主要原因是丈夫不能适应家庭生命周期变化并承担为人父的角色，与妻子同舟共济分担家务，而是囿于个人情感和抚慰需求，在情感饥渴之中，与主动示爱者一拍即合。

妻子早在怀孕伊始就产生母亲意识，并在身体和精力上，包括工作事业上付出许多努力和牺牲，她自然需要丈夫更多的支持和关爱；同时也会影响到她履行妻子的职责，因此，她对夫妻关系和家庭功能缺失也要承担一定的责任。

本案具体咨询目标为：协助双方解决婚外情后遗症，改进夫妻适应问题模式，重建信任和亲密关系。

主要采取心理分析法和行为疗法：即着重于让夫妻双方理解对方的

妻子因怀孕而滋生母亲意识，本应同时承担起父亲责任的丈夫，却因妻子一时多关注孩子而向外寻求感情慰藉，这不能不说是我们现有文化的缺失。这一点，也是与妻子共情的关结点。

情感需要，并通过深层的分析，与各自童年的特殊体验相联系，对双方的情感关系做出评价，调整各自对另一方的期望值。在此基础上，处理“婚外情后遗症”，协助夫妻双方找出各自需要调整的行为，采用操作性人际关系技术，进行演练和矫正，并对正向行为予以“奖励”“强化”。

(2) 应该参加咨询者

夫妻双方

(3) 评估工具

婚姻顺应性测试（Locke&Wallace1959）、双向顺应性量表（Spanier，1976），或婚姻满意度评估（Sunder，1979），可以全面了解夫妻关系中存在的各种压力水平，以及夫妻冲突集中在哪些方面，如财政、性爱、家务等。

(4) 干预方法

1) 运用空椅技术分别引导双方进行情绪宣泄（妻愤怒屈辱，丈夫内疚自责）。

2) 运用家谱图寻找童年特殊体验，分析和调整双方对另一方的期望值。

3) 运用认知重构技术，处理“屈辱”感受和信任缺失。

4) 举行仪式，让发生婚外情一方郑重向对方道歉，并指出其被原谅尚需一定的时间。

5) 界定家庭中各自所承担的多重角色的责权利。

6) 通过角色扮演等学习有效的表达需求的方法，改善沟通方式。

7) 运用改善夫妻关系十法演练并重建夫妻亲密关系。

①记住对方的穿戴尺码；

②记住对方及其家人的生日；

③记住对方的饮食习惯；

④支持对方的业余爱好；

⑤尊重对方的亲朋好友；

⑥多鼓励、多表扬；

⑦试着改变一下称呼；

⑧男人也要做家务；

⑨经常更新自己；

⑩保持适度、和谐的性生活。

第六步：决定咨询时间的长短和频率

每周一次，每次 1.5 小时，共 8～10 次。最后两次可相隔两周，在三个月左右完成。

第七步：考虑是否需要实施转介

此案例无酗酒或药物毒品依赖，妻子精神抑郁属于心境型适应障碍，随咨询深入，夫妻关系改善可以明显好转，暂无必要转介。

3. 案例咨询中的要点

(1) 充分的共情与情绪宣泄

此案例问题表现在婚外情，实质上是妻子过多关注孩子和工作，导致丈夫产生被冷落被抛弃感觉，形成感情真空。但是从妻子的角度看，她抚育幼儿，又拼命追赶工作进度，已经不堪重负，恰恰是需要丈夫关爱体贴，挑起为人父的担子，助一臂之力的时候，丈夫却背叛于她，可想而知，她心里的愤懑、不平该是多么强烈。面对受伤害一方，婚姻家庭咨询师必须进行充分的共情和让其情绪宣泄，否则咨询干预很难顺利进行。

(2) 挑战传统家庭角色和社会刻板印象

社会性别视角在很多涉及夫妻关系的咨询中是一个新的，也是十分有效的利器。

传统家庭角色是男主外女主内，妻子要更多照顾关爱丈夫。所以，有数据表明，妻子怀孕哺乳期间，是丈夫婚外情的多发期之一；妻子过多忙于工作，或社会地位经济收入强于丈夫，是丈夫婚外情的重要原因之一。另外，社会上普遍对男性婚外恋持宽容态度。那么，如何评价妻子的努力和付出，如何适当把握分寸感，使妻子在心力交瘁之中还能看到自己的不足并调整自己，对婚姻家庭咨询师来说，是一个比较大的挑战。当然家庭角色的调整最终有利于减轻妻子的负担，并加深夫妻的亲密感，但这是调整之后的结果，前提条件还是要调整自己。

咨询师首先要对自己对于男女的社会分工和家庭角色持何种态度有所评价，是传统的因循守旧型，还是推进社会性别平等的科学发展观；其次，如何用恰当的方式表达，既挑战传统观念，又使当事人易于接受；第三，在二人关系中保持客观中立，也是一个重要的问题。鲍恩家庭治疗学派曾经这样描述过：忽略性别歧视的婚姻治疗，就好像在即将沉没的“泰坦尼克号”上没有足够的救生船。

4. 咨询效果评估

本案例开始时曾经用过的婚姻顺应性测试、双向顺应性量表，或婚姻满意度评估量表，结束时仍然可以使用，两组数据进行对比，就可以看出咨询效果是否显著。另外，也可以通过夫妻双方的语言和非语言行为，以及咨询师的自我评估进行。

【案例5—3】怎样纠正儿子小强的“多动症”

✣ 案例描述

姚女士带着正在上小学三年级的儿子小强来咨询，要求纠正儿子的“多动症”。

婚姻家庭咨询师问她，你为什么认为儿子是多动症呢？她说是老师说的，但她根据老师的建议，去儿童医院为儿子做了各项检查和化验之后，结果是“需进一步观察，待确诊”。医生给开了一些药，说“必要时服用”，搞得她云里雾里不知怎么回事。后来请一位朋友帮忙找人看了看，说各项指标基本正常，好像不能算是“多动症”，朋友建议她找婚姻家庭咨询师试试。

姚女士原先在老家村办服装厂打工，后该厂倒闭，姚女士就在家看小强，与婆婆一起养鸡。婆媳之间常为家务口角。后来，姚女士不顾丈夫劝阻，在小强6岁时，来到北京郊区与一直在这里当建筑工人的丈夫团聚。

姚女士来城里后，见丈夫早出晚归，还有时在工地值班彻夜不归，加上人生地不熟，生活拮据，感到十分孤独寂寞和失望。最叫她焦急万分的是，儿子上学到处碰壁。本来也没想去什么重点或公办学校，只在住家附近的农民工子弟学校就行了，但去了之后，儿子在班上“大闹天宫”，上课时边玩玩具边出怪声，不停地晃动桌椅，揪前后女生的头发……老师让他在前边罚站，他就做鬼脸；让他出去，他不停地敲门敲窗户，谁都拿他没有办法。老师屡次找家长无效，最后勒令退学。

小强自己说同学和老师对他不好。可到了新学校，有了“多动症”的说辞，他更加变本加厉，据说是为了排铅，他常常抱着一个大瓶子喝水，喝完后就大喊“老师，我要撒尿！”一堂课喊五六次是常事。老师提问，他如果举了手没有叫他，当时就站起来抗议：“你为什么不叫我？”能到这所学校上学，是托了一位老乡，老乡在学校是教导主任，老师无法讲课就找教导主任。小强见到应该叫爷爷的这位长辈，依旧大模大样地坐在课桌上，劈头就是“你干什么来了？你算老几呀?”……

新学校的老师说他智力还好，喜欢画画，曾经想尽各种办法，比如表扬，给他结对子帮助他，让他当小组长带队回家等等，只是当时好一点，效果极其有限。

小强的父亲说是姚女士把儿子惯坏了，应该严加管教，见儿子就吹胡子瞪眼，常常因为一点小事便大发雷霆……小强见了父亲就离得远远的，夜里经常从梦中惊醒，吓得又哭又闹，使劲往姚女士怀里钻，姚女士为此气得与丈夫不知吵了多少次，觉得这日子简直就没法再过下去了……

现在，姚女士一听手机响，就紧张得心跳不止，担心又是学校不要小强了。

✣ 分析与建议

这个案例为人们勾画了一个典型的无法无天、自我为中心的“小霸王”形象，还有一对各执己见，吵得不可开交的父母。

问题何以成为问题，何以在此时此刻成为问题?

运用家谱图去看，脉络十分清晰：姚女士丈夫不在身边，婆媳不和，生活中孤独寂寞，无处排解。当姚女士有了孩子，就下意识将全副精力投放在孩子身上，同时投放的还有自身的渴求与惶恐。她加倍呵护，唯恐有何闪失，因情绪张力过大，纠缠过紧，孩子无法发展自主的成熟性格，因此不懂规则，极端自我，成为一个无法被学校和同学接纳的“小霸王”。

走进学校的“此时此刻”，孩子才刚刚是从母亲怀里出来，与他人和社会交往的开始，孩子迈出的第一步必然会出现问题。因为这个9岁孩子的社会化，还停留在婴幼儿的水平。

父亲对孩子的粗暴管教，与母亲的溺爱形成强烈反差。但是并没有解决孩子的根本问题，即自我与他人的分界、社会交往规则上，有任何的进展。

1. 制订初步咨询计划

结合案例，根据“七步法”，制订初步咨询计划如下：

第一步；列出主要问题清单

(1) 儿子在学校上课时自我中心，随心所欲，易分心，多动，冲动，没有纪律和规则的概念，不服从老师管教，遭到同学冷落和拒绝，被视为严重违纪的问题学生而退学。

(2) 儿子换到一所新学校后，因被贴上“多动症”标签，不遵守纪律的行为加剧。

(3) 父亲简单粗暴，打骂儿子，指责母亲惯坏儿子。

(4) 儿子因父亲打骂而受到惊吓，与父亲关系疏远。

(5) 母亲十分焦虑，时刻担心儿子被学校拒绝。

(6) 儿子的问题行为引发父母持续争吵和激烈冲突。

(7) 母亲对生活失去信心。

第二步：考查问题的由来以及曾经或正在接受的咨询

问题由来：

(1) 母亲与儿子过度纠缠

母亲因丈夫远离，婆媳不和，有了儿子之后，将全部感情投放在儿子身上。因内心惶恐缺乏安全感，母亲对儿子过度呵护，百般纵容，唯恐有任何闪失，使儿子自我中心，随心所欲，没有形成等级和权威概念，不懂自我与他人界限，不懂社会交往规则。

(2) 母亲与儿子来到城市与丈夫团聚，一家三口均适应不良。

(3) 父亲恨铁不成钢，急于求成，态度粗暴，使儿子受到惊吓。

(4) 父亲“把儿子惯坏”的指责，引发母亲委屈和心理防御。

(5) 持续争吵与冲突造成夫妻关系紧张。

是否接受过相关咨询：

(1) 曾经带儿子去医院检查有无多动症，没有得到明确答复。

(2) 没有进行过婚姻或子女教育咨询。

第三步：应用DSM-Ⅳ多维评价量表进行诊断（临床障碍、人格障碍、一般医学状况、心理社会和环境问题、社会功能）

(1) 临床障碍：儿子注意缺失，多动障碍。

(2) 人格障碍：儿子品行障碍型适应障碍。

(3) 一般医学状况：母亲无病史，近几个月来心情抑郁，情绪低落，失眠，食欲不佳；父亲无病史；儿子因父亲打骂，有时从梦中惊醒哭叫。

(4) 心理社会和环境问题：母亲社会心理压力大。

(5) 社会功能；父母无影响；儿子社会交往和沟通能力低下，不能适应学校生活和同学间交往。

第四步：确定咨询的长期目标

(1) 在家庭中建立夫妻轴心系统，共同面对儿子的问题。

(2) 夫妻间学会有效沟通，减少或消除紧张与冲突。

(3) 儿子的不良行为减少或消除。

第五步：选择咨询模式、评估指标和干预方法。

(1) 咨询具体目标与模式

本案例具体咨询目标为：

1）家庭关系由（母子）＋父亲⟶（丈夫＋妻子）＋儿子。

2）母子之间摆脱过度纠缠，重建安全依恋关系。

3）父母建立联盟，一起制定明确的管教儿子的原则与方法，并共同遵照执行。

4）矫正儿子不良行为。

主要采取家庭结构疗法和认知行为疗法。

(2) 应该参加咨询者

夫妻双方和儿子。

(3) 评估工具

家庭结构图，英国心理学家汉斯·艾森克的儿童人格测评或小学生自我认识问卷。

(4) 干预方法

1）绘制并解释家谱图，使夫妻双方认识儿子问题主要原因之一在于母子过度纠缠，夫与妻疏离，父与子及母与子之间严重失衡。主要原因之二是儿子成长过程中父亲角色“缺位”，没有承担起应有的职责。原因之三是夫妻长期分居，母亲对儿子只养不教，没有权威、等级和规则，家庭运作功能欠缺。

2）引导夫妻面对并解决彼此在对待儿子问题上的不一致。

3）讨论并确立有效教养原则和行为限制的方式。

4）在咨询中，一是协助母亲与儿子进行心理断乳，二是帮助这对夫妻找到有效的途径和方法，使儿子提升认知水平，培养自我控制能力，减少和纠正不良行为。

第六步：决定咨询时间的长短和频率

每周一次，每次1.5小时，共8～10次。

第七步：考虑是否需要实施转介

在咨询开始时，应建议夫妻带孩子到儿童医院进行相关检查和测试，以排查器质性或精神性疾病。同时，根据咨询进展，这样做也有利于在必要时配合药物治疗。

2. 案例咨询中的要点

(1) 婚姻家庭咨询师要做夫妻之间沟通的桥梁

这里夫妻双方都有一个适应问题。一方面，姚女士多年含辛茹苦独自抚育儿子，对与丈夫团聚、对城市生活满怀期待。但来到丈夫身边，却是丈夫的早出晚归和生活拮据。另一方面，丈夫生活压力骤然增加，对“不顾劝阻”而来的妻子和严重不良行为被学校屡屡拒绝的儿子，一时无以应对。各有苦衷的双方，本来就不善于沟通，又因对儿子管教的不同态度与方式，发生激烈冲突。所以，咨询中，婚姻家庭咨询师要敏锐地理解这对夫妻各方的行为、情感和经历，并充当“翻译”使其“正常化”，以引导双方调整期望值，认识彼此的不同点，促进相互理解和接纳。比如，母亲对儿子的纵容，可以翻译为，父亲不在家，母亲加倍呵护；母亲孤独寂寞，情感过分投入；母亲文化程度低，不懂怎样教育孩子。当然，“纵容”总归是不妥的，但是“正常化”之后“可以理解”的基础上，再做调整和矫正，就比较心平气和容易接受了。

积极赋义，是化解夫妻敌意，进行有效沟通的一个桥梁。

(2) 引导夫妻双方找到帮助孩子的有效途径和方法

对孩子行为治疗的步骤，主要是训练其采用合适的认知活动，改善注意力，克服分心；其次是通过特定训练程序，减少其过多活动并纠正不良行为，培养其自我控制能力。当孩子行为趋向良好时应及时予以肯定、表扬，以增强其自信心。

由于经济条件、文化和认识水平所限，父母在最初效果比较明显的阶段过后，容易产生急躁情绪。所以，婚姻家庭咨询师重要的是帮助这对夫妻寻找到基本的途径和方法，并通过训练加以强化直到熟练掌握。要引导其有长期计划和阶段性指标，同时重要的是，对孩子进行教育，要不断改善方式方法，循循善诱，切忌粗暴批评、讽刺打骂等损害孩子自尊心的不良做法。

(3) 妥善处理在孩子教育过程中的父母角色和投入

孩子问题产生的原因主要在于母子纠缠过紧。所以，婚姻家庭咨询师要有意识地引导母亲适当退后，父亲更多进入。“退后”指的是母亲情感上少一些投入和关注，在训练习惯和纠正不良行为时，坚持既定方针，不要轻易让步。父亲早出晚归，可以用周末时间，或在平时有限的时间提高利用率，多做表扬和强化。

(4) 善于运用社会资源

孩子的问题行为主要表现在学校，所以要加强与学校特别是班主任老师的联系，与学校配合，共同帮助孩子，效果会更好。学校现在一般都设立了心理咨询室。父母可以先与班主任老师或咨询老师讲清情况，再带孩子与老师会面，当着孩子的面“轻描淡写”进行引荐和嘱托，以保护孩子自尊心，使孩子与老师很快建立信任关系。

3. 咨询效果评估

从夫妻关系自我评价、孩子不良行为减少上，可以衡量。也可以采用家谱图、艾森克儿童人格测评或小学生自我认识问卷进行评估。

注意事项

1. 为三级婚姻家庭咨询师作案例分析时，须选择具有代表性的案例。

2. 在案例分析中要突出问题的重点和脉络，不要追求面面俱到。

本单元思考题

1. 夫妻关系在整个家庭系统中的位置与特点。

2. 简析案例教学中的三个要素及基本要求。

3. 根据“七步法”对案例进行分析并制订咨询计划。

王女士今年 30 岁，是一家公司的会计，刚结婚就怀孕，4 年来，她几乎把全副精力都放在养育孩子上。王女士本来一直认为夫妻感情还不错，靠自己的努力，夫妻俩从一无所有到有车有房，现在丈夫开了一家装修公司，经济效益稳定。谁知这时候丈夫却偷偷有了情人。在一年多的时间里，丈夫早出晚归，有时还夜不归宿。每次王女士都相信了他的解释，直到丈夫的情人给王女士打电话让她离婚时，王女士才如梦初醒。想到多年来对丈夫的信任和依赖，原来都建立在他对自己的欺骗上，王女士就心如刀绞。后来，丈夫良心发现，为了孩子回家了，但两人的感情却再也回不到从前。王女士很痛苦，失眠、厌食，体重一下掉了十几斤。离婚吧，王女士觉得割舍不下；不离婚，又难以接受丈夫出轨的事实。现在，只要丈夫一碰自己，她就浑身起鸡皮疙瘩。王女士知道这对丈夫也是一种折磨，他常常一言不发，闷头抽烟。王女士不知道这样的局面还能延续多久，两个人都感觉快要崩溃了……

第 2 节　指　导

学习单元 1　审查和指导三级婚姻家庭咨询师的咨询计划与方案

婚姻咨询的过程，是婚姻家庭咨询师与求助者十分复杂的互动过程。因此，制订一份科学并尽可能精确的咨询计划与方案，就显得非常必要和不可或缺。

对求助者来说，它是不断开放自己，协调配合，朝着既定目标去调整和改变自己的一种认同与承诺；又是督促婚姻家庭咨询师对为其量身订制的干预方案负责，从而获得更好服务的基本保证。对婚姻家庭咨询师来说，当咨询中出现阻抗、僵局，或随咨询的深入呈现出更多问题时，不仅可用它来帮助澄清和坚持既定目标，还可以作为一种动态的“示意图”或“路标”，对既定目标进行校正和修改，在问题界定、目标和干预手段上做出相应的重要调整，以取得更好的咨询效果。

对于二级婚姻家庭咨询师来说，必须能够正确做出咨询计划与方案。同时，还负有对三级婚姻家庭咨询师所撰写的咨询计划与方案进行审查和指导的职责，以帮助其获得专业上的进步与成长。

学习目标

➢ 熟悉婚姻家庭咨询计划与方案的内容

➢掌握咨询计划与方案的制定方法

➢能审查、指导三级婚姻家庭咨询师制订的咨询计划与方案

一、咨询计划与方案的内容

咨询计划和方案对对方来说，既是共同遵守的规则，又是密切合作的承诺与契约。

咨询活动是一个有目的、有步骤的专业帮助过程。咨询方案是咨询活动进入实施阶段时，保证求助者和婚姻家庭咨询师双方权益的必备文件，详细的咨询计划与方案是有效实施咨询活动的必要保障。咨询计划与方案不仅可以满足求助者的知情权和决策权，还可以使求助者和婚姻家庭咨询师双方明确行动方向和目标，便于操作，便于评估和检查，便于随时总结和改进。咨询方案应当由双方在相互尊重、平等的气氛中共同商定。

当然，商定的咨询方案也是可以随着咨询的进程而有所调整的，如发现求助者有更深层的问题，双方由于某种原因需改变咨询时间的间隔，求助者出现强烈的阻抗等，就需要做一定的调整，但这种调整也应该是双方商议的，以共同执行。

一般来说，咨询计划与方案包括以下内容：

1. 求助者基本情况

求助者基本情况包括人口学资料，生活和婚姻家庭情况。

2. 问题清单与界定

明确求助原因与动机，列出问题清单，对希望优先解决的问题进行自我鉴定与评价。

3. 咨询目标

咨询目标包括具体的短期目标即小目标和立足于求助者问题解决和家庭成员发展成熟的中远期目标即大目标。

一个有效的咨询目标应具体可行、双方均能接受；应是积极的、符合家庭发展需求的；能够进行评估，多层次目标达到协调统一。

4. 咨询的模式、频率与时间安排

婚姻家庭咨询的求助者一般是单方，但真正解决问题，往往需要夫妻双方或全体家庭成员参加，这就需要提前向求助者解释说明，并提出大致设想和计划。

咨询的频率按内容需要和发展进程而定。一般针对一个咨询目标的访谈，比较简单的次数是4～6次；稍复杂的是8～10次或以上；每次访

谈适宜的时间为90～120分钟左右。开始时可以每周1次，接近结束时可以加大间隔，几周或一个月一次，直到逐步结束。

双方可以根据问题难易程度和求助者经济条件，共同商定适当增减次数。商定好写在协议书中就要执行，尽量不在中途随意改动，以确保专业的严肃性和咨询的质量。

制订咨询方案时双方充分讨论，执行过程中，如果没有特殊情况发生，一般不做改动，这一点事先要向求助者说清楚。

5. 咨询的具体方法和过程

针对求助者不同的问题和需求，结合婚姻咨询师的咨询风格，依据相应的理论技术，与求助者协商具体的干预和解决方法，并达成共识。如果求助者还希望进一步明了咨询解决问题的原理和机制，要充分尊重其知情权，提供必要的解答。

6. 咨询效果的评估

(1) 咨询效果评估的时间：在进行一次或几次咨询后进行评估，在咨询结束前进行评估，在咨询后追踪复查时进行评估。

(2) 咨询效果评估的方法：对照咨询前后心理测验的结果进行评估，根据求助者自我报告进行评估，根据求助者婚姻家庭生活适应的改变程度进行评估，根据求助者的家人、朋友、同事的报告进行评估，根据婚姻家庭咨询师对求助者各方面的观察进行评估。

7. 咨询费用

按照当地有关管理部门规定，可以一次预付全程，也可以分开付。家庭成员团体咨询费用一般是个人咨询的1.5～2倍。在预约时要向求助者事先说明。

8. 其他问题及有关说明

若有特殊情况，应具体说明。比如一些高等院校承担了培训婚姻家庭咨询师的任务，咨询过程需要带教实习生或做现场录音录像等，必须事先征得求助者同意，申明保密原则，限定严格的使用范围，并签订书面知情同意书。

二、咨询计划与方案的制定方法

无论是一次性或多次性咨询，都需要制订咨询计划与方案。

问题脉络清楚，相对简单的案例，一般只进行一次咨询便可以解决。如：在一个小时内，从了解求助者基本信息，求助动机，咨询的问题，与求助者就咨询目标、干预方案达成共识，实施咨询过程，到评估并结

即便是一次性咨询，也应该有章可循，脉络清晰。

束咨询，全部完成。这里，咨询计划与方案，一般在双方谈话六、七分钟的时候，就基本形成。形成之后要向求助者说明，并征求意见，然后，再进入咨询阶段。

需要进行几次或更多次咨询的，按照我国公民对婚姻家庭咨询的了解和接受程度，一般是在第一次咨询时，就需要制订出初步的咨询计划与方案，双方商讨并以此为标志，决定是否继续进行咨询或做出相应的承诺。在咨询实践中，虽然不是十分普遍，但也有些求助者当场表示不想再来，也有的是第一次之后再无下文。所以，这“六、七分钟”和“第一次”，对婚姻家庭咨询师来说，无疑是一个严峻的挑战。

二级婚姻家庭咨询师要从以下几方面对三级婚姻家庭咨询师进行辅导和帮助。

1. 熟练掌握摄取求助者基本信息的框架与内容

与求助者第一次会面，主要是通过摄入性谈话，全面获取和把握其个人信息，确定咨询目标和方案。由于会谈时必须尊重、和蔼、全神贯注于求助者并积极回应，与之建立良好咨询关系，而不能埋头专心记录，许多内容只能事后追记或整理，所以，婚姻家庭咨询师事先必须熟练掌握获取信息的框架和内容，按照这个框架来确定谈话的目标、内容与范围，确定采取何种问话技术，控制谈话方向，最后分析整理归纳。婚姻家庭咨询师如果对此胸有成竹，就能按部就班、有条不紊地进行工作，而不致遗漏重要信息，出现紧张慌乱顾此失彼，或偏离方向等情况。

获取信息的框架主要有五大项：

（1）求助者基本资料。

（2）咨询原因与期望。

（3）生活事件的发生、发展及影响。

（4）与之有关的夫妻和家庭内外系统状况、个人成长史。

（5）生理、心理、社会功能状况。

有“成竹”在胸，届时还是要以求助者为中心，根据其情绪和最关注的问题顺势而为，切忌单纯为了获取信息而本末倒置。

必须把这五项内容熟记于心，届时可根据求助者的实际情况，从其最关注的话题说起，最后归纳整理时也不至于散乱。如：一个男性求助者，发现妻子有婚外情，意外打击下，血压升高，情绪暴躁，几天来几乎不能正常进食和睡眠，想杀了妻子和其情人后再自杀，并且已经考虑了杀人的途径和器具，由其姐强行送到咨询机构求助。面对这种情况，婚姻家庭咨询师就不能一见面先从姓名、年龄、家庭、夫妻关系等等基本情况一一问起，而首先要听其叙述婚外情事件，引导其充分宣泄情绪，进行危机干预，然后再了解事情的来龙去脉及夫妻感情基础等。

相关链接

求助者基本信息的框架与内容

一、求助者资料

包括姓名、性别、年龄、婚姻、职业、文化程度、籍贯、住址、联系方式等。

二、咨询原因与期望

咨询动机及预约方式：包括自己预约、家人或者其他人预约等；

是否曾经进行过婚姻家庭咨询；

首次咨询日期：年　月　日；

来访原因；

主要咨询问题；

咨询期望及目标。

三、生活事件的发生、发展及影响

了解求助者当前生活事件的发生、发展过程。着重了解生活事件发生后，求助者的观念、情绪表现、行为反应，以及与环境的互动结果，并且评估求助者的社会功能和生理状况。

四、评估夫妻和家庭内外系统

家庭结构（家谱图）；

家庭生命周期；

夫妻关系：了解感情基础和夫妻冲突集中在哪些方面；

家庭评估：包括义务、控制、责任、关系界限、交流模式和冲突解决方式；

家庭之外的社会系统：姻亲、同事、朋友、邻居关系等；

社会背景变化及影响。

五、个人成长史

按照个人成长过程（婴幼儿期、小学、初中、高中、大学、就业）叙述相关生活事件，重点探讨这些生活事件对个人的影响，以及由此发生的改变。

六、人际关系史

描述各个时期，各种层次人际关系状况，以及对求助者的影响。其中包括：

1. 幼年时期求助者与原生家庭中每个成员的关系及对自己的影响。

2. 现阶段求助者与原生家庭中每个成员的互动情况。

3. 自己家庭中的各种关系状况（夫妻关系、亲子关系等）。

4. 各时期的人际关系状况以及重要影响人物。

七、心理测评

包括两个方面内容：

1. 观察印象：主要描述求助者是否准时（或提前）到达，外表（魅力/缺陷），体形（胖、瘦、健壮等），衣着（整洁与否），打扮（是否合乎身份，如怪异，新潮），姿势，动作（刻板动作、无意识动作等），情绪表现（不在乎、低落、高兴），与咨询师的互动关系（配合、阻抗）和态度（平等、尊敬等），与同行的其他人的关系（冲突、顺从等）。

2. 心理测评结果：描述测验名称和测验结果。

2. 客观、完整地把握求助者的基本情况

无条件尊重，积极倾听与共情，建立良好的咨询关系，既有利于全面准确摄取求助者信息，又有治疗效果和示范作用。这个基本功非一蹴而就，须长期认真修炼。

首先是无条件尊重，积极倾听与共情，建立良好的咨询关系。求助者千差万别，有的能够直接说出苦恼和困惑，有的感到千头万绪，一时无从说起，有的难言之隐，欲言又止……所以，从与求助者一见面开始交谈之时起，咨询师就应该创造一种安全、信赖、温暖、无条件尊重的气氛，对求助者积极关注，用心去倾听，充分而恰当地表达共情，多方位提问，使问题与情感具体化，并且对求助者面临的问题、情绪感受等进行准确的概要，以促进谈话向纵深方向进行。建立良好的咨询关系，是客观、完整地采集并把握求助者基本材料的重要前提条件之一，也是贯穿咨询全过程，始终应该注意做到，并且努力做好的基本功。

第二，以问题为中心，验证并补充基本材料，找准切入点。当谈话进行到一定程度，咨询师对求助者的问题有了一定的了解之后，切忌掉以轻心急于求成，还应该注意从不同角度提问，去验证并补充基本材料，以核实这个问题是不是最重要的，应该优先解决的问题；验证这个问题与最终需要解决的大目标是否方向一致；通过分析问题行为构成和与之有直接关系的家庭成员对问题的态度和影响，找到解决这个问题的切入点。

3. 确立符合咨询师个人特点的初步咨询框架

婚姻家庭咨询师进入咨询室，面对一个陌生家庭复杂的互动系统，各个成员不同的表现和情绪和一大堆杂乱的背景资料，如何在有限时间内抽取、选择和整理出有用的资料，以形成咨询计划与方案，是个严峻的挑战。应对这种严峻的挑战，初步咨询框架应该是一个有用的工具。

初步咨询框架，是婚姻家庭咨询师依靠自己拥有或偏爱的家庭咨询理论知识为蓝本，对整个家庭问题背景、成因以及使问题不断持续的原因的认识与分析的构架。它可以作为一个指路牌，或犹如一条线索，把大部分资料贯穿成一个整体，引领婚姻家庭咨询师去筛选整合求助者夫妻或家庭千丝万缕的信息，按图索骥，有目标、有方向地向前行进。

在咨询理论或方法的选择上，婚姻家庭咨询师在处理不同求助者的需要时所表现出的灵活性和适应能力，要比婚姻家庭咨询师和求助者间的简单配合更为有用。婚姻家庭咨询师可选择的方法越多，越能够灵活运用，那么他获得的咨询成效就越大。但是，对于三级婚姻家庭咨询师来说，由于实践经验和理论都不足，开始最好是先选择一两种，真正弄懂弄通，熟练掌握之后再扩大选择范围。

婚姻家庭咨询师应该了解，自己的初步咨询框架仅仅是一个中途的指路牌，是暂时的，可修订和可更改的。婚姻家庭咨询师必须保持开放的态度，时刻警觉从家庭成员有声或无声的回应中，重新修订成另一个更加切合实际的新框架。同时，婚姻家庭咨询师也要觉察，自己身处一个特定的时代和文化中，受个人性别、家庭背景、信仰、哲学、人生观的影响，也制约着自己如何构思咨询框架。

现综合叙事、萨提亚等家庭咨询理论，“将问题外化”的咨询框架介绍如下：

（1）呈现的问题到底是什么问题

1）谁最关心这个问题？

2）问题一旦消失，谁会产生最大反应？

3）夫妻二人如何理解和描述他们身处的问题？

4）问题何以成为问题？

5）呈现的问题目前如何影响二人及其他有关家庭成员的生活？

6）问题何时出现，为何现在求助？

（2）在出现问题和未出现问题之前，以下各层次脉络：内在心理脉络、二人互动脉络、家庭结构脉络、跨代家庭关系脉络、社会文化脉络的情况是怎样的。

1）二人相处有何不同？

2）问题呈现时，家庭、社会、个人身体健康、工作、居住环境有没有重大的压力和变迁？

3）夫妻各人及不同的家庭成员如何应付和理解这些转变？

（3）夫妻及家庭成员谈及问题时，有没有重复出现的主题、重视的课题、个人信念和家庭信念。

问题继续存在或获得解决，对于个别人或家庭整体有没有什么矛盾、取舍和得失的意义？

（4）表面呈现的问题如何形成个人困扰的问题

显然，同样的问题，因为背景、脉络、信念的不同，会产生不同的咨询框架。

总之，通过这些有效的循环问句和历程问句，就可以抽丝剥茧地抽取和归纳出联络整体的图画。犹如中医把脉，弄清脉象，就了解身体四肢、五官内脏、经脉、血液循环如何彼此环环紧扣。当出现问题时，打通经脉，调顺阴阳，就可收到事半功倍的效果。

三、审查与指导下级咨询师的咨询计划与方案

二级婚姻家庭咨询师在审查与指导三级婚姻家庭咨询师制订的计划与方案时，可以根据咨询进程，从以下几方面进行：

1. 在咨询前，婚姻家庭咨询师可以通过询问或审查以前所做的计划与方案等方式，考察三级婚姻家庭咨询师当下是否熟练掌握摄取求助者基本信息的框架与内容；可以应三级婚姻家庭咨询师要求，针对其个人的初步咨询框架进行讨论，帮助其融会贯通和灵活运用。

2. 审阅三级婚姻家庭咨询师计划与方案的文本时，要看格式是否正确，各项内容是否完整，有无重要的遗漏；是否真实和准确；咨询目标与切入点，选择的方法，是否合乎逻辑，是否与求助者实际情况相匹配；评估咨询效果的参照标准是否恰当，思路是否正确等。

3. 在案例咨询的进程中，二级婚姻家庭咨询师可以审查和了解计划与方案执行情况如何，有无重大修改，如有修改是什么原因，修改后效果如何，经验教训在哪里。

【案例 5—4】审查案例演示——三级婚姻家庭咨询师（学员）小李提交的一份咨询计划与方案

✣ 案例描述

1. 求助者基本信息

张女士，女，32 岁，已婚，儿子 2 岁半，公司职员，现全职在家，大学文化，北京人，住址电话（略），丈夫是一位 IT 公司经理。

2. 咨询原因与期望

第一次咨询，看到晚报的介绍后，打电话预约。

与丈夫经常因为孩子问题吵架，主要矛盾在养育方式不同，影响到夫妻关系，现双方极为冷淡，希望能够通过专家指导，双方在教育孩子问题上达成一致意见。

3. 生活事件的发生及影响

据张女士介绍，自儿子出生，似乎两人之间就开始疙疙瘩瘩，丈夫坚持要婆婆从老家陕西来帮助照顾，张女士根据同事的经验教训，婉言谢绝。现在越发认为自己当初的决策英明。为了照顾好儿子，张女士产假后索性辞职，在家照顾孩子。丈夫也很爱儿子，下班回家后总要先抱一抱儿子。现在的问题是，丈夫看到给孩子吃的一堆瓶瓶罐罐就烦，由开始的叨叨到现在的极为反感，说张女士不停地给孩子吃这吃那，把孩子都吃坏了，孩子体质不好就是吃这些乱七八糟的东西吃的……张女士十分委屈和愤怒，起先还对丈夫解释，现在我行我素根本不理他。

4. 评估夫妻和家庭内外系统

家庭生命周期：第三个阶段——孩子诞生进入家庭

夫妻关系：感情基础不错

家庭评估：张女士比较强势，夫妻冲突集中表现在养育子女的方式方法上。

家庭之外的社会系统：婆婆两次小住，张女士与其关系不冷不热。

社会背景变化及影响：经济危机后，单位裁人，张女士嘴上说“我又走对了一步棋”，“心里却酸溜溜的，总之，不舒服。”

个人成长史：张女士从小要强，不甘人下，学习成绩偏上，成长比较顺利。

人际关系史：与娘家父母和姐姐、姐夫关系还好，同事、同学来往不多。

5. 心理测评

印象：咨询时提前6分钟到达，长相一般，气质尚好，穿戴比较时髦，情绪稍有些低落，两次提到“我现在是个家庭妇女”，与婚姻家庭咨询师比较配合。

评估：

（1）社会功能：与人交往较少

（2）生理状况：尚可

（3）行为状况，没有异常

（4）情绪情况，有些低落

（5）认知情况，没有明显异常

（6）人格/自我概念，没有明显偏差

6. 问题界定及咨询目标

问题界定：在孩子养育问题上经常发生矛盾和争吵；夫妻关系冷淡

主要依据：丈夫反对给孩子吃许多东西，担心体质受不良影响，张女士我行我素依然坚持，两人由各执己见，到现在互不理睬。

求助者希望专家能够说服丈夫，科学育儿，接受新的养育方式，求助者和丈夫都没有精神方面的问题，求助者认为主要问题是互相赌气，沟通不良。

咨询目标：终止争吵和互不理睬，从养育子女具体分歧入手，分析澄清，促进夫妻坦诚相见，良好沟通，改善夫妻关系。

7. 咨询的时间安排与模式

每周一次，共两次，每次1个半小时，第二次夫妻一起来。

8. 咨询的具体方法和过程

（1）使用界定和确定技术，澄清双方需要沟通的问题。

（2）就具体问题现场演练，呈现沟通的不良模式与问题。

（3）提出建议，并通过认知行为疗法，协助夫妻构建新的沟通模式。

9. 咨询的效果及评估方法

（1）夫妻双方自我评估

（2）咨询师评估

10. 咨询费用（每次人民币若干元，两次总计若干元。一次交清。）

其他：无。

✣ 分析与建议

二级婚姻家庭咨询师对这份计划与方案的书面评审意见如下。

总体上脉络清楚，格式正确，如果确实是仅仅因为夫妻双方在养育子女的方式方法上有分歧意见，沟通不良，而影响了夫妻关系，那么，三级婚姻家庭咨询师小李关于咨询的具体方法和过程提出的三个具体步骤，设计还是不错的（二级婚姻家庭咨询师恰如其分地指出计划方案中符合要求的地方，真诚地对小李给予鼓励）。

其中的问题：

这对夫妻的事情不一定这么简单，仅仅根据在“生活事件的发生与影响”记录的几句话中，就可以有其他几方面的情况需要再“跟进”一下，要继续询问“为什么”，或者是“怎么回事”。

具体示范：

1.“自儿子出生，似乎两人之间就开始疙疙瘩瘩”——为了什么“疙疙瘩瘩”？孩子出生以后，这对夫妻的角色和职责、分工是否适应了这个变化？

2.“丈夫坚持要婆婆从老家陕西来帮助照顾，张女士根据同事的经验教训，婉言谢绝。”——张女士为什么谢绝？她与丈夫就此事商讨时，有无刺激丈夫的话语？丈夫怎样看待她的谢绝？有无因此而结怨？

3.“现在越发认为自己当初的决策英明。”是什么原因让张女士这样认为，是与丈夫因孩子喂养的矛盾，还是婆婆两次小住发生了什么不愉快的事情？丈夫对她的这种态度是什么感受？

4.“张女士产假后索性辞职，在家照顾孩子。”张女士一贯要强，这样做心里是否平衡？是否甘于寂寞？丈夫对张女士的付出是否领情，有无言语上或行动上的补偿的表示？回到家里是否帮做家务？

5. 丈夫对张女士“不停地给孩子吃这吃那”“由开始的叨叨到现在的极为反感”，反感的是什么？他反感张女士的“科学育儿”？张女士对婆婆的拒绝？还是张女士在孩子养育问题上对其作为一个父亲的权力的剥夺或者张女士对其不满与怨恨的借机发挥？

6. “张女士十分委屈和愤怒”委屈的是什么？愤怒的又是什么？是否与丈夫交流过？丈夫怎么看待张女士的委屈和愤怒？

7. 单位裁人，张女士嘴上说“我又走对了一步棋”“心里却酸溜溜的，总之，不舒服”，联想到张女士“从小要强，不甘人下”的个性，两次提到“我现在是家庭妇女”，那么，张女士对辞职一事，真实的感受是什么？当面对丈夫“把孩子吃坏了”的责难时，她又是什么感受？她是怎样回答或应对的？

可以看出，小李存在的问题是全面了解和把握情况不够，有些就事论事，浮于表面。究竟怎样才能介入到求助者问题的实质和内核，二级婚姻家庭咨询师要进行具体指导。

因情况不同，所构成的咨询目标和方法自然就有所不同。从以上提出的问话看，这个案例至少有以下几种可能：

1. 由孩子出生引起夫妻角色、职责适应不良。如妻子过度关注孩子忽略丈夫，引起丈夫不满。

2. 张女士对婆婆的态度，使丈夫积怨甚深，而张女士的“决策英明”，更加重丈夫对张女士的对立情绪与反感。

3. 张女士辞职在家，经济紧张，丈夫压力过大，希望尽量减少养育孩子上不必要的开支。

4. 张女士辞职在家，远离社会生活和休闲娱乐，苦心经营育儿，本以为能得到丈夫的认可和支持，结果丈夫却把孩子吃坏了体质不好的责难发泄到妻子身上，导致夫妻关系紧张。

5. 张女士对孩子的过度呵护与掌控，使深爱孩子的丈夫有被剥夺感和无奈感。

6. 夫妻双方在原生家庭所受的亲子经验大相径庭，故教养方式迥异，因各不相让而引发冲突。

即便仅仅是单纯的“养育方式”问题，那么，也应该在搞清楚了以上这些问题之后，再来聚焦。何况，从现在已经掌握的情况看，求助者遇到的问题至少与 2、4 两项有关，也涉及 1、5 两项。重要的是全面了解情况，然后再鉴定和聚焦。

由此可见，“养育方式”上的分歧，可能只是表面现象，是借题发挥。试想，如果婚姻家庭咨询师只是就事论事，能从根本上解决求助者的困惑和苦恼吗？至于求助者到底是什么问题，她本人希望优先解决哪个问题，哪个是关键性的问题，是需要婚姻家庭咨询师透过其语言、表情和情绪，真正地感受她的内心，通过询问技术和敏锐观察，以及积极准确的回应，去进行核实与求证。同时，还需要双方协商，取得共识。协商共识，既是尊重，也是慎重地再次求证。问题是求助者的，一旦真正进入问题的内核，而不是浮在表面，大而无当，求助者是最有感触的，心里也是最有数的。（这里，二级婚姻家庭咨询师指出学员小李存在的问题是：全面了解和把握情况不够，就事论事，浮于表面。结合案例对究竟怎样才能介入到求助者问题的实质和内核，进行了具体指导和演示。）

✣ 注意事项

在审查和指导下级咨询师的计划与方案时，二级婚姻家庭咨询师经常或者更多地看到的是下级咨询师的不足和欠缺，这既在意料之中，也完全合乎情理。但学员的心理状态是，知道自己存在很多的不足，但已经十分的努力，因此，心情忐忑不安，焦虑，缺乏自信……由于婚姻家庭咨询是一个以人为对象的工作，主要依靠婚姻家庭咨询师与求助者之间的特殊关系来发挥释疑解惑的作用，因此，婚姻家庭咨询师对学员指导的过程，也应该看做是一个以自身为榜样的专业示范的过程。所以要注意做到以下几点：

1. 婚姻家庭咨询师对待学员的态度，应该平等，尊重。

2. 婚姻家庭咨询师在审查计划方案时，要恰如其分地指出其中符合要求的地方，真诚地给予鼓励。

3. 婚姻家庭咨询师对学员不足的方面，要给予具体化的指导，并尽可能做出演示，切忌空泛和敷衍。

4. 当出现分歧时，婚姻家庭咨询师要认真听取学员意见，协商讨论，教学相长。

5. 遇到疑难案例，可请高级婚姻家庭咨询师和相关专家会诊解决。

本单元思考题

1. 掌握摄取求助者基本信息的框架与内容。

2. 如何审查与指导下级咨询师的咨询计划与方案。

3. 二级婚姻家庭咨询师在审查与指导下级咨询师的咨询计划与方案时，要注意什么问题?

学习单元2 为三级婚姻家庭咨询师提供专业指导

二级婚姻家庭咨询师负有对三级婚姻家庭咨询师专业指导的任务。由于婚姻家庭咨询是各种知识和技能的综合运用与集中体现，而且更多的是以技能形式体现，二级婚姻家庭咨询师在进行专业指导时，就需要既进行理论知识方面和具体案例的指导，同时，也要关注学员的自我成长和心理健康，使学员通过自我成长，把咨询技巧和理论知识内化于心，增强自己的心理能量。从这个意义上来说，婚姻家庭咨询师对学员进行专业指导的过程，不仅是师生关系，也是一个互相触动，心与心交流，教学相长的过程。

学习目标

- 熟悉三级婚姻家庭咨询师的业务范围和应具备的能力
- 掌握专业指导的基本要求与方法
- 了解三级婚姻家庭咨询师在工作中容易出现的问题
- 能够为三级婚姻家庭咨询师提供专业指导

一、二级婚姻家庭咨询师进行有效的专业指导的方法

二级婚姻家庭咨询师对学员进行专业指导，不仅需要有婚姻家庭咨询专业教育的背景，有丰富的咨询实践经验、成熟的人格和乐观进取的

生活态度，还必须具有教学指导的意愿和热情，能与不同性格或学习态度的学员相处，有足够的能力启发和促进学员在指导中改变和提高，并与其机构有良好的沟通和合作。

对下级咨询师进行专业指导，有已教学指导的意愿和热情十分重要，这也意味着自己能否勇敢面对更多的风险和挑战。

根据学员与指导者参与互动的方式，专业指导可以分成三种形式：个人指导，即一对一的指导形式；小组指导，指一个指导者对一组学员的指导；非正式指导，这是相对于有系统关联的师生之间的定期指导而言，通常是在有一定经验的婚姻家庭咨询师之间展开的指导过程，其目的是分享经验，交流信息，更新知识。婚姻家庭咨询师也可以采用这种非正式指导的方式，对学员根据兴趣和爱好组成的小组进行适当的指导。

具体来说，有效的专业指导应该做到：

1. 清晰地了解专业指导的功能

(1) 教育功能

包括协助学员学习婚姻家庭咨询专业伦理原则和精神，协助学员充实专业知识，磨炼专业技巧，促进学员的自我认识，提高其对专业身份的认同，协助学员了解服务对象的特征和问题，帮助学员认同机构、并遵守机构的政策和制度。

(2) 管理功能

指导者同时要承担许多管理的功能。

包括工作规划与分派，工作检查和评估，工作协调和认可，协助机构制定政策，建立沟通渠道等。

(3) 支持功能

包括增强学员的自我认识，建立信心，减低学员的消极情绪，及时地关怀和支持，使学员在工作中获得安全感并勇于创新，帮助学员及时总结工作成就，培养专业信心，建立专业认同。

2. 有系统地安排整个指导的内容

包括考虑案例安排是否适合学员的能力，在有需要时提供适时的支持，保证学员能得到充分的学习实践机会和专业水平的提高。

3. 了解学员情况，澄清学习与指导的目标

要善于了解并与不同特质的学员合作，学员有的学习动机不强，有的经验丰富而又要求过高，有的没有经验但充满热情。因此，二级婚姻家庭咨询师必须着重了解学员的背景、学习动机、学习兴趣、学习能力以及性格特点等，根据具体情况确定指导的目标。能够让学员在实践过程中：正确评价自己的技巧和效果，并作出适当选择及决定；认识到在工作中阻碍或促进他们取得成果的限制和有利因素；通过实践，不断努力提高他们的技巧和能力；做出与专业价值观相符的道德判断；勇于创新，通过不断的反思及内化建立对专业的承担和认同。

4. 客观评价三级婚姻家庭咨询师，具体指导

二级婚姻家庭咨询师要客观、切实地评价学员的能力及弱点，而不为自己的偏见和私人感情所左右。能够与学员分享自己处理两难问题以及推动同事间合作的技巧。在示范过程中，让学员理解自身的工作技巧之优势与不足，并能够从与指导者的互动中，体验和掌握建立良好咨询关系的真谛。

5. 不断对自己的指导方式及行为表现做出反思

要及时觉察并记下自己言行中所反映的价值取向和理论基础，与自己对质，反问自己究竟何以有以上的想法和做法，谁人在当中获益，这些想法与做法与身处的社会、政治、经济、文化是否有关，最后，重新建构自己的作为，达成作为指导者更重要的自身的成长，以便最大限度地帮助学员在工作中成长。

二、了解三级婚姻家庭咨询师在工作中容易出现的问题

咨询一般分为三个阶段，即开始阶段，解决问题阶段，巩固结束阶段。

开始阶段：主要任务是与求助者建立咨询关系，全面掌握求助者基本情况，进行初步分析、评估，确定咨询目标。三级婚姻家庭咨询师在这方面容易出现的问题是：

1. 在采集求助者基本信息时，自己边听边在想问题，不断猜测、判断，急于或轻易做出结论。

2. 机械性问话，忽略对求助者情绪的关注，使求助者有冷冰冰，被盘问审讯的感觉。

3. 对自己认为是问题的问题，或感兴趣的问题，一味穷追不舍，不停地问“为什么”，而缺乏系统和结构式的问询。

4. 不善于抽丝剥茧筛选有用信息，或像大海捞针一般茫然不知所措，出现卡壳停顿；或打一枪换一个地方，自觉不自觉地转换求助者的话题，使求助者因缺乏信任或因频受干扰而产生阻抗。

解决问题阶段：此阶段费时较多，运用各种咨询技巧进行具体干预，

是咨询的核心和重点。三级婚姻家庭咨询师容易出现的问题是：

5. 担心不被求助者认可，或心情紧张，缺少恰当的回应，或急于表现自己，过早提出建议。

6. 有意无意地按自己偏爱的某种咨询流派一意孤行，或机械刻板模仿，忽略求助者的反应和咨询进程，甚至偏离咨询目标。

7. 为肯定而肯定，不断鼓励，甚至有意无意拔高、迎合求助者。

8. 助人动机过于强烈，并希望得到求助者的认同和证明。

巩固结束阶段：此阶段在咨询中同样是一个很重要的阶段，三级婚姻家庭咨询师容易出现的问题是：

9. 对求助者改变原有行为模式之后的新问题和“混乱”关注不够，缺乏应有的处理和跟进。

10. 对结束咨询若有所失。

11. 对求助者的评估充满期待，患得患失。

12. 对咨询有一定效果，但问题依然存在和效果不明显的案例，感到沮丧。

以上这些问题，归纳起来，主要是以下几个方面的问题：

一是如何与求助者建立良好咨询关系的问题，表现在1、2、3、4、5、6、7、8、9几个问题上。

二是如何处理自信不足与焦虑的问题，表现在1、4、5、7几个问题上。

三是如何使用提问技术问题，表现在2、3、4几个问题上。

四是咨询过程中的移情与反移情问题，表现在3、5、7、8几个问题上。

五是自我定位与自我意识问题，表现在1、2、4、5、6、7、8、10、11、12几个问题上。

在咨询过程中，有娴熟的咨询技能技巧固然十分重要，但是归根结底，最关键最核心的还是如何清醒地认识和把握自己，如何以专业的态度来对待求助者。因为在咨询过程中，婚姻家庭咨询师能够运用的最大资源首先是自身——能否将各种咨询理论内化为自身的心理能量和能力，体现于自身的个性、胸怀、气度、情感上；能否以真诚、平等、尊重、温暖的态度对待求助者，从而得到求助者的认可，进入到求助者的内心世界，与其积极共情，促进求助者的自我表达和自我探索。婚姻家庭咨

咨询师最大资源是自身成熟的人格和娴熟运用各种理论流派的精髓，所以，自我认识与定位十分重要。

询师应该是求助者的一面镜子，在这面镜子中，求助者可以发现自己具有的潜力和资源，也能够比照出自己存在的不足和下一步行动方向。

当婚姻家庭咨询师真正有一个清晰的自我意识，与求助者建立了一种专业性的咨询关系时，才能有效地克服患得患失、紧张焦虑，避免使自己成为“提问机器”，从而虚怀若谷、坦诚相对，真正的求助者为中心，陪伴和导引其走出困惑的境地。

三、对三级婚姻家庭咨询师进行专业指导

1. 了解三级婚姻家庭咨询师近期的工作情况及存在问题

了解的方式可以分为以下几种：

（1）自我报告

自我报告是三级婚姻家庭咨询师寻求指导所使用的最多的方法，主要依赖三级婚姻家庭咨询师对咨询过程的回忆。自我报告可以反映出三级婚姻家庭咨询师的案例概念化能力，其缺点是容易受到自己主观判断的影响。

（2）案例记录

即三级婚姻家庭咨询师的书面材料，包括对咨询内容、与求助者的互动过程、对求助者的感受、干预方式及其理论基础的文字记录，涉及的内容很广泛，所需时间也相应较多。

（3）录音

借助录音，二级婚姻家庭咨询师可以准确了解三级婚姻家庭咨询师的工作情况，信息比较完备。

（4）录像

录像可以观察到表情、姿势等重要的非言语信息。其缺点是花费时间长而且成本较高。

（5）现场观察及指导

二级婚姻家庭咨询师直接观察三级婚姻家庭咨询师的咨询过程，并与三级婚姻家庭咨询师进行互动和指导。这种方式的优点是二级婚姻家庭咨询师能够立即实施干预，维护了求助者的利益；与录像相比，其优势在于可以从多个角度观察；可以在会谈结束后立即开展指导，能够最大限度地为下一次会谈做好充分准备。其缺点是受时间限制，要求二级婚姻家庭咨询师抽出更多的时间。

2. 进行专业指导

二级婚姻家庭咨询师如何指导三级婚姻家庭咨询师有效克服和解决上面所提到的容易出现的问题，分析和演示如下：

(1) 如何与求助者建立良好的咨询关系

这是咨询的基本功，也是咨询的有效手段之一，贯穿于咨询的整个过程，其重要性怎样强调都不为过。指导三级婚姻家庭咨询师重视和学会建立良好的咨询关系，可以从以下几个方面进行：

1) 运用角色扮演的方式，辅导三级婚姻家庭咨询师反复演练“倾听”与“共情”的技能技巧，认真体验和区分初级共情与高级共情，举例如下。

求助者：“几年前，记得 30 岁那年，我就想到过离婚，今年我都 34 岁了，但一想到孩子……我就犹豫，孩子没有父亲怎么行呢？可就这样耗下去，哪年是个头……我该怎么办……”

咨询师 1：“作为一个母亲，确实要想到孩子，可离婚也不等于孩子就没有了父亲呀……”（看似共情，却暗含限制和批评色彩——缺乏共情）。

咨询师 2：“看来你心里很矛盾，几年来一直想离婚，又担心孩子因为你的离婚缺少父爱，你一直为了孩子，好几年了，自己却在煎熬”。（理解求助者的矛盾心理，并指出矛盾所在，是初级共情）。

咨询师 3：（耐心等待，确认求助者不再继续说下去）“看来你内心充满矛盾，不知是为了孩子继续维持婚姻，还是离婚……而且，这样的情况已经长达几年，你在想，这样的婚姻于你到底有什么意义……（不仅指出矛盾点，还指出矛盾的根源：婚姻对于当事人的意义和价值——高级共情）。”

在这里，初级共情表现为运用倾听技巧，尝试理解求助者的内心体验，并试图让对方感觉好一些；而高级共情，则是在准确地理解求助者内心感受的基础上，探寻这些感受背后的情绪、观点和事实，即求助者想说而没有说出来，或有些感觉而没有清晰意识到的更本质的东西，这样就可以使求助者更准确地认识自己的问题所在，推进咨询向纵深处发展。

2) 指导三级婚姻家庭咨询师坦诚面对自己的不足，勇于示弱。如果是没有经验的三级婚姻家庭咨询师，应该与求助者坦诚相见，当然同时也负责任地告知对方，有上级婚姻家庭咨询师负责专业指导，如果求助者担心或对咨询不满意，还可以要求转介。咨询开始后，察觉求助者出现阻抗，要判断原因，采用有针对性的方法来解决。如求助者质疑其生活阅历不足，可以将自己这方面的专业优势和相关培训进行简单介绍。

3）引导三级婚姻家庭咨询师学会“放空”自己。“放空”，就是在咨询中放下各种理论流派，放下一切技能技巧，心中只有求助者，从而全身心地感受求助者，从深层次去体验和关注求助者。二级婚姻家庭咨询师此时最简单而且有效的询问就是：他的感受是什么，为什么会是这样的感受，感受后面是什么东西，他的需求是什么，他以前用什么方法来解决问题，哪些是有效的，哪些是无效甚至有害的，弃无效而扩大有效的方法即可。初学者只要真诚倾听，亲切地陪伴，本身就可取得一定的咨询效果。

（2）如何处理自信不足与焦虑现象

第一，二级婚姻家庭咨询师要指导三级婚姻家庭咨询师认识到，这是一种十分正常的感觉，初学者、经验不丰富者，概莫能外。一定要消除心理负担，否则，就会陷入恶性循环，因紧张而自我感觉不好，因感觉不好而更加紧张和心慌，不知所云。

第二，提供适当环境和场合，如组织小组活动，帮助三级婚姻家庭咨询师从焦虑和自信不足转化为正常，并在三级婚姻家庭咨询师之间进行分享，相互支持鼓励。

第三，帮助三级婚姻家庭咨询师进行认知重构：路是走出来的，经验也靠一步步积累。同时，对为什么焦虑？焦虑的背后是什么？担心的是什么？二级婚姻家庭咨询师要为其一一剖析，溯本求源。

（3）如何使用提问技术

提问是一项十分重要的技术，基本功能主要有：了解信息，明确关键信息，利用提问回到主题，把谈话引向深入，进行面质等。提问一定要和倾听、共情、反馈等技术结合在一起使用。提问还一定要以求助者为中心，围绕解决求助者的问题进行。上面所说的初学者常出现的为了提问而提问、按自己兴趣一味穷追不舍等，都是忽视了这几点而造成的。二级婚姻家庭咨询师可以通过放录像让三级婚姻家庭咨询师观摩和学习经验丰富的咨询师如何提问；也可以设计专门的问话练习题，让三级婚姻家庭咨询师每题写出 N 个问句，一句一句地比较优劣。

（4）咨询过程中的移情与反移情

婚姻家庭咨询师也是人，也有七情六欲，特别是初学者，在面对求助者的移情时，难免会不由自主地受影响甚至卷入。一旦影响较大或卷入，就称为反移情，即反向移情。如果婚姻家庭咨询师与求助者一同陷入情感的漩涡，咨询关系就会产生质变。所以，要以充分的理性来避免它的发生。二级婚姻家庭咨询师可以从以下两个方面指导三级婚姻家庭咨询师：

1）有效处理求助者的移情。求助者大都有难以排遣的复杂情绪或情结，因此需要婚姻家庭咨询师在与求助者的互动中帮助求助者体验其与咨询师的情感关系，并在感受求助者变化的过程中，更准确地捕捉到其情感背后的深层心理冲突。

2）敏感觉察自己的反移情。如在没有充分根据的情况下，婚姻家庭咨询师对求助者表现出过分的热情关切、敌视厌恶或紧张情绪等。从本质上来说，这些反映了咨询师对求助者思想行为的一定的投射或自我防御，是婚姻家庭咨询师自己尚未解决的心理情结或冲突。所以，二级婚姻家庭咨询师每隔一段时间，必须对上要求督导，对下进行个别咨询辅导，帮助其进行分析和梳理，以提高其对反移情的觉察力和控制力，这也应该作为一项制度来长期坚持下来。

（5）自我定位与自我意识

婚姻家庭咨询师是以自己作为重要工具来进行咨询的，但婚姻家庭咨询师也有人性的弱点。所以一个称职的婚姻家庭咨询师，不是掩盖自己的喜怒哀乐和弱点，而是善于觉察并有效控制。二级婚姻家庭咨询师要注意从以下四个方面提醒三级婚姻家庭咨询师：

1）要对自己的情感变化保持高度的敏感性，能很快察觉自己在咨询情景中所产生的任何细微的情感反应与联想，并能分析这种情绪反应的性质及可能的原因。

2）对自己在咨询过程中的情感与观念的卷入程度具有控制力。在咨询中，卷入几乎不可避免。卷入本身并不可怕，可怕的是婚姻家庭咨询师本人对自己的卷入不敏感，或者意识不到这种卷入的真实性质。

3）对自己的人格，如自己的性格特点、童年经历、与父母关系等，应有充分的了解。同时，对人际交往中所发生的各种变化也应有高度的敏感性。

4）注意并不断提高在咨询中建立新型人际关系的能力。咨询中的人际关系是在特定时间、特定地点、特定背景下产生的一种极其特殊、有示范和咨询效果的专业关系。婚姻家庭咨询师在这种关系中，既是客观的又是真实、自然的，一方面可以真实地表达自我的性格与情感，而不必强迫自己摆出一种什么姿态；另一方面，又不能无节制地释放自己的情感体验，更不能把自己的意志强加于求助者。

三级婚姻家庭咨询师指导内容建议表和学员指导记录表如下。

三级婚姻家庭咨询师指导内容建议表

希望在指导时讨论的内容建议

1. ____

____

2. ____

____

3. ____

____

4. ____

____

5. ____

____

6. ____

____

内容草拟者：

三级婚姻家庭咨询师姓名/签署日期：　　二级婚姻家庭咨询师姓名/签署日期：

注：

三级婚姻家庭咨询师须于指导前最少两天填妥“指导内容建议表”，并准备下列事宜：

1. 上一次指导后至今，三级婚姻家庭咨询师进行的活动、个案状况及自我评估。

2. 三级婚姻家庭咨询师希望自己能在未来一定时期负责和举办哪类活动或加强哪方面的体验。

3. 三级婚姻家庭咨询师与中心主任及其他咨询师在工作关系上的感受和建议。

三级婚姻家庭咨询师指导记录表

姓名：__________指导日期：__________指导时间：__________

1. 指导内容要点

2. 二级婚姻家庭咨询师对三级婚姻家庭咨询师的建议（包括个人、单位服务、工作职责等）

3. 三级婚姻家庭咨询师的体会与感悟

4. 其他事宜

二级婚姻家庭咨询师姓名：__________二级婚姻家庭咨询师签名：__________日期：__________

三级婚姻家庭咨询师姓名：__________三级婚姻家庭咨询师签名：__________日期：__________

四、注意事项

1. 建立咨询工作指导制度

2. 参与式指导效果更好

本单元思考题

1. 简介二级婚姻家庭咨询师对三级婚姻家庭咨询师进行有效专业指导的方法。

2. 在进行专业指导时，咨询师与三级婚姻家庭咨询师之间的关系与一般的师生有何不同？

3. 下级咨询师在咨询中容易出现的问题有哪些方面？

4. 怎样指导下级咨询师认识和对待咨询中的移情与反移情？

参考文献

1. 王玉，苏世兰．TOP 心理学经典教程．北京：北京出版社，1998

2. 陈一筠．陈一筠婚恋辅导手册（上）．北京：中国妇女出版社，2006

3. 牧之，张震．心理学与你的生活．北京：新世界出版社，2006

4. 郑雪．人格心理学．广州：暨南大学出版社，2004

5. 李中莹．重塑心灵．北京：世界图书出版公司，2006

6. 郑宁．眼动脱敏治疗（EMDR）的应用．中国心理卫生杂志．1997，11（4）

7. 施琪嘉．创伤心理学．北京：中国医药科技出版社，2006.9

8. 王兆勤．当代大学生恋爱心理问题的初步探讨．中国健康教育．2003，4

9. 王建国．大学生心理危机干预的理论探源和策略研究．西南大学学报．2007，5

10. 兰宏．大学生的失恋心理危机及其干预．武汉理工大学文法学院，2005

11. 邓伟志，徐榕．家庭社会学．北京：中国社会科学出版社，2001

12. 邓伟志，徐榕．家庭社会学导论．上海：上海大学出版社，2006

13. 张文霞，朱冬亮．家庭社会工作．北京：社会科学文献出版社，2005

14. 赵孟营．新家庭社会学．武昌：华中理工大学出版社，2000

15. （美）贝蒂·卡特，莫妮卡·麦戈德里克著．高隽，汪智艳等译．成长中的家庭——家庭治疗师眼中的个人、家庭与社会．北京：世界图书出版公司，2007

16. 黄维仁．敌对共生：夫妻关系中强烈的爱与恨，2008

17. （美）Michael P. Nichols，Richard C. Schwartz 著．林丹华等译．家庭治疗基础．北京：中国轻工业出版社，2005

18. （美）Michael P. Nichols，Richard C. Schwartz 著．王曦影，胡赤怡译．家庭治疗——理论与方法．上海：华东理工大学出版社，2005

19. （美）维吉尼亚·萨提亚，约翰·贝曼，简·格伯，玛丽亚·葛莫莉著．聂晶译．萨提亚家庭治疗模式．世界图书出版公司

20. （美）Larry 毕先生，Golden 著．吴波译．婚姻与家庭治疗案例．北京：中国轻工业出版社，2007

21. MonicaMcGoldrickRandyGersonSueliPetry，〈genograms-Assessment and Intervention Third Edition〉，W. W. Norton & Company，New York·London，2007

22. 朱海忠．城市青年恐婚现象的社会性思考．扬州大学社会发展学院，2008

23. 江中水．都市出现“恐婚族”．心理与健康编辑部，2005

24. 董清民．构建和谐再婚家庭关系的新思维．黄河科技大学学报．2006，9

25. 徐鹏宇．再婚年龄不宜相差太大．现代养生．2005，6

26. 李薇菡．婚姻家庭学．上海：华南理工大学出版社，2007

27. 林昆辉．婚姻与家庭．北京：人民军医出版社，2006

28. 岳晓东．登天的感觉——我在哈佛大学做心理咨询．上海：上海人民出版社，2008

29. 艾·弗罗姆（美）著．李健明译．爱的艺术．上海：上海译文出版社，2008

30. 盖瑞·查普曼（美）著．王云良译．爱的五种语言．北京：中国轻工业出版社，2006

31. 葛雷哥利·高迪克（美）著．林望阳译．爱，学校没教的课．北京：中国城市出版社，1999

32. 莎伦·布雷姆（美）等著．郭辉等译．亲密关系．北京：人民邮电出版社，2008

33. 约翰·戈特曼，南·西尔瓦（美）著．刘艳译．幸福婚姻七法则．四川人民出版社，2003

34. 王跃生．当代中国城乡家庭结构变动比较．社会．2006，3

35. 石燕．城市独生子女空巢家庭的阶段划分及特征．南京人口管理干部学院学报. 2008，24（1）：24～28

36. 王静珊．城市空巢家庭的新特征．重庆工商大学学报．2007，17（4）：13～16

37. 潘荣．新农村建设与农村空巢家庭问题的解决．淮阴师范学院教育科学论坛．2006，4：1～4

38. 李杭东，丁峻．城市空巢家庭特征分析．社会心理学科学．2006，21（5）：91～95

39. Soldo B. J.，Manton K. G.. Changes in the health status and service needs of the oldest old：current patterns and future trends. Health and Society，1985，63

40. 陈晓敏，杨柳．现代化进程中的空巢家庭．中华女子学院学报．2004，2

41. 谭琳．新空巢家庭——一个值得关注的社会人口现象．人口研究．2002

42. 赵黑．关注空巢：老年医学专家支招．家庭医药．2004，2：4～7

43. 王颖，何国平．城市社区空巢老人健康问题及对策探讨．护理研究．2008，22（1）：100～102

44. 祝雪花，余昌妹，姜文莉．空巢老人健康状况及社区护理需求的调查研究．护理学杂志．2006，21（15）：69～70

45. 罗惠芳．空巢家庭问题的研究现状．现代护理．2006，12（7）：601～603

46. ［美］曾文星．家庭的关系和家庭治疗．北京：北京大学出版社，北京大学医学出版社，2002

47. 望月嵩著．牛黎涛译．家庭关系学．北京：中国大百科全书出版社，2002

48. 林昆辉．家庭心理学——婚姻与家庭．北京：人民军医出版社，2006

49. 叶文振，林擎国．当代中国离婚态势和原因分析．人口与经济．1998，3

50. 叶文振．当代中国婚姻问题的经济学思考．人口研究．1997，6

51. 陈一筠．陈一筠婚恋辅导手册（中）．北京：中国妇女出版社

52. 徐安琪，叶文振．中国婚姻研究报告．北京：中国社会科学出版社，2002.6

53. 池丽萍，王耘．婚姻冲突与孩子问题行为关系研究的理论进展．心理科学进展．2002，10（4）：411～417

54. 徐丽瑜．父母冲突对儿童的影响及处理策略．临床心理通讯，2003.29：1～5

55. 孟莉，徐建平．发展心理学．北京：中国医药科技出版社，2005：139～151

56. 林崇德．发展心理学．北京：人民教育出版社，2006：346～395

57. 盖凤武．心理健康教育．南京：东南大学出版社，2003：39～42

58. 刘小红，李兴民．儿童行为医学．北京：军事医学科学出版社，2003.277～282

59. 共青团北京市委员会等．青少年网络成瘾与网络游戏研究和调查．北京：地质出版社，2006：12～16

60. 刘克俭，顾瑜琦．行为医学．科学出版社，2003：70～72

61. 应力，岳晓东．冲出黑暗峡谷——戒除网瘾八十问．上海：上海人民出版社，2007：92～105

62. 美国费城儿童指导中心著．马春华，薛松奎译．儿童与青少年情感健康．中国轻工业出版社，2000.410～417

63. 全国社会工作者职业水平考试教材编写组．社会工作法规与政策（中级）．北京：中国社会出版社，2007

64. 全国社会工作者职业水平考试教材编写组．社会工作实务（中级）．北京：中国社会出版社，2007

65. 赵忠心．家庭教育学．北京：人民出版社，2001

66. 许又新．心理咨询与治疗原理及实践．北京：北京大学医学出版社，2007

67. 陶慧芬，李坚评，雷五明．心理咨询的理论与方法．武昌：华中科技大学出版社，2006

68. 史尚宽．继承法论．北京：中国政法大学出版社，2000

69. 刘春茂．中国民法学·财产继承．北京：中国人民公安大学出版社，1990

70. 郭明瑞，房绍坤．继承法．北京：法律出版社，1996

71. 杨大文．亲属法．北京：法律出版社，2003

72. 中华人民共和国收养法．北京：法律出版社，2008

73. 关于外国人在中华人民共和国办理收养登记若干问题的通知．1992

74. C.B. 科瓦廖夫（苏）．家庭关系心理学．北京：社会科学文献出版社，1988

75. 杨大文．亲属法（第四版）．北京：法律出版社，2004

76. 巫昌祯，夏吟兰．婚姻家庭法学．北京：中国政法大学出版社，2007

77. 中华人民共和国继承法．北京：法律出版社，2007

78. 关于贯彻执行民事政策法律若干问题的意见，1984.8.30

79. 关于人民法院审理离婚案件如何处理子女抚养问题的若干具体意见．1989，11.21

80. 魏小军，谈婷．有关继父母子女关系立法的思考．理论探索，2006

81. 刘运亚．继父母子女法律关系检讨与完善思考．江苏工业学院学报．2007

82. 陈苇．婚姻家庭继承法学．北京：法律出版社，2002

83. 劳拉·斯马特著．家庭——人伦之爱．延边大学出版社，1988

84. 中国反家庭暴力工作现状及分析．全国妇联维权工作会议，2004

85. 中国人口网．对我国家庭暴力治理的有关思考．2004

86. 荣维毅，黄列．家庭暴力对策研究与干预——国际视角与实证研究．北京：中国社会科学出版社，2003

87. 张丽娟，刘广盛，王燕，陈钟林，杨慧，鲁琴．家庭暴力受虐妇女社会支持网络研究．中国妇运．2005，5

88. 陈琦，刘儒德．当代教育心理学．北京：北京师范大学出版社，1997

89. 林丹华等译．家庭治疗基础．北京：中国轻工业出版社，2005

90. 帕特森著（美）．方晓义等译．家庭治疗技术．北京：中国轻工业出版社，2004

91. 达提里奥，琼斯玛著（美）．孙莉译．家庭治疗指导计划．北京：中国轻工业出版社，2005

92. 约翰·布雷萧著（美）．杨立宪译．家庭会伤人．北京：蓝天出版社，1999

93. 霍玉莲．婚姻与家庭治疗．北京：突破出版社，2005

94. 吴德勤．教学方法的革命——案例教学．上海大学名师论坛

95. 朱东武．社区工作者对婚姻暴力的认识与介入研究．香港理工大学硕士论文，2004

96. 周月清．家庭暴力——理论分析与社会工作处置．台北：巨流图书公司，1995

97. 钟友彬．支持性心理辅导．医学与哲学．1994，2